Die
Französische
Revolution

PLOETZ

DIE
FRANZÖSISCHE
REVOLUTION

Herausgegeben von Rolf Reichardt
Mit 39 Abbildungen

INHALT

Inhalt

VORWORT

DAS ZIEL DER EPOCHENBÄNDE VON PLOETZ, die in der Bundes-
republik besonders tiefe Kluft zwischen historischer Fachwissenschaft
und dem breiten historisch interessierten Publikum überbrücken zu
helfen, stand im Fall der Französischen Revolution – über das übliche
Maß hinaus – vor einer doppelten Schwierigkeit. Zum einen haben sich
eine kaum noch überschaubare Spezialforschung und der Streit ver-
feindeter historiographischer ›Schulen‹ so sehr verselbstständigt, dass
die Französische Revolution als Gesamterscheinung fast zur Unkennt-
lichkeit verschwimmt; zum anderen sind namhafte Kenner dieses
Gegenstandes hierzulande rar. Es war daher keineswegs selbstverständlich, dass der vorliegende Band zustande gekommen ist.

Als Autoren konnten überwiegend jüngere Nachwuchswissen-
schaftler gewonnen werden, unter denen das Thema »Französische Revolution« an Interesse gewinnt. Den Kreis der Mitarbeiter weiter zu
ziehen, war aus Zeitgründen nicht möglich. Die Darstellung gliedert
sich – anders als bislang üblich – in mehr chronologische und mehr
systematische Kapitel, um sowohl die Verlaufskurve der Revolution als
auch eine Reihe von Grundproblemen deutlicher herauszuarbeiten, als
es in den bisherigen Überblicken geschieht. Es galt, nicht nur die neueren Ergebnisse der internationalen Revolutionsforschung, insbesondere sozioökonomischer Regionalstudien und kulturhistorischer Arbeiten, in einen verhältnismäßig engen Druckraum einzubringen,
sondern auch eine nur Spezialisten zugängliche fachwissenschaftliche
Darstellungsweise ebenso zu vermeiden wie herablassend-simplifizie-
rende Allgemeinplätze. Anstatt sich in der endlosen Fülle der Revolutionsereignisse (von denen selbst die Chronologie nur einen schwachen Eindruck vermittelt) zu verlieren, konzentriert sich die
Darstellung daher auf die geschichtlichen Grundlinien und auf neue
Erklärungskonzepte. Zugleich sucht sie die Gefahr zu großer Abstrakt-
heit durch Fall- und Textbeispiele zu vermeiden. Die Übersetzungen

der Quellentexte, die deutschen Lesern bisher meist nicht zugänglich waren, stammen – wenn nichts anderes angegeben ist – von den Autoren.

Weitere Anschaulichkeit sollen zahlreiche Abbildungen bieten, die vollständig mit genauen Nachweisen und Interpretationen gebracht werden. Erstmals wird damit die politische Massengraphik der Französischen Revolution nicht bloß illustrativ benutzt, sondern als Quelle von eigenem Wert herangezogen – eine Quelle, die weniger eine vergangene materielle Wirklichkeit zeigt als vielmehr geschichtliche Sichtweisen und Wirklichkeitserfahrungen bildlich verarbeitet. Solche Bilddeutungen konnten hier freilich nur exemplarisch zur Eröffnung einzelner Kapitel und Abschnitte, nicht im Zusammenhang der revolutionären Bild- und Symbolwelt geleistet werden. Abgesehen von den Kapiteln zur Literatur und zur Kunst der Revolution stammen die Bildkommentare vom Herausgeber.

Die dem Band beigegebene systematische Bibliographie bietet trotz ihres Umfangs nur eine kleine Auswahl aus einem unermesslichen Schrifttum. Zu einer ganzen Reihe wichtiger Themen, zu denen keine befriedigenden oder überhaupt keine deutschsprachigen Monographien vorliegen, musste sie auf Zeitschriftenliteratur bzw. auf fremdsprachige Titel zurückgreifen. Aus dieser Bibliographie sind die abgekürzten bibliographischen Hinweise im Text der Darstellung zu ergänzen: Die vollen Titel finden sich in dem jeweils entsprechenden systematischen Abschnitt bzw. in dem allgemeinen Anfangsteil der Bibliographie.

Der Herausgeber dankt den Mitautoren, dass sie sich – ohne ihre persönliche Schreibweise aufzugeben – inhaltlich wie räumlich und zeitlich in die vorgegebene Gesamtkonzeption eingefügt haben. Er dankt auch dem PLOETZ-Team mit Gabriele Blod für engagierte und versierte Zusammenarbeit. Unser gemeinsames Ziel war, mit einem allgemein nützlichen Handbuch zugleich einen eigenen, ansehnlichen deutschen Beitrag zum 200. Jubiläum der Französischen Revolution von 1789 zu leisten. Ob dies gelungen ist, bleibt der Entscheidung der Leser überlassen.

Rolf Reichardt

Die öffentliche Freude (La joie publique).
Anonyme, kolorierte Radierung, September 1788 (Nationalbibliothek Paris,
Kupferstichkabinett, Sammlung Hennin Nr. 9702).

Dieses Bildflugblatt interpretiert in bestimmter Weise die innenpolitischen Auseinandersetzungen zwischen der königlichen Regierung und den alten Obergerichten *(parlements)* um die Justizreform vom Mai 1788, welche die Gesetzesratifizierung von den Parlamenten auf einen neuen Notabelngerichtshof *(Cour plénière)* übertrug. Der Widerstand der Parlamente gegen diesen angeblichen

›Anschlag des Despotismus‹ steigerte sich zu solcher Heftigkeit und fand solchen Widerhall in der Öffentlichkeit, dass der Reformminister Lamoignon de Malesherbes am 14. September zurücktrat und Ludwig XVI. die wegen ihrer Widerspenstigkeit exilierten Parlamentsräte am 23. September in ihre angestammten Ämter zurückberief: Anlass für festliche Kundgebungen mit Umzügen, Feuerwerk und Banketten in Parlamentsstädten wie Grenoble, Dijon und Bordeaux.

Unser Bild stellt eine solche Kundgebung für das Pariser Parlament an dessen Amtssitz idealtypisch als volksfestartige Demonstration dar. Angeführt von den damals allgegenwärtigen Straßenmusikanten, bewegt sich ein Menschenzug auf den Justizpalast zu, ein Zug, der vor allem aus Leuten des einfachen Volkes besteht, stellvertretend charakterisiert durch zwei Marktweiber, die links hinter den Musikanten als Freudenzeichen grüne Zweige schwingen. Die Zuschauer an den Fenstern der umstehenden Häuser sollen darauf hinweisen, dass praktisch alle Gruppen der Gesellschaft die triumphale Rückkehr der »Väter des Vaterlandes« (wie sich die Parlamentsräte in anderen Quellen selbst bezeichnen) begrüßen – von den vornehmen Etagen im ersten Stock bis hinauf zu den billigen Dachwohnungen der Armen. Einige Parlamentsräte sind auf einen repräsentativen Fensterbalkon über dem Platz hinausgetreten und nehmen huldvoll den Jubelruf »Es lebe das Parlament« entgegen, während die zwar sonnenumstrahlte, aber fern zwischen den Hausdächern schwebende Parole »Es lebe der König« diese Herrscherpose verharmlost, ohne dem König jedoch konkrete Autorität einzuräumen.

Die unter dem Bild eingeritzten Verse, von den Demonstranten auf die Melodie eines damals allgemein bekannten Kinderliedes gesungen, deuten die Szene weiter aus: »Lasst uns, so lange der Atem reicht, das glückliche Ereignis besingen, das uns unser gutes Parlament lustig zurückbringt. – Die Ehre und die Unschuld waren ihren Unterdrückern schutzlos ausgeliefert, aber sie haben ihre Rächer gefunden. – Nach einer langen Fastenzeit ist der Appetit um so größer; lasst uns also unsere Melodie anstimmen: Singe, mein Prokurator. – Sei vorsichtig, gute Frau, oder ich lasse dir mit Hilfe des Parlaments Vernunft beibringen, und zwar auf der Stelle. – Mein habgieriger Vormund, lassen Sie uns gemeinsam sehen und zählen. Wenn Ihr aber ein Lump seid, soll der Richter entscheiden. – Die Richter der Normandie bringen ihre Akten mit der Kutsche zurück; die Gerichtsleute sind munter und auch ihr, Gerichtsschreiber. – Ihr Putzmacherinnen, ihr Talarschneiderinnen, füllt eure Warenlager auf und dreht den Anwälten [der *Cour plénière*] eine Nase. – Alles, heißt es im Liedchen, endet mit Chansons. Das ist nun vollkommen bewiesen. Lasst uns also singen und tanzen.« Auf diese jeweils von Vorsängern vorgetragenen Verse stimmen die übrigen Demonstranten mit dem nicht mehr als Lustigkeit ausdrückenden Refrain ein: »En flons, flons/La rira dondaine,/En gai, gai,/La rira dondé.« Hier wird das Parlament einerseits als ›verfolgte Unschuld‹ dargestellt, zugleich aber als wohltätige Macht besungen, die nicht nur dem Gewerbetreibenden Arbeit schafft, sondern auch dem sozial Schwachen zu Schutz und Gerechtigkeit verhilft und auch Zwangsmittel gegen Andersdenkende besitzt. Außerdem steht ihm mit der *basoche* (vorletzter Vers) ein zahlreiches Hilfs- und Kanzleipersonal zu Gebote, das sich bei Bedarf mobilisieren lässt und auch an den Kundgebungen vom September 1788 führend beteiligt war. Der letzte Vers schließlich spielt auf das populäre Schlusslied aus Beaumarchais' Erfolgsdrama »Figaros Hochzeit« von 1784 an und bestätigt damit das im Bild beobachtete, wohl überlegte Nebeneinander von Absolutismuskritik und scheinbar harmloser Volksfreude. Blutige Demonstrationen derselben Zeit, bei denen wie am 16. September Anhänger des Pariser Parlaments mit Knüppeln und Fackeln vor das Haus von Lamoignon zogen, um diesen zu lynchen, werden in Wort und Bild unterschlagen.

Indem die Radierung die innenpolitische Krise derart einseitig im Sinne der Parlamente und ihres korporativen Machtanspruchs sinnfällig macht, spiegelt sie zugleich das Dilemma des aufgeklärten Absolutismus in Frankreich von 1774 bis 1788: Seine echten Reformbemühungen scheiterten besonders daran, dass sie von den um ihre Vorrechte fürchtenden Privilegierten, nicht zuletzt von den Parlamenten selbst, publikumswirksam als Staatsstreiche des »ministeriellen Despotismus« denunziert wurden und dass Aufklärer wie politisierte Angehörige der Grundschichten sich dieser Kritik weitgehend anschlossen.

URSPRÜNGE UND URSACHEN
DER FRANZÖSISCHEN REVOLUTION

Eine Debatte ohne Ende

DIE FRAGE NACH DEN URSACHEN der Französischen Revolution ist fast so alt wie die Revolution selbst. Doch noch immer gibt es in der historischen Forschung keinen Konsens darüber, wie es zur Revolution kam. Das hat viel mit der ständigen Vertiefung und Revision unseres historischen Wissens zu tun, noch mehr aber damit, dass hinter der Suche nach den Ursprüngen oft das Bedürfnis nach Identifikation mit der Revolution und den Deutungen steht, die sie in den großen politisch-ideologischen Lagern erfahren hat. Alle Deutungskulturen nehmen in der einen oder anderen Weise Bezug auf das Selbstverständnis der Revolution, die sich als Bruch mit der Tradition und Geburt einer neuen Welt rechtfertigte. Für die historische Forschung wie für das öffentliche Geschichtsbewusstsein bedeutete das nicht selten, dass der revolutionäre Diskurs mit der historischen Realität gleichgesetzt und die Selbstrechtfertigung der Revolutionäre von 1789 für bare Münze genommen wurde. Dabei wurden der Aufstieg und die politische Machtübernahme des Dritten Standes nicht nur als revolutionärer Bruch interpretiert, sondern Schritt für Schritt in einen breiteren wirtschaftlichen und gesellschaftlichen Zusammenhang einbezogen und der Mythos von der revolutionären Totalumwandlung auf Wirtschaft und Gesellschaft übertragen. Nach dieser Auffassung wurden 1789 der ›Feudalismus‹ vom ›Kapitalismus‹, der ›Adel‹ von der ›Bourgeoisie‹ abgelöst; die Ursachen der Revolution liegen in dem fundamentalen Konflikt zwischen rückwärts gewandten ›feudalen‹ und progressiven ›bürgerlichen‹ Klassen und in dem erbitterten Beharren der erblich Privilegierten auf ihren Vorrechten.

Als Übergang zu ›Kapitalismus‹ und ›bürgerlicher Gesellschaft‹ bedeutete 1789 nicht nur einen totalen Bruch, sondern für nicht we-

nige Interpreten auch eine historische Notwendigkeit. Dies gilt vor allem für die marxistische Revolutionsdeutung, die nicht nur von den
unvermeidbaren und einzig auf revolutionärem Wege lösbaren gesellschaftlichen Antagonismen des späten Ancien Régime überzeugt
ist, sondern auch davon, dass Revolutionen in hervorragender Weise
als Geburtshelfer bei geschichtlich notwendigen Übergängen wirkten.

Heute ist sich die Forschung weitgehend darin einig, dass alle
monokausalen Erklärungsversuche auf schwachen Füßen stehen. Das
gilt sicherlich für die alte Verschwörungstheorie, die in der Revolution das Werk von Freimaurern, Philosophen oder intriganten Advokaten sehen wollte. Das gilt aber auch für ausschließlich ökonomische Interpretationen, die den Umbruch als Ergebnis der Armut des
Volkes (wie Michelet) oder als Folge bürgerlicher Prosperität (wie
Jaurès) begreifen möchten. Umstritten ist und bleibt der Anteil der
unterschiedlichen Faktoren an dem sich kumulierenden Ursachen-
bündel der Revolution. Dabei geht es im Kern um die Frage, ob eine
unauflösliche sozio-ökonomische Strukturkrise des Ancien Régime
die eigentliche Ursache der Revolution war oder eine politische Krise
und immer heftigere politische Kämpfe, in deren Verlauf Handlungs-
bedarf und Handlungsspielraum des Staates immer weiter auseinan-
derklafften.

Während bis in die sechziger Jahre unter dem Einfluss bedeutender französischer Revolutionshistoriker wie Mathiez, Lefebvre und
zuletzt Soboul die These von den strukturellen Ursachen der Revolution fast kanonische Gültigkeit bis hin in die europäischen Schulbücher erlangt hatte, hat sich in den letzten zwanzig Jahren eine nicht
unbeträchtliche Revision des Urteils abgezeichnet, ohne dass sich
eine Richtung bisher eindeutig durchsetzen konnte. Doch spricht vieles dafür, der These von den strukturellen Ursachen mit einiger Skepsis zu begegnen und stattdessen von einem komplexen Ursachenbün-
del auszugehen, in dem den politischen Faktoren ein großes Gewicht
zukommt.

Es musste vieles zusammenkommen, um die seit dem 17. Jahrhundert unerschütterten politisch-sozialen Strukturen des Ancien
Régime umzustürzen: Langfristige Veränderungen im demographi-
schen, wirtschaftlichen, sozialen und mentalen Bereich verbanden
sich mit einer sich mittelfristig anbahnenden politischen Strukturkrise, die sich durch die dramatische Verschärfung der Finanzkrise zu

einem Kollaps des Staates auswuchs und von einem schweren ökonomischen Einbruch begleitet wurde. Die Folge waren der Zusammenbruch des Ancien Régime und ein offener Machtkampf 1788/89,
der die Einberufung der Generalstände im Frühsommer 1789 prägte
und der auch ein Kampf um die politischen Begriffe und Deutungen
war.

Struktur und Wandel des Ancien Régime

Den Begriff *Ancien Régime* haben die französischen Revolutionäre
1790 selbst geprägt, um damit jene überkommene Ordnung zu charakterisieren, die sie völlig abgeschafft zu haben beanspruchten. Die Abgeordneten der Nationalversammlung meinten damit vor allem eine
Gesellschaftsordnung mit ihren geschriebenen und ungeschriebenen
Gesetzen, ihren Normen und Mentalitäten. Was sie schufen, eine einheitliche Nation und eine Verfassung mit der Garantie der bürgerlichen Freiheit und Gleichheit, sollte das Gegenteil von jener Ordnung
sein, die im alten Frankreich ähnlich wie im übrigen Alteuropa seit
dem 16. Jahrhundert bestanden hatte. Darunter verstanden sie ständische Ungleichheiten und Privilegien (die nicht nur für die beiden ersten Stände galten), die Abschottung der Korporationen und partikulare Sonderrechte, die soziale und politische Vorherrschaft des Adels,
die feudalen Eigentumsrechte und die Relikte persönlicher Unfreiheit,
Steuerprivilegien und das System der Ämterkäuflichkeit. Die Bauern
dachten bei dem Stichwort der alten Ordnung vor allem an den
Grundherren und die Feudalität.

Dies alles war – vor allem für marxistische Historiker – ein Grund
mehr, generell von der »Gesellschaftsformation des Feudalismus« zu
sprechen, der dann 1789 vom »Kapitalismus« abgelöst worden sei.
Kennzeichnend für das Feudalregime ist nach dieser Auffassung eine
»besondere Form des Eigentums« und die »Zahlung von Abgaben, die
Feudalrechte oder grundherrliche Rechte genannt werden« (GODE-
CHOT, *Colloque sur l'Abolition du Régime féodal*, S. 147). Ob mit diesem
Terminus freilich die Vielfalt der Eigentums- und Einnahmeformen
oder die sozialen und mentalen Ungleichzeitigkeiten in einer sich wandelnden Gesellschaft erfasst werden können, muss mehr als bezweifelt
werden. Denn das Merkmal des Ancien Régime, gerade in seiner Spät-
phase, ist seine Vielfalt und Verworrenheit.

Eine prekäre bäuerliche Welt

Die französische Gesellschaft des 18. Jahrhunderts war statisch und dynamisch zugleich. Sie war vor allem eine agrarische Gesellschaft: Noch 85 % der Franzosen lebten auf dem Lande, ja die Wirtschaftskonjunktur des ganzen Landes wurde noch immer wesentlich durch den Rhythmus von Hungersnöten und Ernährungskrisen bestimmt. Auch das Denken der ländlichen Bevölkerung bewegte sich im Zusammenspiel von althergebrachten Arbeitstechniken, natürlichem Bevölkerungswachstum und Wetterschwankungen. Im normalen Jahr reichte die Ernte zur Ernährung des Landes – doch wenn Frost, Hagel oder Trockenheit, Krieg und Plünderung das Land heimsuchten, herrschten bald darauf Getreideknappheit und Brotteuerung. Der Hunger ließ dann die Sterblichkeit steigen und reduzierte den Bevölkerungsüberschuss besonders der ärmsten Schichten.

Ökonomische Einbrüche in diesem alten System waren immer agrarische Unterproduktionskrisen, die dann auf die städtischen Konsumenten und Gewerbe durchschlugen. Obwohl sich in diesem traditionellen Nahrungsspielraum im Laufe des 18. Jahrhunderts einiges änderte – die großen Hungersnöte nahmen ab, und den Bauern ging es in diesem Jahrhundert allgemeiner Prosperität etwas weniger schlecht –, blieben Gewerbe, Manufakturen und die ersten zaghaften Anfänge moderner Industrie nur zweitrangig.

Auch die Gesellschaftsordnung und das gesellschaftliche Wertsystem blieben vom Boden bestimmt. Die Grundherrschaft, Erbschaft vergangener Zeiten, prägte das ländliche Leben. Adel und Geistlichkeit besaßen zusammen etwa 45 % des Bodens als Obereigentümer, ohne ihn immer selbst zu bewirtschaften. Rund ein Viertel des Bodens war in Händen des städtischen Bürgertums. Den Bauern gehörten im Durchschnitt etwa 33 % des Bodens. Sicherlich war und blieb der Boden nach wie vor mit feudalen und grundherrlichen Abgaben belastet: Geldleistungen wie der *cens*, ein bestimmter abzuliefernder Teil an der Ernte, der *champart* und daneben noch weitere Abgaben, die teils jährlich, teils zu bestimmten Gelegenheiten zu zahlen waren. Hinzu kamen verschiedene Banngerechtsame und das Recht des Grundherren, über die Bauern seiner Ländereien Gericht zu sitzen. In einigen Provinzen kamen noch Frondienste hinzu, die die Schollengebundenen *(mainmortables)* zu leisten hatten, deren persönliche Mobilität überdies erheblich eingeschränkt war. Schließlich hatten die Bauern noch den

Kirchzehnten zu zahlen und den meist nicht unbeträchtlichen Zins für zugepachtetes Land sowie die Steuern an den Staat. Am Ende blieb dem Bauern knapp ein Drittel des Ernteertrags für den Lebensunterhalt seiner Familie. Dabei konnten Höhe und Modalitäten der Abgaben von Provinz zu Provinz recht unterschiedlich sein.

Schon bei geringen Ernteausfällen reichte das Einkommen in der Regel nicht mehr aus. Die Bauern mussten Geld leihen, um Abgaben und Steuern zu bezahlen und um sich zu hohen Preisen selbst Brot auf dem Markt zu kaufen, wo sie doch eigentlich glaubten, sich von ihrem Land selbst versorgen zu können. Die Folge waren lokale Teuerungs- und Brotunruhen, so etwa der »Mehlkrieg« von 1775.

Gesellschaftliche und wirtschaftliche Polarisierungstendenzen auf dem Lande

In der zweiten Hälfte des Jahrhunderts, und vor allem im letzten Drittel, zeigten sich spürbare Veränderungen in dieser überkommenen Ordnung, die teils die Unzufriedenheit der Bauern vermehrten, teils neue Formen in Anbau-, Eigentums- und Einnahmeformen ankündigten. Sicherlich hatten auch die Bauern einen bescheidenen Anteil an der allgemeinen Prosperität des Jahrhunderts, auch wenn sie als Selbstversorger nicht für den Markt produzierten und darum keinen Nutzen aus den steigenden Getreidepreisen ziehen konnten wie die wenigen Großbauern und vor allem die großen Pächter und Grundherren. Doch bot die ländliche Heimindustrie ebenso einen kleinen Zugewinn wie die Anlage von Gärten, die nicht abgabepflichtig waren.

Einen ungleich größeren Anteil an der säkularen konjunkturellen Aufwärtsentwicklung hatten freilich diejenigen, die für einen stetig wachsenden Markt produzierten. Das provozierte eine Offensive der Grundherren – egal ob es sich um Angehörige des Adels, des Klerus oder der Bourgeoisie handelte –, durch eine rationellere Wirtschaftsführung, durch die Ausdehnung der Ländereien und auch durch Ausnutzung ihrer Privilegien ihre Einkommensmöglichkeiten zu steigern. Man dehnte sein Eigengut aus, usurpierte Gemeindeländereien, schuf neue Anbauflächen durch Urbarmachung und durch Rückkauf von Ländereien, indem man das grundherrliche Vorkaufsrecht wahrnahm, und man rationalisierte die Festsetzung und die Eintreibung seiner Rechtstitel, die man nun an kapitalkräftige Pächter weiterverpachtete und damit mehr und mehr als profitables festes Einkommen verstand. Auch die Wirtschaftsführung wurde durch die Einsetzung von bürgerlichen Verwaltern oder Pächtern rationalisiert.

Für die These, dass der Anteil der grundherrlichen Rechte am Einkommen des Seigneurs in der zweiten Hälfte des Jahrhunderts besonders stark gestiegen sei, gibt es wenige stichhaltige Belege. Vielmehr machten die Einnahmen aus Pacht und Eigenwirtschaft offenkundig einen größeren Anteil aus. Mehr noch: Selbst wenn die grundherrlichen Rechte da und dort intensiver ausgenutzt wurden, war dies noch lange nicht Ausdruck einer Stärkung lebensrechtlicher Bindungen und einer ›feudalen Reaktion‹, sondern Teil jener Modernisierungsoffensive der Grundherren, zu der die Physiokraten die Stichworte lieferten. Diese sahen im Boden die Quelle allen Reichtums und lehrten marktwirtschaftliches, kapitalistisches Denken.

Sicherlich gab es nach wie vor auch im Zeitalter der Aufklärung nicht wenige Vertreter gerade des Hofadels, die nicht investierten, sondern sich mit kurzfristiger Gewinnsteigerung durch Pachtsteigerungen begnügten. Das diente ihren Luxusbedürfnissen, die freilich auch Scharen von Handwerkern ihr Brot verschafften und damit zur technischen Innovation beitrugen. Doch genügt der Hinweis auf ihre Existenz nicht, um von den »Beharrungskräften des Feudalregimes« zu sprechen, das erst durch die Revolution von 1789–1794 »aufgebrochen und vernichtet« worden sei. Vielmehr drangen moderne kommerzielle und marktorientierte Praktiken gerade durch die Poren und Ritzen des »Feudalsystems« lange vor der Revolution ein, und die Grundherrschaft war keineswegs bloß so reaktionär, wie uns dies eine lange historiographische Tradition glauben machen wollte. Ihr Charakter hat sich im Laufe des Jahrhunderts gewandelt, auch wenn der Begriff derselbe geblieben ist. Der Hinweis auf den Fortbestand oder auch die Verschärfung seigneurialer Rechte reicht nicht aus, um eine ganze Wirtschafts- und Gesellschaftsordnung als »feudal« zu bezeichnen. Nicht nur im Denken und Handeln des adligen Grundherren hatten sich im Laufe des Jahrhunderts fundamentale Veränderungen abgezeichnet. Zur »Verbürgerlichung der Seigneurie« (COBBAN, *Social Interpretation*, S. 47) gehört auch der Kauf ganzer Grundherrschaften durch bürgerliche Aufsteiger, die den Prozess der Modernisierung ihrerseits weitertrieben und verdeutlichten, wie der Boden zur Ware geworden war.

Freilich hatte sich diese Tendenz zur Rationalität noch nicht auf breiter Linie durchgesetzt, und auch von neuen landwirtschaftlichen

Arbeitstechniken konnte man im Vergleich zu England noch kaum etwas spüren. Auch verhinderten die uralten Mühlen- und Kelterbannrechte die Verbreitung neuer Maschinen. So existierte Archaisches und Modernes nebeneinander. Ob man dafür schon die Bezeichnung ›Agrarkapitalismus‹ verwenden soll, ist fraglich. Die Ausbreitung des Kapitalismus beschränkte sich vorerst auf eine verstärkte Kapitalanlage in Grund und Boden, die ein sicheres und mit hohem Sozialprestige verbundenes Renteneinkommen versprach. An der überkommenen Agrarstruktur und den Formen landwirtschaftlicher Produktion änderte sich dadurch kaum etwas. Man hat darum von einem »Abgabenkapitalismus« (Hinrichs, *Feudalität und Ablösung*, S. 142) gesprochen, um diese Übergangssituation zu charakterisieren, bei deren »Entwicklungen der kapitalistischen Formen sich die alten Formen des Grundbesitzes anpassen und auflösen und bei der die Überreste des Feudalismus sich die in der Entwicklung begriffenen kapitalistischen Formen und bürgerliche Verhältnisse anzupassen versuchen« (Robin, *Charakter des Staates*, S. 211).

Für die Masse der kleinen und mittleren Bauern vollzog sich dieser schmerzhafte Modernisierungsprozess, den sie vor allem als Verschärfung des rechtlichen und materiellen Drucks und als Verlust überkommener Rechte erfuhren, im Gewande des Feudalismus. Nicht selten zwangen die Kündigung von traditionellen Halbpachtverträgen und die Zusammenlegung kleinerer Pachtgüter zu profitableren Großwirtschaften sie zur Aufgabe ihrer Bauernstellen und erniedrigten sie zu Landarbeitern auf dem vormals eigenen Hof. Verschärft wurden Not und Unzufriedenheit im letzten Jahrhundertdrittel durch den Bevölkerungsdruck und die Wirtschaftskrise der 1780er Jahre.

Denn die bescheidene Verbesserung der Lebensumstände der Bauern im Laufe des Jahrhunderts hatte ambivalente demographische Folgen: Das Sinken der Sterblichkeitsrate führte im Laufe des Jahrhunderts zu einer spürbaren Bevölkerungszunahme: von etwa 23 Millionen im Jahre 1720 auf 24 Millionen im Jahre 1740, schließlich auf etwa 28 Millionen am Vorabend der Revolution. Den größten Bevölkerungszuwachs gab es in den Jahren zwischen 1745 und 1770, und diese starken Jahrgänge der nach 1750 Geborenen stießen sich, nun erwachsen, in den 1780er Jahren an dem engen Nahrungs- und Arbeitsspielraum. Die sozialen Spannungen verschärften sich auf dem Lande wie in der Stadt. Lebensmittel und Erwerbsquellen wurden knapper. Waren nicht wenige Mittelbauern durch die Kommerzialisierungswelle schon auf den Status eines Landarbeiters gezwungen, so wuchs die Zahl der Landlosen und Tagelöhner durch die Jungen, die nun von Gut zu Gut irrten oder in die Städte drängten, um ihre Arbeitskraft anzubieten. Nicht anders war es in den städtischen Gewerben, wo die Beschränkungen der Zünfte die Entwicklung moderner Produktionsformen erschwerten, umgekehrt das wachsende Arbeitskräfteangebot keine Aufnahme fand. So hat die Bevölkerungsentwicklung die engen Grenzen der alten Ordnung deutlich gemacht und mit zu ihrer Auflösung beigetragen. Die Unzufriedenheit dieser jungen Generation erklärt viel von der Dynamik der Revolution. In dieser starken Population des Königreichs liegt aber auch ein Grund für die militärische Schlagkraft Frankreichs in den Kriegen von 1792 bis 1812.

Stadt-Land-Gegensätze und die Ambivalenz der Aristokratie

Durch die ökonomische Krise der 1780er Jahre verschärfte sich der Gegensatz zwischen Stadt und Land, der Gesellschaft und Wirtschaft immer stärker prägte und den Gegensatz Bauern – Adel überlagerte. Es war ein Gegensatz zwischen traditionellen, auf die Wahrung alter Rechte bedachten bäuerlichen Schichten einerseits und adligen wie bürgerlichen Grundherren und Generalpächtern andererseits. In der Stadt saßen die Nutznießer bäuerlicher Arbeit, die von dem gemeinsamen Ziel einer größtmöglichen Rentabilität ihrer Kapitalanlagen geleitet waren. In dieser Wirtschaftsanschauung waren sich Adel und Bourgeoisie weitgehend einig. Was sich hier und an anderer Stelle vollzog, war eine tendenzielle Angleichung zwischen Adligen und den oberen Schichten der Bourgeoisie im Sinne einer Notabelngesellschaft, wie wir sie dann aus dem 19. Jahrhundert kennen. Von einem ›Klassenkampf‹ zwischen beiden Gruppen war man weit entfernt.

Mit der Wirtschaft war auch die Gesellschaftsordnung und ihr Normensystem in Bewegung geraten wenn auch nur so weit, um Tendenzen anzukündigen, sie aber noch nicht zum vollen Durchbruch zu bringen.

In formaler Hinsicht war die Gesellschaft der französischen Monarchie noch eine Ständegesellschaft. Darin war der Rang der einzelnen Mitglieder rechtlich und durch ein soziales Wertesystem fixiert und von einander geschieden. So hatte der Adel als der zweite Stand bestimmte Ehren-, Dienst- und Steuerprivilegien: Ausdruck seiner beherrschenden Rolle in der französischen Gesellschaft. Er pflegte seine Gewohnheiten, die durch Herkunft und ererbte Herrschaft überkommen und von seinem Lebensstil bestimmt waren mit peinlicher Sorgfalt. Ja mehr noch: Der Adel machte im 18. Jahrhundert aus seinem Anderssein geradezu einen Kult. Das *vivre noblement* wurde zum sozialen Leitbild des Ancien Régime, und auch die obersten Ränge der Bourgeoisie kannten kein anderes Ziel, als selbst wie Adlige zu leben. Da die Erhebung in den Adelsstand allein Sache des Königs war, wurde die Monarchie zum Verteiler sozialen Aufstiegs und zum Anziehungspunkt für bürgerlichen Reichtum. Unter Beibehaltung der ständischen Ordnung (denn im Ancien Régime schaffte man nichts radikal ab) baute die Monarchie – durch ihre finanziellen Bedürfnisse unter ständigem Druck – eine neue, parallele Elite auf, die ihr zunächst ergeben war, aber durch die Erblichkeit des neuen Ranges auch bald unabhängig wurde. Ludwig XIV. hat dieses System konkurrierender Eliten sorgfältig entwickelt; nach seinem Tode entbrannten die Rivalitäten aufs Heftigste. Doch die Erhebungen in den Adelsstand gingen immer weiter. Man schätzt ihre Zahl für das gesamte 18. Jahrhundert auf 32 000 bis 50 000. Der Adel war also eine durchaus offene Elite, die für jeden mit Vermögen und Befähigung ausgestatteten Bewerber im Bereich des Erreichbaren lag.

Nicht zuletzt deswegen war der Adel weder sozial noch ökonomisch homogen. Sein Einkommen entsprang dem Grundbesitz und der Königsgunst, in einigen Regionen lebte er auch vom großen Handel und der gewerblichen Produktion. Die Kopfsteuerliste, die insgesamt 22 Stufen kennt, zeigt, wie ungleichmäßig die wirtschaftliche Situation des Adels war, der insgesamt den Löwenanteil des nationalen Reichtums besaß. Der Adel ist in der Steuertabelle von den Stufen 22 bis hinunter zur Stufe 9 vertreten, dort also, wo die Handwerker eingestuft sind. Dass hinter der rechtlichen Einheit unterschiedliche Gruppierungen und Interessen des Adels bestanden, ist schon allein darum nicht verwunderlich. Das 18. Jahrhundert war reich auch an Konflikten innerhalb des Adels.

Bestimmender als die gemeinsame Verachtung gegenüber dem Nichtadel, der *roture*, waren die Ressentiments des Klein- und Provinzadels gegen den Hochadel, die führende Schicht in der Monarchie. Doch auch diese Führungsschicht bestand aus sehr disparaten Gruppen, die durch Herkunft und Rang geschieden waren: Sie kamen aus sehr alten Familien, aus dem höheren militärischen Adel und dem hohen Klerus, waren Mitglieder der königlichen Verwaltung, Intendanten und arrivierte Finanziers. Der hohe Amtsadel, der nicht zu diesem Hofadel gehörte, kämpfte mit Hilfe der Parlamente gegen die Vertreter der Monarchie, ganz besonders gegen die Intendanten, die ihrerseits auch meist aus diesem Parlamentsadel stammten. Auch in politischer Hinsicht war der Adel nicht weniger heterogen als in sozialer und materieller.

Auch wenn Literatur und Publizistik des Jahrhunderts reich an Adelskritik waren (sie kam meist aus den Kreisen des Adels selbst), einen kollektiven Willen zur Selbstverteidigung des Adels gab es nicht. Auch die Parlamente, d. h. die Gerichtshöfe, die im Namen des Königs in letzter Instanz Recht sprechen sollten und die sich nun zum Träger der Opposition gegen die Krone machten, waren nicht so stark, wie sie sich selbst darstellten. Dazu fehlte es ihnen an Geschlossenheit und einem eindeutigen Willen wie an der Unterstützung durch die Mehrheit des Adels. So bietet sich ein verwirrendes Bild miteinander konkurrierender Elemente, die zur Zerstörung der alten Ordnung mit beitragen sollten.

Wenn man an der viel zitierten These von einer ›aristokratischen Reaktion‹ festhalten will, dann nur in dem Sinne, dass man damit den Abwehrkampf der alten Adelsgruppen gegen Neuadlige und Parvenüs meint. Nicht um Abschließung gegenüber den oberen bürgerlichen Schichten ging es (die Offenheit des Adels nahm nicht ab), sondern um den wunden Punkt im sozialen Aufstieg, um den Übergang vom Neuadel zum bei Hofe zugelassenen Adel. Die Frage, die die Eliten des Ancien Régime beschäftigte, hieß nicht nur bürgerlich oder adlig, sondern adlig oder geadelt und seit wann geadelt. Auch das berühmte Edikt des Kriegsministers Ségur von 1781, das den Eintritt in die Offizierslaufbahn vom Nachweis von vier Generationen adliger Vorfahren väterlicherseits abhängig machte, besagte nichts anderes. Nicht Bürgerliche wollte man ausschließen – da seit Jahrzehnten kaum ein Bürgerlicher Offizier geworden war, gab es hier nichts zum Ausschließen –, sondern reiche Anoblierte, die mehr daran interessiert waren, sich durch den Kauf einer Offiziersstelle den für den weiteren sozialen Aufstieg hilfreichen militärischen Hintergrund zu verschaffen. Das verbitterte den oft verarmten Altadel, für den der Militärdienst eine die soziale Vorrangstellung und Versorgung sichernde Profession war. Denn oft war der adlige Lebensstil nur durch staatliche Mittel zu bewahren. All dies musste den Antagonismus zwischen altem Schwertadel und neuem, nachdrängendem Amts- und Geldadel zwangsläufig verschärfen.

Auch kulturell war der Adel gespalten. In der Mehrzahl war er schroff antiintellektualistisch. Eine aktive Minderheit war jedoch wichtiger Träger eines regen literarischen und geistigen Lebens in den Salons, Akademien und Publikationsunternehmungen der Aufklärung. Auch in den adligen Parlamenten gab es intellektuelle Größen vom Range eines Montesquieu, und schließlich spielte eine liberale Minderheit des Adels eine beträchtliche Rolle in den vorrevolutionären Auseinandersetzungen. Dass dieser liberale Adel Teil der aufgeklärten Eliten war, zeigen auch die Beschwerdehefte *(Cahiers de doléances)* von 1789. Auch in einigen Cahiers des Adels konnte man das Reformprogramm der Aufklärung wiederfinden: Sie forderten Schutz der persönlichen Rechte des Individuums, Abschaffung der Privilegien, Reform der absoluten Monarchie.

In der Wirtschaftsgesinnung hatte sich ebenfalls eine Angleichung zwischen Teilen des Adels und der Bourgeoisie vollzogen. Einige Vertreter des Adels standen sogar an der Spitze der Modernisierung im Produktionsbereich. Sie lasen dieselben Bücher wie das gebildete Bürgertum, übernahmen bürgerliche Werte wie Leistung und Verdienst. Adlige sahen es immer weniger als unter ihrer Würde an, sich in Geschäften zu engagieren. Man betätigte sich in Großhandel und Großgewerbe, finanzierte Bergwerke, gründete Montanimperien. Auch in der traditionellen Textilindustrie nahm der Adel eine nicht geringe Rolle ein. So ist nicht eine Verkrustung des Adels zu beobachten, sondern eine schrittweise Verbürgerlichung von Adelsgruppen, wie andererseits Teile der Bourgeoisie durch die Aufnahme in den Adel in die Führungsgruppen des Ancien Régime integriert wurden.

Beharrungen und Spannungen in der bürgerlichen Welt

Nicht weniger gespalten als der Adel war das Bürgertum, das auf keinen Fall mit dem Dritten Stand gleichgesetzt werden darf. Denn der Dritte Stand, das waren 98 % der Bevölkerung. Zu ihm gehörten vermögende Kaufleute ebenso wie Handwerker, Bauern und Tagelöhner. Bereits als rechtliche Umschreibung einer ständischen Gliederung war der Begriff derart obsolet geworden, dass die berühmte Frage des Abbé

Sieyès: »Was ist der Dritte Stand?« nur zu berechtigt war. Zur Bourgeoisie zählten die oberen Ränge des Dritten Standes, die von ihrem Reichtum lebten, der aus dem Handel, einer Erbschaft oder einer Rente stammte, die also ein Einkommen hatten, das nicht durch eigener Hände Arbeit erwirtschaftet war. Zu dieser nicht-adligen, wohlhabenden städtischen Gruppe gehörten Steuerpächter wie Bankiers, Kaufleute und Manufakturherren. Den wichtigsten Teil ihrer Einkünfte beziehen diese *bourgeois*, wie sie sich selbst nennen, aus der Grundrente und nicht aus dem Profit. Die Bourgeoisie von 1789 ist auf jeden Fall reicher als die von 1700, sie ist der dynamische Teil der Gesellschaft. Doch sie ist weder von einem bürgerlichen Klassenbewusstsein beseelt noch vom Geist des Kapitalismus. Dazu ist sie viel zu sehr auf die Lebensweise des Adels fixiert und zeigt auch keine Bereitschaft zum Investieren. Ihre Gewinne verwendet diese »Bourgeoisie des Ancien Régime« (ROBIN, *Société française*), für den Erwerb von Grundbesitz, Ämtern und Anleihen. Sicherlich gibt es auch eine moderne industrielle Bourgeoisie, aber sie spielt nur eine zweitrangige Rolle. Zur Welt der »Bourgeoisie des Ancien Régime« tendiert auch die große Schar der Anwälte, Advokaten, Notare und Ärzte. Sie suchen ebenfalls nach sozialer Anerkennung durch den Erwerb von Grund und Boden.

Das eigentliche Skelett der städtischen Sozialstruktur bildet die Masse der Kleingewerbetreibenden und Händler, der Handwerksmeister, die allein oder mit ein paar Gesellen nach den Grundsätzen der traditionellen Zunftmoral arbeiten, die freilich schon längst durchlöchert ist. Manche dieser Meister beschäftigen wie richtige Unternehmer schon Dutzende von Arbeitern. An unterster Stelle stehen die ständig wachsenden Unterschichten. Die Lebens- und Arbeitsweise all dieser Gruppen ist noch zu vielfältig, um ein einheitliches Bewusstsein zu schaffen. Sie reagieren nur als Konsumenten, wenn die Brotpreise steigen.

Kulturell besteht ein tiefer Graben zwischen Besitzbürgertum auf der einen und Kleinbürgertum wie Unterschichten auf der anderen Seite. Aufklärung und politisches Bewusstsein sind Angelegenheit des gebildeten Publikums der Städte, der Rechtsanwälte, Gerichtsbeamten und staatlichen Würdenträger. Aber auch sie sind längst nicht alle Anhänger der Aufklärung oder gar von einem adelsfeindlichen Affekt bestimmt. Vielmehr transzendieren Aufklärung und öffentliche Meinung, die zu einer gewaltigen Macht wird, die alten ständischen Trennlinien.

Unzufriedenheit in der bürgerlichen Welt herrschte freilich bei denen, die das Tor zum Aufstieg verschlossen fanden. Das gilt vor allem für die wachsende Gruppe junger Intellektueller, welche die Versprechungen der Bildungsoffensive der Aufklärung ernst genommen hatten und nun den ersehnten Platz in einer Akademie oder eine andere staatliche Stelle nicht erhielten, da die wenigen Pensionen und Sekretärsstellen schon von einem Konkurrenten besetzt waren. Sie mussten sich im literarischen Untergrund durchschlagen, als Gelegenheitsschriftsteller, Verfasser von Pamphleten und pornographischen Schriften oder gar als Polizeispitzel. Die Stunde für dieses ›akademische Proletariat‹, dessen quantitativen Umfang wir nicht kennen, kam in der Revolution – in der Presse, in den Klubs und Revolutionskomitees der Jakobiner.

Unzufriedenheit in der vorrevolutionären Bourgeoisie machte sich erst breit, als der Staatsbankrott drohte und die Inhaber von käuflichen Ämtern um ihre Anlagen und ihren weiteren sozialen Aufstieg fürchten mussten. Das aber beschleunigte nur noch den Niedergang des absolutistischen Staates, der in eine tiefe Glaubwürdigkeitskrise geraten war, von der er sich nicht mehr erholen sollte. Und auch erst in diesem Moment, als im Machtvakuum der offene Kampf um die Macht ausbrach, im Herbst und Winter 1788/89 bildete sich ein bürgerliches Bewusstsein aus.

Soziale und wirtschaftliche Strukturveränderungen und -probleme des Ancien Régime allein reichen nicht aus, um die Ursachen der Revolution zu erklären. Sicherlich gab es eine wachsende Unzufriedenheit vor allem derer, die keine Chancen auf Aufstieg und Besserung sahen. Doch hätte dies nicht zwangsläufig zur Krise und zum Zusammenbruch einer ganzen Staats- und Gesellschaftsordnung führen müssen. Dazu mussten noch mehrere Faktoren hinzukommen.

Die Krise des Staates

Die dritte Komponente des Ancien Régime, der Absolutismus, zeigte im Laufe des Jahrhunderts zunehmend Schwächen und Unfähigkeiten, das komplizierte Gleichgewicht des Ancien Régime länger auszubalancieren. Alle Ansätze zu einer Reform des Absolutismus, vor allem seines Steuersystems, blieben stecken.

Das Königreich Frankreich war bis 1789 eine absolute Monarchie. Der absolute Staat war keineswegs bloßes Anhängsel der ›herrschenden feudalen Klassen‹. Der Monarch besaß eigene Formen und Möglichkeiten der Intervention, die Ludwig XIV. intensiv genutzt hatte, um etwa den Adel politisch zu domestizieren. Auch spielte die Monarchie und ihre Administration im 18. Jahrhundert mehr denn je eine aktive Rolle bei der Auflösung der alten Ständegesellschaft. Der Monarch hatte eine Doppelrolle inne: Er war und blieb Mann seiner Herkunft, oberster Lehensherr. Seit Ludwig XIV. wurde er aber zugleich immer mehr Chef einer zentralisierten Bürokratie. Unter seinen Nachfolgern entwickelte sich die Monarchie von der Regierung durch den König hin zur Regierung durch Minister und Verwaltungsapparate.

Die Monarchie war öffentliches Verwaltungsorgan, Kontrolleur der alten korporativen Zwischengewalten, Anreger und Kontrollinstanz der Wirtschaft wie Schiedsrichter zwischen den verschiedenen sozialen Interessen. Das waren vielfältige Aufgaben, die letztendlich alle auf dem König ruhten, der allein die traditionelle Legitimation besaß. Er war Monarch von Gottes Gnaden, heilige Person und oberster Kirchenherr, er war Vaterfigur und »wundertätiger« König, der durch Handauflegen Aussätzige heilte. So hing vieles auch vom Charakter, dem Willen und der Intelligenz des Königs ab. Ludwig XVI. konnte man nur den guten Willen bescheinigen.

Angesichts des labilen Machtgleichgewichts und des Wandels der Gesellschaft musste das politische System immer wieder angepasst und reformiert werden. Beharrung konnte zur Systemgefährdung führen. Das war der königlichen Bürokratie durchaus bewusst, doch stieß sie immer wieder an die Grenzen ihrer Macht. Ständische Wertvorstellungen und die Erfordernisse eines bürokratischen Zentralstaates wurden immer unvereinbarer.

Nicht nur dass es ein Chaos der Zuständigkeiten einzelner zentraler und regionaler Verwaltungen gab, sich administrative, judikative, fiskalische, militärische und kirchliche Verwaltungseinheiten überschnitten und unterschiedliche Rechtsordnungen nebeneinander bestanden. Es waren die noch bestehenden ständischen Lokal- und Zwischengewalten, von denen der Widerstand gegen jede weitere Zentralisation und Rationalisierung ausging. An ihnen rieben sich die Intendanten, die Stellvertreter der königlichen Zentralgewalt in der Provinz.

Die Widerstände wurden übermächtig, wenn die entscheidende Schwachstelle der alten Ordnung reformiert werden sollte: das königliche Steuersystem mit all seinen Inkonsequenzen und Ungleichheiten. Die Lasten waren nicht nur sehr ungleichmäßig je nach sozialer Zugehörigkeit verteilt, sie waren auch innerhalb des Königreichs nach Ort und Region unterschiedlich festgelegt. In einigen Provinzen, den *pays d'états,* konnten sie nur mit Zustimmung der dort noch bestehenden Landstände erhoben werden, in den anderen Provinzen, den *pays d'élections,* wurden sie von königlichen Beamten eingezogen.

Das alles ging zwar auf alte Gewohnheit zurück, doch in einem Jahrhundert der Rationalität und der Suche nach dem Glück empfand eine wachsende öffentliche Meinung dies als unerträglich. Alles hing davon ab, ob die absolute Monarchie noch fähig war, die vielfältigen Forderungen nach Reform zu erfüllen. Diese zielten vor allem auf die Abschaffung der Steuerprivilegien und -ungerechtigkeiten, auf die politische Partizipation und Repräsentation der Notabeln, auf eine Strafrechtsreform und religiöse Toleranz, auf Liberalisierung der Wirtschaft und Abschaffung der Zünfte.

Auf der Tagesordnung stand eine Finanzreform endgültig und immer wieder seit dem Desaster des Siebenjährigen Krieges (1756–63), der eine tiefe Vertrauenskrise in die französischen Institutionen und angesichts der immensen Schulden eine heftige Debatte über eine Finanzreform ausgelöst hatte. Nicht nur deren Radikalität zeigte auffällige Gemeinsamkeiten zur späteren Diskussion von 1788/89, auch die politischen Gegenspieler waren dieselben. In der Auseinandersetzung entwickelte sich ein neuer politischer Diskurs. Nun war die Rede von der »Nation«, dem »Staat« und dem »Volk«, nicht mehr vom »Monarchen« und seinen »Untertanen«. Das klang schon sehr wie 1789. Die Reformüberlegungen der Monarchie stießen 1763 wie 1788 auf den erbitterten Widerstand der Parlamente, die – begleitet von einer heftigen Propaganda – die Rolle einer Opposition einnahmen, die in der Verfassung des Ancien Régime gar nicht vorgesehen war. Die Reformen scheiterten in beiden Fällen letztlich daran, dass sie die politische und soziale Ordnung des Ancien Régime erheblich verändert hätten. Auch spielte die Führungsschwäche des Monarchen vor allem im Jahre 1788 eine nicht unwichtige Rolle.

Dass die Parlamente zum Zentrum der Opposition werden konnten, lag an ihrer sozialen Unabhängigkeit wie ihren judikativen Kompetenzen. Die Magistrate der Parlamente, Angehörige des Amtsadels und der Verwaltungselite, konnten ihr Amt, das sie käuflich erworben oder ererbt hatten, als ihr privates Eigentum betrachten und waren praktisch unkündbar. Als souveräne Gerichtshöfe waren die dreizehn Parlamente oberste Appellationsinstanzen, und es konnte in Frankreich kein Gesetz wirksam werden, das nicht zuvor vom Pariser Parlament »registriert« war. Zudem hatten die Parlamente das Recht, vor der Registrierung in Form von »Remonstrationen« auf Fehler und Nebenwirkungen der betreffenden Gesetze hinzuweisen, wenn auch der König das beanstandete Gesetz in veränderter Form schließlich erzwingen konnte. Außerdem hatten sie das Recht, in ihrem eigenen Territorium Verordnungen zu erlassen und Gesetze zu suspendieren.

Stark waren die Parlamente, wenn die Monarchie schwach war, also in den Jahren 1749 bis 1771 und wieder in der Regierungszeit Ludwigs XVI. Der hatte den fundamentalen Fehler begangen, bald nach seinem Amtsantritt seinen Kanzler Maupeou zu entlassen, der noch unter Ludwig XV. die Parlamente entmachtet hatte. Diese wurden dann in der entscheidenden Finanz- und Staatskrise 1787/88 wieder Zentrum der Opposition. Die fast ausnahmslos adligen Parlamente stellten ihre Verweigerung äußerst publikumswirksam als Kampf gegen den »ministeriellen Despotismus« und als Verteidigung der Freiheit und Unverletzbarkeit des Individuums dar und konnten sich lange Zeit des Beifalls der aufgeklärten Öffentlichkeit sicher sein. Das sollte sich erst ändern, als auf dem Höhepunkt der Machtkämpfe im Sommer 1788 die Parlamente in der Frage der Zusammensetzung der einzuberufenden Generalstände ihre ›fortschrittliche‹ Maske fallen lassen mussten und dahinter ihr ›reaktionäres‹ standespolitisches Interesse zum Vorschein kam. Dass sie in den Kämpfen der sog. Prärevolution so mächtig waren, lag nicht zuletzt an der Unterstützung, die die Parlamente in der öffentlichen Meinung gefunden hatten.

Mentalitätswandel und geistige Krise

Doch nicht nur die Aktion der Parlamente wurde durch eine Politisierung der Aufklärung begünstigt. Das Erlahmen des Reformwillens der Monarchie und ihre schließliche Passivität hatte einen Grund auch darin, dass der Regierung eine zunehmend erregtere Kritik und Ablehnung aus der Öffentlichkeit entgegenschlug. Das verstärkte die Verunsicherung und grenzte den Handlungsspielraum der Regierung ein. Denn die Monarchie hatte zunehmend die kulturelle Hegemonie verloren. In dem Maße, in dem die öffentliche Meinung und ihre intellektuellen Wortführer zu einer politischen Macht wurden – und das begann nach verbreiteter Ansicht in den 1770er Jahren –, verlor die Krone die Kontrolle über zentrale Symbole monarchischer Autorität. Neue Werte bestimmten den politischen Diskurs, der nicht mehr von der Monarchie beeinflusst werden konnte (vgl. den nachfolgenden Beitrag).

Dass sich in der aufgeklärten Öffentlichkeit zunehmend eine antiabsolutistische Tendenz durchsetzen konnte, die schließlich revolutionären Charakter annahm, hatte mit der Aufklärung und den *philosophes* viel und wenig zugleich zu tun. Die These, die Revolution sei unmittelbar Werk der großen *philosophischen* Schriftsteller wie Voltaire, Montesquieu, Diderot und Rousseau, ist längst widerlegt. Niemand der *philosophes* träumte von der Revolution, sondern allenfalls von der Reform. Erst beim Zusammenbruch der alten Ordnung erhielt die öffentliche Meinung, die das Programm der Aufklärung längst in einfache Schlagworte umgemünzt hatte, einen revolutionären Charakter. Erst mit der politischen Legitimationskrise von 1789 erhalten die in einfache Formeln übersetzten Grundgedanken der Aufklärung wie »Freiheit«, »Gleichheit«, »Repräsentation«, »Tugend« und »Glück« eine »einzigartige Durchsetzungschance« (VOVELLE, *Französische Revolution*, S. 18).

Umgekehrt lässt sich jenes Denk- und Meinungsklima nicht vorstellen ohne die Schriften jener *philosophes*, die die Stichworte für den langfristigen Bewusstseinswandel gaben. Sie haben ihre Angriffe zunächst gegen Kirche und Religion gerichtet, von dort auf die politische Ordnung, die sich auf das Gottesgnadentum gründete, und sie haben das Gesellschaftssystem des Ancien Régime mit seinen ständischen Ungleichheiten kritisiert. Sie haben schließlich alte Institutionen der Bildung und Erziehung erobert und neue mitbegründet und damit erst für die Verbreitung ihrer politisch-sozialen Gedankenwelt gesorgt (vgl. den nachfolgenden Beitrag).

Ihre Botschaft fiel auf einen fruchtbaren Boden, als in der Legitimationskrise des Ancien Régime immer breitere Schichten nach Lösungen suchten, die die Stelle der alten Werte einnehmen konnten. Verstärkt wurde die politische Botschaft der Aufklärung schließlich durch einen tief ergehenden mentalen Wandlungsprozess, der sich vor allem in der langfristigen Entchristianisierung, d. h. dem Verlust traditioneller katholischer Frömmigkeit und Bindekraft, ausdrückte. Diese »Entzauberung der Welt« (Max Weber) war es, die auch die politische Legitimationsgrundlage der Monarchie unterhöhlte.

Das musste um so wirkungsvoller sein, als die Institutionen des Königreichs immer weniger in der Lage zu sein schienen, die drängenden Probleme der Finanzen und Steuern wie schließlich der Versorgung zu lösen.

Die Finanzkrise

Politische Dimensionen gewannen die antiabsolutistischen Tendenzen und das Verlangen nach Reform mit der staatlichen Finanzkrise, der unmittelbaren Ursache der Revolution. In der Zwangslage der königlichen Finanzen fanden die Parlamente den gewünschten Vorwand, sich gegenüber der absoluten Monarchie zu revanchieren. Das Defizit zwang die Regierung schließlich, die Generalstände einzuberufen und damit die Autorität des absoluten Staates endgültig zu zerstören.

Vorhersehbar war die finanzielle Notlage schon länger gewesen, spätestens seit dem französischen Engagement im amerikanischen Krieg war sie unabwendbar. Verschärft wurde sie noch durch die ökonomische Krise von 1788.

Eine drastische Verringerung der Ausgaben war aus vielerlei Gründen nicht der Weg, um den drohenden Staatsbankrott zu vermeiden. Es blieb nur der Ausweg einer Veränderung des Steuersystems, vor allem in Form einer gerechteren Steuererhebung. Daran hatten sich schon Turgot und Necker versucht; nun unterbreitete Calonne 1787 einer vom König einberufenen Notabelnversammlung ein Bündel von Reformvorhaben. Er schlug zur Rettung des Fiskus eine neue Steuer vor, die von allen Untertanen einschließlich des Klerus proportional zu den Erträgen der Ernte entrichtet werden sollte. Daneben wollte er die bäuerliche Wegefron in Geldleistungen umändern, den Getreidehandel liberalisieren und durch Provinzialversammlungen den Grundbesitzern die Möglichkeit geben, über die Verteilung und Verwaltung der Steuern mit zu wachen, freilich unter Aufsicht der Regierung. Doch die Notabeln verweigerten die Zustimmung zu den wichtigsten dieser Reformvorlagen, weil sie deren unweigerliche Konsequenz erkannten, nämlich die Beseitigung der ständischen Autonomie.

Calonnes Strategie war gescheitert. Er versuchte vergeblich, durch eine Flucht in die Öffentlichkeit die Notabeln als egoistische Standesvertreter darzustellen. Doch die Öffentlichkeit sah in den nun veröffentlichten Reformplänen Calonnes nur einen Vorwand für höhere Steuern. Auch hatten sich die Notabeln für nicht kompetent erklärt und ihrerseits ein viel diskutiertes Allheilmittel aus der geschichtlichen Erinnerung hervorgeholt: die Generalstände, die zuletzt 1614 zusammengetreten waren. Calonne musste gehen, aber auch seinem Nachfolger, Brienne, immerhin einer der Ihrigen, verweigerten sie ebenfalls die Zustimmung, als ihm nicht viel anderes zur Sanierung der Finanzen einfiel als seinem Vorgänger.

Am 25. Mai 1787 löste der König die Notabelnversammlung auf. Die Vertrauenskrise der französischen Monarchie war unübersehbar. Die Notabeln hatten für die Reform der Finanzen eine verstärkte Kontrolle als Gegenleistung gefordert, und sie sahen sich in ihrem Misstrauen gegen den »ministeriellen Despotismus« von der öffentlichen Meinung bestärkt. Nun traten die Parlamente wieder an die Stelle der Notabelnversammlung, und es begann im Sommer 1787 der offene Machtkampf in einer Atmosphäre tiefen Misstrauens. Auch die Parlamente verlangten lautstark die Einberufung der Generalstände, während der König vom Pariser Parlament die Einregistrierung eines umfassenden Reformpakets erzwingen wollte, dessen Kern freilich neue Steueredikte darstellten. Der Widerruf durch das Pariser Parlament wurde von der Öffentlichkeit bejubelt, die hohen Richter sahen sich in der Rolle von Helden.

In einer erneuten Gerichtssitzung erzwang der König gegen den Protest des Herzogs von Orléans am 19. November 1787 die Einregistrierung einiger Anleihen, nachdem er die Steuerpläne längst aufgegeben hatte. Was als Plan zur Steuergerechtigkeit gedacht war, hatte den Verdacht einer bloßen Steuererhöhung provoziert. Dem Versuch, ihre Rechte einzuschränken, antworteten die Parlamente mit der Proklamation der »Grundgesetze des Reiches«, mit der Forderung nach Bewilligung von Steuern durch regelmäßig einzuberufende Generalstände.

Die Zeit für Kompromisse war damit vorbei, im Frühjahr 1788 sollte es zum endgültigen Konflikt zwischen Krone und Parlamenten kommen. Die Parlamente in der Provinz entfachten einen Sturm der Entrüstung im ganzen Land. In einer Welle von Pamphleten wurde die Revolte gepredigt, in der Bretagne und in der Dauphiné nahmen die Forderungen nach Einberufung der Generalstände deutlich revolutio-

näre Untertöne an. Die Zwiespältigkeit des Angriffs der ständisch-re-
aktionären Institutionen auf die Monarchie wurde immer deutlicher.
Reform und Erneuerung sollten durch den Rückgriff auf eine uralte
Institution ins Werk gesetzt werden. Der Angriff auf das absolute Königtum führte über eines der typischen ständischen Organe des Königreichs, und die zähe Verteidigung ständisch-regionaler Privilegien bediente sich liberaler, fortschrittlicher Parolen und Programme, die bald
einen revolutionären Charakter erhalten und sich gegen ihre Propa-
gandisten selbst richten sollten. Zwar mussten die Parlamente die
Unterstützung durch die aufgeklärte Öffentlichkeit verlieren, als sie für
die traditionellen und mittlerweile anachronistischen Wahl- und Ab-
stimmungsmodalitäten eintraten. Doch die Monarchie konnte diese
Situation nicht mehr für sich nutzen, denn sie hatte längst die Kontrolle über eine Mobilisierungs- und Radikalisierungswelle in der öffentlichen Diskussion verloren, die schließlich dazu führte, dass in einer
Atmosphäre der Leidenschaften und des Misstrauens die aufgeklärte
Gesellschaft in dem offenen Machtkampf auseinander gesprengt wurde, der nun zwischen den Privilegien der Geburt und den Ansprüchen
des Bürgertums ausbrach.

Im August 1788 gab der König den Forderungen der Parlamente
und der Öffentlichkeit nach und berief die Generalstände ein, während
er gleichzeitig dem populären Bankier und Ex-Minister Necker erneut
die Leitung der Geschäfte übertrug. Während dieser seine Aufgabe nur
noch darin sah, die Einberufung der Generalstände zu organisieren und
dem Staat im Übrigen bis dahin eine finanzielle Atempause zu verschaffen, verschärfte sich die öffentliche politische Auseinandersetzung, vor
allem nachdem in einer zweiten Notabelnversammlung die Prinzen von
Geblüt ein Memorandum vorgelegt hatten, das die vorherrschende
privilegienfeindliche Stimmung in der Öffentlichkeit nun in offenen
Privilegienhass umschlagen ließ. Das war die Stunde für radikale Forderungen, wie sie nun Sieyès etwa mit dem Verlangen nach Rechtsgleichheit artikulierte, nachdem vorher nur Wünsche nach einer Ver-
breiterung der politischen Partizipation vorgetragen worden waren.

Die ökonomische Krise

Neue Nahrung erhielten die Leidenschaften und die politisch-soziale
Polarisierung durch eine ökonomische Krise, die in ihren Ausmaßen

die der siebziger Jahre noch übertraf. Durch die Zufälle der Konjunktur und der Ernte trat auf der politischen Bühne ein neuer Mitstreiter auf, den ganz andere Motive und Handlungsmuster trieben als die politische Öffentlichkeit der Städte: nämlich die Bauern und die städtischen Volksmassen.

Ausgelöst wurde die Wirtschaftskrise wie seit Jahrhunderten von einer schlechten Ernte, dann folgte der klassische Katastrophenmechanismus. Die Krise alten Typs (Labrousse) begann mit zwei Missernten; starke Regenfälle und Überschwemmungen im Jahre 1787 und eine große Dürre mit dem Hagelschlag vom 13. Juli 1788, der in Westfrankreich einen großen Teil der Ernte vernichtete, folgten aufeinander. Die Ernte von 1788 war eine Katastrophe: Die Getreidepreise stiegen schlagartig an, insgesamt um 100 %, verschiedentlich sogar um 200 % und erreichten im kritischen Moment vor der neuen Ernte im Juli 1789 ihren Höhepunkt.

Zwar war die absolute Steigerung der Preise zwischen 1786 und 1789 geringer als zwischen 1763 und 1770. Aber die Krise traf auf eine Landbevölkerung, die schon eine Reihe schlechter Jahre hinter sich hatte und darum weder über Vorräte noch Überschüsse verfügte. In der Stadt reduzierte der Preisanstieg die Kaufkraft. Der Lohn der kleinen Leute wurde ausschließlich für die notwendigsten Lebensmittel aufgebracht. Das wiederum schmälerte die Absatzmöglichkeiten der Gewerbe. Arbeitslosigkeit, Brotrevolten und Gewaltakte waren die Folge. Doch diesmal fügten sich diese periodisch auftretenden traditionellen Revolten in die revolutionäre politische Grundstimmung ein. Die Forderungen nach Gleichheit erhielten neue Nahrung. Traditionelle materielle Forderungen wurden politisiert und boten den Rivalen im politischen Machtkampf die Chance, breitere gesellschaftliche Gruppen für sich zu mobilisieren. In dieser Atmosphäre der Krisen, der Emotionalisierung und politischen Radikalisierung fand der Wahlkampf zu den Generalständen statt. Damit waren, aus der Not der Finanzkrise erzwungen, jene Kräfte auf die politische Bühne gerufen, die auf Veränderung drängten. Freilich deutete im Frühjahr 1789 noch alles auf eine Reform der Monarchie hin. Erst der revolutionäre Prozess sollte die Forderungen weit über das hinaustreiben, was die Wähler ihren Deputierten an Willensbekundungen mit auf den Weg zu den Generalständen in Versailles gegeben hatten.

Hans-Ulrich Thamer

DIMENSIONEN
DES VERLAUFS
DER REVOLUTION

De l'Imprimerie de TREMBLAY, rue basse
Saint-Denis.

Einheit und Unteilbarkeit der Republik (Unité et indivisibilité de la République).
Anonyme, kolorierte Radierung, Paris 1793/94, 152 x 240 mm (Nationalbibliothek Paris Kupferstichkabinett, Sammlung Hennin, Nr. 11787).

Emblemartige revolutionäre Schmuckplakate wie das abgebildete wurden besonders 1791–94 in großer Vielfalt und hohen Auflagen hergestellt und billig verkauft. Jenseits der wechselnden, meist kontroversen Tagesaktualität konzentrierten sie sich auf eine zwar allgemeine, durch häufige Wiederholung und starke Verbreitung aber besonders einprägsame politische Bekenntnissymbolik mit vielen Anlehnungen an die idealisierte altrömische Republik.

Im vorliegenden Fall thematisiert das Emblem den Slogan der Sansculotten und Jakobiner von 1793/94: »Einheit und Unteilbarkeit der Republik«. Diese Durchhalteparole richtete sich gegen die existentielle Bedrohung der jungen Republik sowohl von außen (durch die vorrückenden österreichischen und preußischen Truppen) wie von innen (durch gegenrevolutionäre und föderalistische Massenbewegungen). Der den Wahlspruch umschließende Eichenkranz zeigt den symbolischen Lohn, der den Lebensrettern des Vaterlandes, also revolutionären Aktivisten und Soldaten, winkt. Getragen wird die Republik von den gebündelten *Fasces* (Ruten) – wie im alten Rom Zeichen der geeinten staatlichen Amts- und Strafgewalt. Dass sie vom »Volk« legitimiert ist und mit seiner Hilfe ausgeübt wird, bestätigt – statt der altrömischen Axt – die von den *Fasces* umschlossene Pike, die Waffe des streitbaren Bürgers, zumal des Sansculotten. Ihre Legitimität bezieht die revolutionäre Gewaltausübung aus dem Ziel der »Freiheit«, dem sie dient – verbildlicht in der roten Freiheitsmütze (hier eine schlichte Arbeiter-Wollmütze mit Nationalkokarde), einer Neuauflage der antiken Phrygenmütze für freigelassene Sklaven, die besonders seit dem Pariser Fest für vom Galeerendienst befreite Revolutionssoldaten des Regiments Châteauvieux im April 1792 zum politischen Symbol wurde. Darüber hinaus steht der revolutionäre Existenzkampf im Zeichen der durch die trikolorefarbenen Standarten verkündeten Parole »Freiheit, Gleichheit, Brüderlichkeit oder Tod« – die während der Revolution selbst nur ein Wahlspruch unter anderen war und in Frankreich erst nach 1870 zu *dem* Motto der Französischen Revolution erhoben wurde.

DIE STÄDTISCHE REVOLUTION
ALS POLITISCH-KULTURELLER
PROZESS

Archäologie einer demokratischen Kultur

BEFRAGT, WAS IHM SPONTAN ZUR Französischen Revolution von 1789 einfiele, würde ein allgemein historisch Interessierter heute wohl nur einige wenige Ereignisse, Begriffe und Personen schlagwortartig benennen: Bastillesturm, Menschenrechte, »Freiheit, Gleichheit, Brüderlichkeit«, Guillotinierung Ludwigs XVI., Jakobiner und Robespierre. Rudimentär, wie sie ist, enthält eine solche zwischen den Polen Liberté und Terreur (Schreckensherrschaft) gespannte Antwort doch wesentliche Elemente der Französischen Revolution, die allerdings der geschichtlichen Einordnung und Deutung bedürfen.

Das leisten die Revolutionshistoriker üblicherweise in Form einer politischen Ereignisgeschichte, die im günstigen Fall das Spannungsfeld und die Verlaufskurve der Revolution neuen Typs an der Schwelle zu unserer Moderne deutlich macht. Doch ob sie die Französische Revolution nun entweder aus konservativer Sicht als eine Kette von Verschwörungen und nackten Machtkämpfen oder in marxistischer Perspektive als Klassenkampf im Dienste der ›Bourgeoisie‹ und des ›Kapitalismus‹ oder aber aus mittlerer Position als Stafettenlauf politisch-sozialer Eliten deutet, in keinem Fall – so wagen wir zu behaupten – vermag eine solche rein erzählende Ereignisgeschichte den revolutionären Radikalisierungsprozess und seine langfristige Signalwirkung wirklich zu erklären.

Denn was die Revolution von 1789 mehr als etwa die englische Revolution des 17. Jahrhunderts oder die amerikanische Revolution zu einem weltweit beachteten Modell gemacht hat, ist nicht nur ihre idealtypische Verlaufskurve, wie sie sich z. B. noch in der iranischen Revolution wiederholt, sondern auch und besonders der engstens mit ihr verknüpfte Messianismus der Freiheit und Gleichheit. Er vor allem ist

es, der in der kollektiven Erinnerung fortlebt und politisch wie gesell-
schaftlich bis heute eine aktuelle Herausforderung bleibt.

Halt! wird hier der Skeptiker einwenden: Ist das nicht eine anachro-
nistische Verzerrung, welche die blutigen Tatsachen der Französischen
Revolution verdrängt, um in parteilicher Absicht die wohlfeilen Selbst-
rechtfertigungen der Terroristen nachzubeten? Dieser ›rechte‹ Ideolo-
gieverdacht ist ebenso zurückzuweisen wie der entsprechende ›linke‹
Vorwurf der Schwarzmalerei und der Verunglimpfung der ›Mutter der
Revolutionen‹. Beide gehören sie einer traditionellen Historiographie
an, die vor lauter Sammeln ereignisgeschichtlicher Plus- bzw. Minus-
punkte für bzw. gegen die Revolution deren eigentlichen Kern verfehlt.
Diesem kommt, wie wir meinen, die oben angedeutete, überwiegend
positive kollektive Erinnerung näher, als sie vielleicht ahnt.

Denn je länger und nachdenklicher man die Quellen befragt, welche Kraft die Französische Revolution denn eigentlich vorantrieb, worin deren frappierende Selbstläufigkeit und Prozesshaftigkeit bestand,
um so deutlicher erkennt man, dass selbst Schlüsselereignisse wie die
Einnahme der Bastille, der Tuileriensturm, das Abschlachten der
Gegenrevolutionäre in der Vendée oder die Guillotinierung Robespierres – nimmt man sie als bloße Tatsachen – letztlich Oberflächener-
scheinungen waren. Was ihnen gemeinsam zugrunde lag, was sie auffordernd, kommentierend, rechtfertigend wie selbstverständlich
begleitete, weniger spektakulär, aber allgegenwärtig und daher unauf-
fällig, das waren zum einen politische Grundsatzerklärungen, Parolen,
Leitbegriffe und Symbole, also im weitesten Sinne sprachlich-zeichen-
hafte Äußerungen, zum anderen sie tragende oder bekämpfende politische Gruppierungen. Beides wird meist einfach hingenommen und
nicht problematisiert, weil es in unseren westlichen Demokratien zur
selbstverständlichen Gewohnheit gehört. Man muss sich aber klar machen, dass gerade dies in seinem umfassenden Charakter wie in seiner
Intensität und Dichte am Ende des 18. Jahrhunderts neu und unerhört
war, nicht nur in Frankreich. Traditionell waren in der hierarchisierten Ordnung des Ancien Régime alle politischen Entscheidungen das
Monopol bestimmter, meist privilegierter Körperschaften, in letzter
Instanz des absoluten Monarchen. Mit der Französischen Revolution
aber wurde der Entscheidungsprozess nicht nur lokal und regional,
sondern landesweit gleichsam vom Kopf auf die Basis gestellt: In der
nun tendenziell egalitären Gesellschaft sollten potentiell alle Bürger in
ihrer Gemeinde wie auf Staatsebene im freien Wettbewerb über Mei-

nungsbildung, Wahlbeteiligung und Wählbarkeit in alle Ämter gelangen und das Staatswesen als das ihre selber gestalten können – und dies nicht allmählich und schrittweise, sondern plötzlich, spontan erkämpft und aus eigener Kraft. Das löste im alten Frankreich der mächtigen Aristokratie und der stagnierenden Reformen, wo Aufklärung und Absolutismus mehr als anderswo in Gegensatz zueinander getreten waren, bei Intellektuellen und breiten Grundschichten eine ungeheuere Begeisterung der ersten Stunde und des Neubeginns aus, die uns heute illusionär und schwer verständlich erscheint. Doch um die Revolutionäre wirklich zu begreifen, müssen wir uns in ihre Zeit zurückversetzen und ihr Pathos ernst nehmen.

Lässt man sich erst einmal auf diese Perspektive ein, wird eine damals neuartige, originäre politische Kultur in der Phase ihrer ersten praktischen Erprobung und Entwicklung sichtbar. Wie einige Revolutionäre selbst erkannten, handelt es sich um nicht weniger als um das erste, modellhafte Experiment der ›Demokratie‹ im modernen Sinne. Nicht dass im Einzelnen schon sämtliche Spielregeln, die für uns zu einer Demokratie gehören, gegolten hätten und eingehalten worden wären. Aber das Prinzip der politischen Herrschaft durch das Volk und für das Volk in nationalem Maßstab setzte sich von Anfang an durch und blieb bis zum Ende Legitimationsgrund und Ziel revolutionärer Politik. Gewiss schlug sich dieses Prinzip, wenn auch teilweise besitzbürgerlich und elitär verformt, in den Verfassungs- und Gesetzestexten nieder; aber zuerst und durchgängig prägte es die politische und gesellschaftliche Diskussion, fungierte es als populistischer Antrieb des revolutionären Radikalisierungsprozesses. Was diese demokratische Kultur kennzeichnet, ist hauptsächlich zweierlei:

– Zum einen eine permanente, sehr grundsätzliche und unitarische öffentliche Debatte um die aktuelle Politik, ihre Recht- und Zweckmäßigkeit: im damaligen Verständnis eine freie Diskussion aufgeklärter Privatleute, aus deren Meinungswettstreit die ›Wahrheit‹ von selbst als Siegerin hervorgehen würde. Um sich gegen die historisch und juristisch argumentierenden Reform- und Revolutionsgegner durchzusetzen, ging der revolutionäre Diskurs von naturrechtlichen und existentiellen Grundsätzen aus. Dabei konnte sich ein Politiker nur insofern positiv profilieren, für Führungspositionen qualifizieren und in denselben behaupten, als er überzeugend für das ›Volk‹, seine Rechte und Grundbedürfnisse auftrat. Da jede partikulare Interessenvertretung als Rückfall in die korporativen Egoismen des alten Frankreich verpönt war, musste er im Sinne des nationalen Gemeinwohls argumentieren, jede Parteibildung und -bindung meiden oder leugnen – mit der Konsequenz, dass politische Alternativen weder wirklich zur Diskussion standen noch toleriert wurden: Es konnte nur *eine* wahre Meinung, nur *eine* wahre Politik zum Wohl des Volkes geben; alles Konkurrierende, Widersprechende war notwendig entweder in Vorurteilen befangen oder ›konterrevolutionär‹. Daher vor allem der große moralisch-ethische Impetus des revolutionären Diskurses, daher die zentrale Rolle der Redeschlachten, daher die sich bis 1794 steigernde Folge immer populistischerer Führungen und die Beseitigung ihrer jeweiligen Vorgängerinnen.

– Zum anderen bestand die demokratische Kultur der Französischen Revolution in einer neuartigen Öffentlichkeit und ihrem Kommunikationssystem: einem Netzwerk von Versammlungen und Clubs, von Zeitungen, Flugschriften, Bildflugblättern, Liedern und anderen Medien der Informationsvermittlung und Meinungsbildung, das es in dieser Dichte, Intensität und Aktualität zuvor nicht gegeben hatte. Es bildete den Resonanzboden jener permanenten politischen Diskussion und vermittelte diese an breite, traditionell eher unpolitische soziale Gruppen. Indem es in Hauptstadt und Provinz Teile der klein- und unterbürgerlichen Schichten politisierte und mobilisierte, verschaffte es der Revolution erst ihre Massenbasis bis hin zu Gruppen, die noch ganze oder halbe Analphabeten waren. Daher erlangten in der Revolution vom politischen Straßenlied über Bildpublizistik und Theater bis hin zu öffentlichen Feiern nichtschriftliche, halbmündliche Medien und Formen der gesellschaftlichen Wissensvermittlung an Zahl wie an Inhalt eine so große Bedeutung, dass man geradezu von der zeitweiligen Rückkehr einer von Absolutismus und Aufklärung verdrängten ›wesentlich mündlichen, karnevalistischen‹ Volkskultur sprechen kann.

Wie nun diese politische Kultur kein gleich bleibendes, geschlossenes System bildete, sondern sich wandelte und ein weites Spektrum von Formen und Funktionen umfasste, so war auch die von ihr getragene Revolution kein eingleisiger, einheitlicher Vorgang, sondern ein dialektischer Gesamtprozess, in dem sich die Stränge mehrerer Teilrevolutionen miteinander verflochten: ein Spannungsgeflecht von wenigstens drei konkurrierenden, teils gegenläufigen Bewegungen und Kräften, die einander in der Führung der Revolution ablösten. Dabei standen vor allem die ›Verfassungsrevolution‹ der politischen Eliten

Soyez libres, vivez

Seid frei und lebt! *(Soyez libres, vivez)*.
Gezeichnet von Spilbury, gestochen von Wortman und Mutlow. Kupferstich,
11 x 72 mm.
(Frontispiz zu Henri-Simon Linguet, Mémoires sur la Bastille, London,
Spilbury 1783).

Dieser Stich, der 1783 großes Aufsehen erregte und sogleich mehrfach neu aufgelegt wurde, markiert den Höhepunkt einer vorrevolutionären Pamphletistik, die mit der Bastille, dem zum ›Schandmal der Aufklärung‹ mystifizierten Pariser Staatsgefängnis, den monarchischen Absolutismus überhaupt öffentlichkeitswirksam anprangerte. Das Bild eröffnet den anklagenden Bericht des zwei Jahre lang in der Bastille inhaftierten ›Märtyrers‹ Linguet, der durch sein Journal *Annales politiques et littéraires* (in dem dieser Bericht gleichfalls veröffentlicht wurde) zum Wegbereiter eines neuartigen politischen Meinungsjournalismus wurde. Der Stich ist Resümee und Vorgriff in die Zukunft zugleich, indem er die Anklagen des folgenden Textes umsetzt in einen Appell an den – von seinen Ministern getäuschten – König, den Bastille-Despotismus zu beenden. Ludwig XVI. wird ein Ehrendenkmal in Aussicht gestellt, wenn er den unschuldig eingekerkerten Opfern, die dankend und untertänig ihre Arme zu ihm emporstrecken, und nach ihrer Kleidung der Oberschicht angehören), endlich die Freiheit schenkt. Sein Gnadenspruch »Seid frei und lebt!«, der den lapidaren Titel des Blattes bildet, wiederholt eine sprichwörtlich gewordene Formel aus Voltaires Drama *Alzire* von 1736 (2. Akt, 2. Szene) – dort ist es der Ausspruch eines spanischen Konquistadors an eingekerkerte peruanische Indianer. Obwohl Ludwig XVI. auf dem Bild die königlichen Herrschaftsinsignien trägt, wird die Freilassung nicht seinem Belieben anheim gestellt, sondern durch ein Zitat aus seinem tatsächlichen Reformerlass vom 30. August 1780 zur Milderung der Strafgesetze als Recht eingeklagt: »Diese unvorstellbaren Qualen, diese finsteren Strafen sind für unsere Justiz nutzlos, wenn ihre Öffentlichkeit und ihr Beispiel nicht zur Aufrechterhaltung der Ordnung beitragen.« Dass solche ›unnütze Grausamkeit‹ die Bastille kennzeichne, suggeriert das Reliefbild zweier angeketteter Häftlinge, Teil der Uhr im Hofe der Bastille, deren demütigende Wirkung Linguets Memoiren brandmarken. Den Rahmen der ganzen Szene bildet die Ruine der Bastille, sechs Jahre vor deren tatsächlicher Schleifung. Der aus dunklen Wolken Mauern und Hofuhr zertrümmernde Blitz kommt offenbar von einer ungenannten höheren Macht (der Publizistik?): Sie wird – so die Suggestion – die Bastille zerstören und Ludwig XVI. zu ihrem Vollziehungsorgan machen. Der Stich visualisiert also sowohl die Entzauberung und den Autoritätsschwund des »allerchristlichsten Königs« von Frankreich als auch die Kräfte und Grundsätze einer neuen politischen Öffentlichkeit und damit wesentliche Ursachen der Französischen Revolution.

zum einen und die in dauernder Spannung zu ihr stehende radikaldemokratische Revolution des politisierten städtischen Kleinbürgertums
zum anderen im Vordergrund, während die Bauernrevolution schließlich weithin autonom war und nur gelegentlich auf die zentralen politischen Entscheidungen einwirkte. (Ihr gilt daher im vorliegenden
Werk ein eigener Beitrag.)

Wie lässt sich nun der Gesamtprozess der Französischen Revolution in der Perspektive dieser konzeptuellen Vorklärung in seinen
Hauptphasen verfolgen und verstehen?

Formierung der revolutionären Öffentlichkeit (1787–1789)

Die Revolution von 1789 erwuchs aus einer Systemkrise des Ancien
Régime, zu der zahlreiche wirtschaftliche und gesellschaftliche Faktoren beitrugen (siehe den vorstehenden Beitrag). Revolutionäre
Schubkraft aber gewannen diese Krisenfaktoren erst in Verbindung
mit einer neuen politisch-sozialen Kultur, ihren Werten und öffentlichen Kommunikationsstrukturen. Das war zunächst die Aufklärung
mit ihren Institutionen: von den Akademien, ihren Preisausschreiben
und Korrespondentennetzen über Freimaurerlogen, Lesegesellschaften und Cafés bis hin zur Presse und Publizistik überhaupt. Von einer
schmalen Gebildetenschicht ausgehend, erfassten diese neuen Formen und Medien tendenziell bürgerlicher Vergemeinschaftung (Soziabilität), die sich vom Staat und von der Regierung distanzierten, in
der letzten Generation des alten Frankreich immer breitere Kreise
auch der Mittelschichten. Als grundsätzlich offene Institutionen
überständischer und vernunftgemäßer Meinungsbildung bürgerten
sie nicht nur ein demokratisches Gegenmodell zur absolutistischen
Willensbildung ein; sie verschafften auch naturrechtlich-patrioti-
schen Grundwerten wie »Freiheit«, »Gleichheit«, »Gemeinwohl« und
»Nation« so weitgehende Anerkennung, dass selbst Aufklärungsgeg-
ner sie übernahmen. Und diese Bewusstseinsbildung blieb nicht
theoretisch und elitär, sondern wurde nach 1765 durch die im literarischen Untergrund verbreitete Politpornographie eines intellektuellen Proletariats popularisiert, in Reformanläufen konkretisiert, in einer Reihe von Hofaffären und Skandalprozessen antiaristokratisch
und antiabsolutistisch politisiert.

Quelle 1

Zur Zeit der Aufklärung, selbst bei Voltaire, hatte le peuple *als bildungs- und politikunfähige, latent gefährliche Masse von Arbeitstieren gegolten. Wie ein Traktat des Abbé Coyer von 1755, der in den Artikel ›Peuple‹ der Diderot'schen Enzyklopädie einging (1765) und noch 1789 mehrfach nachgedruckt wurde, feststellte, wollten weder Großbauern noch Handwerker, weder Kaufleute noch Juristen, weder Finanziers noch Schriftsteller zum verachteten niederen »Volk«gehören, das nur aus Kleinbauern, Landarbeitern, Dienstboten und Gesellen bestehe und eine Art Bodensatz der Gesamtgesellschaft bilde. Nun aber, am Vorabend der Generalstände, rief sogar ein liberaler Adeliger seinen Standesgenossen zu:*

»Eigentlich gibt es in Frankreich nur zwei Stände, den Adel und das Volk. [...] Ich für meinen Teil – und ich bin ebenso gut von Adel wie andere und obendrein Offizier – behaupte, dass der Adel ein Nichts ist. Auf den Adel kann der König verzichten, nicht aber auf das Volk. Ohne das Volk ist der Adel nur ein kleiner Splitter der Nation, der nicht einmal ausreicht, eine mittelmäßige Provinzstadt zu bevölkern. Das Volk dagegen bildet auch ohne den Adel und selbst ohne die mit diesem verbündete Geistlichkeit eine ungeheure Masse – ebenso arbeitsam im Innern wie wehrhaft nach außen. Vom Volke empfängt der Staat Unterhalt und Wohlstand, im Volke bestehen seine Kraft und sein Ruhm.«

(Aus der anonymen Flugschrift, die im Titel auf die alte positive Bezeichnung des Dritten Standes als »Gemeine« anspielt: Le Triomphe des Communes, o. O., Winter 1788/89, S. 26–37).

Quelle 2

Gerade Konservative wie der Staatsanwalt und Pariser Polizeikommissar Sobry erkannten die so beschleunigte Erweiterung und Politisierung der Öffentlichkeit sehr genau:

»Tatsächlich wünscht die überwältigende Mehrheit der Nation überhaupt keine Provinzialversammlungen. Bei denen, die sie wünschen und erwarten, handelt es sich um einige Ehrgeizlinge des Zweiten Standes, die mit ihren Machenschaften bisher nicht durchgekommen sind und denken, durch diese allgemeine Umwälzung endlich jemand zu werden. [...] Es sind vor allem Stammgäste der Cafés und Clubs, welche dieses System überall nur deswegen anpreisen, weil es darauf hinausläuft, alles schlecht zu machen, alles umzustürzen, und weil immerhin ein Anschein von Gemeinwohl dafür spricht. [...]

Alles ist in Unordnung, überall kursieren Gerüchte. Man versammelt sich und erregt sich in Diskussionen; nie zuvor hat man im Staat eine ähnliche Gärung erlebt. [...]

Was für eine Zeit! [...] eine Zeit, in der alle Köpfe benebelt sind von falschen Grundsätzen, welche hochtrabende Bücher verbreiten und Ehrgeizlinge ausgestreut haben; eine Zeit, in der sich allenthalben Parteiungen bilden, in der dem Staatswohl zuwiderlaufende Interessen laut werden und sich offen zu äußern wagen; eine Zeit, die eher den Aufstieg eines neuen Cromwell in sich birgt als die Ausübung rechtmäßiger Staatsgewalt.«

(Jean-François SOBRY, Lettre de l'auteur du Mode françois, où est agitée la Question des Assemblées Provinciales, o. O. 1787, S. 20, 27 und 30).

Mehr noch: In dem Maße wie der Staat sich in seiner Finanznot gezwungen sah, die Untertanen zu Rate zu ziehen und ansatzweise an der Verwaltung zu beteiligen, griff diese bürgerlich-aufklärerische Öffentlichkeit in Bereiche der Politik über, die bisher der Zentralregierung vorbehalten gewesen waren. Schon die erstmalige Veröffentlichung des – wegen der Aufwendungen für den Hof als skandalös empfundenen – Haushaltsplans durch den Finanzminister Necker 1781 wirkte als Signal. Als dann Ludwig XVI. und sein neuer Premierminister Calonne für Februar 1781 die Honoratioren des Königreiches (Notabeln) einberiefen, um in einem letzten Versuch das Steuer- und Finanzwesen zu reformieren und eine regionale Selbstverwaltung (Provinzialversammlungen) einzuführen, setzten sie den Revolutionsprozess ungewollt selber in Gang: Die mutigen antiabsolutistischen Äußerungen einiger Notabeln (La Fayette) fanden in einer ersten Welle von politischen Flugschriften landesweite Resonanz. Die Provinzialversammlungen mit ihren Ausschüssen und geschäftsführenden Kommissionen (bis 1790) sowie ihren Untergliederungen auf Bezirks- und Gemeindeebene übten tausendfach die Verfahren überständischer und mehrheitlicher Debatten und Beschlüsse, ja die Praxis umfrageartiger Erhebungen (eine Art *Cahiers*) ein und mobilisierten politisches Führungspersonal, darunter viele der künftigen Revolutionäre wie Thouret in der Normandie, Sieyès im Orléanais oder Volney in der Touraine.

Die Gerichtsreform vom Mai 1788 schließlich, von den alten Obergerichten (Parlamenten) wirkungsvoll als Anschlag des »ministeriellen

Despotismus« auf die Freiheit denunziert, beschleunigte den An-
sehensschwund der Regierung in der Öffentlichkeit (Quelle 1).

Als sich zeigte, dass es durch jene verspäteten und halbherzigen Reformen nicht gelang, die nationale Unterstützung zur Sanierung der
Staatsfinanzen zu gewinnen, nahm die bedrängte Regierung ihre Zuflucht zu einer allgemeinen Ständeversammlung, wie sie seit 1614 nicht
mehr einberufen worden war, nun aber in der Öffentlichkeit immer
dringender gefordert wurde. So stellte der neue Premierminister
Brienne im Juli 1788 Generalstände in Aussicht und gab zugleich durch
Rücknahme der Zensur die politische Diskussion frei. In der jetzt an-
schwellenden Broschürenflut und selbst auf der zweiten Notabelnversammlung gegen Ende des Jahres 1788 gerieten altständische Konzepte gegenüber patriotisch-nationalen Forderungen zunehmend in die
Defensive – entsprechend der wirkungsvollen These des Abbé Sieyès,
dass Adel und Geistlichkeit ihrer Privilegien entkleidet werden müssten, weil die übrige Bevölkerung, der Dritte Stand *(Tiers état)*, aufgrund ihrer Masse und ihrer Arbeit praktisch die Nation ausmache.
Diese Grundposition beruhte wesentlich auf einem Einstellungswan-
del zum »Volk« (Quelle 2).

Der emotionsgeladene und bewusstseinsfördernde publizistische
Ständekampf vom Herbst und Winter 1788 trug bereits Züge eines
Wahlkampfes und setzte sich unmittelbar fort in den Wahlen zu den
Generalständen vom Frühjahr 1789, der größten und freiesten ›Volks-
befragung‹ Alteuropas. Bis ins hinterste Dorf versammelten sich die
Bürger (d. h. die Haushaltsvorstände), um ihre Gravamina in Beschwerdeheften *(Cahiers de doléances)* niederzulegen – einem Spiegel
nicht so sehr der materiellen Zustände im Lande als vielmehr der kollektiven Meinungen und Erwartungen. Obwohl meist unter der Wort-
und Federführung gebildeter lokaler Honoratioren ausgearbeitet, können diese von den Wahlversammlungen in Mehrheitsabstimmungen
beschlossenen *Cahiers* doch als authentische Zeugnisse gelten, die stel-
lenweise revolutionäres Potential enthalten (Quelle 3).

Als bindende Mandate begleiteten die *Cahiers* die auf denselben
Versammlungen bestellten Abgeordneten zur Generalversammlung
der über elfhundert Ständevertreter in Versailles. Unter den Deputierten des Dritten Standes befanden sich acht Abgeordnete des Hauptwahlkreises Paris-Land, die sich bis auf einen alle im Redaktionsausschuss des zitierten *Cahier* profiliert hatten, dabei auch der
Parlamentsanwalt Target, einer der Väter der künftigen Verfassung.

Quelle 3

Das General-Cahier des Dritten Standes des Hauptwahlkreises Paris-Land bei-
spielsweise, das die Beschwerden von zweihundert Cahiers einzelner Gemeinden
und Unterwahlkreise aussiebte und zusammenfasste und das vom 19. bis zum
29. April 1789 von einem 32-köpfigen Redaktionsausschuss ausgearbeitet und am
1. Mai von der Wahlmännerversammlung verabschiedet worden war, begann mit
ebenso radikalen wie demokratiebewussten Grundsatzerklärungen:
»Eine Revolution bereitet sich vor.
Die mächtigste Nation Europas wird sich selbst eine politische Verfassung geben
d. h. eine unerschütterliche Existenzgrundlage, die Machtmissbrauch unmöglich
macht.
Dieses große Werk ist unschwer durchzuführen, wenn nur die Willen geeint und
die Beratungen frei sind.
Wenn in der Nationalversammlung (Assemblée nationale) *Freiheit und Einig-*
keit herrschen sollen, dann setzt dies voraus, dass sie bereits die Primärversamm-
lungen bestimmen.
Daher protestieren wir in unserem Namen wie im Namen der ganzen Nation
gegen die Form der Wahlversammlungen:

- *dass sie nach ihrer Einberufung und Bildung unter dem Vorsitz von Staatsbe-*
  amten tagten, während die Freiheit erfordert hätte, dass die Versammlungen
  sogleich nach ihrer Bildung ihren Vorsitzenden selbst gewählt hätten;
- *dass die Versammlungen den vorläufigen Entscheidungen der Bezirksrichter*
  unterstanden, obwohl die Freiheit verlangt hätte, dass Vorsitzende ihrer eige-
  nen Wahl die Geschäftsordnung ausgeübt und Streitfragen zur Mehrheitsent-
  scheidung gestellt hätten;
- *dass die Versammlungen die Zahl ihrer Mitglieder reduzieren mussten, obwohl*
  die Freiheit verlangt hätte, dass die Bürger von allen Abgeordneten vertreten
  werden, die sie gewählt haben;
- *dass die Nationalvertretung auf illegale Art und Weise zustande kommt, weil*
  Geistlichkeit und Adel ihre Vertreter unmittelbar bestellen, während diejeni-
  gen des Dritten Standes indirekt über eine [... oder mehrere] Wahlmänner-
  versammlung[en] bestellt worden sind [...]«

Dagegen erklärte der Wahlleiter und Vorsitzende der Wahlversammlung, der kö-
nigliche Prokurator am Châtelet-Gericht, Flandre de Bruneville, laut Protokoll am
1. Mai 1789 im Sinne der Traditionalisten:
»[...] er habe in dem Cahier Vorschläge bemerkt, die er niemals unterschreiben
könne. Ohne in die Einzelheiten zu gehen, scheue er sich doch nicht zu bekennen,
dass er fest davon überzeugt sei, dass es in jeder Staatsform eine oberste Instanz

oder oberste Gewalt geben müsse und dass diese oberste Gewalt, die hauptsäch-
lich in der Gesetzgebungsgewalt bestehe, in der Monarchie dem König zustehe –
nicht, um willkürlich mit ihr zu verfahren, sondern gemäß den Grundgesetzen
(lois fondamentales) und durch Mitwirkung der bestehenden Körperschaften
[...] In den Cahiers meine er neue Systeme zu erkennen. Eine Verfassung (Con-
stitution) brauche überhaupt nicht gemacht werden, weil sie bereits seit achthun-
dert Jahren existiere und in einer ununterbrochenen Tradition fundamentaler
Grundsätze bestehe, die von den Königen und der Bevölkerung einhellig aner-
kannt würden und die kraft ihrer zuverlässigen Offenkundigkeit und ihrer langen
Geltung Verfassungskraft erlangt hätten und unabänderlich seien.«

(Nach der Quellenedition von Charles-Louis Chassin, Les élections et les cahiers
de Paris en 1789, Paris 1889, S. 249 u. 366).

Die Vorherrschaft der Verfassungsrevolution (1789–1791)

Obwohl sie als beratende Ständeversammlung einberufen worden waren (die Eröffnungsprozession am 5. Mai 1789 machte dies deutlich)
und obwohl die Abgeordnetenzahl des Dritten Standes verdoppelt
worden war, vollzogen die Generalstände *(Etats généraux)* indem sie
die traditionellen Ständeschranken durchbrachen, eine erste – juristische – Revolution. Sie folgte aus vordergründig abwegigen Verfahrens-
streitigkeiten: nach Ständen getrennte oder gemeinsame Beratung? In-
teressen- oder Volksvertretung? Abstimmung nach Ständen oder nach
Köpfen? – In all diesen Fragen setzten die Abgeordneten des Dritten
Standes aufgrund ihrer Zahl, ihrer patriotischen Argumentationskraft
und verstärkt durch Überläufer aus den beiden ersten Ständen ihre nationalen, demokratischen Grundsätze durch. Nach dreitägiger Grund-
satzdebatte erklärten sie sich am 17. Juni 1789 zur Nationalversammlung *(Assemblée nationale)* (Quelle 4).

Und diese beharrte im Ballhausschwur vom 20. Juni entgegen königlicher Weisung mit Erfolg auf ihrem eigenständigen, aus dem Wäh-
lerauftrag abgeleiteten Versammlungsrecht. Aus den Ständekammern,
die dem kraft seines Gottesgnadentums und seines Erbrechts herrschenden Monarchen untergeordnet waren, war ein von der Nation
gewähltes Parlament über dem König geworden, das sich am 8. Juli
folgerichtig zur Verfassungsgebenden Versammlung (Konstituante,

Denkwürdige Ereignisse, welche die Revolution veranlasst haben, die sich in Frankreich während der Jahre 1789 · 90 · 91 ereignete. (Tableaux mémorables qui ont donné lieu à la Révolution arrivée en France pendant les années quatre-vingt 9 · 90 · 91).
Kolorierter Holzschnitt, verlegt von Letourmi in Orléans, 1790, 548 x 742 mm (Nationalbibliothek Paris, Kupferstichkabinett, Signatur: Qb I,1790/91).

Dieses Beispiel aus der populären Druckgraphik des Provinzverlegers Jean-Baptiste Letourmi, der sich auf revolutionäre Holzschnitte spezialisierte und diese über hundert Auslieferungsstellen landesweit vertrieb, kopiert in vereinfachter Form vier selbstständig erschienene, besonders erfolgreiche Pariser Radierungen und fügt sie zu einem Bilderbogen zusammen. Die ursprünglichen Titel erscheinen nun als Bildlegenden.

– Teil 2 über das »Erwachen des Dritten Standes« beschwört den Vierzehnten Juli, das Gründungsereignis der Revolution. Mit der rechtfertigenden Überlegung (Legende): »Ich habe zu lange unter der Unterdrückung meiner Feinde gelebt, ich will endlich meine Fesseln sprengen« (vielleicht eine Anspielung auf den Eingangssatz von Jean Jacques Rousseaus »Gesellschaftsvertrag« von 1762?), erwacht die Personifikation des Dritten Standes aus der Lethargie der Knechtschaft, zerreißt ihre Ketten (auch eine Requisite der Bastille) und greift zu bewaffneter Selbsthilfe gegen Adel und Klerus, die sich voller Schrecken zur Flucht wenden. Der Hintergrund zeigt die unmittelbare Folge dieser neuen ›Mündigkeit‹ des ›Volkes‹: Die gestürmte Bastille wird geschleift und mit ihr der ›Despotismus‹ des Ancien Régime schlechthin. Die übrigen Teile des Bilderbogens stellen die unmittelbaren Konsequenzen des Vierzehnten Juli dar:

– Die Teile 1 und 4 beziehen sich polar aufeinander und wirken wie ein Bildkommentar zu der Flugschrift des Abbé Sieyès »Was ist der Dritte Stand?« vom Januar 1789. Teil 1 über »Direkte und indirekte Steuern, Frondienste« denunziert das Ancien Régime als ungerechtes Ausbeutungssystem: »früher wurden die Nützlichsten mit Füßen getreten, der Dritte Stand trug die ganze Last«. Tatsächlich wird der Dritte Stand im Bild fast erdrückt, weil er außer seinen eigenen Steuern auch noch die der beiden ersten Stände tragen muss. Letztere pflegen die Eintracht der privilegierten Nutznießer und sehen zu, wie Kaninchen – durch das adelige Jagdprivileg vor den Bauern geschützt – deren Ernte zusätzlich schmälern.

– Dass die Revolution diese Missstände beseitigt, macht Teil 4 sinnfällig: Die »Nationalschuld«, früher den Schwächsten allein aufgebürdet, wird nun von allen gemeinsam getragen, denn – so die Legende – »die Gegenwart verlangt, dass jedermann die große Last der Steuern Frankreichs mitträgt«. Die niedergeschlagenen Mienen von Adel und Klerus sowie ihre immer noch vertrauliche Umarmung deuten freilich an, dass die vordergründig demonstrierte neue Eintracht der Nation die alten ständischen Solidaritäten noch nicht ganz überwunden hat.

– Teil 3 über die »Abschaffung der Wappen« schließlich verbildlicht die Beschlüsse der Nationalversammlung vom 19. Juni 1790: »Der Erbadel wird für immer abgeschafft, die Titel Prinz, Marquis, Baron, Ritter und Monseigneur sind beseitigt« (Legende). Als hauptsächliche Gewinner dieses Gesetzes (das tatsächlich erging) zerschlagen vier Bauern mit Dreschflegeln die Symbole nicht nur der alten Adelsmacht (Degen, Rüstungen, Wappen, Orden des hl. Ludwig), sondern räumen bei dieser Gelegenheit auch gleich mit einigen Insignien des Klerus auf (Bischofshüte, Beffchen).

So popularisierte dieser Bilderbogen die zeitgenössische Grunderfahrung des revolutionären Bruchs bis hinein in den gesellschaftlichen Alltag und gab zugleich der politisch-sozialen Zuversicht der ersten Revolutionsjahre Ausdruck.

Assemblée constituante) erklärte, schon bald die Erklärung der Menschen- und Bürgerrechte (26. August 1789) und schließlich auch die erste förmliche Verfassung Frankreichs beschloss (4. September 1791), welche der auf seine Regierungsfunktion reduzierte König sanktionieren musste. Diese und viele weitere Gesetze der Konstituante zur rechtlichen Liberalisierung und Egalisierung des Landes, die vom Steuerwesen über die Justiz bis zur Lokalverwaltung reichten, waren keineswegs einmütige Kodifizierungen abstrakter, universaler Ideale, sondern politische Kompromisse widerstreitender Interessengruppen und leidenschaftlicher Debatten, in denen Rhetorik und Überzeugungskraft der Redner eine wesentliche Rolle spielten. An ihnen nahm eine wachsende politische Öffentlichkeit lebhaften Anteil: sowohl auf den Publikumstribünen, seitdem das Parlament im Oktober 1789 in die Hauptstadt umgezogen war, wie auch über zahlreiche neue Zeitungen wie den *Moniteur* oder den *Courrier* von Gorsas und über regelmäßige, presseartige Berichte und Kommentare so manches Abgeordneten an seine Wähler in der Provinz.

Doch hätte die Verfassungsrevolution sich weder so glatt durchgesetzt noch hätte sie so weite patriotische Begeisterung geweckt, wäre sie nicht von zwei anderen Teilrevolutionen vorangetrieben worden: von der Bauernrevolution (siehe den folgenden Beitrag) und vor allem von der städtischen Volksrevolution in Paris. Auch diese ging teilweise aus einer kollektiven Komplottangst hervor, die durch steigende Brotpreise und bedrohliche Truppenkonzentrationen um Parlament und Hauptstadt genährt wurde. Außerdem beruhte sie auf einer Demokratisierung und Politisierung von Vereinswesen und Öffentlichkeit – sichtbar im Zusammenbleiben der Wahlversammlungen der Stadtviertel, im Palais Royal als Club- und Debattierzentrum, in gezielter und erfolgreicher Sympathiewerbung für das »Volk« bei den königlichen Soldaten, im Codewort spontaner Volkskontrollen: »Zählst du zum Dritten Stand?« So wird verständlich, dass die Nachricht von der heimlichen Entlassung des populären Premierministers Necker politische Ängste bestärkte und eine Kettenreaktion von Selbstschutz- und Strafaktionen der Kleinbürger auslöste: von Protestdemonstrationen über die Bildung der Bürgermiliz (bald als Nationalgarde sanktioniert) und die Plünderung königlicher Waffenarsenale (Kaserne der Invaliden) bis hin zum Bastillesturm am 11. Juli 1789. Rein militärisch eher nebensächlich, hatte die Einnahme und anschließende publikumswirksame Schleifung dieses alten Staatsge-

Quelle 4

Gegenüber dem umständlichen Antrag des Abbé Sieyès, die Abgeordneten sollten sich als »Versammlung der anerkannten und beauftragten Repräsentanten der französischen Nation« konstituieren, um weiteren Vertretern der beiden oberen Ständen den Übertritt offen zu halten, plädierte der Graf Mirabeau für »Repräsentanten des französischen Volkes«, provozierte damit aber Bedenken von allen Seiten, so auch den Einwand von Target: »Das Wort Volk drückt unsere Vorstellung nicht ganz aus. Entweder bedeutet es Gemeine (Communes), dann sagt es zuwenig. Oder es bedeutet die gesamte Nation, dann sagt es zuviel.« Das ging dem populären Grafen, den seine Standesgenossen übergangen, dafür aber die Bürger von Aix in die Generalstände gewählt hatten, zu weit:

»Meine Herren [...] Ich kümmere mich wenig darum, was die Wörter in der abwegigen Sprache der Vorurteile bedeuten; ich habe hier in der Sprache der Freiheit geredet; ich bin dem Beispiel der Engländer und Amerikaner gefolgt, die den Namen Volk *von jeher ehren [...] Repräsentanten des französischen Volkes! Welch ein Titel für Männer, die wie Sie das Volk lieben, die wie Sie empfinden, was sie dem Volk alles verdanken! [...]*

Die Furcht erregendste Schwierigkeit, die man mir entgegenzusetzen hat, besteht angeblich darin, dass das Wort Volk *notwendig entweder zu viel oder zu wenig bedeute [... so Target, s. o.] Ja man hat sich sogar zu der Befürchtung verstiegen, dieses Wort sei gleichbedeutend mit dem, was die Lateiner* vulgus, *die Engländer* mob *und die Aristokraten – adelige wie bürgerliche gleichermaßen – unverschämt* Kanaille *nennen [... so die Meinung von Thouret].*

Ich halte meinen Antrag aufrecht, und zwar gerade in seiner hier allein kritisierten Formulierung das französische Volk *betreffend. Ich beharre auf ihm, ich verteidige und befürworte ihn genau aus dem Grund, aus dem man ihn bekämpft.*

In der Tat: gerade weil der Name des Volkes in Frankreich nicht genug gilt, weil er getrübt und vom Rost der Vorurteile bedeckt ist, weil er bei uns eine Vorstellung weckt, die den Dünkel erschreckt und die Eitelkeit empört, weil er in den Salons der Aristokraten mit Geringschätzung ausgesprochen wird – gerade deshalb, meine Herren, meine ich, dass wir es uns zur Pflicht machen müssen, diesen Namen nicht nur zu reinigen, sondern auch zu adeln, ihn künftig Ministern zu Ehren zu bringen und bei jedermann liebenswert zu machen. Wenn dies nicht unser Name wäre, müssten wir ihn vor allen anderen wählen, dann wäre dies die kostbarste Gelegenheit, dem tatsächlichen Volk zu dienen: diesem Volk, das alles ist, das wir repräsentieren, dessen Rechte wir verteidigen, von dem wir unsere Rechte empfangen haben, dessen Namen auf uns und unsere Rechtstitel anzuwenden, man sich aber offenbar schämt. Ach, möge doch die Wahl dieses Namens das niedergebeugte Volk wieder aufrichten und ihm Zuversicht einflö-ßen – meine Seele verklärt sich bei der Vorstellung, welch wohltätige Folgen für die Zukunft dieser Name bewirken kann!«

Diesmal vermochte Mirabeaus hellsichtige Wortgewalt die Abgeordneten nicht mitzureißen: die Abgeordneten des Dritten Standes, fast alle den Bildungseliten des Ancien Régime angehörend, waren nicht bereit, die vollen sozialen Konsequenzen aus ihrem politischen Vertretungsanspruch (Volkssouve-ränität) zu ziehen. Statt dessen entschieden sie sich für den abgeänderten Antrag von Sieyès, sich – abstrakter – als Nationalversammlung zu konstitu-ieren. Auch für den weiteren Verlauf der Revolution war dies symptomatisch.

(Vgl. Protokoll und Reden in: Archives parlementaires de 1787 à 1860. 1. Série: 1787–1799, hrsg. von J. Madival u. E. Laurent, Bd. 8, Paris 1875, S. 108–127).

fängnisses umso größere Bedeutung sowohl als Beweis für die Ohn-macht der königlichen Truppen gegenüber der Volksmenge wie durch ihre Symbolkraft. Schien doch mit der Bastille, dem Stein ge-wordenen Inbegriff des »Despotismus«, das Ancien Régime über-haupt zu fallen: ein in Tänzen, Liedern und Bilderbogen gefeierter Volkssieg, der kleine Leute erstmals zu schriftlichen Veröffentlichun-gen begeisterte, mit den »Bastille-Siegern« erstmals aufständische Kleinbürger zu nationalen Helden erhob, mit politischen Reliquien aus den Überresten der Bastille landesweit popularisiert wurde und fortan zur Identität des revolutionären Aktivisten gehörte. Später der ›Lauheit‹ oder anderer Vergehen gegen die Revolution verdächtigte Sansculotten rechtfertigten sich reihenweise mit dem Hinweis auf ihren Beitrag zum Vierzehnten Juli, dem Tag ihrer politischen Geburt (Quelle 5).

Während das Pariser Beispiel – vielfältig abgewandelt und gemil-dert – in der Provinz Schule machte (Munizipalrevolution), entwickel-te und festigte sich die politische Basiskultur in den Handwerkervier-teln der Hauptstadt, getragen von einem neuen plebejischen Selbstbewusstsein auch gegenüber Stadtregierung und Parlament, in-stitutionalisiert in politischen Wahlversammlungen der Distrikte, be-stärkt durch eine sprunghaft anwachsende radikale Tagespresse und gespeist aus der spontanen Öffentlichkeit der Straße und ihrer halb-mündlichen Informationsvermittlung (Quelle 6).

Quelle 5

So im März 1793 auch Antoine Collin, ehemaliger Wahlbeamter in der Verwaltung des Departements Paris und Mitglied des Cordeliers-Clubs. Seine politische Selbstbiographie zeigt den engen Wechselzusammenhang von revolutionärem Volksbegriff, erweiterter Öffentlichkeit und plebejischer Militanz:

»*Vor dem 14. Juli 1789 war ich einer von denen, die im Café Foy zum Volke redeten und es aufriefen, zum Abbaye-Gefängnis zu ziehen, um die Französischen Garden zu befreien, die der Despotismus aufgrund ihres Patriotismus dort eingesperrt hatte; ich kam sogar als einer der ersten vor der Türe dieses Gefängnisses an.*

Abends ging ich zurück in das damalige Palais-Royal und in dem Raum, wo die wackeren Soldaten waren, gab ich ihnen als erster zu essen; denn es fehlte ihnen an allem.

Es gab damals keine Volksgesellschaften: der Garten des Palais-Royal war ein ununterbrochen tagender revolutionärer Club; ich verließ ihn nur zu meinen Mahlzeiten; mein einziges Glück bestand darin, dem Volk die Missstände des Ancien Régime aufzuzeigen und ihm klarzumachen, dass zum Glück aller eine völlige Erneuerung nötig sei; ich redete öffentlich und befand mich immer unter dem Volk, während viele der heutigen Kläffer und Denunzianten es nur durch eine Dachluke oder ein Kellerfenster vorbeiziehen sahen. Am 12. Juli desselben Jahres zog ich mit dem Volk abends um elf Uhr zur Straße Saint-Honoré, um den Baron Breteuil in seinem Haus sowie den damaligen Polizeileutnant De Crosne festzunehmen; beide waren aber schon geflohen; ich verbrachte diese ganze Nacht damit, zum Volke zu reden und es auf die Revolution vorzubereiten.

Am 14. war ich bei [dem Waffenarsenal der] Invaliden, nicht um selbst zu den Waffen zu greifen – denn meine körperlichen Beschwerden versagen mir das Glück, mich gegen unsere Feinde der Waffe zu bedienen –, sondern um beglückt zu beobachten, wie jene, die kämpfen konnten, die Waffen ergriffen.«

(Justification du citoyen Collin. Paris, Imprimerie de Laurens aîné 1793, S. 19–20).

Quelle 6

Ein einflussreicher aufklärerischer Pädagoge, Verleger und Journalist, der als politischer Tourist von Braunschweig in die neue Hauptstadt der Freiheit gepilgert war, gab in einem Pariser Reisebrief vom 9. August 1789 folgenden Augenzeugenbericht:

»Das Erste, was uns, außer der hin und her wallenden Volksmenge auffällt, sind die vielen, dicht in einander geschobenen Menschengruppen, welche wir teils vor vielen Haustüren, wo entweder Bürgerwachstuben sind, oder Bäcker wohnen, teils vor allen denjenigen Häusern erblicken, deren Mauern mit Affichen beklebt sind. Diese Affichen oder Bekanntmachungszettel sieht man in allen Straßen, besonders an den beiden Seitenwänden aller Eckhäuser und an dem ganzen Gemäuer aller öffentlichen Gebäude auf den Quai's und sonstigen freien Plätzen, eine so unzählbare Menge, dass ein rüstiger Fußgänger und geübter Schnelleser den ganzen Tag, vom Morgen bis an den Abend herumlaufen und lesen könnte, ohne nur mit denjenigen fertig zu werden, welche man an jedem Tage von neuem ankleben sieht. […] Denken Sie sich, wie diese Publizität, diese Teilnahme Aller an allem, auf die Entwicklung der menschlichen Seelenkräfte, besonders auf die Verstandes- und Vernunftausbildung der Leute wirken muss! – Vor jedem, mit dergleichen Zetteln, die in großen Bogen mit großer Schrift gedruckt bestehn, beklebten Hause, sieht man ein unendlich buntes und vermischtes Publikum von Lastträgern und feinen Herrn, von Fischweibern und artigen Damen, von Soldaten und Priestern, in dichten, aber immer friedlichen und fast vertraulichen Haufen versammelt, alle mit emporgerichteten Häuptern, alle mit gierigen Blicken den Inhalt der Zettel verschlingend, bald leise, bald mit lauter Stimme lesend, darüber urteilend und debattierend. Zehn oder zwanzig Schritte weiter hin stößt man auf einen andern eben so bunten und vermischten Haufen, der einen an die Mauer gelehnten Tisch, mit einer kleinen Verdachung umgibt, worauf die fliegenden Blätter und Broschüren des Tages feilgeboten werden, welche zu eben der Zeit von vielen hundert Colporteuren durch alle Straßen der Stadt, nicht bloß dem Titel, sondern auch dem Hauptinhalt nach ausgeschrien werden. Auffallend und befremdend für den Ausländer ist hier der Anblick ganz gemeiner Menschen aus der allerniedrigsten Volksklasse, z. B. der Wasserträger, welche die Küchen aller Häuser der Stadt, wohin keine Wasserleitungen führen, mit dem unreinen Seinewasser versorgen, – auffallend, sage ich, ist es, zu sehen, welchen warmen Anteil sogar auch diese Leute, die größtenteils weder lesen noch schreiben können, jetzt an den öffentlichen Angelegenheiten nehmen; zu sehen, wie sie ihre Eimer wohl zwanzigmal in einer und eben derselben Straße niedersetzen, um erst zu hören, was der Colporteur ausruft oder was etwa Einer von denen, welche vor den Bekanntmachungszetteln sich angehäuft haben, mit lauter Stimme abliest und was von Andern darüber geurteilt und vernünftelt wird; zu sehen – was ich mehrmals beobachtet habe – wie vier, fünf oder sechs solcher armseligen Lastträger mit einem ihrer Kameraden, der den seltenen Vorzug besitzt, Gedrucktes lesen zu können, in Verbindung treten, ihre Liards [= Kupfergroschen, Anm. d. Verf.] zu-

sammenlegen, sich dafür gemeinschaftlich eins der fliegenden Blätter oder der kleinen Broschüren des Tages kaufen, und nun zwischen ihren Eimern oder sonstigen Lasten sich dicht zusammenstellen, um dem vorlesenden gelehrten Kameraden, mit vorgehaltenem Ohre, starren Augen und offenem Munde zuzuhören. *

* Mit Erstaunen bemerkte ich vor einigen Tagen, dass die Broschüre, welche ein solcher Straßenclub von Wasserträgern, Savoyarden und anderem Pariser Pöbel, sich vorlesen ließ, einer von den Entwürfen der Déclarations des droits des Hommes war, welche einige Mitglieder der Nationalversammlung in Vorschlag gebracht hatten und drucken ließen, bevor die Versammlung darüber zu Rate gegangen war und entschieden hatte. Lastträger sich mit den Rechten der Menschheit unterhalten zu sehn; welch ein Schauspiel!«

(Joachim Heinrich CAMPE, Briefe aus Paris zur Zeit der Revolution geschrieben, zuerst veröffentlicht im Braunschweigischen Journal, III/11, November 1789, hier zitiert nach der 3. Aufl., Braunschweig, Schulbuchhandlung 1790, S. 43–47).

Quelle 7

Die ängstlichen Bürger, die Leute, die ihre Ruhe haben wollen, die vom Zeitalter Begünstigten, die Staatsschmarotzer und alle Gauner, die von den öffentlichen Missständen leben, fürchten nichts so sehr wie die Volksaufstände: haben diese doch die Tendenz, neue Verhältnisse heraufzuführen und damit das Glück jener Leute zu zerstören. Daher wenden sie sich unaufhörlich gegen die kraftvollen Schriften wie gegen die heftigen Reden, kurz gegen alles, was geeignet ist, das Volk sein Elend empfinden zu lassen und ihm seine Rechte in Erinnerung zu rufen. […] Aber welcher Schrecken jene Leute auch erfüllen mag, ein Schrecken, den sie auch anderen einzuflößen suchen, so werden doch folgende Überlegungen dazu beitragen, die klugen Köpfe zu beruhigen.

Zum einen erhebt sich das Volk nur dann, wenn die Tyrannei es zur Verzweiflung treibt. Wieviel Not erleidet es nicht, bevor es sich rächt! Und in ihrem Grundsatz ist seine Rache immer gerecht, mag ihre Wirkung auch nicht immer aufgeklärt sein. Jedenfalls hat die Unterdrückung, die es erleidet, ihren Ursprung in den verbrecherischen Leidenschaften seiner Tyrannen.

Zum anderen darf man die geringe Zahl von Menschenleben, die das Volk bei einer Erhebung der Gerechtigkeit opfert, nicht vergleichen mit der zahllosen Menge von Untertanen, die ein Despot ins Elend stößt oder die Opfer seiner Habgier, Ruhmsucht und Launen werden. Was sind schon die paar Tropfen Blut, die das niedere Volk in der gegenwärtigen Revolution vergossen hat, gegen jene

Ströme von Blut, die ein Tiberius, ein Nero, ein Caligula, ein Commodus, ein Caracalla vergossen haben, gegen jene Ströme von Blut, welche die mystische Raserei Karls IX. [Bartholomäusnacht von 1572], der Größenwahn eines Ludwig XIV. verschuldet haben? [...]

Machen wir uns von allen Vorurteilen frei, sehen wir doch die Tatsachen: Die Aufklärung hat die gegenwärtige Revolution vorbereitet, begonnen und begünstigt; das ist unbestreitbar. Doch Schriften reichen dazu nicht aus, Taten sind nötig. Und wirklich: wem anders als den Volksaufständen haben wir unsere Freiheit zu verdanken?

Es war ein im Palais Royal begonnener Volksaufstand [am 13. Juli 1789], der den Übertritt der königlichen Truppen zum Volk eingeleitet und zweihunderttausend Männer, welche die Staatsmacht zu Marionetten gemacht hatte und welche sie als Mörder benutzen wollte, in Bürger (citoyens) verwandelt hat.

Es war ein auf den Champs-Elysées begonnener Volksaufstand [am 14. Juli 1789], der die ganze Nation zur Erhebung aufgerüttelt hat; eine Erhebung, welche die Bastille niedergeworfen, die Nationalversammlung gerettet, die Verschwörung im Keim erstickt, der Plünderung von Paris vorgebeugt und verhindert hat, dass die Stadt in Schutt und Asche gelegt wurde und ihre Einwohner in ihrem Blut ersäuft wurden.

Es war ein auf dem Marché Neuf bei den Markthallen begonnener Volksaufstand [am 5. Oktober 1789], welcher der zweiten Verschwörung Einhalt geboten, die Flucht der königlichen Familie vereitelt und so einen Bürgerkrieg verhindert hat, der die unvermeidliche Folge gewesen wäre.«

(Aus den »Bedenken des Redakteurs«, in: L'Ami du Peuple ou Le Publiciste parisien, journal politique et impartial, par M. (= Jean Paul) Marat, Nr. 34 vom 10. November 1789, S. 46–48).

Auf dem Hintergrund dieser kollektiven Politisierung genügten zunehmende Arbeitslosigkeit, Teuerung, das hinhaltende Taktieren Ludwigs XVI. gegenüber der Nationalversammlung und Gerüchte von Hofintrigen gegen die Revolution, um am 5. und 6. Oktober 1789 eine erneute Erhebung der Pariser Volksmenge auszulösen, diesmal mit der ›Vorhut‹ von Frauen, einer führenden Kraft der traditionellen Brotunruhen, der Handwerker und zuletzt die Nationalgarde unter La Fayette folgten. Ihr bewaffneter Zug nach Versailles und die Heimholung der Königsfamilie nach Paris durchbrach die Distanz des absolutistischen

Hofes zur Bevölkerung, setzte Ludwig XVI. dem unmittelbaren Druck der Bürger aus. Das Volk, auf einen hausväterlichen König nicht länger angewiesen, konnte sich nun selbst Brot verschaffen. Das Parlament akzeptierte diese vollendeten Tatsachen mit größeren Bedenken als noch im Juli und beschloss am 21. Oktober 1789 ein Gesetz gegen Störung der öffentlichen Ruhe und Ordnung *(Loi martiale)*, während Meinungsführer der jungen Volksbewegung wie Marat auf das Recht der Massen zum revolutionären Aufstand pochten (Quelle 7).

Die hier wie auch im anschließenden Prozess gegen die Führer der Oktober-Unruhen vor dem Pariser Châtelet-Gericht (er sollte im Sande verlaufen) sichtbare Spannung zwischen den Anhängern einer gemäßigten und den Verfechtern einer radikalen Revolution, die von der Feier patriotischer Einmütigkeit am ersten Jahrestag des Bastillesturms zeitweise verdeckt wurde, blieb eine treibende, wachsende Kraft. Die weitere Auseinandersetzung erwuchs aus dem politischen Alltag, entzündete sich aber besonders an einer Reihe von Ereignissen und umstrittenen Maßnahmen der Revolution: der Verstaatlichung der Kirchengüter ab November 1789, dem ab Herbst 1790 von den katholischen Priestern geforderten Treueeid auf die Zivilverfassung des Klerus, an Ludwigs XVI. Sträuben gegen diese Gesetze und seinem Fluchtversuch vom 20. Juni 1791. Am wirkungsvollsten und nachhaltigsten artikulierte sich diese Polarisierung auf den Foren der neuen politischen Kultur, zumal an ihren beiden sozialen Polen.

Das waren einerseits die Nationalversammlung, die nun in einem ehemaligen Pariser Reitsaal *(Manège)* tagte, und die in die neuen Verwaltungen gewählten Führungseliten. Bei ihrem öffentlichen Mehrheitswettbewerb gewannen bis Mitte 1791 pronociert revolutionäre Gruppen und Positionen nur langsam an Boden. Während eine Reihe monarchistischer Abgeordneter sich in der »Gesellschaft der Freunde der monarchischen Verfassung« um den Grafen Clermont-Tonnerre außerparlamentarisch zusammenschloss und andere ihr Mandat niederlegten und teilweise emigrierten, trafen sich progressivere Deputierte in Debattierclubs, um ihre Argumentationskraft und Anhängerschaft zu stärken und sich auf die Parlamentsdebatten vorzubereiten: teils in der liberalen »Gesellschaft von 1789« im Palais Royal, teils in der demokratischeren »Gesellschaft der Freunde der Verfassung«, nach ihrem Versammlungsort in einem verlassenen Kloster *Jacobins* genannt. Nach ihrem Statut vom Februar 1790 setzten die Jakobiner sich folgende Aufgabe:

»1. im Voraus diejenigen Fragen zu diskutieren, die in der Nationalversammlung zur Entscheidung anstehen; 2. auf die Errichtung und Festigung der Verfassung hinzuarbeiten; 3. mit anderen, gleichartigen Gesellschaften, die sich im Königreich bilden, zu korrespondieren« (zitiert nach MAINTENANT, *Les Jacobins*, S. 13). Tatsächlich zählten sie im Juni 1791 etwa 400 Tochtergesellschaften. Doch blieb der durch hohe Mitgliedsbeiträge nur dem mittleren Bürgertum zugängliche Pariser Jakobinerclub zunächst legalistisch darauf bedacht, die Volksbewegung im Sinne der Verfassung einzudämmen, und verfügte in der Nationalversammlung nur über eine kleine Anhängerschaft. In Parlament und Verwaltung dominierten einstweilen die Gemäßigten, die durch das Zensuswahlrecht der Verfassung von 1791 mit seiner Unterscheidung von »Aktivbürgern« und »Passivbürgern« begünstigt wurden.

Dagegen formierte sich andererseits unter Beteiligung »patriotischer« Schriftsteller, die aus dem intellektuellen Proletariat der Aufklärung hervorgegangen waren, die radikaldemokratische Basis der Pariser Stadtviertel. Dies geschah zum einen mehr informell in der spontanen, mobilen politischen Geselligkeit und Vergemeinschaftung (Soziabilität) der Straße, wie sie die Zeitung *Révolutions de Paris* beschrieb – ein Erfolgsblatt, dem der Journalist Camille Desmoulins neidvoll eine Auflage von 200 000 Exemplaren andichtete (Quelle 8).

Diese Volksbewegung formierte sich auch organisatorisch. Obwohl Nationalversammlung und Stadtrat die Pariser Distrikte durch stärker reglementierte Sektionen ersetzt hatten, fanden diese immer neue Wege und Mittel, sich zu versammeln, spontan lokale Maßnahmen zu beschließen, sich untereinander zu solidarisieren, aktuelle politische Grundfragen zu diskutieren, den Stadtrat und die Nationalversammlung mit Adressen unter Druck zu setzen. Und weil die nur wohl situierten Steuerzahlern und Aktivbürgern zugänglichen Sektionen dem gestiegenen Bedürfnis nach politischer Mitsprache und Teilhabe nicht mehr genügten, bildeten sich außerdem nach dem Vorbild des Cordeliers-Clubs in der Vorstadt Saint-Antoine ab Sommer 1790 Volksgesellschaften *(société populaires, sociétés fraternelles, sociétés patriotiques)*, die jedermann, auch Frauen, unbeschränkt offen standen und wo Redner wie Danton, Hébert und Desmoulins Popularität gewannen. Im gegenseitigen Vorlesen von Zeitungen, in patriotischen Reden und Diskussionen, unterstützt von Bildflugblättern und politischen Liedern, entwickelte sich hier eine aufklärungsnahe, antiklerikale, adels-

Quelle 8

»*Volksanträge, Schutz der nationalen Freiheit*
Die wahrhaft nationale Versammlung hält ihre Sitzungen nicht immer im Manè-
ge-Saal ab. Ziemlich häufig tagt sie vielmehr, in mehr oder weniger zahlreiche
Gruppen geteilt, auf der Terrasse der Feuillants und zwischen den angrenzenden
Blumenbeeten des Tuilerien-Gartens; ziemlich häufig pflegt sie ihre Beratungen
auch um das Bassin des Pailerien-Gartens; ziemlich häufig pflegt sie ihre Beratun-
gen auch um das Bassin des Palais-Royal. In diesen mobilen Versammlungen be-
wahrt der Patriotismus sein reinstes Feuer. Hier bilden sich der Gemeingeist und
die herrschende Meinung. Hier sammelt man die Lesefrüchte verschiedener Bür-
ger. Hierher muss man kommen, um sich eine richtige Vorstellung von jenem Volk
zu machen, das von denjenigen, welche seit jeher den größtmöglichen Abstand zu
ihm gehalten haben, würdelos verleumdet wird. Eine genaue und unparteiische
Sammlung aller Anträge, die seit Beginn des Jahres 1789 in den Gärten und auf
den öffentlichen Plätzen der Hauptstadt beschlossen worden sind, würde die voll-
ständigste und interessanteste Geschichte der französischen Revolution bilden
[…] Von dieser Ausübung der Gedankenfreiheit, die ihm bald zum Bedürfnis wur-
de, vermochte nichts das Volk abzuhalten. […] Der Handwerker beeilt sich mit der
Arbeit, um sich während der Essenszeit und abends über die öffentlichen Angele-
genheiten zu unterrichten, die auch seine Angelegenheiten geworden sind. Das
Volk begreift endlich, dass alles – seine Interessen wie seine Eigenliebe, das Gefühl
seiner eigenen Würde und seiner Kraft, der Hass gegen seine Unterdrücker wie die
Dankespflicht gegenüber jenen genialen Männern, die seine Unterdrückung an-
geprangert haben –, dass all dies es dazu verpflichtet, sich häufig zu versammeln
und seinen Geist mit den Farben der Freiheit zu durchtränken. Der Wetteifer
kommt hinzu und bildet eine zusätzliche Kraft. In dieser Hinsicht bildet Paris für
den Philosophen, der an der so langdauernden Verwilderung der Menschheit
nicht verzweifelt ist, das befriedigendste Schauspiel. Fast alle Beschlüsse der Na-
tionalversammlung, die einen deutlichen Stempel der Vernunft tragen, sind sozu-
sagen nur das Echo der Volksanträge, und gerade diejenigen Verfassungs- oder an-
deren Bestimmungen, die zu wünschen übrig lassen, weichen am meisten von dem
ab, was das Volk in seiner Weisheit beschlossen hat. […]
Man hat vergeblich versucht, diese Zusammenkünfte des Volkes, die ein we-
nig lärmend sind und wo die Regeln der Sprache manchmal verletzt werden, lä-
cherlich zu machen. Gleichwohl sind diese Versammlungen unter freiem Him-
mel regelrechte Seminare, in denen das Volk seine Pflichten und zugleich seine
Rechte lernt. Gewiss werden die Gartenwirtschaften im Umkreis der großen
Städte weniger besucht, gewiss hat die Konsumwirtschaft einige Einbußen er-

litten. *Doch überlassen wir es den Ratgebern des Despotismus, jener Zeit nach-zutrauern, in der das Volk, ersäuft im Wein und berauscht von Hemmungslo-sigkeit, zu Vieh wurde, dem man leicht antun konnte, was man wollte: damals frohlockten die Helfershelfer des Despotismus insgeheim, wenn die untersten Schichten der Nation über die Stränge schlugen, weil sie so das Recht erhielten, sie als* Kanaille, *gemeines* Volk und niedrigen Pöbel *zu behandeln.*

   Gutes Volk von Frankreich, du kannst die erste Nation der Welt werden. Du hast die schönste Revolution in der Menschheitsgeschichte begonnen; es liegt bei dir, sie auch zum Ziel zu führen. Versammle dich weiter auf den öffentlichen Plätzen: tu es oft, erhole dich von deiner mühsamen und eintönigen Arbeit, wid-me deine freien Stunden, deine Ruhetage der Diskussion der Interessen des Va-terlandes und der Kontrolle deiner Führer. Kein Vorgang in deiner Umgebung darf dir entgehen. [...]

   Gutes Volk von Frankreich, schule also selber deine Vernunft. Richte in den Städten und auf dem Lande patriotische Vortrags- und Diskussionskreise ein...

   Mit der Zeit werden diese kleinen Komitees so etwas wie Gerichte in erster Instanz werden, Tribunale der natürlichen Vernunft, vor die du deine Führer zi-tieren kannst. [...]«

(Anonymer Leitartikel, wahrscheinlich verfasst vom damaligen Hauptredak-teur Elysée Loustalot, in: Révolutions de Paris Nr. 68, 23.–30. Oktober 1790, S. 113–118).

feindliche, tendenziell republikanische plebejische Öffentlichkeit, die ihre Kraft aus dem Selbstbewusstsein des souveränen Volkes bezog. Ihr Idol Marat entsprach dem mit seiner auflagenstarken Ein-Mann-Zei-tung *Ami du Peuple* (»Volksfreund«) genau, indem er nur im vertrau-ten Du zum »Volke« sprach, dessen Naivität und Kurzsichtigkeit schalt, ihm seine Benachteiligung klar machte, sein Misstrauen gegen alte und neue »Aristokratien« und deren Verschwörungspläne wach hielt und es unermüdlich zu revolutionärer Tatkraft aufrief (Quelle 9).

   Aus solcher Basis-Arbeit erwuchs auch die vom Cordeliers-Club angeführte Demonstration des 7. Juli 1791, die im Kugelhagel der Na-tionalgarde (die aufgrund der *Loi martiale* eingriff) auf dem Marsfeld zusammenbrach, als sie dort auf dem »Altar des Vaterlandes« eine antimonarchische Petition mehrerer Volksgesellschaften niederlegen wollte: Noch musste sich die kleinbürgerliche Volksbewegung den Hü-tern der Verfassungsrevolution unterordnen.

Quelle 9

Gegenüber Restriktionsversuchen der Nationalversammlung und ihres Verfassungsausschusses bestärkte Marat die spontanen Volksclubs in ihrem radikaldemokratischen Selbstverständnis:

»Der Volksfreund fordert sie [die patriotischen Gesellschaften] auf, sich ihre Rechte bewusst zu machen – Rechte, die sie allesamt verkennen, auch der Jakobinerclub. Mit Empörung höre ich, wie sie ihren Feinden töricht nachbeten: ›das dürfen wir nicht, wir sind keine beschlussfassenden Gesellschaften‹. Welch dummer Irrtum! Keine freie Bürgervereinigung, keine brüderliche Gesellschaft, keine patriotische Versammlung hat das Recht, sich in die öffentlichen Angelegenheiten einzumischen, um sie zu bestimmen oder zu verwalten; das ist unbestreitbar. Zur Mitwirkung am Gemeinwohl haben sie lediglich das Recht, Vorschläge zu machen, Ratschläge zu erteilen, Anträge und dringende Gesuche zu stellen; auch das ist unbestreitbar. Wenn es aber darum geht, Anschläge gegen die Freiheit und die öffentliche Sicherheit aufzuklären, den Machenschaften der Revolutionsfeinde entgegenzuwirken, die Verschwörer zu verfolgen und den Untergang des Vaterlandes zu verhindern, dann haben sie das Recht, nicht nur beschlussfassende, sondern auch handelnde, zur Verantwortung ziehende, strafende, ja hinrichtende Gesellschaften (sociétés massacrantes) zu sein – jedenfalls nachdem sie auf legalem Wege vergeblich versucht haben, die öffentlichen Feinde zur Rechenschaft zu ziehen, und wenn sich die Inhaber der politischen Gewalt mit diesen verbünden, um das Volk zu umgarnen, am Rande des Abgrunds einzulullen und seinen Untergang zu vollenden. In solchen Fällen handelt es sich schlicht und einfach um die Ausübung des Rechtes, gegen Unterdrückung Widerstand zu leisten und über seine Unversehrtheit zu wachen; ein Recht, das jeder Mensch von Natur mit der Geburt besitzt, das alle freiheitlichen Regierungen anerkannt haben und das die Nationalversammlung selber feierlich verankert hat.«

(Ami du Peuple, Nr. 389 vom 4. März 1791, S. 9–12).

REFRAINS PATRIOTIQUES

Si vous aimez la danse,
Venez accourez tous,
Boire du Vin de France. (bis)
Et danser avec nous.

Dansons la carmagnole
Vive le son vive le son,
Dansons la carmagnole
Vive le son du canon.

Ah! ça ira ça ira ça ira,
Le Peuple en ce jour sans cesse rep...
Ah! ça ira ça ira ça ira,
Réjouissons nous le bon temps v...

A Paris Rue du Théâtre François, N.º 4.

Patriotische Lieder (Refrains patriotiques).
Anonyme kolorierte Radierung, Paris [1792/93], 145 x 90 mm (Nationalbi-
bliothek Paris, Kupferstichkabinett, Sammlung de Vinck Nr. 5010).

Dieses mehrfach nachgestochene Bildflugblatt zeigt Geselligkeit, Bekenntnis-
Symbolik und politisches Engagement der Sansculotten und ordnet jedem dieser drei Themen den Refrain eines damals allgemein bekannten und auf den
Straßen gemeinschaftlich gesungenen Liedes zu. – Der erste Refrain aus einem
alten Trinklied zieht die Betrachter sogleich in die Szene hinein: »Wenn ihr den
Tanz liebt, / Kommt, eilt alle herbei, / Um den Wein Frankreichs zu trinken / Und
mit uns zu tanzen.« Wer da in egalitärer Einmütigkeit einen spontanen Freudentanz vollführt, sind gleichermaßen Frauen und Männer aus der Sansculotten-
Bewegung in einfacher Arbeitskleidung; eine Straßenverkäuferin hat nicht einmal Zeit gefunden, ihre Kiepe abzustellen. – Doch ist dies kein bloßer

Vergnügungsreigen, sondern ein höchst politischer Tanz, wie schon die rote Mütze des Tänzers im Hintergrund signalisiert. Denn getanzt wird um den Freiheitsbaum, das revolutionäre Sieges- und Hoffnungszeichen des Volkes, wie es aus dem alten Maibaum 1790 bei westfranzösischen Bauernerhebungen entstanden war: Feierlich Freiheitsbäume zu pflanzen, war fortan eine fast obligatorische revolutionäre Symbolhandlung. Wie sonst ist der Baum auch in unserem Bild geschmückt mit den seit Juli 1789 üblichen Nationalfarben in Form von Bändern und Kokarden sowie mit einer roten Freiheitsmütze, der aus der Antike übernommenen Kopfbedeckung befreiter Galeerensträflinge, die als weiteres revolutionäres Erkennungszeichen – unterstützt vom Pariser Jakobinerclub – besonders ab 1792 allgemeine Verbreitung fand. Politische Bedeutung gewinnt der Freiheitstanz auch durch den zweiten Refrain: »Tanzen wir die Carmagnole, / Es lebe, es lebe der Donner, / Tanzen wir die Carmagnole, / Es lebe der Donner der Kanone.« Gemeint ist die aus südfranzösischen Rundtänzen entstandene *Carmagnole*, erstmals getanzt von den Siegern der Zweiten Revolution vom 10. August 1792. – Dass dieser somit als republikanisch kenntliche Tanz nicht nur revolutionäre Selbstvergewisserung ist, sondern zugleich auch kollektive Einschwörung und Vorbereitung zu konkretem patriotischem Einsatz, verdeutlicht der seitlich hervortretende Sansculotten-Kämpfer. Bekleidet mit Jakobinermütze, trikolorefarbener Hose und Sansculotten-Weste, ausgerüstet nur mit notdürftigem Schuhwerk, aber einer »Pike«, wie sie seit Juli 1789 in den Pariser Vorstädten geschmiedet wurde, weist er auffordernd von der als wehrhafte Festung dargestellten Republik, welche es seit dem 10. August 1792 zu verteidigen gilt und welche die »Unteilbarkeit« auf ihre sichtbare Fahne geschrieben hat, auf die gegenrevolutionären Koalitionstruppen (kenntlich am Preußen-Adler einer Standarte) – Feinde, welche für diesmal zurückgeschlagen sind (wie bei Valmy), aber die Revolution weiterhin bedrohen. Mit dieser ihrer Wachsamkeit und Einsatzbereitschaft bereiten die Sansculotten, wie der Refrain des im Juli 1790 entstandenen Erfolgsliedes *Ça ira* betont, künftiges gesellschaftliches Glück vor: »Ja, das wird gehn, das wird gehn, das wird gehn, / Das Volk wiederholt es heute ohne Ende: / Ja, das wird gehn, das wird gehn, das wird gehn, / Wir können frohlocken, die gute Zeit wird kommen.«

Revolutionäre Radikalisierung und die Vorherrschaft der Sansculotten (1791–1793)

Der Antagonismus zwischen diesen beiden Hauptkräften der städtischen Revolution wurde mit der Eröffnung der Gesetzgebenden Versammlung *(Assemblée législative)*, des zweiten, nach dem Zensus der neuen Verfassung gewählten Parlaments der Französischen Revolution, im Herbst 1791 nur vorübergehend unterbrochen. Was der Pariser Jakobinerclub durch die Abspaltung der liberalen Feuillants (16. Juli 1791) an Einfluss auf das Parlament verlor, gewann er an innerer Geschlossenheit und an Sympathie beim politisierten Teil der Kleinbürger und Arbeiter, indem er seine Sitzungen nun öffentlich abhielt, entgegen der Verfassung von 1791 das allgemeine Wahlrecht zu seiner Grundforderung erhob und für die von Verbot bedrohten Volksgesellschaften eintrat, ohne freilich deren plebiszitäres Selbstverständnis zu unterstützen: »Keine Gesellschaft beansprucht das Recht, Mandate zu erteilen und von solchem Auftrag abweichende Abgeordnete oder schlechte Bürger vor ihre Schranken zu zitieren. Die Gesellschaften begnügen sich damit, eine heilsame Aufsicht auszuüben, Gesetzesgehorsam und Freiheitsliebe zu predigen« (Rundschreiben des Pariser Clubs vom 5. Oktober 1791, in: Alphonse AULARD [Hg.], *La société des Jacobins. Recueil de documents pour l'histoire du Club des Jacobins de Paris*, 6 Bde., Paris 1889–97, hier Bd. 3, 1892,S. 166). Vor dem Hintergrund von Inflation, Teuerung und Arbeitslosigkeit, von Lebensmittelunruhen auch in der Provinz und dem anhaltenden Widerstand des Königs gegen Kirchen- und Emigrantengesetze erhitzte sich der öffentliche Meinungskampf. Jakobinische Abgeordnete konnten die Feuillants im Frühjahr 1792 aus dem Kabinett drängen, doch die von ihnen gegen Robespierres Widerstand betriebene Kriegserklärung Frankreichs an Österreich (20. April 1792) und die nachfolgenden Niederlagen der französischen Truppen ließen den innenpolitischen Druck steigen. Republikanische Neigungen sammelten und verbreiterten sich zu einer lautstarken Bewegung mit eigener Presse und einer Welle antiroyalistischer Sektions- und Club-Adressen an die Gesetzgebende Versammlung, die am 20. Juni 1792 einen Höhepunkt erreichte.

Dass die revolutionäre Pariser Volksmenge am selben Tag außerdem in das königliche Schloss (Tuilerien) eindrang und Ludwig XVI. zwang, sich die Freiheitsmütze aufzusetzen und auf das Wohl der »Nation« zu trinken, bedeutete eine letzte Warnung. Als der König dennoch auf seiner Distanzierung zur Revolution beharrte und auch noch außenpolitische Unterstützung durch das drohende Manifest des Herzogs von Braunschweig erhielt (25. Juli), wurde eine weitere Radikalisierung der Revolution unausweichlich (Quelle 10).

Diesmal ging der Impuls von der Pariser Volksbewegung selber aus, verstärkt durch 20 000 Aktivisten aus den Departements *(fédérés)*, die zum Föderationsfest des 14. Juli in die Hauptstadt gekommen waren, von Sektionen und Jakobinern in einem Zentralkomitee politisch eingeschworen wurden. Zusätzlich mobilisiert durch die Ausrufung des vaterländischen Notstands, strömten auch die armen Kleinbürger in die ihnen nun geöffneten offiziellen Generalversammlungen der Sektionen und in die Nationalgarde, während ein Kern revolutionärer Abgeordneter der Sektionen das Rathaus besetzte und mit einer neuen Stadtregierung *(Commune insurrectionnelle)* den Aufstand plante und koordinierte: Am 10. August 1792 eroberte die aufständische Volksmenge in blutigem Kampf gegen die königliche Leibwache das Tuilerienschloss, aus dem Ludwig XVI. mit seiner Familie in die Gesetzgebende Versammlung floh. Diese wurde nach allgemeinen Neuwahlen vom Konvent abgelöst, der denn auch die Republik ausrief und zugleich eine neue – revolutionäre – Zeitrechnung einführte (21. September 1792). Unter Wortführung jakobinischer Abgeordneter, die sich erst vor kurzem für die Republik erklärt hatten (Robespierre, Saint-Just), machte der Konvent als eine Art Sondergericht dem »Bürger Louis Capet« den Hochverratsprozess und vollzog durch dessen mit einer Stimme Mehrheit durchgesetzte Verurteilung zum Tode durch das Fallbeil (Guillotinierung am 21. Januar 1793) den endgültigen Bruch mit dem Ancien Régime. Im Ergebnis schlug die demokratische Basiskultur somit auf die Verfassungsrevolution selbst durch, wie schließlich eine neue, hauptsächlich von Jakobinern ausgearbeitete Verfassung bestätigte (24. Juni 1793).

Ab Sommer 1792 war es nun vor allem die siegreiche städtische Volksrevolution, welche das innenpolitische Leben Frankreichs für ein Jahr bestimmte. Die sie tragenden Sansculotten, so genannt nach der langen Beinkleidung der Handwerker und Arbeiter im Gegensatz zu den Kniehosen des Adels, verkörperten – und waren ihrem Selbstverständnis nach – das souveräne Volk selbst. Ökonomisch traditionsverhaftet, bedacht auf autarke Familienwirtschaft und Marktregulierung (Brotversorgung), führten sie damals in den Kleinbürgervierteln von Paris, Rouen, Lyon, Marseille und anderen Städten die plebejische po-

Quelle 10

Am Beispiel der Konventssitzung vom 20. Juni 1792 wird deutlich, dass solche Adressen keine bloß papierne Angelegenheit waren, sondern zu einer plebejischen Demonstrationskultur gehörten, deren Grenzen zum bewaffneten Aufstand fließend waren. Zugleich zeigen im Sitzungsprotokoll eingefügte Klammern, wie sich die Publikumstribünen in die Parlamentsdebatten einmischten und meist für die linke Seite Partei ergriffen, wo die radikaleren Abgeordneten saßen. Diesmal musste der Konventspräsident die Gesetzesberatungen unterbrechen, weil Roederer, der oberste Wahlbeamte des Departements Paris, die Sprecher von 8 000 Demonstranten nicht länger aufhalten konnte. Roederer erhält das Wort:

»Meine Herren, in Übertretung zweier Erlasse [...] kommt es in diesem Augenblick zu einem außergewöhnlichen Auflauf bewaffneter Bürger. – Dieser Auflauf, an dem Personen mit sehr unterschiedlichen Absichten teilnehmen, hat offenbar mehrere Ziele: die Pflanzung eines Baumes zu Ehren der Freiheit, die Abhaltung eines Bürgerfestes, eine erneute Ehrbezeugung für die Nationalversammlung und einen weiteren Nachweis von Freiheitseifer – das beabsichtigen sicher die meisten Teilnehmer des Auflaufes. Wir haben aber Grund zu der Befürchtung (Murren auf den Tribünen), meine Herren, dass diese Ansammlung – vielleicht ohne es zu wissen – durch ihr bewaffnetes Auftreten einer Adresse an den König Nachdruck verleihen soll, obwohl sie dort nur in Form einer friedlichen Petition vorgebracht werden darf [...] Heute, meine Herren, sind es vom Bürgereifer (mouvement civique) beseelte Bürger, die in großer Zahl die Petitionäre bewaffnet zur Nationalversammlung begleiten. Aber schon morgen ist ein Massenauflauf von heimlichen Feinden der Revolution und der Nationalversammlung selber in böser Absicht möglich. (Murren links. Mehrere Abgeordnete rechts: Ja, ja!)«

Während der leidenschaftlichen Debatte über die Frage, ob eine Abordnung der Demonstranten im Konvent erscheinen darf, verliest der Präsident unter dem Beifall der Tribünen einen von Santerre, dem Kommandanten der Nationalgarde im Faubourg Saint-Antoine und populären Bierbrauer und Ausrichter sansculottischer Straßenfeste, an den Konvent gerichteten Brief: »Herr Präsident, die Einwohner der Vorstadt Saint-Antoine feiern heute [20. Juni] den Jahrestag des Ballhausschwurs. Sie wollen der Nationalversammlung ihre Verehrung bekunden. Ihre Absichten sind böswillig verleumdet worden; sie bitten um die Ehre, heute vor die Schranken des Konvents treten zu dürfen, um ihre feigen Verleumder Lügen zu strafen und zu beweisen, dass sie Freunde der Freiheit und Männer des Vierzehnten Juli sind. [...]

(Ein großer Teil der Versammlung äußert Beifall und erhebt sich gleichzeitig um die Einlassung der Petitionäre zu verlangen. Die Rechte bekundet durch Murren und Schreien ihre Ablehnung. [...] Die Tribünen klatschen Beifall.)«
Nach hitzigen Wortgefechten werden die Petitionäre des Faubourg Saint-Antoine schließlich unter dem Beifall der Linken und der Tribünen eingelassen. Ihr Sprecher verliest die Adresse: »*Gesetzgeber, das französische Volk wird heute bei Ihnen vorstellig (Murren rechts), um seine Ängste und seine Befürchtungen zu bekunden. [...] Dieser Tag gemahnt es an den denkwürdigen Ballhausschwur vom 20. Juni, an dem die Vertreter des niedergedrückten Volkes sich angesichts des Himmels zu dem Eid verbunden haben, uns nicht aufzugeben, sondern uns bis zum Tode zu verteidigen. Meine Herren, gedenken Sie dieses heiligen Eides und lassen Sie sich von diesem Volk, das selber leidgeprüft ist, fragen, ob Sie es im Stich lassen wollen. [...] – Gesetzgeber, seien Sie über diese einleitenden Worte nicht erstaunt, wir gehören keiner Partei an; wir unterstützen nur die, die im Einklang mit der Verfassung steht. (Beifall.) Bilden sich die Feinde des Vaterlandes etwa ein, dass die Männer des 14. Juli eingeschlafen sind? Wenn sie das glauben, wird es für sie ein schreckliches Erwachen geben. Jene haben nichts von ihrer Tatkraft verloren [...] – Es ist Zeit. Ja, Gesetzgeber, es ist Zeit, dass das französische Volk sich seiner erworbenen Würde gewachsen zeigt. Wie es seine Vorurteile überwunden hat, so gedenkt es auch trotz aller Verschwörungen der Tyrannen frei zu bleiben. Diese Tyrannen sind Ihnen bekannt, geben Sie ihnen nicht nach. [...] Die ausführende Gewalt ist nicht mit Ihnen einig. [...] So hängt also das Glück einer Nation von der Laune eines Königs ab? Darf dieser König einen anderen Willen haben als das Gesetz? Das Volk verbietet es, und sein Kopf ist mindestens ebenso viel wert wie das Haupt eines gekrönten Despoten. Dieser Kopf ist der Stammbaum der Nation, und vor dieser stämmigen Eiche muss das Rohr nachgeben. – [...] Das Volk steht bereit; es wartet schweigend auf eine Antwort, die endlich seiner Souveränität würdig ist. (Murren.) Gesetzgeber, wir wollen so lange dauernd unter Waffen bleiben, bis die Verfassung in die Tat umgesetzt ist. – Diese Petition wird nicht nur von den Einwohnern der Vorstadt Saint-Antoine unterstützt, sondern auch von allen Sektionen der Hauptstadt und der Umgebung von Paris. (Beifall links und auf den Tribünen.)«*
Über den Schlussantrag dieser Petition auf einen Umzug im Konvent entbrannte abermals eine heftige Debatte, bis ihm stattgegeben wurde:
»*[...] Die Bürger der Vorstädte Saint-Marcel und Saint-Antoine und aller Sektionen von Paris erscheinen. Mit dem Empfang der bewaffneten Menge wird die Diskussion unterbrochen. Die Bürger halten Einzug, ihnen voraus Trommler und eine kleine Musikkapelle. An der Spitze des Zuges marschieren die Herren Saint-Huruge und Santerre in der Uniform der Nationalgarde. Sie führen*

offenbar das Kommando, denn Herr Santerre macht ausladende Bewegungen, um überall Anweisungen zu geben, und Herr Saint-Huruge hält den blanken Degen hoch. – Mehrere Abteilungen der bewaffneten Nationalgarde haben sich in der Menge meist unbewaffneter Männer, Frauen und Kinder aufgelöst. – Von den bewaffneten Bürgern tragen die einen Flinten und Piken, die anderen Doppeläxte, Schuster- und Küchenmesser, Sicheln, Mistgabeln und Knüppel. Einige Frauen tragen Säbel, Eisenspieße und Wollmützen. – Sie alle ziehen durch den Saal, indem sie in wechselnden Abständen nach den Klängen des Ça ira oder nach den Trommeln tanzen, welche abwechselnd den Tanz- oder den Marschrhythmus schlagen. Dabei rufen sie: Es leben die Patrioten! Es leben die Sansculotten! Es lebe die Nation! Es leben unsere Stellvertreter! Es lebe die Freiheit! Es lebe das Gesetz! Nieder mit dem Veto! Die Tribünen klatschen von Zeit zu Zeit Beifall. – Unter den Sinnbildern und Wahrzeichen, die der Zug mit sich führte, befanden sich: ein Plakat-Nachdruck der Menschenrechtserklärung in Form von Gesetzestafeln, um den sich eine ansehnliche Zahl von Invaliden scharte; eine Schrifttafel mit der Parole Erzittert, Tyrannen! die Franzosen sind bewaffnet; Fahnen; eine zerrissene schwarze Kniehose, aufgespießt auf einer Pike und umgeben von Kokarden; ein Spruchband mit den Worten Warnung an Ludwig XVI. Das Volk hat seine Leiden satt. Freiheit oder Tod! Zuletzt trägt ein Mann auf der Spitze eines Spießes ein Kalbsherz und dabei eine Tafel mit der Aufschrift Aristokratenherz. – Mehrere Mitglieder der Versammlung nötigen den Petitionär, der das letztgenannte Zeichen trug, den Saal zu verlassen; er zieht sich zurück. – Mitten während des Umzuges bleibt ein Bürger stehen und ruft: ›Gesetzgeber, mit uns stellen sich Ihnen nicht 2 000, sondern 20 Millionen Menschen zur Verfügung, eine ganze Nation muss sich bewaffnen, um die Tyrannen – ihre Feinde wie die Eueren – zu bekämpfen.‹ (Beifall. […] Der Umzug, der um halb zwei Uhr begonnen hatte, endet erst um Viertel nach drei Uhr.)«

(Archives parlementaires …, 1. Serie, Bd. 45, Paris 1895, S. 411–419).

litische Kultur zu ihrer höchsten Entwicklung. Diese Kultur bestand aus basisdemokratischen, zeitweise fast allabendlich stattfindenden Versammlungen mit peinlich genau beachteten Regeln und Gepflogenheiten: Einlass nur für Einwohner der Sektion mit Mitgliedsausweis, Gesinnungsprüfungen und Ausgabe von Zuverlässigkeitsbescheinigungen *(certificats de civisme)*, häufige Neuwahlen von Vorsitzenden, Sekretären, Schatzmeistern usw., Verlesen von Korrespondenzen und Presseauszügen sowie des Protokolls der letzten Sitzung (diese sind meist in ungeübter, phonetischer Schrift abgefasst), weiter offene Abstimmungen, Reden und Diskussionen zur aktuellen Politik, anschließende Erklärungen, Solidaritätsadressen und Petitionen, Verbrüderungen mit den Abordnungen anderer Sektionen und Singen patriotischer Lieder wie der Marseillaise. Hinzu kam eine revolutionäre, hier besonders gepflegte Bekenntnissymbolik, die sich in der Umbenennung der meisten Pariser Sektionen (etwa zu *Bonnet-Rouge*, *Contrat-Social*, *Piques*, *République*, *Révolutionnaire*, *Sans-Culottes*) ebenso äußerte wie in den damals besonders zahlreichen republikanischen Liederbüchern und Bürgerkatechismen, in auflagenstarken, volksnah aufgemachten Zeitungen wie Héberts *Père Duchesne* (»Vater Duchesne« war eine Volksfigur), in spontanen Straßenfesten und satirischen antikatholischen Umzügen, in einem religionsartigen Kult um die »Freiheits-Märtyrer« Lepeletier, Marat, Chalier, Bara und Viala. Bewährte didaktische Mittel der Kirche wurden umfunktioniert, um die Bürger einmütig auf stetige Wachsamkeit, auf die revolutionären Prinzipien und auf politisches Engagement einzuschwören.

Die auf diesen Kräften beruhende weitere Radikalisierung der Revolution wurde denn auch in besonderem Maße geprägt von den Ängsten, den Forderungen und der Militanz der Sansculotten, die den Konvent immer wieder unter Zugzwang setzten. Das Parlament musste den Septembermassakern von 1792 ohnmächtig zusehen, als an potentiellen »Verrätern« in den Gefängnissen angesichts vorrückender preußischer Truppen Volksjustiz geübt wurde, oder auch bei der Plünderung der Pariser Lebensmittelläden im Februar 1793. Zusätzlich getrieben von Nahrungsangst, Komplottfurcht, Kriegsmeldungen, von Nachrichten über gegenrevolutionäre Bewegungen (in der Vendée), über die Ermordung ihres Idols Marat durch Charlotte Corday (13. Juli 1793), schufen die Aktivisten der Volksrevolution durch spontane Höchstpreisfestsetzungen, durch die Bildung lokaler Überwachungskomitees, durch eigenmächtige Hausdurchsuchungen und durch Verhaftungen Verdächtiger vollendete Tatsachen, die der Konvent von Mal zu Mal legalisierte und verallgemeinerte: so mit der Errichtung des Revolutionstribunals (10. März 1793), der Aufstellung sansculottischer »Revolutionsarmeen« zur Brotbeschaffung wie zur Revolutionierung der Pariser Region und der Provinz (ab 4. September 1793), dem Gesetz gegen die »Verdächtigen« (17. September 1793) und der Einführung des »Allgemeinen Maximums« auf Lebensmittelpreise und Löhne (29. September 1793).

```
╔══════════════════════════════════════╗
║                                      ║
║        LES  SIX                      ║
║   COMMANDEMENS                       ║
║   DE  LA  LIBERTÉ.                   ║
║                                      ║
║   1. A ta Section tu te rendras,     ║
║      De cinq en cinq jours strictement. ║
║                                      ║
║   2. Connoissance de tout prendras,  ║
║      Pour ne pêches comme ignorant.  ║
║                                      ║
║   3. Lorsque ton vœu tu émettras,    ║
║      Que ce soit toujours franchement. ║
║                                      ║
║   4. Tes intérêts discuteras,        ║
║      Ceux des autres pareillement.   ║
║                                      ║
║   5. Jamais tu ne cabaleras,         ║
║      Songe que la loi le défend.     ║
║                                      ║
║   6. Toujours tes gardes monteras,   ║
║      Par toi-même & exactement.      ║
║                                      ║
╚══════════════════════════════════════╝
```

Die sechs Gebote der Freiheit

1. *Du sollst dich alle fünf Tage pünktlich zu deiner Sektion begeben.*
2. *Du sollst von allem Kenntnis nehmen, um dich nicht der Unwissenheit schuldig zu machen.*
3. *Du sollst, wenn du deine Ansicht äußerst, dies immer freimütig tun.*
4. *Du sollst Deine Interessen erörtern, wie auch die der anderen.*
5. *Du sollst nie intrigieren, sondern beachten, dass das Gesetz dies verbietet.*
6. *Du sollst immer selber und pünktlich deinen Wachdienst verrichten.*

[Les six commandements de la liberté. Anonymes Plakat, 1791.]

Republikanischer Dekalog

Du sollst allein dem Volke heiligen Gehorsam schwören.
Du sollst die von ihm bestätigten Gesetze treu einhalten.
Du sollst jedem König auf ewig Hass und Krieg schwören.
Du sollst bis zu deinem letzten Atemzug deine Freiheit bewahren.
Du sollst die Gleichheit ehren, indem du beständig nach ihr handelst.
Du sollst nicht eigensüchtig sein, weder unabsichtlich noch vorsätzlich.

Du sollst nicht nach Positionen trachten, die du nicht würdig ausfüllen kannst.

Du sollst allein auf die Vernunft hören, dich künftig nur von ihr leiten lassen.

Du sollst als Republikaner leben, damit du selig sterben kannst.

Du sollst bis zum Frieden revolutionär handeln.

Du sollst alle Verdächtigen einsperren, ohne die geringste Nachsicht zu üben.

Du sollst die Priester unverzüglich von deinem Grund und Boden vertreiben.

Du sollst jeden Emigranten, der zurückkehrt, unverzüglich einen Kopf kürzer machen.

Du sollst in deine Clubs weder einen Feuillanten noch einen Gemäßigten aufnehmen.

Du sollst den wucherhaften Hamsterer verfolgen, wie auch den Gauner.

Du sollst keinem Eid eines ehemals Adligen vertrauen.

Du sollst täglich zu deinem Club gehen, um dich gründlich zu unterrichten.

[Décalogue Républicain. A Paris, par Palloy Patriote, 1793/94, Schmuck-plakat.]

Solche Anerkennung und Durchsetzung ihrer Anliegen verdankte die Volksbewegung außer ihrer eigenen Organisation und ihrer sozialen Breite (fallweise wurden bis zu 12 % der männlichen Bevölkerung von den Clubs und patriotischen Gesellschaften erfasst) auch der zeitweiligen Handlungsschwäche des Konvents in zweifacher Hinsicht. Zum einen geriet er insgesamt in solche innen- und außenpolitische Bedrängnis, dass er zur Fortführung der Revolution alle Kräfte der Nation mobilisieren musste. Solange die neue staatliche Infrastruktur noch im Aufbau begriffen war, blieb die demokratische Basisbewegung für die revolutionäre Staatsführung eine unentbehrliche Verbündete. Nur mit vollem Einsatz der Sansculotten konnte sie genug Freiwillige für die neuen Massenheere gewinnen, die Versorgung der Truppen mit Lebensmitteln, Kleidung und Waffen entsprechend steigern, militärische Niederlagen durch Siege wettmachen, große Teile der in gemäßigte Lager abgewichenen französischen Provinz gewaltsam auf die Pariser Linie der jakobinischen Revolution zurückzwingen (Marseille, Lyon), den royalistisch-katholischen Bauernaufstand der Vendée gegen

den revolutionären Zentralismus niederwerfen und die den Englän-
dern ausgelieferte Stadt Toulon zurückerobern (19. Dezember 1793).
Zum anderen schwächte eine wachsende innere Polarisierung, die
von der militärischen Krise der Republik verstärkt wurde, den mit 767
Abgeordneten in den Tuilerien tagenden Konvent. Während die auf
der rechten Seite des Saales sitzenden Abgeordneten um Brissot, die
wie der brillante Redner Vergniaud zu einem guten Teil aus dem Departement Gironde kamen (Girondisten), eine weitere Radikalisierung der Revolution zumal in sozialer Hinsicht, ablehnten und zunächst mit Unterstützung unentschiedener Abgeordneter in der
Saalmitte (Ebene) das Parlament und seine Ausschüsse beherrschten,
plädierten die auf den erhöhten Bänken der linken Saalhälfte sitzenden Abgeordneten (Bergpartei, *Montagnards*), unter denen sich immer
mehr Robespierre in den Vordergrund redete, auf Dauer prinzipieller
und öffentlichkeitswirksamer für die Ausmerzung aller Revolutionsfeinde, für die Rechte des »souveränen Volkes« und dessen existentielle Bedürfnisse. Schon in einem offenen Brief vom Januar 1793, den er
in seinem Journal veröffentlichte, hatte Robespierre die Girondisten
der Missachtung der Volkssouveränität bezichtigt, weil sie das Urteil
über Louis Capet einem Referendum überlassen wollten, obwohl das
»Volk« den König bereits durch die »Zweite Revolution« vom 10. August gerichtet habe: »Sobald sich das Volk versammelt, erlischt die politische Repräsentation, die Vollmacht des Konvents ... (*Lettres de Robespierre à ses commettants*, Bd. 2, Nr. 1, Paris 1793, S. 19). Wachsenden
Rückhalt gewann diese Position durch den personell erneuerten und
politisch radikalisierten Pariser Jakobinerclub, der sich – weniger legalistisch als früher – in »Gesellschaft der Freunde der Freiheit und der
Gleichheit« umbenannt hatte, Ende 1792 etwa tausend Mitglieder
zählte (darunter über 200 Konventsabgeordnete) und mit etwa 700
Tochtergesellschaften korrespondierte. Angesichts der erneut um sich
greifenden Komplottgerüchte und der Unfähigkeit des girondistisch
besetzten Verteidigungsausschusses, den Krieg an der Nord- und Ost-
grenze für die Republik zu entscheiden, bestieg Robespierre im Frühjahr 1793 zeitweise fast täglich die Rednertribüne im Pariser Jakobinerclub, um diesen für eine weitere programmatische Öffnung für die
Anliegen der Sektionen zu gewinnen und um gegen die Girondisten
eine Art Volksfront aus Sansculotten und *Montagnards* zu mobilisieren: »Eine Revolutionsarmee muss aufgestellt werden; alle Patrioten,
alle Sansculotten müssen sich für diese Armee melden; die Vorstädte

müssen den Kern und die Kraft dieser Armee ausmachen. [...] Alle, die durch einen Charakter von Lauheit (modérantisme) aufgefallen sind, müssen erbarmungslos aus unseren Sektionen gejagt werden. [...] Der Augenblick ist gekommen, entweder mit den Despoten fertig zu werden oder für die Freiheit zu sterben. Ich habe meine Entscheidung getroffen: Mögen alle Bürger es mir nachtun. (Beifall.) Ganz Paris soll zu den Waffen greifen, die Sektionen und das Volk sollen darüber wachen, dass der Konvent sich zum Volk erklärt.« (A. AULARD [Hg.], *Société des Jacobins*, Bd. 5, Paris 1895, S. 179.)

Die Girondisten verfuhren gerade umgekehrt, indem sie jakobinische Abgeordnete auf Sondermissionen zu den Armeen und in unsichere Departements abschoben, Marat wegen aufrührerischer Agitation verklagten (er wurde unter dem Jubel seiner Anhänger freigesprochen) und einen Zwölferausschuss bildeten, der die Eigenmacht von Pariser Commune und Sektionen brechen sollte und z. B. auch Hébert zeitweise verhaften ließ. Lieferten die Girondisten ihren Gegnern damit Argumente, so verloren sie in der Öffentlichkeit entscheidend an Glaubwürdigkeit, als bekannt wurde, dass der von ihnen unterstützte General Dumouriez, der ehemals populäre Sieger von Valmy, nach fehlgeschlagenen Verschwörungsplänen am 3. April zu den Preußen übergelaufen war. Mit der stürmischen Konventssitzung eine Woche darauf trat der Kampf der *Montagnards* und Sansculotten gegen die scharfsinnig und rational, letztlich aber erfolglos argumentierenden Girondisten in seine letzte und entscheidende Phase. Dabei ging es, wie Robespierres Schlüsselrede vom 10. April 1793 zeigt, sowohl um überzeugendes Eintreten für das »Volk« (daher das Eingehen auf Selbstachtung und Nahrungsängste der Sansculotten) als auch um die Inszenierung staatsbürgerlicher Tugend (Robespierre, von seinen Anhängern »l'Incorruptible«, der »Unbestechliche«, genannt, gibt sich machtlos) und um die Darstellung politischer Identität (deshalb die große Bedeutung biographischer und historischer Rückblicke) (Quelle 11).

Solche agitatorische Öffentlichkeitsarbeit lief konsequent auf eine erneute Volkserhebung hinaus, die sich diesmal gegen einen Teil des Parlaments selbst richtete und – mit jakobinischer Unterstützung – von Vertretern der meisten Pariser Sektionen wohl organisiert wurde, deren Führungsgruppe von der Commune als »revolutionäres Zentralkomitee« anerkannt wurde. Dieses ließ zunächst am 31. Mai 1793 sechstausend bewaffnete Milizionäre der Vorstadt Saint-Antoine um

Quelle 11

Nach einer Reihe von Solidaritätsadressen aus der Provinz und besonders einer Petition der Pariser Sektion Halle-aux-Blés, die alle gegen die Girondisten Partei ergreifen und im Konvent verlesen werden, meldet sich Robespierre zu Wort, um »die wahren Schuldigen« an Dumouriez' Verrat anzuklagen:

»Eine mächtige politische Clique (faction) betreibt gemeinsam mit den Tyrannen Europas eine Verschwörung, um uns einen König mit einer Art aristokratischer Verfassung zu geben. [...] Die Republik gebührt nur dem Volke: den Menschen jedweder Herkunft mit einer reinen und erhabenen Seele, den Aufklärern und Menschheitsfreunden, den Sansculotten, die sich in Frankreich stolz diesen Titel zu eigen gemacht haben, mit welchem La Fayette und der alte Hof sie brandmarken wollten [...]

Das aristokratische System, von dem ich spreche, war das System von La Fayette und all seinen Gesinnungsgenossen, die unter den Namen Feuillants und Gemäßigte (Modérés) bekannt sind; es wird von jener Clique fortgeführt. [...]

Sämtliche Ehrgeizlinge, die bis jetzt auf der Bühne der Revolution erschienen sind, haben das gemeinsam, dass sie nur so lange für die Rechte des Volkes eingetreten sind, wie sie es zu brauchen meinten. Allesamt haben sie im Volk eine blöde Viehherde gesehen, deren Bestimmung es sei, von dem Geschicktesten und dem Stärksten gelenkt zu werden. Alle haben sie die Versammlungen der Volksvertreter als Klüngel habgieriger und leichtgläubiger Männer angesehen, die bestochen oder getäuscht werden müssten, um sie ihren verbrecherischen Plänen dienstbar zu machen. [...]

Ebenso wie ihre Vorgänger haben auch die gegenwärtigen Machthaber ihren maßlosen Ehrgeiz hinter der Maske der Mäßigung und der Selbstliebe verborgen; ebenso wie ihre Vorgänger haben sie versucht, die Prinzipien der Freiheit in Verruf zu bringen.

[...] Haben sie doch großes Geschick darin bewiesen, ihre Schandtaten zu tarnen und sie dem Volk in die Schuhe zu schieben. Schon früh haben sie die Bürger mit dem Gespenst des Ackergesetzes geschreckt [...]

Die Clique der heutigen Machthaber hat sich lange vor dem Nationalkonvent gebildet. [...] Nichts haben sie unversucht gelassen, um die Revolution des 10. August zu verhindern; und seit dem Tag danach sind sie wirkungsvoll bemüht, ihren Lauf aufzuhalten. [...] Zugleich haben sie jede Gelegenheit genutzt, um die Revolution, die gerade die Republik geboren hatte, zu entehren. [...] Es verging kein Tag, ohne dass sie das Volk von Paris und all jene edelmütigen Bürger, die am meisten zur Revolution beigetragen haben, an den Pranger stellten.

[…] Damit nicht genug: Jene Clique wollte sogar Paris und Frankreich dem Feinde ausliefern [so Pläne Dumouriez']; sie wollte mit der Gesetzgebenden Versammlung fliehen, mitsamt der Staatskasse, dem Exekutivrat, dem gefangenen König und seiner Familie. […] Jene Machthaber hatten dauernd die Regierung und das Schicksal der Nation in ihrer Hand. Unaufhörlich haben sie den Nationalkonvent mit Denunziationen gegen die Munizipalität von Paris, gegen das Volk von Paris, gegen die Mehrheit der Abgeordneten von Paris befasst. Ihre Erfindung ist das lächerliche Märchen von der Diktatur, deren Absicht sie wiederholt einem ebenso macht- wie ehrgeizlosen Bürger anhängen [Robespierre selbst], um die von ihnen selbst ausgeübte furchtbare Oligarchie und ihren eigenen Plan zur Wiedererrichtung der Tyrannei vergessen zu machen. […]

Wer anders als diese Clique hat täglich versucht, das Elend zu vergrößern und so dem Volk die Revolution zu verleiden? Wer anders als sie hat alle Maßnahmen abgelehnt, die nötig sind, um den tollwütigen Wucher zu bekämpfen, die öffentliche Lebensmittelversorgung zu sichern und die Auswüchse der Hamsterei zu beschneiden?«

(Maximilien ROBESPIERRE, Œuvres complètes, hrsg. von der Société des Études Robespierristes, Bd. 9, Paris 1958, S. 376–382).

Quelle 12

Adresse der Sektionen von Paris, am 2. Juni 1793 im Konvent verlesen:

Volksvertreter, die 48 Sektionen von Paris und die gewählten Körperschaften der Departements erscheinen hier, um von euch ein Dekret zu fordern, das unter Anklage stellt:

die Kommission der Zwölf; die Spießgesellen von Dumouriez; alle, die die Bewohner der Departements gegen die Einwohner von Paris aufwiegeln; diejenigen, welche die Bürger von Paris verleumden, die am 14. Juli und am 10. August die Freiheit erobert haben und sie immer aufs neue vor Gefahr schützen werden, von welcher Zahl und Art ihre Feinde auch sein mögen; schließlich alle, die die Departements föderalisieren wollen, während das Volk die eine und unteilbare Republik will.

Das Volk hat sich erhoben und ist aufgestanden. Es schickt uns in eure Mitte, wie es uns in die Gesetzgebende Versammlung gesandt hat, um die Amtsenthebung des Tyrannen zu fordern. Die Revolutionen vom 14. Juli und vom 10. August sind von Blut gerötet worden, weil unter den Bürgern und insbesondere in den Streitkräften Zwietracht herrschte; am Kampftag des 31. Mai jedoch sah man kein Blut fließen, weil das Volk und die verfassungsmäßigen Behörden dasselbe Gefühl vereint. Diese erscheinen hier, um einen Anklagebeschluss gegen die unter euch sitzenden Verräter zu verlangen. Man wird vergeblich sagen, wir hätten in den Departements einige Bittschriften erbettelt; man hat auch welche am 20. Juni vergangenen Jahres erbettelt. Von Falschheit strotzende Zeitungen, deren Schreiberlinge in eurer Mitte tagen, Männer dieser Clique sind mit der Verwaltung im Einverständnis, die staatsbürgerliche Gesinnung in den Departements zu verderben. Was hat diese Clique geleistet, seitdem sie herrscht? Nichts außer Bürgerkrieg! Sie hat Ränkeschmiede zu Ministern berufen, die alles in Unordnung gebracht, die Patrioten und Republikaner aber fortgejagt haben. Wir fordern den Anklagebeschluss gegen Pétion, Guadet, Gensonné, Vergniaud, Buzot, Brissot, Barbaroux, Chambon, Birotteau, Rabaut, Gorsas, Fonfrède, Lanthenas, Grangeneuve, Lehardi, Lesage und so weiter, insgesamt 27 an der Zahl.

(Aus dem Moniteur vom 4. Juni, übersetzt in: Walter MARKOV, Revolution im Zeugenstand. Frankreich 1789–1799, Bd. 2, Leipzig 1982, S. 421–422).

den Konvent aufziehen, um die Ausmerzung der Girondisten zu fordern, und verlieh dem bis zum 2. Juni durch herbeigeeilte revolutionäre Aktivisten aus den Departements, durch Adressen und einen drohenden Massenaufmarsch von 80 000 Nationalgardisten solchen Nachdruck, dass der Konvent schließlich 29 führende Girondisten verhaften ließ; von ihnen wurden dann 21 guillotiniert (30. Oktober 1793), während andere aus Furcht vor dem gleichen Schicksal nicht länger im Parlament erschienen und aus ihm ausgeschlossen wurden. Der Preis dieses Sieges der *Montagnards* war hoch: In dem Maße wie die sich radikalisierende Revolution nun nach einer Vorhersage von Vergniaud ihre eigenen Kinder verschlang, begann sie ihre demokratisch-parlamentarische Legitimitätsgrundlage zu verlieren (Quelle 12).

Jakobinerdiktatur und Terreur im Jahre II der Republik (1793/94)

Die Problematik der revolutionären Gipfelphase von Oktober 1793 bis 1794, in welcher der nun von jakobinischen *Montagnards* beherrschte Konvent mehr denn je die Führung der Revolution übernahm, bestand zu einem wesentlichen Teil in der Spannung zwischen Revolutionsre-

Der Triumph der einen, unteilbaren und demokratischen französischen Republik (Le Triomphe de la République française une, indivisible et démocratique).
Radierung mit Gravuren, anonym, Lyon, Jahreswende 1793/94, 284 x 195 mm (Carnavalet-Museum Paris, Sammlung Soulavie, Signatur: PC. Hist. 210).

Beide Stiche gelten der Terreur, deuten sie aber völlig entgegengesetzt und sind damit ein Beispiel für den revolutionären ›Bilderkrieg‹.

Das »Triumph der einen unteilbaren und demokratischen französischen Republik« betitelte, »dem Vaterland gewidmete« Blatt visualisiert die jakobinische Rechtfertigung der Terreur als Notstandsregime der Revolution im Innern, aber auch als mögliches Mittel nach außen, wie das beigefügte zweizeilige Gedicht nahe legt: »Als unerschrockener Krieger zieht der Franzose vom einen zum anderen Ende der Welt, je nachdem wo ihn der Ruhm hinführt.« In diesem Fall handelt es sich um das revolutionäre Strafgericht über die Stadt Lyon, die sich mehrheitlich für eine gemäßigte Revolution entschieden und der Belagerung durch Pariser Revolutionstruppen zwei Monate standgehalten hatte (Andeutung der Stadtbefestigung im Hintergrund). Am 30. Oktober 1793 hatte der Wohlfahrtsausschuss Fouché und Collot d'Herbois beauftragt, die ›revolutionäre Ordnung‹ in Lyon wiederherzustellen. Jean-Marie Collot d'Herbois, ehemals nacheinander Oratorianer, königstreuer Theatermann und gemäßigter Jakobiner, seit 1792 einer der radikalsten *Montagnards,* erfolgreicher Konventskommissar in drei Departements und Mitglied des Ausschusses für öffentliche Sicherheit, ist nun die Hauptfigur und vermutlich der Auftraggeber des Bildes. In der Siegerpose des Erzengels Michael, des Überwinders des satanischen Drachen (so die ikonographische Tradition), setzt er seinen Fuß auf die geschlagenen Kreaturen der ›Konterrevolution‹ vor einem Hintergrund, der den Sieg des Lichtes über die Finsternis (Landschaft) versinnbildlicht. Er gibt sich als Diener und Stütze der in antiker Würde auftretenden Republik und ihres Prinzips der revolutionären Gleichheit und Gerechtigkeit (Waage). Obwohl eigentlich girondistisch orientiert, wird der Föderalismus von Lyon im Bild als soziale Reaktion von ›Kapitalisten‹, von Aristokratie und Klerus ›entlarvt‹: die beiden Leichen verkörpern einen Bankier, noch immer in seine Zinsscheine verkrampft, und einen Adeligen mit gebrochenem Degen und Orden des hl. Ludwig, während ein überlebender Mönch sich ins Dunkel duckt. Das entspricht genau einem Passus der von Collot d'Herbois unterzeichneten »Instruktion an die republikanischen Behörden der Departements Rhône und Loire« vom 16. November 1793: »Wäre die Bourgeois-Aristokratie am Leben geblieben, hätte sie bald eine Finanzaristokratie erzeugt: Diese hätte eine Adelsaristokratie geboren; denn der Reiche betrachtet sich stets als von anderem Stoff als andere Menschen [...]« (übers. in: Walter MARKOV/Albert SOISOUL [Hrsg.], Die Sansculotten von Paris, Berlin 1957, S. 223). In der Tat erschien das von Collot d'Herbois geleitete Strafgericht über Lyon so extrem (an die 2 000 Hinrichtungen), dass der Wohlfahrtsausschuss ihn vorzeitig abberief.

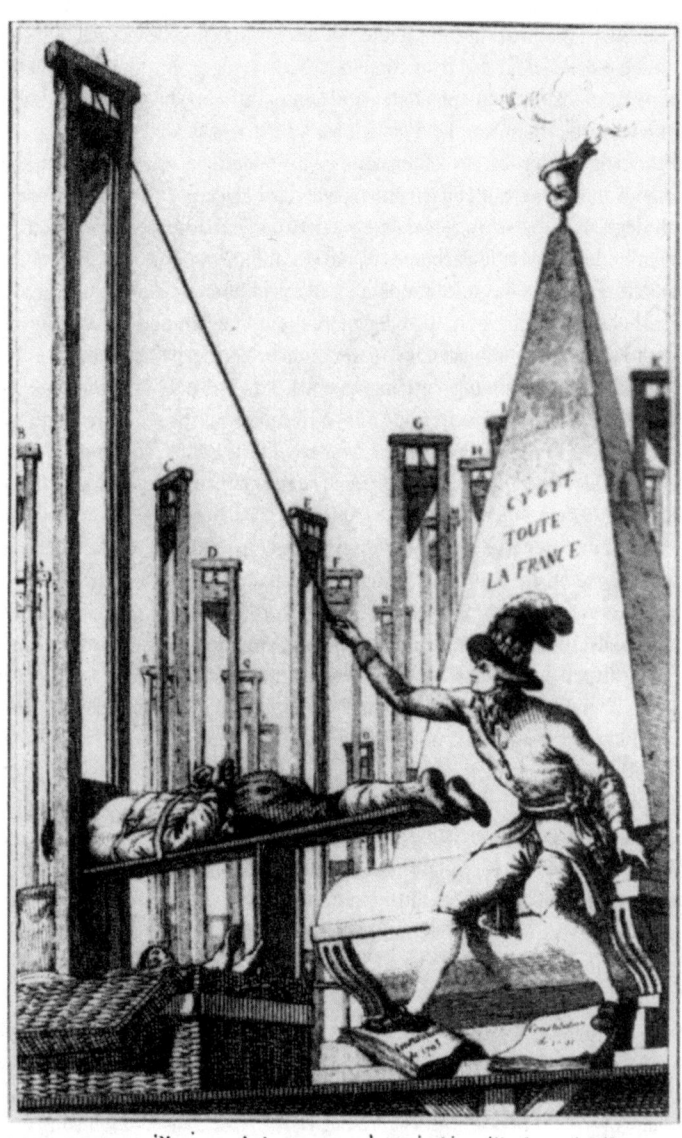

ROBESPIERRE, guillotinant le bourreau après avoir fait guillot' tous les Français

Im Gegenzug reduziert das während der thermidorianischen Reaktion veröffentlichte zweite Bild die Terreur auf das blindwütige Mordregime eines Mannes, ohne die Zwangslage, die Motive und Leistungen der Jakobinerdiktatur auch nur anzudeuten: In der Amtstracht des Wohlfahrtsausschusses, die Verfassungen von 1791 und 1793 mit Füßen tretend, figuriert Robespierre als alleiniger Scharfrichter der Revolution, der offenbar im Begriff ist, die Nachfolge des Henkers Sanson anzutreten. Doch bleibt ihm wenig zu tun übrig inmitten dieses Waldes von Guillotinen, deren jede bereits eine Gruppe des politischen Frankreich umgebracht hat, wie die Legende in polemischer Übertreibung suggeriert: von Adel und Geistlichkeit, den kulturellen Eliten, den Kindern, Frauen, Alten, Soldaten und Generälen über Girondisten, Maratisten, Hébertisten, Volksgesellschaften und Jakobiner bis hin zu politischen Wahlbeamten, Konvent, Wohlfahrts- und Sicherheitsausschuss, ja zum Revolutionsgericht selbst. So wird Robespierre gleichsam zum Friedhofswärter, der auf einer Grabpyramide mit der Aufschrift »Hier ruht ganz Frankreich« sitzt.

Derart schon bei den Zeitgenossen umstritten, scheidet die ›terroristische‹ Gipfelphase der Französischen Revolution bis heute die Geister.

Robespierre guillotiniert den Henker, nachdem er alle Franzosen hat hinrichten lassen (Robespierre guillotinant le boureau après avoir fait guillot[ine]r tous les Français)
Anonyme Kupfergravüre, o. O. [Ende 1794], 138 x 83 mm (Carnavalet-Museum Paris, Signatur: PC. Hist. 22 C).

Quelle 13

Die Begründung und Ethik der Terreur und ihr Spannungsverhältnis zur Volks-
revolution ist das Thema von Robespierres Konventsrede vom 5. Februar 1794:

»*Bürger und Vertreter des Volkes!*
[...] Welches Ziel haben wir? Es heißt: friedlicher Genuss der Freiheit und
Gleichheit, Herrschaft der ewigen Gerechtigkeit [...] Was wir in unserem
Land einführen wollen, ist Gemeinschaftsverantwortung statt Eigensucht, An-
ständigkeit statt Ehrgehabe, Grundsätze statt alter Gewohnheiten, Bürger-
pflichten statt Anstandsregeln, Vernunftherrschaft statt Modentyrannei, Ver-
achtung des Lasters statt Verachtung des Unglücks, Selbstachtung statt Dünkel,
Seelengröße statt Eitelkeit, Ruhmesliebe statt Geldgier, die guten und einfa-
chen Leute statt der Leute der feinen Gesellschaft, Verdienst statt Intrigenspiel,
Erfindungskraft (génie) statt Schöngeisterei, Wahrheit statt hohlen Glanz, die
Freuden des Glücks statt schaler Genusssucht, Größe des Menschen statt Be-
deutungslosigkeit der Großen, ein großmütiges, mächtiges und glückliches
Volk statt eines liebenswerten, aber leichtlebigen und verelendeten Volkes, das
heißt Tugenden und wunderbare Wohltaten der Republik statt all der Laster
und Lächerlichkeiten der Monarchie. – Mit einem Wort, wir wollen den Auf-
trag der Natur ausführen, die Menschheit ihrer Bestimmung zuführen, die Ver-
heißungen der Aufklärung erfüllen, die lange Herrschaft des Verbrechens und
der Tyrannei bei der Vorsehung sühnen. [...]
Welche Art von Regierung kann diese Wunder vollbringen? Allein die demo-
kratische oder republikanische Regierung; diese beiden Wörter sind bedeu-
tungsgleich, mögen sie auch in der gewöhnlichen Sprache missbraucht werden;
denn die Aristokratie ist ebenso wenig republikanisch wie die Monarchie. Die
Demokratie ist keine Regierungsform, in der das Volk dauernd versammelt ist
und alle öffentlichen Angelegenheiten selbst regelt; noch weniger ist sie eine Re-
gierungsform, in der zehntausend Splittergruppen des Volkes durch jeweils iso-
lierte, überstürzte und widersprüchliche Maßnahmen über das Schicksal der
Gesellschaft insgesamt entscheiden: eine solche Regierungsform hat es nie ge-
geben, und, wenn es sie gäbe, könnte sie das Volk nur zum Despotismus führen.
[...] Die Demokratie ist eine Regierungsform, in der das Volk unter Leitung
selbstgeschaffener Gesetze selber tut, was es gut kann, und durch Beauftragte tut,
was es selber nicht kann. [...]
Um aber unter uns die Demokratie zu gründen und zu festigen, um die
friedliche Herrschaft der Verfassungsgesetze zu erreichen, gilt es zunächst, den
Krieg der Freiheit gegen die Tyrannei zu beenden und das stürmische Meer der

Revolution wohlbehalten zu überqueren: eben das ist der Zweck des revolutionären Systems, das ihr gesetzlich verankert habt [...]

Was ist nun das Grundprinzip der demokratischen Volksregierung? Wie heißt die Kraft, welche die Regierung trägt und handlungsfähig macht? Es ist die Tugend (vertu); ich meine jene öffentliche Tüchtigkeit, die im alten Griechenland und im alten Rom so viele Wunder vollbracht hat und im republikanischen Frankreich noch viel erstaunlichere Wunder vollbringen wird; jene Tugend, die nichts anderes ist als die Liebe zum Vaterland und dessen Gesetzen. – Da aber das Wesen der Republik oder der Demokratie in der Gleichheit besteht, so folgt daraus, dass die Vaterlandsliebe notwendig die Liebe der Gleichheit einschließt. [...] Die Tugend ist nicht nur die Seele der Demokratie, sondern sie kann auch nur in dieser Regierungsform bestehen [...]

Wenn die treibende Kraft der Volksregierung während des Friedens in der Tugend besteht, so besteht sie während der Revolution in der Tugend und in der Terreur zugleich; denn ohne Tugend ist die Terreur verderblich, und ohne Terreur ist die Tugend machtlos. Die Terreur ist nichts anderes als unmittelbare, strenge, unbeugsame Gerechtigkeit (justice); *sie ist also ein Ausfluss der Tugend; sie ist weniger ein besonderes Prinzip als vielmehr die Konsequenz des allgemeinen Prinzips der Demokratie in seiner Anwendung auf die dringendsten Bedürfnisse des Vaterlandes. [...] Die Regierung der Revolution ist der Despotismus der Freiheit gegen die Tyrannei. [...]*«

(Maximilien ROBESPIERRE, Œuvres complètes, hrsg. von der Société des Études Robespierristes, Bd. 10, Paris 1967, S. 350–357).

gierung und Sansculotten. Mit Hilfe der Verbreitung von Furcht und Schrecken *(Terreur)* wurde die französische Provinz während der Jakobinerherrschaft viel stärker einem Zentralismus unterworfen und in die nationale Einheit gezwungen, als es der monarchische Absolutismus je vermocht hatte. Seit dem Frühjahr 1793 vorbereitet durch die Verlagerung der Regierung in Parlamentsausschüsse, zumal den Wohlfahrtsausschuss *(Comité de salut public)*, in dem dann Robespierre zur Macht aufstieg, durch die Legalisierung der von den Sansculotten ausgehenden spontanen Terreur und durch die Reorganisation des Revolutionsgerichts (5. September 1793), wurde die Terreur als Regierung des Nationalnotstands mit den Ausnahmegesetzen vom 10. Oktober und 4. Dezember 1793 für ganz Frankreich institutionalisiert und systematisiert – zu einer Zeit, als die entscheidenden Siege über die inneren und äußeren Hauptgegner der Revolution bereits errungen waren. Die vom Restparlament unterstützte Selbsterklärung des Wohlfahrtsausschusses zur »Revolutionsregierung« *(gouvernement révolutionnaire)* bedeutete die Aussetzung der Verfassung von 1793 »bis zum Frieden« (sie trat nie in Kraft) und das In-Kraft-Treten des innenpolitischen Kriegsrechts, das in der Guillotine, auch »nationales Rasiermesser« oder »heiliges Fallbeil« genannt, symbolisiert wurde. Die Machtmittel der Revolutionsregierung reichten von kommissarischen Sondermissionen einer langen Reihe von Konventsmitgliedern zu den Krisenherden *(représentants en mission)* über unmittelbar und regelmäßig rechenschaftspflichtige Beauftragte in allen Regierungsbezirken *(agents nationaux)* und ein Polizeiministerium *(Comité de sûreté générale)* mit landesweitem Überwachungsnetz *(comités révolutionnaires)* bis hin zu Justizterror, Gesinnungsdiktatur, Wirtschafts- und Presselenkung.

Gerechtfertigt wurde dieses System zunächst durch die Krisenlage der jungen Republik, letztlich aber durch eine politische Utopie, die in ihrer idealistischen Übersteigerung schließlich den Bezug zur politischen Wirklichkeit verlor und totalitäre Züge annahm. Noch deutlicher als Saint-Justs und Robespierres viel zitierte Rechtfertigungsreden zur Errichtung der Revolutionsregierung vom Dezember 1793, zeigt Robespierres Grundsatzrede über die neuen »leitenden Prinzipien der politischen Moral« vom Februar 1794, dass das souveräne »Volk« und sein Glück zwar nach wie vor als Legitimationsgrund und Ziel der Revolution galten, dass sie aber durch eine geschlossene Gemeinschaft von Berufsrevolutionären (damals kommt das Wort »der Revolutionär« auf) in den Hintergrund gedrängt wurden, die sich aufgrund der Wahrheit und der naturrechtlichen Unanfechtbarkeit ihrer Prinzipien wie aufgrund persönlicher Integrität und Tugend verpflichtet fühlten, das Volk auch gegen seinen Willen zum Glück zu zwingen, und sei es mit Furcht und Schrecken (Quelle 13).

Zur kleinbürgerlichen Volksbewegung und demokratischen Clubkultur hatte die Revolutionsregierung denn auch ein zwiespältiges Verhältnis. Einerseits blieb sie personell wie programmatisch eng verbunden mit den Jakobinerclubs, die ab Sommer 1793 bis Frühjahr 1794 mit über zweitausend Schwestergesellschaften, insgesamt wenigstens 150 000 Mitgliedern und eigener Zeitung *(Journal de la Montagne)* ihre größte, breitenwirksame Dichte erreichten und sich nach einem offiziellen Rundschreiben der Pariser Muttergesellschaft vom 7. Juni 1793 als »vorgeschobene Wachen des französischen Volkes um dessen Repräsentanten« verstanden (A. AULARD [Hg.], *Société des Jacobins*, Bd. 5, Paris 1895, S. 235). Andererseits aber sahen die *Montagnards* in den spontanen Lebensmittelunruhen und politischen Demonstrationen der Sansculotten, die sie noch im Frühjahr 1793 unterstützt hatten, nun »anarchische« Auswüchse, wenn nicht »konterrevolutionäre« Störmanöver, wie der Wohlfahrtsausschuss schon in einem Erlass vom 2. Dezember 1793 durchblicken ließ: »Die Volksgesellschaften sollen die Werkstätten der öffentlichen Meinung sein, doch allein der Konvent gibt dieser die nötige Richtung und weist ihr das Ziel [...] Die Volksgesellschaften sind gewiss keine verfassungsmäßige Gewalt, aber sie geben sozusagen den Ton der öffentlichen Meinung an. Deshalb könnte ihre Macht gefährlich werden, wenn sie von Intriganten usurpiert würden« (nach Gérard MAINTENANT, *Les Jacobins*, Paris 1984, S. 100).

In der Tat kehrte sich der politische Monopolanspruch der Montagnards zunehmend auch gegen die revolutionäre Basiskultur der Sansculotten, ihrer früheren Verbündeten. Wenig spektakuläre Einzelmaßnahmen der Revolutionsregierung lassen eine systematische Beschneidung und Ausschaltung der eigenständigen Institutionen und Kräfte der städtischen Volksrevolution, zumal in Paris, erkennen. Vorbereitet durch die Beschränkung der Sektionssitzungen (5. September 1793), begann dies mit dem Verbot der revolutionären Frauenclubs (30. Oktober 1793) und der Auflösung der provinzialen Revolutionsarmeen (4. Dezember 1793). Es setzte sich fort in der Verfolgung der kleinen Leuten nahe stehender sozialrevolutionärer Meinungsführer, die ansatzweise eine politische Theorie und Programmatik der Sansculotten-Bewegung entwickelt hatten: verübte Jacques Roux, der Marat-Jünger, ›rote Priester‹ in der Pariser Sektion Gravilliers und Führer der *Enragés* (wörtlich: der »Wütenden«), im Gefängnis Selbstmord (10. Februar 1794), so starben der Journalist Jacques-René Hébert und seine nächsten Anhänger unter dem Messer der Guillotine (24. März 1794). Diese Disziplinierungspolitik ging weiter mit der Säuberung der Commune von »Anarchisten«, dem Verbot von Sektionsfesten sowie der schrittweisen (Selbst-)Auflösung der irregulären Sektions- und Volksgesellschaften (April/Mai 1794) und endete mit der Ersetzung des teils populären Vernunftskultes durch den von Robespierre als Hohepriester eingeführten Staatskult des »Höchsten Wesens« (8. Juni 1794).

Quelle 14

Adresse an den Nationalkonvent von der Volksgesellschaft der Sektion »Brutus«
Vertreter des französischen Volkes!

  Die Volksgesellschaften der verschiedenen Sektionen sind jetzt in eine un-
erwartete Ungnade gefallen und scheinen bei den Freunden der Freiheit Miss-
trauen und Besorgnis zu erregen. Man beschuldigt sie, dass sie die unsittlichen
und freiheitsmörderischen Prinzipien der Cordeliers, deren Führer unter dem
Schwert des Gesetzes gefallen sind, auffrischen und ihnen in ihrem Kreis huldi-
gen. Das Ansehen, das sie sich erworben haben, scheint sie der strengen öffent-
lichen Meinung verdächtig zu machen. Die Vorwürfe, die einige Intriganten den
Gesellschaften, deren Ausweise sie erschwindelt haben, zweifellos in die Schuhe
schieben wollten, kann man jedoch der Volksgesellschaft »Brutus« keineswegs
machen.

  Sie hat ernsthaft um ihre Erneuerung gerungen und energisch die Intrigan-
ten bekämpft. Sie hat sich ständig um das öffentliche Wohl bemüht und sich die
Muttergesellschaft zum Vorbild genommen. Sie hat stets die Nationalversamm-
lung als ihren Sammelplatz angesehen. Sie war weit entfernt davon, Anteil an
den verbrecherischen Plänen der ruchlosen Partei zu nehmen, die Euer wach-
sames und scharfblickendes Auge aufgedeckt hat. Sie ist vor Euch getreten, um
Euch den Abscheu zu bekunden, der sie ergriffen hatte. Sie hat Euch ihre Arme
und ihr Leben angeboten, noch ehe Eure schrecklichen Keulenschläge die Ver-
schwörer getroffen hatten.

  Nun, diese gleiche Volksgesellschaft kommt heute aus Sorge um das öffent-
liche Wohl, von dem sie sich leiten lässt, zu Euch, um zu erklären, dass sie von
diesem Augenblick an ihre Sitzungen einstellt. Alle ihre Mitglieder gehen nach
Hause und erscheinen von jetzt an nur noch in den Generalversammlungen.
Sie werden sich weiterhin ganz besonders mit all dem befassen, was das wohl
ihrer Brüder betrifft. Sie wurde ins Leben gerufen aus dem Wunsch heraus,
sich zu vereinigen, um mit Leib und Seele als ein uneinnehmbares Bollwerk
der Nationalversammlung, die man schänden wollte, und dem Wohlfahrtsaus-
schuss, den man auflösen wollte, zu dienen. Sie war immer des berühmten Rö-
mers, dessen Namen und Gesinnung sie angenommen hat, würdig. Sie wird
wie er dem Vaterland das Teuerste opfern, und selbst die Einstellung ihrer Sit-
zungen wird eine leuchtende Tat ihrer liebevollen Hingabe an das öffentliche
Wohl sein.

  Bevor wir aber Euer Hohes Haus verlassen, Volksvertreter, wollen wir Euch
unsere klare politische Meinung über die Sektionsgesellschaften zur Kenntnis
bringen. Wir sind der Meinung, dass der größte Teil ihrer Mitglieder makellos

und rechtschaffen ist. Sie wollen für das Gute wirken und versuchen, ihm in den Herzen aller Eingang zu verschaffen. Dieses edle Streben ist uns immer eigen gewesen. Aus diesem Grunde übergeben wir Eurem Präsidium die Liste mit den Namen und Anschriften aller Mitglieder der Gesellschaft, die zum größten Teil dieser Deputation angehören, damit Ihr ohne Unterschied aus diesem Verzeichnis auswählen könnt, wenn Ihr Patrioten braucht, die Euch mit Leib und Seele ergeben sind, Patrioten, die immer bereit sind, Euch zu achten und Euch auf Leben und Tod zu beschützen. Es lebe die Republik!

MOUSSART REDAKTEUR

(Von Charlemagne, Vertreter der Sektion Brutus im Generalrat der Commune, vorgeschlagene, von seiner Sektion angenommene und am 19. April 1794 dem Konvent überreichte Adresse; ediert und übersetzt in: Walter MARKOV/Albert SOBOUL, Die Sansculotten von Paris. Dokumente zur Geschichte der Volksbewegung 1793–1794, Berlin 1957, Nr. 89, S. 387/389).

Durch diese soziale Isolation, die zur Rettung der Revolution auf Dauer nicht notwendig war, entartete die Revolutionsregierung im Frühsommer 1794 zu einem System bloßer Machterhaltung, das auf Komplottfurcht und staatsphilosophischen Rigorismus gegründet war und durch eine Übersteigerung der Terrormaschinerie nach der Abschaffung von Verhör und Verteidigung am Revolutiontribunal (Prairial-Gesetz vom 10. Juni 1794) am Leben gehalten wurde. Insgesamt forderte die Justiz der Terreur an die 17 000 Todesopfer, davon 60 % Bauern und Handwerker. Die so der Jakobinerdiktatur entfremdete Konventsmehrheit, selbst immer mehr von der Terreur bedroht, wagte es schließlich am 9. Thermidor (27. Juli 1794), sich gegen Robespierre zu erheben, um ihn und seine engsten Anhänger am folgenden Tag ihrerseits guillotinieren zu lassen. Die Pariser Sansculotten, die mit 30 000 bewaffneten Aktivisten bereitstanden, suchten diese Hinrichtung nicht zu verhindern: Die Terreur hatte das Bündnis von Verfassungsrevolution und städtischer Volksrevolution zerstört.

Die entzauberte Revolution (1794–1799)

Die zweite Halbzeit der Französischen Revolution, ihre Abstiegsphase, ist die Geschichte der gescheiterten Institutionalisierung einer gemä-

Zwischen zwei Stühlen, mit dem Hintern auf der Erde (Entre deux chaises, le cul par terre).
Kolorierte Radierung von Lemonnier, Paris 1797, 412 x 320 mm (National-bibliothek Paris, Sammlung de Vinck, Nr. 7399).

Hier handelt es sich um eine (durch zahlreiche Beischriften unterstützte) Verbildlichung jakobinischer Kritik an der die revolutionären Prinzipien aushöh-
lenden Schaukelpolitik des Direktorialregimes. Die Szene zeigt einen polaren
Gegensatz:

Die linke Seite prangert das Ancien Régime an, symbolisiert in dem königlichen Prunkstuhl vor finsteren Wolken, auf dem Insignien sowohl der alten Monarchie (Krönungsmantel, Krone, Degen, Orden des hl. Ludwig) wie der Kirche (Kreuz, Abendmahlskelch) das ›Zweckbündnis von Thron und Altar‹ anzeigen: »Der König und die Priester« steht auf dem Thronzettel, neben dem außerdem ein Dolch die Mordgefahr andeutet, die angeblich noch immer von den Monarchisten ausgeht. Diese erhalten Auftrieb, wie weitere Beischriften suggerieren, durch die Missachtung der gemäßigt republikanischen Verfassung des Jahres V, durch die schrittweise Rehabilitierung der Emigranten und durch den andauernden »Bürgerkrieg«.

Auf der Gegenseite wird das neue Regime der Revolution symbolisiert durch den schlichten Obelisk der »Französischen Republik«, geschmückt mit Weihekranz und Freiheitsmütze, beglänzt von den Morgenstrahlen der politischen Aufklärung. Dem neuen republikanischen Regime – materialisiert in dem Amtssitz mit Nationalfarben, ausgestattet mit legitimer Amtsgewalt (*Fasces* mit Pike) und durch die Jakobinermütze politisch verpflichtet – weisen Zettel die Aufgaben zu, die »Verteidiger des Vaterlandes« zu belohnen, die Bürgerrechte zu bewahren und das »Glück des Volkes« zu bewirken.

Doch all das ist im Begriff, in den Abgrund der politisch-sozialen Reaktion zu stürzen, weil das Direktorialregime – personifiziert in einem *directeur* in offizieller Amtstracht (nach dem Vorbild der römischen Senatoren) und auf einem »Politischen Balancierbrett« schwankend – nicht nur seine republikanischen Pflichten vernachlässigt, sondern die Rechtmäßigkeit des neuen Regimes auch durch eigene Maßnahmen untergräbt, die auf Beischriften exemplarisch genannt werden und allesamt tatsächlich nachweisbar sind: »Ermordung der Republikaner, Schließung der patriotischen Versammlungen, Verlust des Gemeingeistes, Spekulantentum, Ächtung der Käufer von Nationalgütern«. Dem verzweifelten Balanceakt des Direktoriums auf dem ›politischen Vulkan‹, der sich durch aus Bodenritzen emporzüngelnde Flammen anzukündigen scheint, muss jeden Augenblick der endgültige Absturz folgen: Ob dann der nebenstehende Königsthron neu besetzt wird? Das Montesquieus »Geist der Gesetze« entnommene Motto auf dem leeren Denkmalsockel im Hintergrund (wohl ein Hinweis darauf, dass das Direktorium keines Denkmals wert ist) spendet wenig Trost: »Zum Schlechten führt ein unmerklicher Niedergang, das Gute erreicht man nur durch Anstrengung.« Da das Direktorialregime diese revolutionäre Anstrengung zur allgemeinen Erneuerung offenbar nicht fortsetzt, erscheint der Niedergang der Revolution als unaufhaltsam.

ßigten Revolution und der Korrumpierung des revolutionären Impetus überhaupt.

Die nach dem 9. Thermidor verbliebenen Konventsabgeordneten (Thermidorianer) und deren Nachfolger unter dem Direktorium interpretierten ihr Regime als Rückkehr zur liberalen Verfassungsrevolution von 1789 und konnten sich dabei durchaus auf einen ansehnlichen Maßnahmenkatalog berufen: Öffnung der überfüllten Gefängnisse, Schauprozesse gegen berüchtigte Terroristen wie Carrier, Widerrufung der unbeschränkten Vollmachten des Revolutionstribunals, Beschneidung der departementalen Überwachungskomitees, Freigabe von Religionsausübung und Wirtschaft, Wiederaufnahme der ausgestoßenen ehemaligen Girondisten in den Konvent, Stärkung des Parlaments auf Kosten der Regierungsausschüsse, schließlich eine neue Verfassung (22. August 1795), welche die sozialen Errungenschaften von 1793 widerrief, ein parlamentarisches Zweikammersystem (Rat der 500, Rat der Alten) mit höherem Wahlzensus als 1791 einführte und die Regierung einem fünfköpfigen Direktorium (*Directoire*) übertrug. Diese äußere Konsolidierung, aufwendig inszenierte staatliche Revolutionsfeste und wohl tönende Proklamationen von Parlament und Regierung an »das französische Volk« vermochten jedoch die eigentliche Grundlage der Revolution von 1789 bis 1793, die demokratische politische Kultur des offenen Meinungswettbewerbs und der freien, verantwortlichen Volksrepräsentation, nicht wiederherzustellen, sondern verdeckten nur ihren weiteren Schwund, der sich auf zwei Ebenen vollzog.

Gegenüber der Volksbewegung – der sozialen Basis – führten die Thermidorianer und die zunächst fortbestehende, nun antijakobinische Revolutionsregierung die Disziplinierungs- und Unterdrückungspolitik der Terreur fort, indem sie nach der Schließung des Pariser Jakobinerclubs (12. November 1794) das Maximum abschafften (24. Dezember 1794), Marseillaise, Marat-Büsten und Freiheitsmützen ebenso verboten (8. Februar 1795) wie die radikale Presse und die Sektionen durch die Einschleusung Gemäßigter unterwanderten, wobei sie von jugendlichen Schlägertrupps (*jeunesse dorée*) unter dem ehemaligen Terroristen Fréron unterstützt wurden. Die Pariser Sektionen und Revolutionsclubs in der Provinz wehrten sich mit Flugblättern, Plakaten, illegalen Generalversammlungen, einer Welle von Protestadressen an den Konvent. Ihr Widerstand erreichte seinen Höhepunkt nach einem harten Hungerwinter in den letzten großen Volksaufständen der Französischen Revolution im Germinal und Prairial des Jahres III (1. April und 20.–23. Mai 1795), als 20 000 Pariser Sansculotten das Parlament umstellten mit der Forderung: »Brot und die Verfassung von 93« (Quelle 15).

Doch zeigte sich, dass dieser Radikalisierungsmechanismus, die Sprungfeder der Revolution, gebrochen war. Denn der Konvent, welcher der Volksbewegung entfremdet war und die Sansculotten wieder aus der Nationalgarde entfernt hatte, verfügte nun zusätzlich über ergebene Truppen, um die Petitionäre aus dem Parlament treiben und die verbarrikadierten Milizionäre der Sektionen entwaffnen zu lassen. Seine beschwichtigenden Erklärungen an die Öffentlichkeit zeigen, dass die Zuwendung zum »Volke« zu einer ideologischen Floskel verkommen war, die nicht mehr unmittelbare Verpflichtung der Volksvertreter ausdrückte, sondern die obrigkeitliche Mahnung zu Ruhe und Ordnung verbrämte. Dies kam in den Worten, die der Abgeordnete Bourdon (Departement Oise) am 23. Mai 1795 im Konvent sprach, nachdem die aufständischen Petitionäre hinausgetrieben waren, deutlich zum Ausdruck: »Volk, ich beschwöre dich im Namen der Freiheit, die du erobert hast, entehre nicht den Ruhm eines so großen Werkes. Dulde nicht, dass fünf Jahre Entbehrungen und Opfer umsonst gewesen sind. Kannst du es ablehnen, der Freiheit zuliebe, für die du schon so viel getan hast, noch einige schwere Augenblicke zu ertragen? Noch einige wenige Tage, und deine Leiden sind zu Ende. (Beifall.) [...] Das Volk hat gehört, und die Freiheit ist gerettet« (*Moniteur* Nr. 244 vom 23. Mai 1795, Nachdr. Bd. 24, Paris 1847, S. 498).

Auf den Prairial-Aufstand reagierten die Thermidorianer mit einer landesweiten Säuberungswelle, bei der in Paris etwa zwölftausend, in der Provinz mehrere zehntausend Jakobiner und Sansculotten verhaftet wurden; sie kamen u. a. bei den Gefängnismassakern in Lyon und Marseille um. Aber bürgerliche und kleinbürgerliche Gruppen waren in sechs Revolutionsjahren zu demokratiebewusst geworden, um nun sogleich in politische Passivität zurückzusinken. Gerade auch in den Städten der Provinz hielt die revolutionäre Club-Bewegung noch über Monate an, bildeten sich 1795/96 neojakobinische Clubs, während in Paris der Publizist und ehemalige Marat-Anhänger Lebois neben dem Pantheon die »Vereinigung der Freunde der Republik« gründete (16. November 1795), in der sich so schnell an die tausend ›linke‹ Aktivisten sammelten, dass das Direktorium sie am 28. Februar 1796 schließen ließ. Derart in den Untergrund ge-

Quelle 15

Zum Prairial-Aufstand ließen die Aufständischen einen anonymen Plakat-Aufruf drucken, der am 20. Mai 1795 auch im Konvent in zahlreichen Exemplaren verteilt wurde. Es handelt sich um die letzte freie und programmatische Wortmeldung der Pariser Sansculotterie in der politischen Öffentlichkeit.

Aufstand des Volkes, um Brot zu erhalten und seine Rechte zurückzuerobern

In Erwägung, dass die Regierung das Volk auf unmenschliche Weise Hungers sterben lässt und die Versprechungen, die sie ohne Unterlass wiederholt, Lug und Trug sind;

in Erwägung, dass die Not viele Bürger veranlasst, die Unglücklichen, die der Hunger täglich zu Haufen ins Grab sinken lässt, um ihr Los zu beneiden;

in Erwägung, dass sich das Volk vor sich selbst und gegenüber dem nachfolgenden Geschlecht schuldig macht, wenn es nicht schnellstens seinen Lebensunterhalt sicherstellt und seine Rechte zurückerlangt;

in Erwägung, dass sich die Regierung anmaßend, ungerecht und tyrannisch verhält, wenn sie willkürlich Festnahmen veranlasst und diejenigen von Kerker zu Kerker, von einem Ort zum anderen schleppen und in den Gefängnissen hinmorden lässt, die Mut und Tugend genug besitzen, um Brot und die Gemeinrechte zu fordern;

in Erwägung, dass eine widerrechtliche und tyrannische Regierung ihre schurkischen Absichten und ihre Macht nur auf die Schwäche, die Unwissenheit und das Elend des Volkes gründet; [...]

in Erwägung, dass der Aufstand für ein ganzes Volk wie für jeden Teil eines unterdrückten Volkes das heiligste aller Rechte, die unerlässlichste aller Pflichten ist, eine Notwendigkeit allerersten Ranges;

in Erwägung, dass es Sache desjenigen Teiles des Volkes ist, der sich in unmittelbarer Nachbarschaft der Unterdrücker befindet, sie an ihre Pflichten zu erinnern, weil er seiner Lage nach die Wurzel des Übels am besten kennt, beschließt das Volk wie folgt:

Artikel 1. Unverzüglich werden noch heute die Bürger und Bürgerinnen von Paris in Massen zum Nationalkonvent ziehen, um von ihm zu fordern:

1. Brot;

2. die Absetzung der Revolutionsregierung, in der jede Partei reihum ihre Macht dazu missbraucht hat, das Volk zugrunde zu richten, auszuhungern und zu unterjochen;

3. die sofortige Ausrufung und Inkraftsetzung der demokratischen Verfassung von 1793;

4. die Ablösung der gegenwärtigen Regierung, ihre sofortige Neubildung durch andere Mitglieder aus den Reihen des Nationalkonvents und die Festnahme aller Konventsmitglieder, aus denen sich augenblicklich die Regierungsausschüsse zusammensetzen, als schuldig des Verbrechens der Nationsbeleidigung und der Tyrannei gegenüber dem Volk;

5. die unverzügliche Freilassung der Bürger, die gefangen gehalten werden, weil sie Brot gefordert und freimütig ihre Meinung kundgetan haben;

6. die Einberufung der Urwählerversammlungen zum kommenden 25. Prairial zwecks Erneuerung aller Behörden, die bis dahin verpflichtet werden, sich der Verfassung entsprechend zu verhalten und ihr gemäß zu handeln;

7. die Einberufung einer Gesetzgebenden Nationalversammlung, die an die Stelle des Konvents treten soll, und zwar zum 25. Messidor dieses Jahres. [...]

Artikel 8. Die Bürger und Bürgerinnen aus den einzelnen Sektionen setzen sich von jedem beliebigen Ausgangspunkt her in brüderlicher Verbundenheit, aber ungezwungen und ohne den Aufbruch benachbarter Sektionen abzuwarten, die sie zum Mitmarschieren veranlassen, in Bewegung, damit die hinterlistige und treulose Regierung dem Volk nicht mehr, wie bisher üblich, den Maulkorb anlegen und es von Führern, die käuflich sind und uns hintergehen, wie eine Herde antreiben lassen kann.

Artikel 9. Das Volk wird nicht eher Ruhe geben, als bis es den Lebensunterhalt, das Glück, den Frieden und die Freiheit aller Franzosen sichergestellt hat.

Artikel 10. Die Losung des Volkes lautet: Brot und die demokratische Verfassung von 1793.

Jeder, der während des Aufstands diese Losung nicht mit Kreide geschrieben an seinem Hut trägt, soll als Aushungerer des Volkes und als Feind der Freiheit angesehen werden. Jede in der Öffentlichkeit gezeigt Fahne, jede Standarte oder jedes Feldzeichen soll ebenfalls diese Losung aufweisen. Andere Zeichen oder Losungen sind strengstens untersagt und ziehen Bestrafung nach sich. [...]

(Übersetzt in: Walter Markov, Revolution im Zeugenstand, Bd. 2, Leipzig 1982, S. 662–666).

drängt, griff ein Kern standhafter Sozialrevolutionäre zur Verschwörung als dem letzten Mittel, seine politischen Ziele zu verfolgen: die »Verschwörung für die Gleichheit« um Babeuf, der sich in Anlehnung an die römische Republik »Gracchus« und seine Zeitung *Tribun du Peuple* (»Volkstribun«) nannte und in Ansätzen ein ›kommunistisches‹ Programm entwickelte. Doch wurde Babeuf vorzeitig verhaftet, der Aufstand seiner Anhänger niedergeschlagen (9. September 1796) und dem engsten Kreis der Babouvisten der Prozess gemacht (Hinrichtung am 27. Mai 1797). Gleichwohl deutet der bald wieder verbotene Club der »Freunde der Gleichheit und der Freiheit«, den später Babeufs Kampfgefährte Drouet im Pariser Manège-Saal gründete (18. Juli–31. August 1799) an, dass die revolutionäre Basiskultur trotz aller Unterdrückung verdeckt fortlebte.

Die Führungseliten der Direktorialzeit erstickten die demokratische Kultur der Revolution nicht nur an der politischen Basis; sie setzten sich auch ihrerseits – auf der parlamentarischen Ebene – über die selbst gegebenen Regeln hinweg, sobald sie befürchteten, durch Mehrheitsentscheidungen abgelöst zu werden. Gewiss: Äußerlich entledigten sie sich der – nunmehr unvermeidlichen – Pflichtübung häufiger Neuwahlen und formierten sich, jakobinische Erfahrungen nutzend, in politischen Clubs. Während konservative, royalistische und aus den Gefängnissen der Terreur befreite Abgeordnete sich mit dem bekehrten Ex-Jakobiner Legendre ab November 1794 im Pariser *Club de Clichy* (etwa 300 Mitglieder) zusammenfanden und in der Provinz Zweigstellen einrichteten, bis ihre Vereinigung im September 1797 als komplottverdächtig verboten wurde, gründeten im Juni 1795 gemäßigte Republikaner um den Abgeordneten Jean Debry mit Unterstützung des Direktoriums als Gegengewicht die *Cercles constitutionnels*, bis diese im März 1798 wegen ›jakobinischer‹ Neigungen geschlossen wurden. Gleichwohl waren auch sie mehr Wahlkampforganisationen als Meinungsbildungsorgane mit demokratischem ›Innenleben‹ nach Art der Volksgesellschaften, wie Jean-Jacques Lenoir-Laroche, Mitglied des Rats der Alten, in einer Flugschrift feststellte: »Die Bürger, die sich im *Cercle constitutionnel* treffen, haben kein anderes Ziel, als nach Kräften zur Aufrechterhaltung der Verfassung beizutragen; sie kennen dabei keine anderen Empfindungen als Ordnungsliebe und Gesetzesgehorsam [...]Keine Sitzungsprotokolle, kein Vorsitzender, keine Sekretäre, weder Korrespondentennetz noch Brudergesellschaften. Zweck und Tätigkeit dieser Gesellschaft bestehen einzig darin, die Presse zu lesen und Ideen über Fragen auszutauschen, die jeden freien Mann mit Recht interessieren [...]« (*Du Cercle constitutionnel et des clubs en général*, Paris 1798, S. 5)

In der Substanz aber höhlte die direktoriale Führungselite den revolutionären Parlamentarismus, der sie an die Macht gebracht hatte, zunehmend aus. Obwohl die Thermidorianer beim Übergang zum Direktorialregime ihre Position durch ein besonderes Gesetz zu stabilisieren suchten, wonach die Zensuswähler nur jeweils über ein Drittel der Mandate entschieden (22. August 1795), konnten sie den Schwund ihrer gemäßigt-republikanischen Mehrheit im Rat der 500 nicht verhindern. Wurden sowohl im Oktober 1795 wie im März 1796 fast alle zur Wiederwahl kandidierenden bisherigen Konventsabgeordneten (oft ehemalige *Montagnards*) durch revolutionsfeindliche Männer abgelöst, so wurde andererseits im Mai 1798 und im April 1799 trotz massiver – nun konservativer – Wahlbeeinflussung wieder der Anteil ›linker‹ Abgeordneter im Parlament gestärkt. Zusätzlich alarmiert durch gegenrevolutionäre und royalistische Verschwörungen und Staatsstreichversuche, nahmen die führenden Direktoren Barras, Reubell und La Révellière-Lépeaux ihre Zuflucht zu ›Wahlkorrekturen‹, indem sie zunächst zwei Kollegen und 53 Abgeordnete nach Französisch-Guayana verbannten (4. September 1797) und später die Wahlen zahlreicher ›jakobinischer‹ Abgeordneter annullierten, um stattdessen Regierungskandidaten zu ernennen (11. Mai 1798). Als das jahrelang von Regierung und Militärs eingeschüchterte Parlament dann schließlich, durch Neuwahlen auf der Linken gestärkt, sich mit der Absetzung von drei konservativen Direktoren revanchierte (18. Juni 1799) und eine republikanische Schlussphase der Direktorialzeit einleitete, kam diese Rückkehr auf den Mittelweg der Revolution zu spät.

Denn wie demokratische Kultur und Volksbewegung den Revolutionsprozess in Gang gesetzt und zu seinem Höhepunkt emporgetrieben hatten, so führten umgekehrt 1794–98 die Unterdrückung der revolutionären Basiskultur in den Städten und ein um sich greifender Scheinparlamentarismus dazu, dass die Revolution, durch ihren Legitimationsverlust und die Entmachtung der Sansculotten ihrer eigentlichen Antriebskräfte beraubt, restaurativen Gegenbewegungen weichen musste. Schließlich wurde sie nur noch notdürftig verwaltet – aufrechterhalten von bürgerlichen Wirtschafts- und Machtinteressen, von der Furcht vor einer Gegenrevolution und vor dem äußeren Krieg, der von nationaler Verteidigung über revolutionäre Missionierung in Eroberung und Ausbeutung umgeschlagen war. Es sollte denn auch ein Staatsstreich des erfolgreichsten Revolutionsgenerals sein, der 18. Brumaire des Napoleon Bonaparte (9. November 1799), der das abgewirtschaftete Direktorialregime stürzte und die Revolution für beendet erklärte.

Letzteres war, was den historischen Prozess der Revolution im engeren Sinne betrifft, eine Feststellung offensichtlicher Tatsachen, hinsichtlich der Nachwirkungen der Französischen Revolution aber eine politische (Selbst-)Täuschung. Hatte die Revolution doch in Frankreich nicht nur auf Dauer die rechtlichen Rahmenbedingungen für die Entwicklung einer ›bürgerlichen‹ Gesellschaft geschaffen und demokratische Legitimationsformen politischer Herrschaft durchgesetzt, auf die weder Napoleon noch die Bourbonenrestauration völlig verzichten konnten. Zudem prägten die demokratischen Basiskultur der Revolution und die politisch-soziale Programmatik besonders ihrer radikalen Phase das Bewusstsein breiter Gruppen der französischen Gesellschaft so nachhaltig, dass sie bei der Julirevolution von 1830, bei der Revolution von 1848 und noch 1870 bei der Pariser Commune ideell wie personell Pate stand. Bedenkt man schließlich, dass seit der Dritten Republik bis heute die 1789 entstandene Trikolore Nationalflagge, der Vierzehnte Juli Nationalfeiertag, die Marseillaise von 1792 Nationalhymne ist und dass die besonders 1793/94 aufgekommene Parole »Liberté, Egalité, Fraternité« alle öffentlichen Gebäude ziert und allgemein als Umschrift der Münzen dient, so beginnt man zu ahnen, wie tief die Große Revolution – jenseits aller innenpolitischen Spaltungen – die nationale Identität des modernen Frankreich begründet hat und prägt.

Rolf Reichardt

NUIT DU 4 AU 5 AOÛT 1789
OU LE DÉLIRE PATRIOTIQUE.

Der patriotische Taumel (Nuit du 4 au 5 août 1789 ou le délire patriotique).
Anonyme Aquatinta-Radierung. 1789, 177 x 232 mm (Nationalbibliothek
Paris, Kupferstichkabinett, Sammlung de Vinck Nr. 2770).

Dieser Stich gehört zu einer Reihe ähnlicher Flugblätter, die revolutionäre Maßnahmen oder Beschlüsse gegen die Missstände des Ancien Régime als einmütige, befreiende, symbolische Zerstörungshandlung des ›Volkes‹ verbildlichen:
vom ›despotischen Drachen der Bastille‹ über die ›Steuern‹ bis zum ›Adel‹. Hier
zerschlagen vier Bauern – teils barfuß, teils in Holzschuhen – mit ihren Dreschflegeln die Insignien, Standes- und Amtszeichen der alten Feudalherren, also sowohl des Adels (Rüstungen, Wappen, Degen, Orden des hl. Ludwig) wie der
Geistlichkeit (Beffchen, Bischofsstab und –hut), die zu den Großgrundbesitzern
zählte und deren Zehnter für die Bauern den Feudalabgaben glich. Der latent
kritische Ausdruck *délire* in der Beischrift, der auch »Fieberwahn« oder »Raserei« bedeutet, bezieht sich zum einen auf die wohl inszenierte Nachtsitzung der
Nationalversammlung, bei der Adel und Klerus ihre Feudalrechte in einer Art
Opfertaumel auf dem ›Altar des Vaterlandes‹ darbrachten, zum anderen auf den
illusionären Freudentaumel, den diese Nachricht im bäuerlichen Frankreich
auslöste. Obwohl die Nationalversammlung ihre Grundsatzbeschlüsse sogleich
einschränkte, war es die in unserem Bild dargestellte Symbolhandlung, die sich
dem kollektiven Bewusstsein einprägte.

DIE BAUERNREVOLUTION

VON DEN DREI REVOLUTIONEN des Jahres 1789 ist die Erhebung auf dem flachen Lande ein Problem, das von der Geschichtsschreibung lange unter der Prämisse der ›bürgerlichen‹, gegen adlige Standesvorrechte und die absolute Monarchie gerichteten Revolution in den Hintergrund gedrängt worden ist. Wenn nun seit den bahnbrechenden Untersuchungen von Georges Lefebvre die Eigenständigkeit der bäuerlichen Bewegung und ihre wichtige Rolle im Gesamtprozess der Revolution in der Forschung auch außer Frage steht, so sind wir doch weit davon entfernt, die Bauernrevolution in allen ihren regionalspezifischen Ursachen und Besonderheiten, in den Motiven und Zielen der Aufständischen zu kennen. Erst diese einzelnen, teils lokal begrenzten, teils sich zu regionalen Flächenbränden ausweitenden, teils aus friedlichem Protest und Petitionen bestehenden, teils gewaltsamen Aktionsformen bestimmen in ihrer Wechselwirkung mit den übrigen sozialen Kräften und politischen Ereignissen das Gesamtbild der bäuerlichen Revolution innerhalb der Französischen Revolution.

Die Unruhen des Jahres 1789

Die allgemeine Gärung auf dem Lande begann – ähnlich wie die Teuerungsunruhen in den Städten – nicht erst am 4. Juli 1789. Schon im Februar und März kam es in Südfrankreich zu ersten Aufständen. Ausgehend von den größeren Städten, griffen Steuerverweigerungen, Lebensmitteltaxierungen und Plünderungen von Getreidespeichern auf das flache Land über. Hier verbanden sich diese Unruhen, die durch die Sorge um die Existenzgrundlage ausgelöst waren, mit Angriffen gegen geistliche und weltliche Grundherren und deren Privilegien. Die Forderung nach Auslieferung der Archive der Grundherren *(seigneurs)*, in denen die Urkunden über Dienstverpflichtungen, Natural- und Geldabgaben der Grundholden festgelegt waren, die Zerstörung der Bannmühlen, die erzwungene Rückerstattung einzelner von grundherrlichen Gerichten festgelegter Zwangsgelder, die Weigerung, Kirchenzehnt und Seigneurialabgaben in Zukunft zu zahlen, sowie Plünderungen und Verwüstungen von Schlössern in der Umgebung von Toulon waren die ersten Vorboten des »Krieges gegen die Schlösser«, der im Sommer 1789 weite Teile des ländlichen Frankreich erfassen sollte. Schon im Frühjahr erhielten die Anliegen der Bauern eine neue politische Dimension durch die Verordnung Ludwigs XVI. vom 29. Januar 1789, dass die Abgeordneten des Dritten Standes zu den Generalständen auf Vogteiebene durch Delegierte gewählt werden sollten, die von den einzelnen Gemeindeversammlungen zu bestimmen seien.

Die offensichtliche Aufforderung an die Landgemeinden, auf diesem Wege über die Beseitigung der in den *Cahiers de doléances* aufgelisteten Missstände mitzubestimmen, wurde auch als Legitimation verstanden, aus eigener Macht die Abgaben an Adel und Klerus anzufechten und darüber hinaus, wie in einigen Dörfern der Dauphiné im April und Mai 1789, auch bereits gezahlte Gefälle für 1788 zurückzufordern. Die Gärung blieb nicht auf den Süden beschränkt. Lebensmittelunruhen mit Übergriffen gegen angebliche ›Hamsterer‹, bei denen Kleinbauernschaft und Landproletariat gleichermaßen reiche Bauern und Händler wie adlige und bürgerliche Landeigentümer angriffen, verbanden sich auch im Hainaut, im Cambrésis, in der Picardie sowie in der Umgebung von Paris und Versailles mit Protesten gegen adlige Jagdprivilegien.

Die im Juli 1789 ausgebrochenen Unruhen unterschieden sich in ihren Grundzügen nicht von den Ereignissen des Frühjahrs, gewannen jedoch durch das Wissen um die Ereignisse in Versailles und Paris größere Ausmaße und mehr politisches Gewicht. Seit dem Zusammentritt der Generalstände verbreiteten sich auch auf dem Lande die Nachrichten über den Ständekampf, die Verweigerung der Abstimmung nach Köpfen sowie den zähen Widerstand vieler Privilegierter gegen die Reformbestrebungen des Dritten Standes und nährten die abenteuerlichsten Gerüchte über ein Aristokratenkomplott, das die Generalstände mit militärischer Gewalt und der Hilfe ausländischer Söldner auseinander jagen, die Pläne des ›guten Königs‹ hintertreiben und große Teile des Dritten Standes politisch und physisch vernichten wolle. Überzeugt, die Sache von König und Nation zu verteidigen, beunruhigt und zugleich ermutigt durch die Nachricht vom Sturm auf die Bastille, der als abermaliger Beweis für das Komplott

Quelle 1

Aus der Denkschrift eines Schöffen aus Bar-sur-Aube an die Nationalversammlung, 12. August 1789:

»Die Einwohner der Grenzprovinzen stecken die Schlösser und die Urkunden der Grundherren in Brand, um die Reste der feudalen Tyrannei zu vernichten, unter der sie seufzen. Einige Gegenden der Champagne sind von einer ähnlichen Verwüstung bedroht. Es scheint, dass das französische Volk fest entschlossen ist, sich der Zahlung aller Seigneurialabgaben zu entledigen, die sowohl die persönliche Freiheit wie das Eigentum des anderen verletzen. Mit einem einzigen Wort kann die Nationalversammlung die Ruhe in ganz Frankreich wiederherstellen, indem sie ein Gesetz verabschiedet, das mit dem einhelligen Wunsch eines freien Volkes übereinstimmt. […]

Man verkündet mit Enthusiasmus, dass Frankreich ein freies Land sei, und man legt zum Nutzen einer bestimmten Klasse das Eigentum der überwältigenden Mehrheit der Franzosen in Ketten. Man will, dass das Eigentum eines Bürgers nicht sein Eigentum sei, bevor er nicht zweimal den Wert seines Besitzes bezahlt habe«

(SAGNAC/CARON, S. 7 f.).

und keineswegs als endgültiger Sieg der Nationalversammlung gewertet wurde, wandten sich die Bauern besonders in den wirtschaftlich rückständigeren, von Kleinbesitz und starker Grundherrschaft geprägten Gebieten der Normandie, der Franche-Comté, des Elsass, Hainaut und Mâçonnais mit Waffengewalt gegen ihre Seigneurs und deren Verwalter, erpressten schriftliche Bestätigungen über die Aufhebung der grundherrlichen Rechte und ließen sich die Titel zur Verbrennung aushändigen, nahmen vom Grundherrn usurpiertes Gemeindeland und Wald wieder in Besitz und machten Jagd auf das bisher allein den Grundherren zustehende Wild. Adlige, die in Verdacht standen, das ›Komplott‹ gegen die Nation zu unterstützen oder die sich nicht bereit fanden, den Forderungen der Aufständischen nachzukommen, sahen ihre Schlösser verwüstet oder brennen. Aber auch die Büros der Generalsteuerpacht wurden attackiert. Eine der größten Revolten, in deren Verlauf mehrere tausend Bauern auf Cluny zu marschierten, wurde von der Bürgermiliz Ende Juli vor den Toren des Klosters blutig beendet (Quelle 1).

Die gewaltsamen Aktionen bildeten nur den spektakulärsten Teil eines bäuerlichen Widerstandes gegen Grundherrschaft, Staat und Kirche, deren Ansprüche in noch viel umfassenderer Weise durch passive Verweigerung zurückgewiesen wurden.

Die Tatsache, dass man der Flächenbrände auf dem Land mit Hilfe des desorganisierten Militärs nicht Herr wurde, beschleunigte die Aufstellung von Bürgermilizen, die vor allem bestrebt waren, die Versorgung der Städte zu sichern. Denn der akute Getreidemangel kurz vor der neuen Ernte, der auch die ländliche Unterschicht mit Hunger bedrohte, führte dazu, dass der Widerstand gegen grundherrliche Rechte, Lebensmittelrevolten sowie die Suche nach ›versteckten‹ Kornvorräten sich vermischten, zumal sich beides – adlige Willkür und ein undurchsichtiger Getreidehandel – als miteinander verknüpfte Mittel in der Verschwörung der Aristokratie interpretieren ließen. Die allgemeine Unsicherheit, Hysterie und Angst führte schließlich in der zweiten Julihälfte und Anfang August zum Phänomen der Großen Furcht, einer von Georges Lefebvre ausführlich beschriebenen Kollektivpsychose weiter Teile des ländlichen Frankreich, die in der Regel unabhängig von den Bauernrevolten verlief, in der Dauphiné jedoch einen Aufstand auslöste, bei dem zwischen dem 31. Juli und 9. August achtzig Schlösser angegriffen wurden, von denen neun niederbrannten.

Die »Zerstörung des Feudalregimes« durch die Konstituante

Die anarchischen Zustände auf dem Lande ließen der Konstituante, die sich zu diesem Zeitpunkt mit der Erklärung der Menschenrechte und der Verfassung befasste, keine andere Wahl, als durch Zugeständnisse an die Bauernschaft die Lage zu beruhigen. In ihrer berühmten Nachtsitzung des 4. August beschloss die Konstituierende Nationalversammlung summarisch die Aufhebung einer Reihe von grundherrlichen Rechten und adligen Privilegien und dekretierte schließlich am 11. August die »vollständige Zerstörung des Feudalregimes«. Das Dekret verfügte die entschädigungslose Aufhebung aller auf der Person lastenden Rechte, der Fronen, der Reste von Leibeigenschaft sowie die Abschaffung der grundherrlichen Justiz, adliger Jagdprivilegien und anderer Ehrenvorrechte. Im Falle der »realen«, am Boden haftenden und finanziell bedeutsamen Rechte wurde eine noch näher zu bestimmende Ablösung in Aussicht gestellt. Die zwischen dem 15. und 28. März und am 3. Mai 1790 dazu erlassenen Ausführungsgesetze legten fest, das die grundherrlichen Rechte mit dem 25-fachen jährlichen Betrag bei Naturalien und dem 20-fachen Betrag bei Geldabgaben abgelöst werden konnten; punktuelle, bei Besitzwechsel anfallende Zahlungsverpflichtungen des Grundholden sollten proportional zur (fiktiven) Wechselrente zurückgekauft werden können. Wollte der bäuerliche Schuldner die Forderungen der Grundherrschaft anfechten, so lag die Beweislast für die Widerrechtlichkeit der Abgaben bei ihm – eine Umkehrung üblicher Rechtsnormen.

Diese Feudalrechtskonstruktion, die zu unterscheiden suchte zwischen dinglichen, auf Vereinbarung beruhenden und damit durch bürgerliches Vertragsrecht legitimierten Abgaben auf der einen und einem aus Gewalt und Missachtung der persönlichen Freiheit resultierenden Herrschaftsverhältnis auf der anderen Seite, war geistig wie personell dem physiokratischen Reformprogramm am Ende des Ancien Régime verpflichtet. Der Parlamentsausschuss zu den Feudalrechten mit seinem Vorsitzenden Merlin de Douai strebte damit eine Lösung der Feudalrechtsfrage an, deren Erfolg – wie in den meisten deutschen Staaten in der ersten Hälfte des 19. Jahrhunderts – eindeutig zu Lasten des bäuerlichen Grundbesitzes und der kleinbäuerlichen Existenz gegangen wäre.

Der bäuerliche Widerstand gegen die Reformen der Konstituante

Die Gesetzgebung der Konstituierenden Nationalversammlung zur Ablösung muss insgesamt als gescheitert angesehen werden. Einige bürgerliche Grundeigentümer und Erwerber von Nationalgütern (auf denen die Abgaben weiterhin lasteten) entledigten sich zwar in der vom Gesetz vorgeschriebenen Weise der grundherrlichen Verpflichtungen, weil es für sie als Verpächter lukrativ war, nun ungeschmälert über die Einkünfte aus der Verpachtung ihrer Ländereien verfügen zu können. Und auch größere Bauern, die über flüssiges Kapital verfügten, fanden sich in regional unterschiedlichem Maße unter den Rückkaufwilligen. Aber die Masse der kleinen und mittleren Bauernschaft wurde durch die Ablösungsmodalitäten vor unüberwindliche Schwierigkeiten gestellt. Ihrer Enttäuschung gaben sie in einer Flut von Eingaben an die Nationalversammlung und deren Ausschüsse Ausdruck: »Sie haben durch Ihre Dekrete angekündigt, Sie hätten das Feudalregime vernichtet; Sie haben das Gegenteil getan«, so beschwerten sich Bauern des Departements Lot-et-Garonne im Herbst 1790 (SAGNAC/CARON, S. 267), und zwei Bauern einer kleinen Gemeinde im Departement Charente-Inférieure äußerten ihren Unmut auf ähnlich klare Weise: »Diese Ablösungsmöglichkeiten bestehen nur für reiche Leute; wir armen Bauern können sie uns nicht leisten, und so werden wir dadurch auch nicht glücklicher werden« (LUC, S. 158).

So deutlich diese Petitionen die bäuerliche Ablehnung der Feudalgesetzgebung der Konstituante widerspiegeln, so sind sie doch nur ein schwacher Reflex des anhaltenden, teilweise gewaltsamen Widerstandes auf dem flachen Lande. Schon während der Unruhen im Sommer 1789 waren Gerüchte über Edikte zur Aufhebung aller Abgaben bereitwillig kolportiert und für bare Münze genommen worden, sodass die feierliche, apodiktische Erklärung im ersten Satz des Dekrets vom 11. August: »Die Nationalversammlung zerstört vollständig das Feudalregime« als definitive Befreiung aufgefasst und der Versuch, weiterhin Abgaben einzutreiben, von der Landbevölkerung nur zu gerne als Missachtung der bauernfreundlichen Intentionen der Volksvertretung begriffen wurde.

So lässt auch eine erste Übersicht des russischen Historikers Anatolij Ado zu den Bauernunruhen während der Revolution nicht erkennen, dass die Gesetze der Konstituante zur Feudalrechtsfrage im ländlichen Frankreich eine Beruhigung eintreten ließen. Eine Welle von bewaffneten Erhebungen gegen Grundherren und Klöster überzog während des Winters 1789/90 weite Teile Süd- und Zentralfrankreichs, vor allem die Departements Drôme, Lot, Dordogne, Basses-Alpes und ebbte auch im Jahre 1790 kaum ab. Ähnlich massiver Widerstand gegen die Erhebung und Einforderung grundherrlicher Abgaben und Rechte, bei denen Schlösser besetzt, Archive durchsucht und die Herausgabe von Schuldscheinen erzwungen wurden, findet sich auch im Departement Seine-et-Oise (Zerstörung des Schlosses Hauteville im November 1789) sowie in den Departements Corrèze, Cantal und Charente-Inférieure. Betroffen waren, wie schon im Frühjahr und Sommer 1789, vor allem die von kleinbäuerlichem Eigentum und Halbpacht *(métayage)* geprägten Gebiete der Kleinfelderwirtschaft *(petite culture)*; dagegen blieben die nordfranzösischen Regionen mit großflächigem Getreideanbau, in denen im Verlauf des 18. Jahrhunderts zunehmend die alte Grundherrschaft hinter einer marktorientierten Bewirtschaftung unter Leitung von Großpächter verblasst war, weitgehend ruhig (Quelle 2).

Es waren gerade diese als »Dorfhähne« titulierten Mittelsmänner, die in der zweiten Hälfte des 18. Jahrhunderts im eigenen und im Interesse des meist in der Stadt wohnenden Grundherrn die Privilegien nutzten, um durch Einhegungen, neue Bewirtschaftungsmethoden, durch das Verbot der Nachlese, die Usurpation von Allmenden und eine konsequentere Einforderung bäuerlicher Dienste und Abgaben die Rentabilität der Grundherrschaft zu steigern. Insofern war die Bauernrevolution vor allem auch ein Abwehrkampf gegen die marktorientierten, kapitalistischen Methoden, die über das Gehäuse der Grundherrschaft in die Landwirtschaft eindrangen, und sie war zugleich ein Kampf für die Rückeroberung von Gemeinschaftsrechten, die den Bauern am Ende des Ancien Régime mehr und mehr genommen worden waren.

Anhaltender Widerstand gegen das ›Feudalregime‹ und die Politisierung der Aufstände 1791/92

Gegen den teils offenen, teils passiven Widerstand gegen die Ablösungsgesetzgebung konnte sich der neue Staat weder durch militärische Repression noch durch Aufklärungsarbeit über den tatsächlichen Wortlaut der Gesetze und die Beschwörung des Eigentumsprinzips durchsetzen (Quelle 3).

Auch Ende 1790 und 1791 lagen die Zentren der bäuerlichen Erhebungen im Süden und Südwesten, wobei neben der antiseigneurialen Stoßrichtung der Aufstände auch betont politische, durch Ereignisse der Revolution ausgelöste Aktionen zu verzeichnen sind. Im Departement Haut-Garonne z. B. besetzten Bauern Anfang 1791 das Schloss eines Grundherrn, der als Oberhaupt einer bewaffneten Adelsliga galt, ermordeten ihn und steckten seinen Besitz in Brand (Ado 1971, S. 421). Die Nachricht über den Fluchtversuch Ludwigs XVI. nährte erneut die Theorie der Aristokratenverschwörung und führte Ende Juni und im Juli 1791 in mehreren Departements zum Sturm auf Schlösser adliger Grundherren.

Zwischen Februar und April 1792 kam es in den Departements Haute-Vienne, Corrèze, Lot, Tarn, Haute-Garonne, Cantal, Puy-de-

Dôme, Rhône-et-Loire, Haute-Loire, Lozère, Ardèche, Gard und Var zu einem neuerlichen »Krieg gegen die Schlösser«, dessen Charakter sich allerdings gegenüber den vorherigen Ereignissen wandelte. Die Vertreibung eidverweigernder Priester und die Zerstörung ihrer Häuser, Angriffe auf die Besitzungen emigrierter Adliger und ihre zurückgebliebenen Verwalter, Hausdurchsuchungen bei reicheren Bürgern, um Waffen und Lebensmittel aufzuspüren, prägten neben der Abgabenverweigerung diese Aufstandswelle, die damit schon auf die pro-revolutionären Erhebungen beim Zusammenbruch der Monarchie im Sommer 1792 vorauswies. Bei 45 kollektiven Aktionen der Monate Juli bis Oktober 1792 standen Feudalrechtsfragen und Agrarprobleme nur noch bei acht Aufständen im Mittelpunkt.

Die Lösung der Feudalrechtsfrage im Sinne der bäuerlichen und bürgerlichen Grundeigentümer 1792/93

Zahlreiche Beschwerden über die gesetzlichen Regelungen, Petitionen der Landgemeinden und eine nicht abreißende Kette von Unruhen mussten der Nationalversammlung vor Augen führen, dass der eingeschlagene Weg zur Lösung der Feudalrechtsfrage politisch nicht haltbar war, zumal der Kriegsausbruch im April 1792 es dringend notwendig machte, die Lage im Innern zu beruhigen. »Der wirkliche Grund, weshalb die Landbevölkerung sich gegen die ehemaligen Grundherren erhebt«, so machte ein Distriktrichter der Nationalversammlung deutlich, »ist der Abscheu gegen die Feudalbarbarei, die nur zur Hälfte abgeschafft ist. Das Volk, seit Jahrhunderten durch die Schikanen der Lehnsinhaber ruiniert, glaubte, dass die Revolution sie von der feudalen Tyrannei befreien werde, [...] dass es nur noch der Nation Steuern zahlen würde. [...] Weil Frankreich ein freies Land ist, müssen alle Feudalrechte wie die Lehen abgeschafft und ohne Ablösung vernichtet werden« (SAGNAC/CARON, S. 666).

So pathetisch diese Geißelung der ›Feudalbarbarei‹ auch klingt, schildert sie doch zutreffend die seit 1789 ungebrochene Erwartungshaltung der Bauern gegenüber der Revolution und ihrer Agrargesetzgebung. Der von den Physiokraten aufgezeigte und von der Konstituante gesetzlich festgeschriebene Weg der Überführung des grundherrlichen Abgabeneigentums in bürgerliches Eigentum, die fiktive

Quelle 2

Eine bloße Auflistung der nach Dutzenden zählenden größeren Aufstände, so signifikant sie für die tiefgreifende Erschütterung des ländlichen Frankreich zu Beginn der Revolution ist, vermittelt wenig von den Ursachen, Abläufen sowie den zugrundeliegenden sozialen Antagonismen der einzelnen Erhebungen, die erst an konkreten Einzelfällen deutlich werden. Das folgende, nicht untypische Beispiel stammt aus der Charente-Inférieure (vgl. Luc *1984, S. 163–165).*

Anlässlich der Neufestsetzung der Steuern weigert sich am 23. April 1790 in dem kleinen Ort Saint-Thomas einer der Notabeln des Ortes namens Martin, Notar, Gerichtsprokurator, Richter und Pächter mehrerer Ländereien und Grundherrschaften, seinen Anteil an der direkten Steuer zu erhöhen. Zwei Tage später wird seine Kirchenbank nach der Messe von den Dorfbewohnern demonstrativ in Stücke gehauen. Ein Verwaltungsbeamter erklärt der versammelten Menge, dass alle grundherrlichen Abgaben aufgehoben seien. Sofort greift eine Welle von Abgabenverweigerungen um sich. Während der Grundherr vergeblich versucht, den Beamten, der die Falschmeldung in die Welt gesetzt hat, zur Rede zu stellen, verbreitet sich in der Gemeinde das Gerücht, der Seigneur wolle diesen gefangen setzen und womöglich ermorden lassen. Umgehend wird die Sturmglocke geläutet, die Einwohner besetzen das Schloss, zerschlagen das Mobiliar und stecken etliche Nebengebäude in Brand. Der geflohene Grundherr wird in einem benachbarten Schloss aufgespürt und angeschossen, während das Schloss geplündert und zum Teil in Brand gesetzt wird. Innerhalb von zwei Tagen hat sich der Aufstand auf fünf Gemeinden ausgedehnt, die mit 500 bis 600 Leuten die Besitzungen von Martin, dem Pächter und Eintreiber der grundherrlichen Gefälle, verwüsten. Danach zieht die Menge durch die Umgebung, bedroht weitere Schlösser, von denen sie zwei besetzen und die anwesenden Seigneurs zum Verzicht auf ihre Rechte zwingen kann. Am 2. Mai werden die Aufständischen von regulären Truppen und einer Bürgermiliz überwältigt. Von 120 inhaftierten Teilnehmern wird der größte Teil nach einem Monat freigelassen, während 42 (darunter neun spannfähige Bauern, neun Tagelöhner, zwölf Weinbauern und sieben Handwerker) noch ein Jahr später im Gefängnis sitzen.

Die soziale Zusammensetzung der Aufständischen zeigt eine breite Abwehrfront gegen die Ansprüche der Grundherrschaft. Die Solidarität der Dorfgemeinschaft, Klientelverhältnisse zwischen besitzender Bauernschaft, Landhandwerk und Tagelöhnern und ein gemeinsamer Hass auf die sichtbar zur Schau gestellten Insignien der sozialen Sonderstellung, wie separate Kirchenbänke und exklusive Taubenhäuser, trugen diesen Angriff gegen die Reste des grundherrlichen Systems ebenso wie die unmittelbaren ökonomischen Interessen einzelner Bauern.

In den Ereignissen spiegelt sich nicht nur der Streit zwischen Bauer und Grundherr – es ist auch ein Kampf der bäuerlichen Gemeinde gegen eine bürgerliche ›Dorfaristokratie‹ die einerseits als Pächter der Seigneurie von den Bauern die Abgaben erhebt und andererseits als Verpächter, Getreidehändler und Arbeitgeber für Tagelöhner gerade der bäuerlichen Unterschicht als ›Blutsauger‹ erscheint. So wurde auch Martin vorgeworfen, »diese Gegend durch den Export von Getreide, das er als Pachteinnahme und durch einen niederträchtigen Handel in seinen Händen vereinte, ausgehungert« zu haben.

(LUC, S. 164 f.).

Quelle 3

Im Departement Lot beantwortete die Landbevölkerung diese Belehrung im September 1790 – dem Zeitpunkt, zu dem die meisten grundherrlichen Abgaben fällig waren – folgenderweise:

»Seit mehreren Tagen sind unsere Beratungen pausenlos durch schmerzliche Nachrichten aus dem Département unterbrochen worden. Unsere Befürchtungen bezüglich des Zeitpunkts, zu dem normalerweise die Abgaben eingezogen werden, waren nur allzu berechtigt. Vergeblich haben wir Anstrengungen unternommen, den Unruhen zuvorzukommen, die wir befürchteten. [Man hat eine Proklamation verfasst, in der die Rechtslage zur Ablösung dargelegt wird.]

In dem einen Ort wagen die Beamten nicht, die Proklamation zu verlesen; im anderen können sie die Lektüre nicht zu Ende bringen; woanders können sie sie nicht wiederholen. In einer Gemeinde wird der Pfarrer nach der Lektüre mit Gewalt gezwungen zu erklären, dass die Proklamation falsch sei, dass sie nicht vom Direktorium komme; in anderen pflanzt das Volk Maibäume, das allgemeine Zeichen von Aufständen, die zu Beginn des Jahres diesen Teil des Königreiches verwüstet haben; in mehreren Orten sind Galgen aufgestellt für diejenigen, welche die Abgaben zahlen oder sie eintreiben. Die sehr Gemäßigten verweigern die Zahlung, bis sie, wie sie sagen, die ursprünglichen Lehnstitel gesehen haben: nirgendwo wagen die Grundherren die ihnen geschuldeten Zinsen einzufordern.«

(Bericht des Direktoriums des Departements Lot an die Nationalversammlung vom 22. September 1790; nach: SAGNAC/CARON, S. 661 f.).

Gleichsetzung moderner Pachtverträge mit gewohnheitsrechtlichen bäuerlichen Zins- und Abgabenpflichten, war endgültig gescheitert. Einen letzten Rest dieses Vertragsdenkens suchte der Konvent mit seinem Gesetz vom 25. August 1792 noch zu retten, als er »angesichts der Tatsache, dass das Feudalregime abgeschafft ist, es in seiner Wirkung aber dennoch fortbesteht« (SAGNAC/CARON, S. 773), die entschädigungslose Aufhebung aller Feudalrechte dekretierte, von dieser Regelung aber weiterhin die Forderungen ausnahm, deren ›Rechtmäßigkeit‹ die ehemaligen Grundherren durch Vorlage der ursprünglichen Abtretungsurkunden nachweisen konnten. Mit diesen Bestimmungen war allerdings die Beweislast zu Gunsten der Bauern umgekehrt; außerdem wurde der Rückkauf der verbliebenen Rechte wesentlich erleichtert. Bereitwillige Zahlungen und Ablösungen gemäß der neuen Rechtslage lassen sich für die Folgezeit in einem gewissen Umfang nachweisen, im Großen und Ganzen blieben die Bauern jedoch bei ihrem hinhaltenden Widerstand gegen jegliche Abgaben. Dies fiel ihnen umso leichter, als nur wenige ehemalige Grundherren die allein gültigen Originalurkunden über eine Bodenabtretung vorlegen konnten, weil sie solche nie besessen hatten oder weil diese während des »Krieges gegen die Schlösser« vernichtet worden waren. Noch bestehende Konflikte um grundherrliche Rechte wurden nach diesen Gesetzen in der Regel auf gerichtlichem Wege ausgetragen; zu Revolten gegen die »Reste des Feudalregimes« kam es nicht mehr. Als der jakobinische Konvent am 7. Juli 1793 juristisch den endgültigen Schlussstrich unter die Feudalitätsfrage zog, alle Prozesse aussetzte, die Auslieferung der grundherrlichen Titel anordnete, und damit die Versprechungen der Konstituante einlöste, wie die Bauern sie von Anfang an verstanden hatten, war dies eine politische Manifestation, mit der nach Ausschaltung der Girondisten die Bauernschaft an die revolutionäre Ordnung gebunden und mit der gleichsam eine ›Revolution in der Revolution‹ besiegelt wurde. Die Verbrennung der abgelieferten Urkunden zusammen mit den Insignien der Monarchie und anderen Zeichen der ›Feudalherrschaft‹ – wie Fahnen, Wappen und Kirchenstühle – anlässlich des Jahrestages des Sturms auf die Tuilerien symbolisierte auf eindringliche Weise den Willen zum absoluten Bruch mit der Vergangenheit der ›Feudalanarchie‹; deren Ansprüche sollten auch im Falle einer erfolgreichen Gegenrevolution durch keinerlei Rechtstitel gestützt werden können.

Mit dem Gesetz vom 17. Juli hatte die besitzende Bauernschaft ihr wesentliches Ziel erreicht, auch wenn Prozesse um die Frage, ob es sich bei einzelnen Rechtstiteln um Pachtverträge oder grundherrliche Rechte handelte, noch über Jahre hinweg fortgeführt wurden. Für die bäuerlichen Pächter bedeutete die Abschaffung der ›Feudalherrschaft‹ jedoch eine »bittere Enttäuschung« (Lefebvre). Bereits die Konstituante hatte den ehemaligen Kirchenzehnt der Eigentümergrundrente zugeschlagen, und die jakobinische Republik sanktionierte diesen Transfer auch im Falle der übrigen abgeschafften Seigneurialrechte. Besonders in den Gebieten mit verbreiteter Halbpacht kam es zu Unruhen und Aufständen, als nach Abschaffung des Kirchenzehnten die Grundeigentümer diese Naturalabgabe wie gewohnt vor der Ernteteilung erhoben und für sich vereinnahmten. Im Departement Gers revoltierten die Halbpächter gegen die einseitige Begünstigung der Eigentümer im Juli 1793, als sie gerade ihre Stimme für die neue Verfassung abgeben sollten. »Die Pächter beschweren sich«, so berichtete ein Konventsabgeordneter im August 1793, »die einzigen französischen Bürger zu sein, die von der Revolution nicht profitiert haben. Obwohl die Gesetze zunächst den Zehnt und die Abgaben ausgemerzt haben, bezahlen sie das eine wie das andere weiterhin an den Grundeigentümer« (Zitat nach VAN DEN HEUVEL, *Féodalité* S. 46). Die Revolution sollte an dieser Tatsache auch in der Folgezeit nichts mehr ändern.

Egalitarismus und Antikapitalismus in Kleinbauernschaft und Landproletariat

Der anhaltende Kampf der Bauern gegen den Fortbestand grundherrlicher Rechte und die schrittweise Aufhebung der Reste des »Feudalregimes« lassen nur allzu leicht den Eindruck einer geschlossenen ›antifeudalen Front‹ und einer Interessengleichheit der ländlichen Bevölkerung aufkommen. Dass die Motive für den Angriff auf die Grundherrschaft vielschichtiger waren, zeigten bereits die einzelnen Revolten im »Krieg gegen die Schlösser«. In den wirtschaftlich fortgeschrittensten Regionen mit starker sozialer Differenzierung spielte die Grundherrschaft in den Konflikten während der Revolution kaum noch eine Rolle.

Zwischen Januar und April 1792 kam es parallel zu den städtischen Teuerungsbewegungen in den großen Getreideanbaugebieten um Paris zu einer Reihe von Revolten, die eine andere Polarisierung innerhalb der ländlichen Gesellschaft sichtbar werden ließ: zwischen Arm und

Reich, zwischen Konsumenten und Produzenten, zwischen Tagelöhnern und Großpächtern. Unter der Führung von Landhandwerkern und kleinen Ladenbesitzern wandte sich die bäuerliche Unterschicht, die selbst auf Brotkäufe angewiesen und damit an einem niedrigen Getreidepreis interessiert war, unter dem Vorwurf der Getreidespekulation gegen das grundbesitzende Bürgertum, Großbauern, Kaufleute und ehemalige Steuerpächter. Die Lebensmittelkrise ließ auch auf dem flachen Lande die Forderung nach staatlichen Preisregulierungen und Einschränkungen des freien Getreidehandels aufkommen.

Eine zweite Welle von ländlichen Subsistenzunruhen, nach Ado die wuchtigsten und bestorganisierten der Revolution, durchzog einen breiten Streifen Mittel- und Nordfrankreichs zwischen Oktober und Dezember 1792. In der Beauce bedrohten 6 000 Aufständische drei Konventskommissare, die den ungehinderten Getreidehandel propagierten, mit dem Tode und zwangen sie, ihre eigenmächtigen Preisfestsetzungen für Brot, Fleisch und andere Waren des täglichen Bedarfs zu sanktionieren. Diese Maßnahmen und den Ruf nach dem »Ackergesetz«, d. h. der egalitären Aufteilung der großen Landwirtschaftsbetriebe, der bereits im Sommer in der Ile-de-France laut geworden war, bekräftigten sie mit der Feststellung, »das Bürgertum habe genug von der Revolution profitiert, jetzt seien die armen Arbeiter an der Reihe« (Mathiez, Bd. I, S. 102).

Die Initiativen zur Aufteilung der großen Ländereien unter die Familien der Landarbeiter und die Reglementierung der Pachten, wie sie der Pfarrer Dolivier und einige radikale Vertreter der Pariser Sektionen vorbrachten, trafen den Nerv des bürgerlichen Eigentumsverständnisses. Schon am 2. Juni 1792 hatte ein Dekret der Nationalversammlung diejenigen zu »Verfassungsfeinden« erklärt, »die irgendwelche Bestimmungen über den Preis und die Dauer der Pachten und die geheiligten Rechte des Eigentums« vorschlügen, und durch Gesetz vom 18. März 1793 wurden die Verfechter des »Ackergesetzes« mit der Todesstrafe bedroht (Hunecke 1978, S. 311). Trotzdem blieben in vielen Landgemeinden zumindest die Ideen einer Obergrenze der Bewirtschaftungsflächen – die schon in den *cahiers de doléances* aufgetaucht waren – virulent, denn nur durch solche Reglementierungen konnten sich Kleinbauern und Landarbeiter angesichts eines liberalisierten Bodenmarktes und einer zunehmenden Konzentration des Getreideanbaus in den Händen weniger Großpächter Chancen zur Anpachtung kleiner Landstücke ausrechnen. In der Sprache der patriotischen Sansculotten brachten sie ihr Anliegen beim Konvent vor, wie z. B. eine Gemeinde in der Nähe von Paris, die im Jahre II eine neue »Klasse von Republikfeinden« ausmachte: »Die großen Pächter, die heute zu kleinen Tyrannen geworden sind und wohl beschlossen haben, uns durch die Schrecken der Hungersnot unter das Joch der Tyrannei zurückzuführen« (Zitat nach VAN DEN HEUVEL, Grundprobleme der französischen Bauernschaft, S. 96).

In den Gebieten mit vorwiegend kleinbäuerlicher Halbpacht zielten die Petitionen für eine staatliche Regelung der Pachten vor allem gegen die vom Landhunger einer schnell wachsenden Schicht von Kleinbauern profitierenden Generalpächter, gegen »jene Menge von Bourgeois aller Art […], die, ohne im Dorf zu wohnen, ohne eine Handbreit Acker selbst zu bewirtschaften, alle Pachten […] verschlingen, um sie fuß- und zollweise zu exzessiven Preisen unterzuverpachten« (LEFEBVRE [2]1954, S. 149).

Doch auch der jakobinische Konvent dachte nicht daran, den Anliegen des kleinbäuerlichen Egalitarismus durch staatliche Eingriffe in die Vertragsfreiheit zu entsprechen. Ansätze zu einer breiteren Streuung des Kleineigentums boten die Nationalgüterverkäufe und die Aufteilung der Gemeindeländereien nach dem Gesetz vom 10. Juni 1793 beide führten in regional unterschiedlichem Maße zwar zu einer Ausweitung des bäuerlichen Splitterbesitzes, blieben insgesamt in ihren Ergebnissen aber weit hinter den Erwartungen der bäuerlichen Mehrheit zurück und konnten als sozialpolitische Maßnahmen die Existenzprobleme der ländlichen Unterschichten nicht lösen (vgl. S. 193–194 ff.).

Eine Revolution für den Status quo: Der bäuerliche Kampf gegen den ›Agrarindividualismus‹

Wenn der kleinbäuerliche Egalitarismus mit seinem Ideal der kleinen, möglichst unabhängigen und vor allem die unmittelbaren Bedürfnisse der bäuerlichen Familie sichernden Subsistenzwirtschaft in der Revolution scheiterte, so verbuchte die Masse der kleinen und mittleren Bauern insgesamt doch einen Etappensieg gegen einen ›Agrarkapitalismus‹ physiokratischer Prägung, der die bäuerliche Familienwirtschaft und die Landarmut am Ende des Ancien Régime zunehmend bedroht hatte und gegen den sich die Gemeinden schon vor 1789 zur

Wehr gesetzt hatten. »Ich zweifle sehr«, so schrieb der britische Beob-
achter Arthur Young bei seiner Reise durch Frankreich im Jahre 1792,
»dass sich unter der neuen Regierung in Frankreich Fortschritte in der
Landwirtschaft einstellen; wenn ich die neue Verfassung recht verste-
he, soll der Wille des Volkes regieren, und ich kenne kein Land, in dem
das Volk nicht gegen die Einhegungen wäre« (Zitat nach BLOCH,
S. 543). Young sollte Recht behalten. Die Kehrseite der ›anti-feudalen‹
Bauernrevolten bildete seit 1789 die Zerstörung der Einhegungen und
die Rückeroberung von Kollektivrechten: des Rechts der Nachlese auf
abgeernteten Feldern, der Waldnutzung, der Viehtrift und der Ge-
meinweide. Es waren Gewohnheitsrechte, die besonders eine kom-
merzialisierte Grundherrschaft der Gemeinde streitig gemacht hatte,
weil sie jeden Ansatz einer Modernisierung der Anbaumethoden verhinderten, Gewohnheitsrechte, an die sich andererseits Kleinbauern
und Tagelöhner klammerten, weil sie in ihrer »Ökonomie des Notbe-
helfs« (Hufton) das Überleben auf der eigenen Parzelle ermöglichten.

Gegen diese Wiederaneignung gemeinschaftlicher Nutzungsrechte durch die Landgemeinden vermochte auch die Agrargesetzgebung
der Konstituante im *Code rural*, mit dem die Freiheit der Bodennut-
zung und das Recht zur Einhegung dekretiert wurde, wenig auszurich-
ten. Die langfristigen Tendenzen zum »Agrarindividualismus« (Bloch)
wurden durch die Revolution eher gebremst als gefördert, und veral-
tete Anbaumethoden wurden konserviert. So blieb z. B. das Recht, nach
der ersten Heuernte Vieh über die offenen Weiden zu treiben, vielerorts als Gewohnheitsrecht für alle Dorfbewohner erhalten, und der
Versuch der Konstituante, den Fruchtzwang per Gesetz vom 5. Juni
1791 aufzuheben, scheiterte gleichermaßen an der Routine traditioneller Bewirtschaftung wie an der Zersplitterung des Grundeigentums.

Ergebnisse und Auswirkungen
der Bauernrevolution

Die Bauernrevolution – darauf hat ihr bester Kenner ausdrücklich
hingewiesen – war eigenständig in ihrem Ursprung, in ihren Krisen
und in ihren Ergebnissen (LEFEBVRE 1933/1979). Sie brach vor dem
Zusammentritt der Generalstände aus und endete als eigenständige
Bewegung, bevor die radikale Revolutionsphase der Jakobinerdiktatur
begann und bevor die Sansculottenbewegung in den Städten ihren Hö-

hepunkt erreichte. Angesichts der Interessenunterschiede und angesichts der regionalen Besonderheiten, die bei den Erhebungen zutage traten, muss der vereinfachende Begriff der *einen* Bauernrevolution differenziert werden. Denn zuallererst ist diese zeitlich wie räumlich als Akkumulation begrenzter Konflikte zu charakterisieren, die zwar von außen Impulse erhielten (so z. B. die »große Hoffnung« beim Zusammentritt der Generalstände oder die Agrargesetzgebung), die bis 1792 eine gewisse Homogenität im »Krieg gegen die Schlösser« zeigten, die spontan und kurzfristig politisiert werden konnten (wie beim Fluchtversuch Ludwigs XVI.), die jedoch in ihrer Gesamtheit von den politischen Krisen der Revolution nur wenig tangiert wurden.

Eine Interessenidentität zwischen Teilen des Bürgertums und bäuerlichen Eigentümern bestand in der Frage der grundherrlichen Rechte. Denn das grundbesitzende Bürgertum, das im Ancien Régime bereits über 25 % der landwirtschaftlich nutzbaren Flächen verfügt hatte, und die besitzende Bauernschaft mit einem durchschnittlichen Anteil von über 30 % profitierten am meisten von der Befreiung des Bodens, die einen als Verpächter, die anderen als selbst wirtschaftende Eigentümer. Beide Gruppen waren auch die Hauptnutznießer der Nationalgüterverkäufe. Der regional außerordentlich schwankende, zwischen 10 und 50 % liegende bäuerliche Anteil an den Nationalgütern kam vor allem dieser wohlhabenderen Bauernschaft zugute.

Der gemeinsame Nutzen, den beide Seiten aus der Revolution zogen, darf allerdings nicht gleichgesetzt werden mit einer bürgerlich-bäuerlichen Koalition. Der traditionelle Gegensatz zwischen Stadt und Land verschärfte sich während der Revolution eher noch. Die besitzende Bauernschaft stand in den Revolten gegen die Grundherrschaft mit an der Spitze, sie war es aber auch, die nach der Erfüllung ihrer Forderungen am ehesten wieder zur Ruhe kam, und zwar nicht nur, weil der Krieg sie an die Front zwang. Es waren gerade diese Bauern, die sich den patriotischen Ansprüchen der Jakobinerdiktatur verweigerten und zu den schärfsten Gegnern von Zwangsvermarktung, Preiskontrollen und Requisitionen durch sansculottische »Revolutionsarmeen« wurden.

Im Gegensatz zu den Städtern profitierten bis hinab in die mittlere Bauernschaft nach Thermidor alle, die Lebensmittel vermarkten konnten, von der Inflation: Während landwirtschaftliche Produkte gegen Hartgeld teuer verkauft werden konnten, zahlte man die Steuern mit Assignaten und war zudem in der Lage, Nationalgüter zu Schleuderpreisen zu erwerben. Die besitzende Bauernschaft wurde zur wichtigsten Stütze jeder Regierung, die ihr diese Landgewinne und die übrigen Errungenschaften der Revolution garantierte.

Eigenständig war die Bauernrevolution auch hinsichtlich ihrer antikapitalistischen Tendenzen und Ergebnisse. Zum einen hatte der erfolgreiche Kampf gegen die grundherrlichen Rechte und die Ablösungsgesetzgebung zur Folge, dass der von der Physiokratie aufgezeigte Weg eines Rückkaufs bäuerlicher Abgaben und Dienste, der Geld und Land in den Händen des Adels und Bürgerlicher mit seigneurialem Besitz konzentriert und auf Kosten des freien bäuerlichen Besitzes eine Kapitalisierung der Landwirtschaft begünstigt hätte, scheiterte. Will man gängige Etiketten benutzen, so war das Ergebnis dieses ›Antifeudalismus‹ die Abwehr des Agrarkapitalismus. Zum anderen zeigte sich ein gegen die landwirtschaftliche Modernisierung und Rationalisierung gerichteter Zug der Bauernbewegung im vehementen Eintreten der bäuerlichen Mehrheit für ihre kollektiven Nutzungsrechte, aber auch im erfolglosen Bemühen der ländlichen Unterschichten, ihren Anteil an Grundbesitz und Pachtland durch eine Aufteilung der großen Höfe zu erhalten.

Insgesamt gesehen, hat die Französische Revolution die regionalspezifischen Agrarstrukturen des ländlichen Frankreich nicht wesentlich verändert. Das aktive Eingreifen der ländlichen Bevölkerung hat die Existenz einer rechtlich freien, ökonomisch nur zu einem kleinen Teil unabhängigen Bauernschaft gesichert. Die Revolution hat aber auch alte Abhängigkeiten – besonders in den Pachtverhältnissen – konserviert, und sie hat die langfristige Proletarisierung der Kleinbauernschaft, deren Splitterbesitz kaum noch eine Existenzgrundlage bot, allenfalls verzögert.

Gerd van den Heuvel

Die große Armee des ehemaligen Prinzen von Condé (Grande Armee du cidev[ant] Prince de Condé).
Anonyme, kolorierte Radierung, o. O. 1791, 298 x 506 mm (Stadtarchiv Worms).

Anlass dieser Karikierung der Gegenrevolution war die folgende Zeitungsente: »Wie ein vertrauenswürdiger Reisender berichtet, war kürzlich bei seiner Durchreise durch Worms zu erfahren, Herr Condé habe aus Straßburg in einer acht mal zehn Fuß großen Kiste 8 000 wohl bewaffnete und wohl ausgerüstete Soldaten erhalten, je zur Hälfte Reiterei und Infanterie. [...] Unser Gewährsmann versichert, dass Herr Condé im Schloss von Worms alle Ehren genießt, auf welche früher in Frankreich die ehemaligen Prinzen von Geblüt Anspruch hatten [...]« (*Moniteur* Nr. 82 vom 23. März 1791, Nachdruck Bd. 7, Paris 1841, S. 680–681).

Diese Spottmeldung hat unser ungenannter Karikaturist in ein Bildflugblatt umgesetzt, dessen nummerierte Elemente jeweils in der Legende erklärt werden. Die dargestellten Hauptpersonen sind durchaus authentisch. Die beherrschende Figur des Bildes, Louis-Joseph de Bourbon, Prinz von Condé, als erstes Mitglied des königlichen Hauses sofort nach dem 4. Juli 1789 nach Worms emigriert, baute hier 1791 tatsächlich aus französischen Emigranten ein Armeekorps auf, das zum Einmarsch nach Frankreich vorbereitet und von Österreich besoldet wurde. Er arbeitet dabei auf unserem Bild mit gleichfalls emigrierten Mitgliedern seiner Familie und Freunden zusammen: Unmittelbar hinter Condé überlegt der Marquis d'Autichamp, der bald in preußische Dienste treten sollte, gerade den Angriffsplan anhand einer Karte des Mittelrheins; Condés Sohn sitzt über der offenbar schon langen Rekrutierungsliste; seine Mutter neben ihm figuriert als »Marketenderin« der Emigrantenarmee, während im Vordergrund seine Schwester und der Herzog von Enghien Zinnsoldaten auspacken und aufstellen.

Dies also ist die in der Presse gemeldete »Große Armee des ehemaligen Prinzen von Condé« – eine Spielzeugstreitmacht, die Bedienstete in grüner Bankrotteursmütze (dem Gegenteil der Freiheitsmütze) anliefern und die schon ein Hund – laut Halsband ist es der »Père Duchesne«, die populäre Gestalt der Pariser Sansculotten und gleichzeitig der Titel einer Zeitung – umpissen kann. Lächerlich erscheint auch das Milieu dieser ›Mobilmachung‹: die Fassade höfischer Prunkentfaltung mit flötenden Heiducken auf Pulverfässern und Affen als Pagen. Der »Große Gegenrevolutionär« Condé wird gleich dreifach abqualifiziert: zum einen in seiner politischen Ideologie, die als Gemisch aus der Adelsfronde von 1648, aus machiavellistischer Skrupellosigkeit und Ritterromantik nach Art des Don Quichote (siehe die Buchtitel im Hintergrund) dargestellt wird; in seinen Projekten und Kronprätentionen zum anderen, die im ›blauen Dunst‹ seiner Pfeife dargestellt werden und die hauptsächlich aus Mord- und Verschwörungsplänen bestehen (Dolche); schließlich in seinem Zögern, den Rhein zu überschreiten, was ihm als Symptom einer »Hydrophobie« ausgelegt wird, gegen die ihn ein herbeieilender Arzt und ein Apotheker kurieren sollen.

Das an der Rückwand sichtbare Gemälde schließlich, das die französische Eroberung von Worms im Jahre 1689 darstellt, in deren Tradition sich Condé offenbar versteht, fordert den Betrachter auf, aus dem historischen Vergleich mit der Spielszene von 1791 politische Lehren zu ziehen: Das Bild warnt nicht nur die französischen Revolutionäre vor der Wiederholung absolutistischer Eroberungspolitik, sondern auch die Deutschen vor ›falschen Freunden‹.

DIE GEGENREVOLUTION

In zahlreichen Gesamtdarstellungen der Französischen Revolution erscheinen die militanten Gegner der Revolution nur schemenhaft am Rande, wenn sie überhaupt behandelt werden. Meist wird auf sie nur dann kurz eingegangen, wenn es gilt, die Radikalisierung der Revolution und die Terreur durch Hinweise auf die von der inneren und äußeren Konterrevolution ausgehenden Gefahren zu erklären oder zu rechtfertigen. In letzter Zeit beginnt sich hier jedoch ein Wandel abzuzeichnen. Die sich intensivierenden Forschungen über die Gegner der Revolution zeigen immer deutlicher sowohl die Breite und Intensität als auch die Komplexität und innere Widersprüchlichkeit der militanten Opposition gegen die Revolution. Dabei wird zunehmend klarer, dass die Gegenrevolution ein zentraler Bestandteil des revolutionären Prozesses war, ohne dessen Kenntnis weder der Verlauf der Revolution noch die politische und ideologische Entwicklung Frankreichs bis zur Gegenwart zu verstehen ist.

Emigration und aristokratischer Widerstand gegen die Revolution

Die Gegenrevolution begann nicht, wie häufig angenommen, mit der Flucht des jüngsten Bruders Ludwigs XVI., des Comte d'Artois, aus Frankreich nach dem Fall der Bastille oder mit den Staatsstreichbestrebungen gegen die Verfassunggebende Nationalversammlung Anfang Juli 1789, bei denen Artois eine zentrale Rolle gespielt hatte. Vielmehr gab es schon seit dem Spätjahr 1788 in Teilen des Adels, des hohen Klerus und der Parlements wachsenden Widerstand gegen die immer deutlicher werdenden antiaristokratischen Machtansprüche des Dritten Standes und der »patriotischen Partei«. Die Wahlen zu den Generalständen und erste gewaltsame Zusammenstöße zwischen »Aristokraten« und »Patrioten«, so z. B. in Rennes in der Bretagne im Januar

1789, zeigten, dass es vor allem unter dem Provinzadel starke Kräfte gab, die entschlossen waren, sich einer Demontage der ständischen Privilegiengesellschaft entschieden zu widersetzen. Die Mehrheit der Vertreter des Adels in den Generalständen akzeptierte zwar die Umwandlung des absoluten Königtums in eine konstitutionelle Monarchie und war zu gewissen Konzessionen zu Gunsten des Dritten Standes – etwa der Gleichheit bei der Besteuerung – bereit, bestand jedoch auf der Aufrechterhaltung der ständischen Unterschiede, der Feudalrechte und der korporativen Gesellschaftsstruktur.

Die sich seit Ende 1788 formierende konterrevolutionäre Opposition konnte an ideologische Argumentationsmuster anknüpfen, deren Ursprünge zum Teil bis ins 16. Jahrhundert zurückreichten: Die Verteidigung der ›historischen Verfassung‹ *(antique constitution)* Frankreichs gegen die zentralisierende und egalisierende Politik des Absolutismus, wie sie vor der Revolution vor allem von den obersten Gerichtshöfen, den *Parlements*, geäußert worden war, die Kritik der katholischen Kirche am theologischen Rationalismus und Atheismus der Aufklärung und die ›Entlarvung‹ des für Staat und Gesellschaft destruktiven Individualismus der Aufklärer durch konservative Intellektuelle wie Linguet oder Mallet du Pan stellten Grundlagen dar, auf denen die Revolutionskritik der 1790er Jahre aufbauen konnte. Im Zentrum dieser Kritik stand die Interpretation der Revolution als einer teuflischen Verschwörung, die von im Verborgenen wirkenden aktivistischen Minderheiten – seien es nun Freimaurer, Illuminaten, Protestanten oder englische Agenten – inszeniert worden sei und die zwangsläufig in Anarchie, Chaos und Auflösung jeder gesellschaftlichen und moralischen Ordnung enden müsse, falls sie nicht gewaltsam rückgängig gemacht werde. Ziel müsse es sein, die *antique constitution*, die katholisch geprägte absolutistische Monarchie auf ständischer Grundlage, wiederherzustellen und die durch die Revolution zerstörten gesellschaftlichen Rangunterschiede, Hierarchien und Besitzverhältnisse zu restaurieren. Diese aristokratische Revolutionskritik richtete sich nicht nur gegen das Werk der Revolution von 1789, sondern auch gegen die aufgeklärte Reformpolitik des Absolutismus wie sie vor 1789 von Ministern wie Maupeou, Turgot oder Calonne praktiziert worden war.

Die praktische Umsetzung dieser politischen Konzeption versuchten seit Sommer 1789 der Comte d'Artois und die sich ihm anschließenden Emigranten. Zentren dieser Emigranten waren zunächst Turin, die Hauptstadt des von Artois' Schwiegervater, Viktor Amadeus III., regierten Königreiches Sardinien, seit Sommer 1791 dann Koblenz im Kurfürstentum Trier. Artois und seine Berater setzten zur Bekämpfung der Revolution auf eine Doppelstrategie. Einerseits suchten sie möglichst viele europäische Staaten zu einer bewaffneten Intervention in Frankreich zu bewegen, indem sie an die Solidarität der Herrscher und des Adels appellierten und vor einer drohenden Überflutung Europas durch die ›revolutionären Prinzipien‹ warnten. Andererseits bemühten sie sich, durch Agenten den in Frankreich wachsenden Widerstand des Adels und anderer Bevölkerungsschichten gegen die Maßnahmen der Revolution zu koordinieren und innere Aufstände auszulösen, die den ausländischen Interventionstruppen den Weg öffnen sollten. Der Erfolg dieser Strategie war zunächst sehr begrenzt. Die ausländischen Mächte zeigten anfangs nur wenig Neigung, gegen die Revolution militärisch vorzugehen. Die zahlreichen gegenrevolutionären Verschwörungen und Aufstandsversuche der Jahre 1790–92 wurden entweder schon im Ansatz durch die revolutionären Behörden aufgedeckt oder mit Hilfe des Militärs rasch niedergeschlagen.

Der Kampf gegen die Revolution wurde jedoch nicht nur mit Waffen, sondern auch mit Worten geführt. In der Nationalversammlung gab es eine lautstarke Gruppe von gegenrevolutionären Abgeordneten wie den Abbé Maury oder Duval d'Eprémesnil, die die revolutionäre Gesetzgebung erbittert bekämpften. Emigration und Rückzug aus der Politik schwächten allerdings zusehends diese Opposition, die bei den Wahlen zur Legislative im Oktober 1791 dann praktisch ganz ausgeschaltet wurde. Vor dem Hintergrund einer bis 1792 relativ freien Presse führten gegenrevolutionäre Zeitungen wie die satirischen *Actes des Apôtres* (»Apostelgeschichte«) oder der *Ami du Roi* (»Königsfreund«) des Abbé Royou eine erbitterte Kampagne gegen die führenden Revolutionäre und deren Politik. In diesen Zeitungen verbanden sich scharfsinnige, die inneren Gegensätze im revolutionären Lager aufdeckende Analysen mit einer hemmungslosen Polemik gegen tatsächliche oder – meist – vermeintliche Komplotte der Revolutionäre. Die gegenrevolutionären Journalisten sagten zwar zutreffend den Bruch zwischen Bürgertum und Unterschichten voraus, ihre Agitation reichte jedoch in den ersten Jahren der Revolution nicht aus, die antiaristokratische Einheitsfront des Dritten Standes so nachhaltig zu erschüttern, dass sie zerbrochen wäre.

Quelle 1

Am 10. September 1791 protestierten die emigrierten Brüder Ludwigs XVI. in einem offenen Brief gegen die Annahme der neuen französischen Verfassung durch den König. Diese Lettre des Princes gibt einen guten Einblick in die politischen Vorstellungen der aristokratischen Gegenrevolution. Es heißt hier u. a.:

»Wir protestieren im Namen der Grundgesetze der Monarchie, von denen es Ihnen, Sire, nicht erlaubt ist abzuweichen, die die Nation selbst für unverletzlich erklärt hat und die durch die Dekrete, die man Euch vorlegt, völlig umgestürzt würden. Dies gilt vor allem für jene Dekrete [= Artikel der Verfassung von 1791, M. W], die das Königtum selbst abschaffen, indem sie den König von der Ausübung der gesetzgebenden Gewalt ausschließen, für jene, die alle Stützen der Monarchie zerstören, indem sie die Rangunterschiede der Zwischengewalten abschaffen, für jene, die sogar das Prinzip des Gehorsams vernichten, indem sie alle Stände nivellieren [...], schließlich für jene, die das Volk bewaffnet, die die öffentliche Gewalt abgeschafft und die in Frankreich die Tyrannei des Volkes eingeführt haben, indem sie alle Gewalten durcheinander gebracht haben.

Wir protestieren im Namen aller Stände des Staates. Unabhängig von der unerträglichen und unmöglichen Abschaffung der beiden ersten Stände, sind alle Stände verletzt, gequält und beraubt worden. Wir fordern deshalb die Wiederherstellung sowohl der Rechte des Klerus [...] als auch der Rechte des Adels [...], sowohl der Rechte der höheren Richterschaft (= magistrature) [...] als auch schließlich der Rechte aller Besitzenden, da es in Frankreich keinen Besitz mehr gibt, der noch respektiert wird, und keine Bürger mehr zu finden sind, denen nicht Schaden zugefügt worden ist.«

(Aus: Gazette Nationale ou Moniteur Universel, Nr. 266 vom 23.9. 1791, S. 735)

Die Effektivität der gegenrevolutionären Opposition litt an mangelnder Übereinstimmung über Ziele und Methoden ihrer Politik. Ludwig XVI. und Marie Antoinette lehnten es beispielsweise konsequent ab, sich der Strategie des Comte d'Artois und seines älteren, erst 1791 emigrierten Bruders, des Comte de Provence, unterzuordnen. Nach seinem gescheiterten Fluchtversuch vom Juni 1791 machte der König nach außen seinen Frieden mit der Revolution und akzeptierte zur Empörung seiner emigrierten Brüder die Verfassung von 1791. Das Königspaar erwartete seine Befreiung von der Kontrolle der Revolutionäre von den ausländischen Mächten und nicht von den Emigranten und ihren innerfranzösischen Verbündeten. Die Niederwerfung der Revolution sollte in ihrer Sicht zur Restauration einer starken, handlungsfähigen Monarchie und nicht zu einem vom Adel und von den Prinzen von Geblüt abhängigen Scheinkönigtum führen. Langfristig noch schädlicher waren die Gegensätze zwischen den aristokratischen Extremisten um die Brüder des Königs und den emigrierten bzw. in Opposition zum herrschenden Regime stehenden konservativen Revolutionsanhängern, die eine konstitutionelle Monarchie auf der Basis einer Allianz zwischen dem Adel und den Oberschichten des Dritten Standes befürworteten, jedoch im Gefolge der wachsenden Radikalisierung der Revolution in Frankreich zunehmend an Einfluss verloren. Die emigrierten Prinzen und ihre Anhänger lehnten jede Zusammenarbeit mit den Konstitutionellen ab, ja sahen in ihnen wegen ihrer Mäßigung einen weit gefährlicheren Feind als in den Jakobinern. Für diese »Ultras« war jede noch so geringe Anpassung an die seit 1788/89 eingetretenen Veränderungen von Übel. Ein Kompromiss mit der Revolution war in ihrer Sicht nicht akzeptabel (Quelle 1).

Der Ausbruch des Krieges 1792 schien den Emigranten die Chance zu verschaffen, ihre Politik in die Tat umzusetzen. Drei von den Emigranten aufgestellte Armeekorps nahmen an der preußisch-österreichischen Invasion teil. Die Emigranten beeinflussten maßgeblich die im so genannten Manifest des Herzogs von Braunschweig zum Ausdruck kommende harte Linie der Alliierten gegenüber dem revolutionären Frankreich. Auch nach dem Scheitern der Invasion gaben die Prinzen ihren kompromisslosen Kampf gegen die Revolution nicht auf. Nach der Hinrichtung Ludwigs XVI. im Januar 1793 erklärte sich der Comte de Provence zum Regenten Frankreichs für den noch minderjährigen, in Paris gefangen gehaltenen Sohn des Königs (Ludwig XVII.). Nach dessen Tod im Juni 1795 erhob Provence folgerichtig als Ludwig XVIII. Anspruch auf den französischen Thron. Zugleich bekräftigte er in der Deklaration von Verona noch einmal seine Entschlossenheit, das von nicht näher spezifizierten Missbräuchen gereinigte Ancien Régime vollständig wiederherzustellen. Aus Emigranten zusammengesetzte Truppenteile wie etwa die vor allem in Süddeutschland operierende Armee des Prinzen von Condé nahmen im Solde Englands oder Österreichs an den Koalitionskriegen teil. Die europäischen Mächte vermieden es jedoch peinlichst, Provence als Regenten bzw. französischen König anzuerkennen. Für sie waren die Emigranten keine gleichwertigen Verbündeten, sondern bestenfalls Hilfstruppen, die sich den politischen und militärischen Zielen der Alliierten unterzuordnen und möglichst keine eigenen politischen Ansprüche anzumelden hatten.

Der in den vorangegangenen Ausführungen betonte aristokratische Charakter der Emigration gilt selbstverständlich in dieser Ausschließlichkeit nur für ihre politische Spitze, die bourbonischen Prinzen, ihre Berater und Mitarbeiter. Insgesamt waren weniger als 20 Prozent der ca. 150 000 Emigranten Adlige; diese machten wiederum nur etwa 5 Prozent des gesamten französischen Adels aus. Die meisten Adligen blieben trotz aller Probleme in Frankreich, akzeptierten wenigstens äußerlich die neuen Verhältnisse und warteten bessere Zeiten ab. Viele Adlige waren zeitweise oder die ganzen 1790er Jahre hindurch Anhänger der Revolution. Viele der adligen Emigranten kehrten zudem nach 1795 nach Frankreich zurück, entweder um ihren Frieden mit der neuen Ordnung zu machen oder die sich nun bietenden Möglichkeiten zur – mehr oder weniger – legalen Bekämpfung der Revolution zu nutzen. Die bourbonischen Prinzen und der ›harte Kern‹ der adligen Emigration dagegen zeigten nicht die geringste Neigung zu einer wie auch immer gearteten Annäherung an die Revolution, sondern setzten allen Rückschlägen und aller wachsenden Isolierung zum Trotz den Kampf gegen die ›revolutionäre Anarchie‹ fort.

Die Grundlagen der gegenrevolutionären Volksaufstände

Die Gegenrevolution wäre spätestens nach dem Scheitern der alliierten Invasion im September 1792 eine zu vernachlässigende Größe gewesen, wenn sie sich auf das Treiben der emigrierten Prinzen, ihrer Emissäre und Agenten beschränkt hätte. Doch dies war gerade nicht der Fall. Es gab vielmehr, in Ansätzen schon seit 1790, massiv dann seit 1793, im Inneren Frankreichs eine breite Widerstandsbewegung gegen die Revolution, die vornehmlich aus Bauern, Handwerkern und bürgerlichen Notabeln bestand und die für die Revolutionäre eine weit größere Gefahr darstellte als die Armeen der Prinzen. Diese gegenrevolutionäre Volksbewegung war regional unterschiedlich stark ausgeprägt. Ihre Zentren waren Westfrankreich und Südostfrankreich – Regionen, in denen ein erbitterter Bürgerkrieg zwischen Anhängern und Gegnern der Revolution tobte. Die gegenrevolutionären Volksaufstände waren nicht, wie die Revolutionäre annahmen, das Ergebnis eines ›infernalen« Komplotts von Adligen und revolutionsfeindlichen Priestern, sondern die Folge einer tief greifenden Entfremdung eines beträchtlichen Teils des Dritten Standes vom Werk der Revolution, einer Entfremdung, die in ihrer Grundtendenz und trotz der gegensätzlichen politischen Orientierung durchaus vergleichbar ist mit der Herausforderung, die die städtische demokratische und egalitäre Volksbewegung der Sansculotten für die Revolution der adlig-bürgerlichen Eliten bedeutete.

Ein Bündel unterschiedlicher Ursachen war für das Ausbrechen der gegenrevolutionären Volksaufstände verantwortlich. Das Mischungsverhältnis der Einzelursachen und die Gewichtung der einzelnen Faktoren war je nach Region unterschiedlich. Nach dem heutigen Forschungsstand waren die folgenden Konfliktfelder am wichtigsten:

– Ein Teil vor allem der ländlichen Bevölkerung Westfrankreichs sah sich als Opfer der zwischen 1789 und 1792 durchgeführten Veränderungen. Die Revolution enttäuschte viele der ursprünglich in sie gesetzten Hoffnungen und Erwartungen. Die Bauern hatten beim Verkauf der Nationalgüter gegen die Konkurrenz des städtischen Bürgertums kaum Chancen. Die Steuerreformen der Konstituante verstärkten in der Bretagne, die vor der Revolution eine unterbesteuerte Provinz war, die Abgabenlast. Die Abschaffung des Kirchenzehnten und die faktische Aufhebung der grundherrlichen Abgaben, die nur bäuerlichen Grundbesitzern zugute kamen, brachten in der Bretagne und der Vendée, wo Zeitpacht vorherrschte, den bäuerlichen Pächtern keine spürbare Entlastung. Aus all diesen Gründen verschärften sich die Spannungen zwischen der ländlichen Bevölkerung und dem Stadtbürgertum, dem eigentlichen Nutznießer der Revolution. Dieser Konflikt wurde zusätzlich verschärft durch die Religionspolitik der Revolutionäre.

– Die Zivilkonstitution des Klerus vom Juli 1790 trieb vor allem in den besonders stark vom traditionellen Katholizismus geprägten Gebieten große Teile der Bevölkerung in die Arme der Gegenrevolution. Nicht nur praktisch alle Bischöfe, sondern auch die Hälfte des niederen Klerus lehnten die Eingliederung der Kirche in den revolutionären Staat ab. Die von den revolutionären Verwaltungskörperschaften oft mit militärischen Mitteln – Einsatz der städtischen Nationalgarden – durchgesetzte Amtsenthebung der eidverweigernden Priester und die

Einsetzung von verfassungstreuen Pfarrern stießen vielerorts auf den Widerstand der ländlichen Gemeinden, die in den alten Pfarrern ihren moralischen Mittelpunkt und das Symbol ihrer Autonomie sahen und nicht bereit waren, die neuen »gottlosen Eindringlinge« zu akzeptieren. Was in Westfrankreich die Zivilkonstitution war, war im Languedoc die von der Revolution verwirklichte Gleichberechtigung der Protestanten. Aus einer diskriminierten, aber ökonomisch starken Minderheit wurden diese durch die Revolution in Städten wie Nîmes oder Montauban die neue herrschende Schicht, die rücksichtslos die alten katholischen Notabeln entmachtete. So wurden durch die Revolution Gegensätze reaktiviert, die bis in die Zeit der Religionskriege in der zweiten Hälfte des 16. Jahrhunderts zurückreichten. Politische Lager formierten sich, die religiös geprägt waren und sozioökonomische Konfliktlinien überdeckten: Die protestantischen Bauern der Cevennen und das protestantische Bürgertum von Nîmes unterstützten im Departement Gard die Revolution, während katholische Bauern und katholische Adlige im Bunde mit den emigrierten Prinzen bewaffnete Aufstände gegen die Revolutionäre unternahmen. Ebenso wie in Westfrankreich hatte die Gegenrevolution auch hier den Charakter eines Religionskrieges.

– Vor dem Hintergrund dieser seit 1790 aufgebrochenen Spannungen waren es dann vielfach die Rekrutierungen des Jahres 1793, die den offenen, bewaffneten Widerstand gegen die Revolution auslösten. Viele durch die Sozialpolitik der Revolution enttäuschte und durch ihre Kirchenpolitik erbitterte Franzosen waren nicht bereit, ihr Leben für die »teuflische Republik« einzusetzen. In weiten Landesteilen wurden die am 24. Februar 1793 vom Konvent beschlossene Aushebung von 300 000 Soldaten zum Auslöser für gegenrevolutionäre Erhebungen, deren wichtigster der Aufstand in der Vendée südlich der Loiremündung war. Bis in die ersten Jahre des Konsulats Napoleons waren es vor allem Wehrdienstverweigerer und Deserteure, aus denen sich auch im Rhônetal und am Südrand des Massif Central die royalistischen Guerillabanden rekrutierten.

– Zur Verschärfung der Gegensätze trug zweifellos die brutale Repressionspolitik bei, mit der die revolutionären Behörden bis 1794 die revolutionsfeindlichen Unruhen bekämpften und deren trauriger Höhepunkt die Abschlachtung der Einwohner der Vendée durch die ›infernalen Kolonnen« des Generals Turreau war. Diese Repressionen schufen oder vertieften in vielen Gegenden unüberbrückbare Feindschaften zwischen ›Blauen« und ›Weißen«, zwischen Anhängern und Gegnern der Revolution, die oft bis ins 20. Jahrhundert, über viele Generationen hinweg, die politischen Frontlinien bestimmten. In Südostfrankreich war die »Weiße Terreur« der Jahre 1795 und 1815 oft nichts anderes als die Begleichung von ›Rechnungen‹, die bis ins Jahr 1790 zurückgingen.

Die populistischen Gegenrevolutionäre in West- und Südostfrankreich kämpften nur sehr indirekt für die Restauration der bourbonischen Monarchie und die Wiederherstellung der ständischen Privilegien. Ihr eigentliches Ziel war es, die Angriffe auf die Dorfgemeinschaft, die die revolutionären ›Neuerungen‹ beinhalteten, und den zentralisierenden Zugriff des revolutionären Staates abzuwehren und die Anhänger der Revolution vor Ort für ihr gemeinschaftsfeindliches Verhalten zu ›bestrafen‹. Aus dieser Interessenlage erklärt sich die oft extreme lokale Ausrichtung der Aufständischen, ihre Weigerung, ihre Heimatregionen für längere Zeit zu verlassen, sich zu größeren Verbänden zusammenzuschließen oder sich fremden Führern zu unterstellen, vor allem wenn es sich um aus dem Ausland in die Aufstandsgebiete zurückgekehrte Adlige handelte. Dieser Lokalismus trug wesentlich zum Scheitern der von den Prinzen und der englischen Regierung unternommenen Versuche bei, aus den zahlreichen gegenrevolutionären Aufständen eine koordinier- und lenkbare große Bewegung zu formieren, die in der Lage gewesen wäre, den Revolutionären durch den Aufbau einer ›zweiten Front‹ im Inneren des Landes einen militärisch entscheidenden Schlag zu versetzen. Sieht man vom Aufstand in der Vendée des Jahres 1793 ab, so blieben die gegenrevolutionären Erhebungen alle auf dem Niveau des Guerillakrieges, offene Feldschlachten mit den republikanischen Truppen oder Angriffe auf von den Revolutionären gehaltene Städte wurden vermieden. Eine militärische Kraft, die für die Republik eine ernsthafte Bedrohung darstellte, waren die gegenrevolutionären Aufständischen nur einmal, im Sommer 1793, dem Höhepunkt des »großen Krieges« in der Vendée.

Der Aufstand in der Vendée und die Chouannerie

Seit 1791 befanden sich weite Teile der westfranzösischen Provinzen Bretagne, Maine, Anjou und Poitou am Rande des Bürgerkrieges. Die Versuche der die Städte kontrollierenden Revolutionsanhänger, die

Bestimmungen der Zivilkonstitution des Klerus durchzusetzen, stießen auf dem flachen Land vielerorts auf Widerstand. Nur durch den Einsatz der Nationalgarde ließ sich ein Anschein von Ruhe aufrechterhalten. Eine erste größere Erhebung südlich der Loire konnte im August 1792 noch militärisch niedergeworfen werden. Die vom Konvent beschlossenen Rekrutierungen brachten dann im März 1793 das Fass zum Überlaufen und lösten einen allgemeinen Aufstand aus.

Überall in Westfrankreich bildeten sich Bauernhaufen, die die städtischen Verwaltungszentren angriffen, Jagd auf revolutionstreue Priester machten und Einheiten der Nationalgarde in die Flucht schlugen.

Nördlich der Loire, in der Bretagne, gelang es den revolutionären Behörden, durch massiven Militäreinsatz den Aufstand einzudämmen und die einzelnen Bauerntrupps zu zerschlagen, ehe sie sich zu einer größeren Armee zusammenschließen konnten. Genau dies jedoch gelang den Bauern südlich des Flusses, in der wegen ihrer dichten Wald-, Hecken- und Sumpflandschaft nur schwer zugänglichen Vendée. Hier wurden die republikanischen Truppen von den aufständischen Bauern und ländlichen Textilarbeitern geschlagen, die meisten Kleinstädte der Region erobert und die revolutionären Verwaltungen vertrieben. Die einzelnen Bauernhaufen schlossen sich zur »Königlichen und Katholischen Armee« zusammen; Adlige, die zunächst vom Ausbruch des Aufstands überrascht worden waren, übernahmen das Oberkommando, organisierten in den ›befreiten‹ Gebieten eine royalistische Zivilverwaltung und wandten sich an die bourbonischen Prinzen und die ausländischen Mächte mit der Bitte um Hilfe. Nach dem kläglichen Scheitern der Gegenoffensiven der Regierungstruppen eroberten die Aufständischen im Juni 1793 Angers und Saumur. Der Weg nach Paris schien ihnen offen zu stehen.

Der Aufstand in der Vendée war eine spontane Volkserhebung, das letzte Glied eines seit 1790 eskalierenden Konflikts – nicht das Werk gegenrevolutionärer Verschwörer. Die Alliierten und Prinzen wurden von der Erhebung überrascht und brauchten fast ein halbes Jahr, um mit den Aufständischen Verbindung aufzunehmen. Diese waren zwar in der Lage, mehrere zehntausend Mann starke Armeen aufzustellen, jedoch mangelte es ihnen an Waffen – vor allem an Artillerie – und Munition. Zudem waren die Bauern oft nicht bereit, für längere Zeit ihre Heimatgemeinden zu verlassen und sich an weiträumigen Operationen zu beteiligen. Ein Vormarsch in Richtung Paris kam aus diesen Gründen nicht in Frage. Ein Angriff auf Nantes scheiterte Ende Juni

1793. Den unterdessen durch kampferprobte Truppen von der Front verstärkten republikanischen Armeen gelang es, die Aufständischen am 7. Oktober 1793 bei Cholet zu schlagen. Ein Großteil der Vendée-Armee verließ daraufhin die Heimat und stieß durch die Bretagne zur normannischen Kanalküste vor, in der Hoffnung, sich dort mit einem englischen Expeditionskorps vereinigen zu können. Die Engländer erreichten die Küste jedoch erst, nachdem die Aufständischen von Regierungstruppen zurückgeschlagen worden waren. In blutigen Gefechten wurden die Vendée-Armee und die sie bei ihrem Marsch durch die Bretagne begleitenden Frauen, Kinder und Alten im Dezember 1793 zerschlagen. Zu Tausenden wurden die Aufständischen von den republikanischen Truppen abgeschlachtet.

Die in Paris regierenden Jakobiner wussten auf den von beiden Seiten mit äußerster Grausamkeit geführten Krieg in der Vendée nur eine Antwort: undifferenzierten, massierten Terror. Die Aufständischen galten als Teil eines internationalen »aristokratischen Komplotts«, als von Adel und Klerus verführte und verblendete »Fanatiker«, die sich in den im Aufbau befindlichen jakobinischen Staat nicht integrieren ließen. Mit der Dauer und der Erbitterung des Krieges wuchs der Vernichtungswille der Jakobiner. Die militärische Niederwerfung und die ›Bestrafung‹ ihrer Führer genügten nach Meinung des Konvents nicht, um die Vendée zu ›pazifizieren‹. Nachdem schon am 19. März 1793 dekretiert worden war, jeden gefangen genommenen Aufständischen zu erschießen, der bei der Gefangennahme Waffen trug, wurde am 1. August 1793 der allgemeine Vernichtungskrieg gegen die Vendée beschlossen (Quelle 2). Dieser erreichte seinen Höhepunkt zwischen Januar und Mai 1794. Die »infernalen Kolonnen« des Generals Turreau massakrierten wahllos die Bevölkerung der Vendée, Republikaner ebenso wie Royalisten, kleine Kinder ebenso wie Greise, brannten die Bauernhöfe nieder, trieben das Vieh fort und holzten die Wälder ab. Diese brutale Ausrottungskampagne erreichte in politisch-militärischer Hinsicht genau das Gegenteil. Statt das Aufstandsgebiet wirklich zu befrieden, trieb sie den royalistischen Führern, die noch weiterkämpften, die Bevölkerung in die Arme und gab den Kämpfen südlich der Loire neuen Auftrieb.

An die Stelle des »großen Krieges« in der Vendée trat seit 1794 auf beiden Ufern der Loire, sowohl in der Vendée selbst als auch in der Bretagne und Teilen der Normandie und Maines, die Chouannerie. Ihren Namen hatte sie in lautlicher Ableitung aus »chat-huant« (Käuzchen).

Quelle 2

Einen guten Einblick in das ›ideologische Klima‹, in dem im Herbst 1793 die Ja-
kobiner den Vernichtungskrieg gegen die Vendée beschlossen, gibt eine Rede, die
Bertrand Barère am 1. Oktober 1793 vor dem Konvent hielt. Barère war eines der
führenden Mitglieder des Wohlfahrtsausschusses:

»Bürger, die nicht erklärbare Vendée gibt es immer noch, den Anstrengungen der Republikaner ist es noch nicht gelungen, mit den Räubereien und Verschwörungen dieser Royalisten fertig zu werden.

Wie sollten die Feinde der Republik nicht alle ihre Anstrengungen, alle ihre
Projekte auf die Vendée richten? Die Vendée ist das Herz der Republik; dorthin
hat sich der Fanatismus geflüchtet, dort haben die Pfaffen, die roten Bänder, die
blauen Bänder und die Kreuze des Heiligen Ludwig [= von der Monarchie ver-
liehene Orden, M. W.] ihre Altäre errichtet; dort haben die Emigranten und die
koalierten Mächte die Trümmer eines verräterischen Throns gesammelt. Es ist
die Vendée, mit der die Aristokraten, die Föderalisten [...] korrespondieren; es
ist die Vendée, wohin sich die schuldigen Wünsche Marseilles, die schändliche
Käuflichkeit Toulons, die aufrührerischen Rufe der Aufständischen in Lyon
[...] richten. [...]

Zerstört die Vendée, und Valenciennes und Condé werden nicht mehr unter
der Kontrolle der Österreicher sein.

Zerstört die Vendée, und der Engländer wird davon ablassen, Dünkirchen
erobern zu wollen.

Zerstört die Vendée, und der Rhein wird von den Preußen befreit werden.
[...]

Zerstört die Vendée, und Lyon wird keinen Widerstand leisten, Toulon wird
sich gegen die Spanier und Engländer auflehnen, und die politische Einstellung
Marseilles wird das Niveau der republikanischen Revolution erreichen. [...]

Die Vendée und immer wieder die Vendée. Die Vendée ist das politische
Krebsgeschwür, das die Republik auffrisst: es ist hier, wo man zuschlagen muss.«

(Aus: Claude PETITFRÈRE: La Vendée et les Vendéens. Paris 1981 [Collection
»Archives«], S. 40 f.)

Da der gegenrevolutionäre Bandenführer Jean Cotterau den Ruf des
Käuzchens als Signal nachahmte, hieß er Jean Chouan, und von ihm
wurde der Name auf die ganze Guerilla-Bewegung übertragen. Die
Chouannerie mied große Schlachten und beschränkte sich auf Hinter-

halte und handstreichartige Überfälle. Bevorzugte Ziele der *Chouans* waren Käufer von Nationalgütern, konstitutionelle Priester, republikanische Beamte, kleine Militärabteilungen und Konvois, die die Städte mit Lebensmitteln versorgten. In der Bretagne bemühte sich Josef de Puisaye, ein ehemaliger liberaler Adliger, der sich erst im Herbst 1793 den *Chouans* angeschlossen hatte, aus den royalistischen Banden eine ›reguläre‹ Armee zu formieren. Zu diesem Zwecke begab er sich im September 1794 nach London, um die englische Regierung dafür zu gewinnen, große Mengen von Kriegsmaterial und ein starkes englisches Expeditionskorps in die Bretagne zu entsenden. Puisayes Mission war nur teilweise erfolgreich. Die Engländer versorgten zwar von der Kanalinsel Jersey aus die *Chouans* mit Waffen und Munition und schleusten rückkehrwillige Emigranten und eigene Agenten nach Frankreich ein. Eine Landung regulärer Truppen wollten sie jedoch nicht riskieren. Ein Landungsversuch eines von England ausgerüsteten Korps von Emigranten in der Südbretagne bei der Halbinsel Quiberon wurde im Juni/Juli 1795 von den republikanischen Truppen abgewehrt. In der ersten Hälfte des folgenden Jahres gelang es dann der Republik, die meisten Banden der *Chouans* zu zerschlagen oder zur Kapitulation zu zwingen. Hierzu trug nicht nur die mangelnde englische Unterstützung der Aufständischen, sondern auch eine entscheidende Veränderung der republikanischen Strategie bei. Im Sommer 1794 wurde der Vernichtungskrieg *à la* Turreau eingestellt. Jetzt bemühte man sich, durch Amnestien und Konzessionen auf religiösem Gebiet die Masse der bäuerlichen Bevölkerung von dem harten Kern der gegenrevolutionären Aktivisten zu trennen und Letztere durch einen konzentrierten Einsatz des Militärs zu vernichten. Diese flexible Strategie führte zwar zu keiner vollständigen Befriedung Westfrankreichs; sie sorgte jedoch dafür, dass spätestens im Sommer 1796 die Chouannerie aufhörte, für die Republik ein ernsthaftes militärisches Problem darzustellen.

Ähnlich wie in Westfrankreich gab es auch im Rhonetal, im Languedoc und der Provence, teilweise schon seit 1790, eine gegenrevolutionäre Guerrilla, die – oftmals kaum von normalen Banditen zu unterscheiden – durch Morde und Überfälle die republikanischen Behörden in Atem hielt, eine Zufluchtsstätte für Kriegsdienstverweigerer und Deserteure bot und in manchen Regionen von großen Teilen der Bevölkerung unterstützt wurde. 1795/96 versuchte der von der Schweiz aus operierende englische Agent William Wickham, die gegenrevolutionären Banden in Ost- und Südostfrankreich zusammenzufassen und dadurch die Grundlagen für einen großen Aufstand zu legen, der es der Armee des Prinzen von Condé und den Österreichern ermöglichen sollte, von Süddeutschland und den Westalpen aus nach Frankreich einzudringen. Ebenso wie Puisaye in der Bretagne scheiterte auch Wickham an der Zersplitterung und dem tief verwurzelten Partikularismus und Lokalismus der Aufständischen.

Das Scheitern einer legalen Gegenrevolution

Die Jahre 1795–97 waren von zwei gegensätzlichen Entwicklungen gekennzeichnet. Einerseits gelang es der Republik, sowohl die Mächte der Koalition in die Defensive zu zwingen als auch die gegenrevolutionären Bewegungen im Landesinnern weitgehend einzudämmen, andererseits brachten diese Erfolge der Direktorialregierung kaum einen Zuwachs an Popularität und Unterstützung. Vielmehr wandten sich immer größere Teile der Bevölkerung von den seit dem Sturz Robespierres herrschenden Thermidorianern ab. Dies galt nicht nur für entschiedene *Montagnards* und sansculottische Aktivisten, sondern auch und vor allem für die bürgerliche Ober- und Mittelschicht. Hier war eine deutliche Wendung nach rechts, eine Desillusionierung über den Verlauf der Revolution, ein Verlangen nach sozialer Ruhe und politischer Stabilität sowie ein ausgeprägtes Misstrauen gegen die herrschende politische Elite zu konstatieren. Diese konservativen Strömungen speisten sich aus verschiedenen Quellen: Sie waren sowohl eine Reaktion gegen die Terreur des Jahres II und die politischen Emanzipationsbestrebungen der Sansculotten als auch eine Folge des nicht enden wollenden Krieges und der schlechten Wirtschaftslage. Den Hintergrund dieser Tendenzen bildete die Entzauberung der universalistischen Parolen der Revolution und der Wille der bürgerlich-adligen Notabelnschicht, nach den Unruhen der zurückliegenden Jahre ihre politische und soziale Vorherrschaft langfristig dadurch zu sichern, dass sie das revolutionäre Experiment endgültig beendete.

Im Laufe des Jahres 1796 kamen sowohl William Wickham, der von Bern aus operierende englische Koordinator des subversiven Krieges gegen die Republik, als auch die in Paris arbeitenden Agenten Ludwigs XVIII. zu der Erkenntnis, dass sich eine Chance zum Sturz der Republik böte, wenn es gelänge, die sich in weiten Teilen der französischen Bevölkerung ausbreitenden konservativen Stimmungen zu bündeln und gegen das Direktorium zu lenken. Nicht mit bewaffneten Aufständen, so Wickhams neue Linie, sondern durch Wahlen und parlamentarische Mehrheiten sollte der Revolution der Garaus gemacht werden. Die Neuwahl des ersten Drittels der Abgeordneten im Oktober 1795 hatte die revolutionskritische, konservative Haltung vieler Wähler gezeigt. Wickham und seine Helfer planten, durch eine von England finanzierte Propagandakampagne für einen Sieg der Gegner der Revolution bei den Wahlen der Jahre 1797 und 1798 zu sorgen, eine royalistische Mehrheit im Rat der Alten und im Rat der 500 zu Stande zu bringen und dadurch die Grundlagen für eine Überwindung der Revolution auf parlamentarischem Wege zu legen.

Die Schwäche dieser Strategie bestand hauptsächlich darin, dass sie sich auf Gruppierungen stützte, deren politische Ziele weit auseinander gingen. Neben gegenrevolutionären Extremisten, die von der Restauration der ständischen Privilegiengesellschaft träumten, gab es unter der antidirektorialen Opposition konstitutionelle Monarchisten und konservative Republikaner, die nicht bereit waren hinter die Errungenschaften von 1789 zurückzugehen, und die die Rache der royalistischen »Ultras« fürchteten. Ludwig XVIII. tat wenig, um diese Besorgnisse eines großen Teils der antidirektorialen Opposition zu besänftigen.

Die Wahlen vom April 1797 brachten einen großen Erfolg der Gegner des Direktoriums, die jedoch nicht in der Lage waren, ihren Sieg auszunutzen. Während ein Teil von ihnen sich um eine Annäherung an die konservativen Kreise des Direktoriums um Lazare Carnot bemühte, bereiteten die »Ultras« mit Hilfe von aus Westfrankreich nach Paris eingeschleusten *Chouans* einen bewaffneten Aufstand vor. Die so in sich gespaltene und demoralisierte Opposition stand hilflos dem Putsch gegenüber, mit dem die »Triumvirn« (Barras, Reubell, Larevellière) am 18. Fructidor (4. September 1797) ihre Gegner ausschalteten. Die gemäßigten Direktoren Carnot und Barthélemy wurden aus ihren Ämtern entfernt, das Parlament von oppositionellen Abgeordneten ›gesäubert‹ und die in Paris sehr lautstarke oppositionelle Presse unterdrückt. Das durchaus reale »anglo-royalistische Komplott« gab dem Direktorium die Chance, mit einen militärischen Gewaltstreich sich der gesamten Opposition von rechts zu entledigen und die politische Herrschaft der Thermidorianer für weitere zwei Jahre zu sichern.

Das Erbe der Gegenrevolution

1799 kam es in der Vendée und in der Bretagne sowie in der Gegend von Toulouse im Zuge des Zweiten Koalitionskrieges zu neuen gegenrevolutionären Erhebungen, die nach einigen Anfangserfolgen jedoch von Regierungstruppen niedergeworfen wurden. Effiziente polizeiliche und militärische Repression und die durch das Konkordat mit dem Papst bewirkte Entspannung auf religiösem Gebiet führten 1800/1801 zu einem weitgehenden Abklingen der gegenrevolutionären Guerrilla in West- und Südostfrankreich. Nicht innere Aufstände, sondern erst die Siege der verbündeten Armeen bewirkten 1814 die Restauration der bourbonischen Monarchie unter einem Ludwig XVIII., der inzwischen gelernt hatte, dass sich die Uhren nicht mehr hinter 1789 zurückstellen ließen.

Diese Einsicht teilten keineswegs alle Gegner der Revolution. Vielmehr gab es auch nach 1815 unter dem Adel, Klerus und Großbürgertum weiterhin starke Kräfte, die die ›Ideen von 1789‹ prinzipiell ablehnten, mit ständisch-korporativen Ordnungsvorstellungen spielten und einem unnachgiebigen Konservativismus anhingen. Aus diesen Kreisen erwuchs den französischen Regierungen seit der Julirevolution von 1830 eine grundlegende Opposition, die den Liberalismus und die Tendenz der Säkularisierung ebenso ablehnte und bekämpfte wie die demokratische Republik oder den Sozialismus. Bis ins 20. Jahrhundert wirkten diese Traditionen fort: Die Niederlage der Dritten Republik gegen Hitler gab diesen Kräften die langerhoffte Chance, im Zuge der ›nationalen Revolution‹ des Vichy-Regimes mit dem verhassten Erbe der Revolution von 1789 abzurechnen. Die blutigen Bürgerkriege der 1790er Jahre hatten zur Folge, dass sich die gegenrevolutionären »Ultras« in den ehemaligen Zentren der bewaffneten gegenrevolutionären Volksaufstände wie der Vendée oder Teilen der Bretagne auf einen breiten Rückhalt vor allem in der ländlichen Bevölkerung stützen konnten. Die in den Kämpfen der Revolution entstandene Solidarität zwischen Adel, Klerus und Bauernschaft schuf hier ein katholisch-konservatives antimodernistisches Sozialmilieu, das – genährt durch eine intensive antirevolutionäre Propaganda – vielerorts bis ins 20. Jahrhundert fortbestand und zuweilen noch heute die religiösen Praktiken und das Wahlverhalten vieler Franzosen prägt.

Michael Wagner

REVOLUTIONSKRIEGE UND REVOLUTIONÄRE AUSSENPOLITIK

DIE FRANZÖSISCHE REVOLUTION WAR KEIN auf Frankreich beschränktes Ereignis. Die Einstellung zur Revolution polarisierte in vielen Ländern Europas und in den USA die politische Diskussion und führte zu erbitterten ideologischen Auseinandersetzungen zwischen konservativen Revolutionsgegnern einerseits und liberalen und ›jakobinischen‹ Revolutionssympathisanten andererseits. Überall gab es Personen, die mit den Veränderungen in Frankreich sympathisierten, die in vielen Fällen ähnliche Reformen in ihren eigenen Ländern befürworteten und die in Clubs, Zeitungen und Pamphleten ihren prorevolutionären Überzeugungen Ausdruck verliehen. Unter ihnen fanden die Armeen des revolutionären Frankreich bei ihren Vorstößen nach den Niederlanden, Deutschland, der Schweiz und Italien Helfer und Verbündete. Noch mehr als der ›ideologische Bürgerkrieg‹ zwischen Revolutionsgegnern und -sympathisanten war jedoch der 1792 ausgebrochene und nur mit einer kurzen Unterbrechung von weniger als zwei Jahren (1801/03) bis 1814/15 andauernde militärische Konflikt zwischen dem revolutionären und – seit 1799 – napoleonischen Frankreich und den meisten Staaten des alten Europa für die ›Internationalisierung‹ der Revolution verantwortlich. Der Krieg beeinflusste nicht nur stark die innere Entwicklung des revolutionären Frankreich, er erschütterte auch in einem erheblichen Maße die territorialen, politischen, sozialen und ökonomischen Verhältnisse im außerfranzösischen Europa. Er vor allem sorgte dafür, dass das Europa des frühen 19. Jahrhunderts trotz aller Restaurationsbemühungen in vieler Hinsicht grundlegend verschieden war von dem Europa des Jahres 1789.

Der Massensturz (La Chûte en Masse).
Kolorierte Radierung von Dupuis, anonym veröffentlicht, Paris 1794, 214 x 370 mm (Nationalbibliothek Paris, Kupferstichkabinett, Sammlung de Vinck Nr. 4209).

Am 20. September 1794 fasste der Wohlfahrtsausschuss den Beschluss, »dem Bürger Dupuis, Maler, für die Staatskasse eine Zahlungsanweisung über *zweitausendeinhundertundfünfzig* livres auszustellen als Lohn für tausend Exemplare der Karikatur *Der Massensturz*, die er dem Wohlfahrtsausschuss zu 25 sols pro Stück geliefert hat. Diese Summe soll von den zehn Millionen genommen werden, die dem Wohlfahrtsausschuss durch Dekret des Nationalkonvents zur Verfügung stehen« (François AULARD [Hg.], *Actes du Comité de Salut Public*, Bd. 16, Paris 1904, S. 500). In der Tat gehört die Radierung über den »Massensturz« der alteuropäischen Herrscher zu einer ganzen Reihe außenpolitischer Propagandabildflugblätter, die der Wohlfahrtsausschuss im September 1793 bei einem Dutzend Künstlern in Auftrag gegeben hatte und ab Mai 1794 nach und nach erhielt.

Aus jakobinischer Sicht deutet unser Blatt den Krieg des republikanischen Frankreich gegen die Koalitionsmächte als ebenso blitzartigen wie überwältigenden elektrischen Schlag – ein durch Galvanis Entdeckungen von 1790 damals aktueller Vergleich. Auch sonst oft eine zeitgenössische Metapher für die Beschleunigung und Unaufhaltsamkeit der Französischen Revolution, wird die Elektrizität in ihrer Wirkung hier gleich durch zwei Beischriften beschrieben: »So wird der elektrische Funke der Freiheit die Throne der gekrönten Räuber

La Chûte en Masse

L'electrique de la Liberté, renversera tous les Trônes des Brigands Couronnés

umstürzen«; »die Republikanische Elektrizität versetzt den Despoten einen
Stromstoß, der sie von ihren Thronen wirft.« Angetrieben von einem Soldaten
in jugendlicher Kraft, der für die »Republikanische Verfassung« von 1793
(Schriftrolle in seiner Hand) kämpft, setzt die revolutionäre Strommaschine die
»Erklärung der Menschenrechte« in politisch-militärische Energien um, die als
miteinander verbundene Teile einer Stromleitung dargestellt sind: zum einen
Energien zur Verteidigung der »Einheit [und] Unteilbarkeit der Republik«, zum
anderen die menschheitsbeglückende Parole »Freiheit, Gleichheit, Brüderlichkeit«.

Die Wirkung dieser vereinigten revolutionären Energien auf die als greise,
dekadente Figuren dargestellten gegenrevolutionären Herrscher des europäischen Ancien Régime erscheint wahrhaft ›schlagend‹. Vorab trifft sie »den
Schelm« Joseph II., besser: hat ihn getroffen, denn er war schon 1790 gestor-
ben (sein Nachfolger Franz I. wird nicht genannt). Den dahinter auf den Bauch
gefallenen Gestalten – Wilhelm V., Erbstatthalter der Vereinigten Provinzen der
Niederlande, und dem »feisten« Georg III., König von Großbritannien – hatte
der Konvent im Februar 1793 den Krieg erklärt: Von ihnen musste der Erstere
wenige Monate nach Veröffentlichung der Karikatur vor französischen Revolutionstruppen nach England fliehen und zusehen, wie ›sein Land‹ in die Bata-

Das revolutionäre Frankreich und das europäische Mächtesystem 1789 bis 1791

In den Hauptstädten der europäischen Großmächte ging man in den ersten Jahren der Revolution keineswegs davon aus, dass zwischen dem revolutionären Frankreich und seinen weithin monarchisch und aristokratisch strukturierten Nachbarn ein ideologischer System-gegensatz bestünde, der notwendigerweise in einen bewaffneten Kon-flikt einmünden müsste. Zwar gab es durchaus Besorgnisse wegen ei-nes etwaigen Übergreifens der »revolutionären Prinzipien« auf die eigenen Staaten. Unter dem Eindruck der Französischen Revolution entstandene Unruhen, wie etwa der große Bauernaufstand im Kurfürs-tentum Sachsen im Sommer 1790, sorgten dafür, dass solche Befürch-tungen nicht abebbten. Jedoch bestimmend für das außenpolitische Verhalten der europäischen Mächte war die Furcht vor der Revolution nicht. Hier beobachtete man die Geschehnisse in Frankreich nicht oh-

vische Republik umgewandelt wurde. Auch für Pius VI. mit dem sechsstrahli-gen Papstkreuz, mehrdeutig als »Der kleine Papa« verhöhnt, wirkt der bildli-che Sturz wie eine Vorhersage seiner späteren französischen Gefangenschaft und Vertreibung durch die Revolution. Die übrigen karikierten Herrscher erlit-ten zwar keinen vergleichbaren tatsächlichen ›Sturz‹, waren aber in anderer Form nachweisbar von der Französischen Revolution betroffen: So Friedrich Wilhelm II., der »Tyrann von Preußen« und Verlierer von Valmy, in einer Bei-schrift des Menschenhandels angeklagt; weiter die russische Zarin, »die dicke Katharina«, die wegen ihrer Libertinage (wie ihr Dekolleté anzeigt) verschrien war und deren Besatzungstruppen den mit Frankreich und der Revolution sympathisierenden Freiheitshelden Kościuszko im Frühjahr 1794 aus Polen vertrieben hatten (siehe die Beischrift: »Besetzung Polens gescheitert«); schließlich »der spanische Despot« Karl IV., dessen Truppen dem republikani-schen Frankreich bald unterliegen sollten, und Viktor Amadeus III., König von Sardinien und Piemont dessen gegenrevolutionäre Aktivitäten in Turin Bona-parte beenden sollte.

Der Graveur Dupuis hat also historisch durchaus belegte, teils hellsichtig vorweggenommene Tatsachen in eine sinnfällige Karikatur umgesetzt – in ein jakobinisches Propagandabild freilich, das ähnlich wie die ihm entsprechende missionarische Befreiungsparole »Friede den Hütten, Krieg den Palästen« die wachsende Schattenseite der Revolutionskriege unterschlug.

ne eine gewisse Zufriedenheit. Die Revolution, so schien es, hatte in Frankreich, wie es der österreichische Staatskanzler Kaunitz ausdrückte, zu einem Zustand der »innerliche[n] Schwäche und äußerliche(n) Nullität« geführt, an dessen Fortbestehen man durchaus interessiert war. Die Revolution wurde interpretiert als eine Zeit des Chaos und der Anarchie, die die außenpolitischen Handlungsmöglichkeiten Frankreichs lähmte und das Land im Konzert der europäischen Großmächte für eine längere Periode auf den Status eines passiven Betrachters zu beschränken schien. Frankreichs Rivalen – Großbritannien an der Spitze – sahen keinen Grund, über diese in ihrer Sicht höchst positive Entwicklung nicht zufrieden zu sein.

Vergeblich bemühten sich die französischen Emigranten unter Führung des jüngsten Bruders Ludwigs XVI., des Comte d'Artois, die europäischen Mächte davon zu überzeugen, dass diese Lagebeurteilung verfehlt war und die Revolution durch eine militärische Intervention niedergeworfen werden müsse, sollten nicht die Monarchie und die ständische Gesellschaftsordnung überall in Europa ein Opfer der »revolutionären Prinzipien« werden. Diese Appelle stießen zwar bei einigen Außenseitern wie König Gustav III. von Schweden auf beträchtliche Sympathie, fanden aber bei den entscheidenden europäischen Großmächten – Großbritannien, Preußen, Österreich – zunächst kaum Resonanz. Verantwortlich hierfür war nicht allein die weit verbreitete Genugtuung über die durch die Revolution bewirkte Schwächung Frankreichs, sondern auch die Tatsache, dass zahlreiche in der Tradition des aufgeklärten Absolutismus stehende Politiker, wie etwa Kaiser Joseph II. oder der preußische Außenminister Hertzberg, viele Reformen der Revolution durchaus wohlwollend betrachteten. Hinzu kam schließlich noch, dass die zwischen den europäischen Großmächten bestehenden machtpolitischen Rivalitäten ein einvernehmliches Vorgehen gegen die Revolution, wie es die Emigranten forderten, nahezu ausschlossen. Spannungen zwischen Großbritannien und Spanien in den Kolonien, der Dualismus zwischen Preußen und Österreich in Mitteleuropa sowie der Widerstand Großbritanniens gegen die expansive Orientpolitik Russlands führten 1790/91 Europa mehrmals an den Rand eines großen Krieges. Das revolutionäre Frankreich lag noch im Windschatten dieser Konflikte.

In Frankreich verstärkte zunächst der herrschende Primat der inneren Politik, also die Notwendigkeit, auf den Trümmern des Absolutismus und der Ständeordnung eine neue Verfassung etablieren und die Gesellschaft »regenerieren« zu müssen, diese Tendenz. Von staatlicher Seite tat man in Frankreich nichts, um die Revolution zu exportieren. Die in Frankreich lebenden »demokratischen« Emigranten aus den niederländischen Generalstaaten, den österreichischen Niederlanden (Belgien) und aus Genf, die nach gescheiterten Revolutionsversuchen in ihren Ländern in den 1780er Jahren nach Frankreich geflohen waren, wurden nicht als ›fünfte Kolonne‹ zur Revolutionierung Europas eingesetzt. Am 22. Mai 1790 erklärte die Nationalversammlung feierlich den Verzicht Frankreichs auf zukünftige Eroberungskriege und bekräftigte, sich nicht in die Freiheit anderer Völker einmischen zu wollen. Das revolutionäre Frankreich, so mochte es scheinen, war dabei, das humanitäre und pazifistische Programm der Aufklärung mit seiner Kritik an der aggressiven Machtpolitik der Staaten und der Ruhmsucht der Fürsten zu verwirklichen und einen ersten Schritt hin zu einer Welt des friedlichen Interessenausgleichs zu tun.

Dennoch kam es auch schon in den ersten Jahren der Revolution zu Konflikten zwischen Frankreich und seinen Nachbarn. Verantwortlich hierfür war einerseits die auf dem Prinzip der Volkssouveränität gegründete Neigung des revolutionären Frankreich, sich über vertraglich gesicherte Rechtstitel des Ancien Régime hinwegzusetzen. Diese Politik führte zu Spannungen mit mehreren westdeutschen Reichsfürsten, die über Besitzungen im Elsass verfügten und deren Rechte durch die revolutionäre Gesetzgebung zur Abschaffung des Feudalsystems verletzt worden waren. Im September 1791 annektierte zudem Frankreich Avignon und die Grafschaft Venaissain, zwei päpstliche Enklaven im Rhonetal, in denen nach bürgerkriegsähnlichen Auseinandersetzungen die siegreiche prorevolutionäre Partei den Anschluss an Frankreich gefordert hatte. Zur Verschärfung der Spannungen trug andererseits nicht zuletzt auch bei, dass sich seit Anfang 1791 zahlreiche französische Emigranten im Rheinland (Kurfürstentum Trier, Fürstbistum Speyer) konzentrierten und mit Unterstützung der örtlichen Fürsten militärische Vorbereitung für eine Intervention in Frankreich trafen. Doch führte dies keineswegs direkt zu dem im April 1792 ausbrechenden Krieg zwischen Frankreich und Österreich/Preußen. Für ihn war vielmehr ein ganzes Bündel von innenpolitischen Kalkulationen und außenpolitischen Ambitionen und Fehleinschätzungen verantwortlich, die in mehreren Etappen seit Sommer 1791 in Mittel- und Westeuropa eine neue politische Konstellation schufen, in der die auf den Krieg drängenden Kräfte immer mehr die Oberhand gewannen.

Der Weg in den Krieg 1791 bis 1793

Auf französischer Seite versuchten sowohl die Befürworter einer Eindämmung als auch die Anhänger einer weiteren Radikalisierung der Revolution, den Krieg als Mittel zur Durchsetzung ihrer innenpolitischen Zielsetzungen zu benutzen. Dass die radikalen Gegenrevolutionäre sowohl in der Emigration als auch in Frankreich selbst auf einen bewaffneten Konflikt hofften, bedarf keiner weiteren Erklärung. Aber auch Ludwig XVI. und Marie Antoinette, die es verstanden hatten, eine gewisse Distanz gegenüber den Plänen der Emigranten zu wahren, setzten auf eine militärische Lösung. Ein österreichischer Einmarsch, so ihr Kalkül, würde den schnellen Zusammenbruch der Revolutionsregierung zur Folge haben und es ihnen ermöglichen, die Macht der Monarchie wiederherzustellen, ohne in allzu große Abhängigkeit von den aristokratischen Cliquen der Emigranten zu geraten. Gemäßigte Anhänger der Revolution wie La Fayette hofften dagegen, durch einen kurzen, siegreichen Krieg gegen Österreich die Macht der Exekutive stärken und die radikaleren Kräfte im revolutionären Lager unter Kontrolle bringen zu können.

Entscheidend wurde jedoch, dass auch und gerade ein Großteil des ›linken‹ Flügels der Revolutionäre den Krieg befürwortete. Die überwältigende Mehrheit der Jakobiner unter Führung der später als Girondisten bezeichneten Abgeordneten erhoffte sich von einem Krieg eine eindeutige Entscheidung Ludwigs XVI. für oder gegen die Revolution, die Verdrängung der die Regierung kontrollierenden Feuillants von der Macht, die eigene Regierungsübernahme und die Kanalisierung und Entschärfung der sozialen und ökonomischen Forderungen der Unterschichten, deren revolutionäre Dynamik nach außen abgelenkt werden sollte. Die Jakobiner entfesselten Ende 1791/Anfang 1792 im Parlament, in den Clubs und in der Presse eine lautstarke Agitationskampagne für den Krieg, die zunehmend sowohl in der Öffentlichkeit als auch in der Nationalversammlung eine immer breiter werdende Zustimmung fand. Durch einen Präventivschlag, so ihre Argumentation, müsse die vom Ausland drohende Gegenrevolution zerschlagen und dadurch den inneren Gegnern der Revolution jede Hoffnung auf ausländische Unterstützung genommen werden. Ein französischer Sieg in diesem »Kreuzzug für die Freiheit der Welt« (J. P. Brissot am 31. Dezember 1791) werde leicht sein, da die unterdrückten Völker die Franzosen gegen ihre eigenen Herrscher unterstützen würden.»Sagen wir Europa, dass wenn die Kabinette die Könige in einen Krieg gegen die Völker verwickeln, wir die Völker in einen Krieg gegen die Könige verwickeln werden!« (H. M. Isnard am 29. November 1791). Vergeblich versuchten sich einige klarsichtige Konservative und Radikale wie Robespierre der Kriegsagitation entgegenzustemmen. Während die Ersteren von einem Krieg eine weitere Radikalisierung der Revolution erwarteten, befürchteten die letzteren gerade das Gegenteil: die Stärkung der konservativen Kräfte unter der Führung eines siegreichen Generals und das Abwürgen der revolutionären Dynamik.

Auch bei den Gegnern Frankreichs wuchs seit dem Sommer 1791 die Neigung zum Krieg. Preußen und Österreich schlossen sich enger zusammen. Der gescheiterte Fluchtversuch Ludwigs XVI. (20./21. Juni 1791) ließ vor allem Wien nach Wegen suchen, die Position der französischen Monarchie zu stabilisieren und die Person des Königs vor der Rache der Revolutionäre zu schützen. Das geeignete Mittel hierfür erschien Kaiser Leopold II. (1790–92) die Einschüchterung der Revolutionäre durch die letztlich nicht ernst gemeinte Drohung mit einer Intervention der europäischen Mächte (Deklaration von Pillnitz vom 27. August 1791). Diese harte Haltung behielt man auch bei, als sich seit Herbst 1791 angesichts der französischen Proteste gegen das Treiben der Emigranten im Rheinland die Spannungen zwischen dem Kaiser und Frankreich zunehmend verschärften und ein Krieg immer näher rückte. Die Revolutionäre, so das Wiener Kalkül, würden vor der österreichischen Entschlossenheit zurückweichen und eine diplomatische Niederlage erleiden, die nur Ludwig XVI. zugute kommen konnte. Sollte es jedoch wider Erwarten zum Krieg kommen, würden die, wie man annahm, dem revolutionären»Pöbel« haushoch überlegenen Berufsarmeen Österreichs und Preußens Frankreich in einem kurzen Feldzug niederwerfen und die Revolutionäre zur Räson bringen. Die vermeintliche innere Schwäche des revolutionären Frankreich, die in den vorausgegangenen Jahren zur Erhaltung des Friedens beigetragen hatte, wurde nun ein Argument für den Krieg.

Der Kampf gegen das revolutionäre Frankreich war in der Sicht der führenden österreichischen und preußischen Politiker allerdings nur ein Teilaspekt des Krieges, der im Frühjahr 1792 immer wahrscheinlicher wurde. Der Krieg sollte vielmehr benutzt werden für ein ganz in der Tradition der Konvenienzdiplomatie des Ancien Régime stehendes, groß angelegtes Kompensationsgeschäft: Wien gedachte, Bayern zu erwerben und als Tausch die – durch Abtretungen von Frankreich erweiterten – österreichischen Niederlande (Belgien) an den bayerischen Kurfürsten abzutreten. Dies war ein altes Projekt der Habsburger, mit dem sie ihre Macht im Reich ausbauen wollten und das vor 1789 mehrmals am Veto Preußens gescheitert war. Als Gegenleistung für die Zustimmung zu diesem Tauschplan plante Preußen, sich durch die Erwerbung weiterer polnischer Territorien im Osten ›Entschädigungen‹ zu verschaffen. Selbstverständlich würde auch Frankreich selbst nach dem als sicher angenommenen Sieg der Alliierten für seine ›Befreiung‹ mit Gebietsabtretungen und Reparationen zahlen müssen. Über all diese Fragen gab es zwischen Preußen und Österreich bei Kriegsausbruch nur sehr allgemein gehaltene Abmachungen, die viele Details noch offen ließen und Konfliktstoffe in sich bargen, die die Beziehungen zwischen den beiden deutschen Mächten zunehmend belasteten und eine gemeinsame Kriegführung gegen Frankreich letztlich unmöglich machen sollten.

Der am 20. April 1792 durch die französische Kriegserklärung an Österreich eröffnete Konflikt machte innerhalb kurzer Zeit die militärischen Planungen und politischen Überlegungen beider Seiten zu Makulatur. Die französische Offensive gegen Belgien scheiterte kläglich. Dagegen stieß die preußisch-österreichische Invasionsarmee, bei der auch Truppen der Emigranten mitkämpften, langsam und – wie es schien – unaufhaltsam in Richtung Paris vor. Während in Paris die Monarchie gestürzt wurde und die Radikalisierung der Revolution unaufhaltsam voranschritt, eroberten die preußischen Truppen Longwy und Verdun. Die Wende kam, als am 20. September 1792 bei Valmy in der Champagne beim Zusammenstoß zwischen den Invasoren und der französischen Hauptarmee der »revolutionäre Pöbel« nicht, wie erwartet, bei den ersten Kanonenschüssen die Flucht ergriff, sondern dem Feuer standhielt. Die durch Krankheit und Nachschubschwierigkeiten geschwächten Preußen wagten es nicht, die französischen Positionen anzugreifen, sondern traten den Rückzug an. Französische Truppen unter General Custine stießen nach und besetzten ohne Widerstand Speyer, Worms, Mainz und Frankfurt. Zur gleichen Zeit wurden im Südosten Nizza und Savoyen ›befreit‹. Am 6. November 1792 schlug General Dumouriez die Österreicher bei Jemappes (nahe Mons) und zwang sie, Belgien zu räumen. In allen von den Franzosen besetzten Gebieten waren einheimische »Demokraten« bereit, mit den Revolutionstruppen zusammenzuarbeiten, die Einführung der revolutionären Gesetzgebung zu befürworten und sogar den Anschluss an Frankreich zu vollziehen.

Vor dem Hintergrund dieser großen Erfolge, die die Vorhersagen Brissots und Isnards zu bestätigen schienen, unternahmen der von den Girondisten beherrschte Exekutivrat und der Nationalkonvent im November und Dezember 1792 Schritte, die eine Ausweitung und Radikalisierung des Krieges nach sich zogen. Am 16. November 1792 wurde in Verletzung der Verträge von Münster (1648) und Utrecht (1713) die Schelde für die internationale Schifffahrt geöffnet und die von den Niederlanden seit zwei Jahrhunderten gegen den belgischen Hafen Antwerpen verhängte Blockade durchbrochen, eine Maßnahme, die unter dem belgischen Handelsbürgertum Sympathien für Frankreich mobilisieren sollte. Am 19. November 1792 versprach der Konvent allen unterdrückten Völkern, die »ihre Freiheit wiedererlangen wollten«, die Hilfe Frankreichs. Am 15. Dezember 1792 schließlich beschloss der Konvent, in den besetzten Gebieten das Feudalsystem und die ständischen Privilegien abzuschaffen sowie die revolutionäre Gesetzgebung Frankreichs und die französische Papierwährung (Assignaten) einzuführen. In Paris mehrten sich zudem die Stimmen, die forderten, das französische Staatsgebiet müsse bis zu den »natürlichen Grenzen« Frankreichs am Rhein und den Alpen ausgedehnt werden.

Diese Entwicklungen wurden außerhalb Frankreichs weithin als eine unerträgliche Herausforderung empfunden. Und zwar in doppeltem Sinne: Frankreich, so schien es, war dabei, sowohl durch territoriale Expansion in Westeuropa eine eindeutig hegemoniale Stellung zu erringen als auch den Anspruch zu erheben, sich in die inneren Angelegenheiten fremder Staaten einzumischen und die Revolutionierung der bestehenden Staats- und Gesellschaftsordnung in Angriff zu nehmen. Diese territoriale und ideologische Expansion Frankreichs rief seit Ende November 1792 Großbritannien, das bisher die Geschehnisse auf dem Kontinent aus einer Position der Neutralität heraus beobachtet hatte, auf den Plan. Gefährdeten doch die Eroberung Belgiens durch Frankreich und die Bedrohung der niederländischen Generalstaaten, des wichtigsten britischen Verbündeten, zentrale strategische und ökonomische Interessen der Insel, die seit dem späten 17. Jahrhundert, seit dem Kampf gegen die Hegemonialpolitik Ludwigs XIV., alles getan hatte, der Macht Frankreichs gerade im Bereich der niederländischen Küste enge Grenzen zu setzen. Das Dekret vom 9. November 1792 brachte zudem eine neue Dimension ins Spiel: Die adliggroßbürgerlichen Eliten, die unter Führung des Premierministers William Pitt d. J. (1783–1801 und 1804–06) regierten, sahen in diesem Dekret eine Begünstigung der englischen ›Jakobiner‹, jener in Clubs wie der *London Corresponding Society* organisierten Handwerker und radikalen Intellektuellen also, die für eine Reform der aristokratischen britischen Verfassung eintraten. Die von Frankreich begonnenen Verhandlungen, die Großbritannien aus dem Krieg fern halten sollten, scheiterten an der unnachgiebigen Haltung der britischen Regierung. Am 1. Februar 1793 erklärte der Konvent Großbritannien (und den Niederlanden), am 3. Februar 1793 auch noch dem bourbonischen Spanien den Krieg.

Bei der Entstehung der Revolutionskriege verbanden sich auf eine analytisch nur schwer zu trennende Weise Konflikte der traditionellen Machtpolitik mit den Herausforderungen der Revolution. Auf der einen Seite stand der vor allem in der girondistischen Propaganda betonte universalistische Anspruch der revolutionären Prinzipien, die Unvereinbarkeit von Republik, Volkssouveränität und Gleichheitsideal mit Absolutismus, Ständewesen und Adelsherrschaft. Auf der anderen Seite jedoch reaktivierten die Revolutionskriege alte zwischenstaatliche Konflikte wie den in die Zeit Kaiser Karls V. zurückreichenden Gegensatz zwischen Habsburg und Frankreich oder die maritimen und kolonialen Rivalitäten zwischen Frankreich und Großbritannien, die seit dem späten 17. Jahrhundert im Grundfaktor des europäischen Staatensystems waren. Die Gegner Frankreichs konzentrierten nicht, wie es die Emigranten aus verständlichem Eigeninteresse verlangten, alle ihre Kräfte auf die Ausrottung der Revolution und die Wiederherstellung des Ancien Régimes, sondern suchten zugleich auch ihre eigenen territorialen, machtpolitischen und ökonomischen Interessen sowohl auf Kosten Frankreichs als auch ihrer eigenen Verbündeten durchzusetzen. Trotz aller revolutionären Befreiungsrhetorik galt dies *mutatis mutandis* auch für Frankreich.

Selbstbehauptung und hegemoniale Expansion des revolutionären Frankreich 1793 bis 1797

Im Jahre 1793 unternahmen Österreich und Preußen mit der Unterstützung der Niederlande, Spaniens und vor allem Großbritanniens zum zweiten Mal den Versuch, das revolutionäre Frankreich niederzuwerfen. Nach der vernichtenden Niederlage von Neerwinden (18. März 1793) mussten die Franzosen die österreichischen Niederlande wieder räumen. Österreichische, englische und holländische Truppen drangen nach Nordfrankreich ein und begannen, den Paris sichernden nordfranzösischen Festungsgürtel (Condé, Valenciennes, Maubeuge u. a.) aufzubrechen. Im Osten ging nicht nur das linke Rheinufer wieder verloren, sondern österreichische Truppen – unterstützt von französischen Emigranten – stießen tief ins Elsass vor. Im Süden begannen spanische Truppen auf französisches Gebiet vorzudringen. Die Notlage der französischen Republik wurde noch dadurch verschärft, dass die Niederlagen gegen die Alliierten von einer schweren inneren Krise begleitet waren: Anlässlich der am 24. Februar 1793 vom Konvent beschlossenen neuen Rekrutierungen kam es in weiten Teilen des Landes zu schweren Unruhen, die sich südlich der Loiremündung, in der Vendée, zu einem royalistisch orientierten Bauernaufstand ausweiteten. Als Reaktion auf die Machtübernahme der Montagnards im Gefolge der Demonstrationen vom 2. Juni 1793 entstand in vielen Städten in der Provinz eine breite, wenn auch in sich zersplitterte Oppositionsbewegung, die in der Normandie, in Lyon, Marseille, Toulon und Bordeaux bis zum bewaffneten Widerstand gegen die Pariser Zentralregierung voranschritt. Am 28. August 1793 stellte sich Toulon unter den Schutz der englischen und spanischen Flotte.

Im Sommer 1793 schien es so, als würde die unter den Gegnern der Revolution weit verbreitete Ansicht, Revolution sei gleich Chaos, Anarchie und innere Schwäche, durch den Gang der Ereignisse in eklatanter Weise bestätigt werden. Das revolutionäre Frankreich schien ein Koloss auf tönernen Füßen zu sein, der kurz vor dem Zusammenbruch stand. Und doch gelang es der Republik, noch im Herbst 1793 die Krise zu überwinden und bis zum Sommer 1794 die Lage völlig zu ihren Gunsten umzukehren.

In der Schlacht von Wattignies (16./17. Oktober 1793) scheiterte der Versuch der Österreicher, Maubeuge zu erobern. Schon zuvor war ein englischer Angriff auf Dünkirchen misslungen. Die innerfranzösischen Aufstände wurden mit rücksichtsloser Härte niedergeschlagen. Mitte Dezember fiel Toulon, nachdem Bordeaux, Marseille und Lyon schon in den Monaten zuvor unter die Kontrolle der Republik zurückgekehrt waren. Im Dezember wurden auch die Reste der ›Königlichen und Katholischen Armee‹ der Vendée vernichtet. Die endgültige Wende des Krieges brachte am 26. Juni 1794 die Niederlage der Österreicher bei Fleurus. Die österreichischen Niederlande gerieten wieder unter französische Herrschaft. Im Winter 1794/95 wurden mit tatkräftiger Unterstützung der holländischen Revolutionssympathisanten die Generalstaaten besetzt und in eine von Frankreich abhängige Republik umgewandelt. Im April bzw. Juli 1795 schlossen Preußen und Spanien mit Frankreich Frieden.

Spanien trat 1796 sogar auf der Seite Frankreichs in den Krieg ein. Nach schweren Niederlagen in Oberitalien gegen die von Napoleon Bonaparte geführten französischen Truppen schied im Oktober 1797 (Friede von Campo Formio) auch Österreich aus dem Krieg aus. Auch in Großbritannien, das allein weiterkämpfte, gab es im Sommer 1797 starke Kräfte, die bereit waren, die Hegemonialstellung Frankreichs auf dem Kontinent gegen Konzessionen in den Kolonien anzuerkennen.

Wie lässt sich diese dramatische Wende des Krieges erklären? Vor allem die folgenden vier Faktoren scheinen hierfür verantwortlich gewesen zu sein:

– Den Alliierten gelang es nicht, die schwere Krise der Republik im Sommer 1793 optimal zu nutzen. In der Tradition der Kabinettskriege des Ancien Régime führten die Verbündeten in Nordfrankreich einen langwierigen Belagerungs- und Festungskrieg, anstatt eine Entscheidungsschlacht zu suchen und in einem konzentrierten Angriff nach Paris vorzudringen. Auch gelang es ihnen nicht, die gegen den Konvent kämpfenden Aufständischen in Frankreich und hier vor allem die Royalisten in der Vendée und der Bretagne rechtzeitig und in ausreichendem Umfang zu unterstützen.

– Die gegenläufigen machtpolitischen Interessen der alliierten Mächte verhinderten eine koordinierte Kriegführung. Schon seit 1793 zog sich Preußen, dessen Beziehungen mit Österreich in diesen Jahren einen neuen Tiefpunkt erreichten, aus dem Krieg im Westen zunehmend zurück, um seine Position in Osteuropa im Ringen um die polnische Beute (2. Teilung Polens 1793, vollständige Auslöschung des polnischen Staates in der 3. Teilung 1795) zu verstärken. Der große polnische Aufstand gegen Russland und Preußen (seit März 1794) brachte Frankreich eine fühlbare militärische Entlastung. Großbritannien konzentrierte seit 1793 einen Großteil seiner militärischen Anstrengungen darauf, die wertvollen tropischen Plantagenkolonien Frankreichs in der Karibik (Haiti, Guadeloupe, Martinique) zu erobern, und vernachlässigte entsprechend den Krieg auf dem europäischen Kontinent.

– Vor allem jedoch gelang es dem jakobinischen Wohlfahrtsausschuss in den Jahren 1793/94, das Bevölkerungs- und Wirtschaftspotential Frankreichs in ungeahntem Maße für den Krieg zu mobilisieren und eine den Alliierten zahlenmäßig weit überlegene Armee aufzustellen, auszurüsten und zu versorgen. Unter der Führung junger, kompromisslos auf die Offensive setzender Generäle wie Jourdan, Hoche oder Bonaparte wurde diese zudem stark von den politischen Idealen der Revolution geprägte Armee zu einem Instrument, dem die Söldnerheere der Koalition trotz einzelner bedeutender Erfolge auf die Dauer nicht gewachsen waren.

– Schließlich sollte neben diesen eher strukturellen Faktoren das militärische Genie und der politische Machiavellismus Napoleon Bonapartes nicht gering geschätzt werden. Sie vor allem sorgten dafür, dass Frankreich 1796 in Oberitalien große militärische Erfolge errang, während zur gleichen Zeit die französischen Offensiven in Süddeutschland kläglich scheiterten.

Die Wende des Krieges zu Gunsten Frankreichs seit 1794 bewirkte nicht nur eine beträchtliche Verschiebung der machtpolitischen Gewichte, sondern hatte auch eine Expansion der Errungenschaften der Revolution zur Folge. Die österreichischen Niederlande wurden 1795 von Frankreich annektiert und der revolutionären Gesetzgebung unterworfen. Holland (Batavische Republik), Oberitalien (Cisalpinische Republik), 1798/99 dann auch die Schweizer Kantone (Helvetische Republik), der Kirchenstaat (Römische Republik) und Neapel (Parthenopäische Republik) wurden zu französischen Satellitenstaaten. In ihnen versuchten sich vor allem aus dem Bürgertum und dem liberalen Adel rekrutierende Revolutionsanhänger, die traditionelle Staats- und Gesellschaftsordnung nach französischem Vorbild zu modernisieren (Abschaffung der ständischen Privilegien, Entmachtung der Kirche, administrative Zentralisierung, Justizreformen etc.)

Von der Revolutionierung des Militärs zur Militarisierung der Revolution

Die französische Armee des Jahres 1789 war eine ca. 150 000 Mann starke, aus französischen und ausländischen Söldnern bestehende Berufsarmee, die von einem weithin adligen Offizierskorps geführt wurde. Die Sympathien vieler Soldaten und Offiziere für die Forderungen der Revolutionäre trugen im Sommer 1789 entscheidend zum Sieg der Revolution bei. Die Emigration zahlreicher adliger Offiziere, Meutereien und Unruhen in der Truppe sowie die auf das Militär zielende Agitation der revolutionären Aktivisten führten seit 1790 zu einer schweren inneren Krise der Armee, die sie nicht nur für einen gegenrevolutionären Staatsstreich vollends unbrauchbar machte, sondern auch ihre militärische Schlagkraft beträchtlich verminderte.

Neben den Linientruppen entstand seit 1789 die Nationalgarde als innenpolitische Polizeitruppe der bürgerlichen Revolution zur Bekämpfung von Gegenrevolutionären und »Anarchisten«. Der Krieg brachte den Prozess der Revolutionierung der alten Armee zum Abschluss. Neben den Linientruppen traten seit Juni 1791 (Varennes-Krise) bzw. seit Juli 1792 (preußische Invasion) Freiwilligenverbände mit einer eigenen Befehls- und Organisationsstruktur (Wahl der Offiziere, höherer Sold). Diese Freiwilligen bewährten sich im Herbstfeldzug 1792. Viele von ihnen verließen jedoch nach Abschluss des Feldzuges im Winter 1792/93 die Truppe und kehrten nach Hause zurück, sodass die französische Armee im Frühjahr 1793 nicht über genügend Soldaten verfügte, um den Ansturm der Alliierten abzuwehren. Um diese gefährliche Situation zu meistern, führte der Konvent 1793 in zwei Stufen eine Art allgemeiner Wehrpflicht ein und versuchte, sämtliche Ressourcen der Nation zu mobilisieren. Am 24. Februar 1793 wurde die Aushebung von 300 000 neuen Soldaten beschlossen. Am 23. August 1793 wurde die *Levée en masse* dekretiert. Hinter dieser Parole verbarg sich die Einführung der Wehrpflicht für alle Witwer und Unverheirateten zwischen 18 und 25 Jahren. In der Praxis wurden die Rekrutierungen von Departement zu Departement unterschiedlich gehandhabt, sodass auch Verheiratete oder Personen, die älter oder jünger als 25 bzw. 18 Jahre waren, eingezogen wurden. Diese Maßnahmen ermöglichten es dem Wohlfahrtsausschuss, bis zum Sommer 1794 eine ca. 800 000 Mann starke Armee zu mobilisieren, die dem Gegner zahlenmäßig weit überlegen war.

Die *Levée en masse* erfolgte nicht überall im Geiste eines enthusiastischen revolutionären Patriotismus. Sie traf vielerorts auf entschiedene Opposition, die von Scheinehen über Kriegsdienstverweigerung und Desertation bis zum bewaffneten Widerstand ging. Die Einführung der Wehrpflicht stellte neben der Dechristianisierung den wohl gravierendsten Eingriff der revolutionären Zentralgewalt in die traditionelle Lebensweise großer Teile der französischen Bevölkerung dar.

Sie war eine der wichtigsten Quellen, aus denen sich vor allem in West- und Südostfrankreich die Konterrevolution speiste.

Trotz allem führte sie dank der patriotischen Appelle und der Repression und Propaganda der Abgesandten des Konvents, der örtlichen Verwaltungen und der Jakobinerclubs insgesamt zu einem großen Erfolg, der zu einem wesentlichen Teil für die Wende des Krieges zu Gunsten Frankreichs mitverantwortlich war.

Die Erweiterung und ›Demokratisierung‹ der französischen Armee ging mit Veränderungen in ihrer Kampfweise und inneren Struktur einher. Die traditionelle Lineartaktik trat in den Hintergrund und wurde durch Angriffe in tief gestaffelten Kolonnen oder im aufgelockerten Schützenverband abgelöst, Taktiken, die durch die zahlenmäßige Überlegenheit und die politische Motivierung der französischen Soldaten ermöglicht wurden und die die automatenhafte Disziplin der Söldnerheere des Ancien Régime zu einem guten Teil überflüssig machten. Zugleich wurde das Offizierskorps von wirklichen oder vermeintlichen Konterrevolutionären ›gesäubert‹ und rücksichtslos den Anweisungen der revolutionären Zivilgewalt (Wohlfahrtsausschuss, *Représentants en mission*) untergeordnet. Die Armee wurde zur »Schule des Jakobinismus«. Systematisch wurden die republikanischen, antiaristokratischen und egalitären Prinzipien des Jakobinismus in der Armee durch eine konzentrierte Propagandakampagne verbreitet. Obwohl nur eine Minderheit der Soldaten überzeugte Jakobiner waren (oder wurden), war diese Politisierung insofern erfolgreich, als sie nicht nur die Motivation der Soldaten beim Kampf gegen die »Horden des Despotismus« verstärkte, sondern auch dazu führte, dass die Armee über 1794 hinaus viel stärker als die allgemeine Bevölkerung von einer grundsätzlichen Zustimmung zu den Prinzipien der Revolution geprägt blieb. (Weit weniger als das Heer erholte sich die Flotte von den Auswirkungen der revolutionären Krise. Sie war zwar in der Lage, gegen die englische Handelsschifffahrt einen teilweise wirkungsvollen Kaperkrieg zu führen, der englischen Kriegsflotte war sie in offener Seeschlacht nicht gewachsen.)

Der jakobinischen Armee des Jahres II war insgesamt jedoch keine lange Dauer beschieden. Angesichts der stockenden Rekrutierungen wurde seit 1795 aus dem Wehrpflichtigenheer zunehmend wieder eine Berufsarmee, die zumeist außerhalb der Grenzen Frankreichs Krieg führte, weithin von der Ausplünderung der besetzten Gebiete lebte und bei der die Loyalität zu den (schwachen) Regierungen in Paris abnahm und durch die Bindung an den jeweiligen kommandierenden General abgelöst wurde. Ganz besonders stark ausgeprägt war diese Entwicklung in der Italienarmee Bonapartes. Die Generäle erlangten jetzt gegenüber der Zivilgewalt eine größere Unabhängigkeit, die im Falle Bonapartes bis zu einer praktisch eigenständigen ›Nebenaußenpolitik‹ ging. Die Regierungen in Paris wurden immer stärker von den Militärs abhängig. Das Eingreifen der Armee ermöglichte ihnen 1795 die Niederschlagung der letzten Erhebung der Sansculotten (Prairial-Aufstand), die Neutralisierung des royalistischen Vendémiaire-Aufstands und vor allem die Zerschlagung der royalistischen Parlamentsopposition durch den Putsch vom 8. Fructidor (4. September 1797). In den »Tochterrepubliken« schalteten und walteten die französischen Generäle oft wie unabhängige Herrscher. Die Machtergreifung Napoleons im November 1799 war in dieser Perspektive nur der logische Endpunkt einer Entwicklung, die nach dem Sturz Robespierres die Armee aus einem Instrument der revolutionären Regierung zu einem eigenständigen Machtfaktor gemacht hatte.

Die Krise des französischen Hegemonialsystems 1799

Der 18. Brumaire wird jedoch nur verständlich vor dem Hintergrund der außenpolitischen Krise des Jahres 1799. Die britische Diplomatie hatte seit 1797 fieberhaft an der Formierung einer neuen antifranzösischen Koalition gearbeitet. Die auch nach Campo Formio nicht endende französische Expansion auf dem Kontinent (Schweiz, Mittel- und Süditalien) und im östlichen Mittelmeer (Ägypten-Feldzug Bonapartes) erleichterte die Aufgabe der englischen Politik erheblich. 1798/99 wurde zwischen Großbritannien, Russland, Österreich und der Türkei ein Bündnis geschlossen, das seit März 1799 zur Generaloffensive gegen die französischen Positionen antrat. Vor allem in Italien wurden die österreichischen und russischen Truppen wirkungsvoll durch antifranzösische und gegenrevolutionäre Bauernaufstände unterstützt, in denen der Widerstand weiter Bevölkerungsschichten sowohl gegen die brutale französische Besatzungspolitik als auch gegen die ›Neuerungen‹ der italienischen ›Jakobiner‹ zum Ausdruck kam.

Wie schon 1793 scheiterte auch 1799 die Koalition an ihren inneren Gegensätzen und an der Widerstandskraft der Republik. Die russisch-österreichischen bzw. englisch-österreichischen Rivalitäten führten schon Ende 1799 zum Zerfall der Allianz. Schon zuvor war es den Franzosen gelungen, die gegnerische Offensive in der Schweiz und in Holland, wo ein englisch-russischer Invasionsversuch gescheitert war, zum Stehen zu bringen. Wie schon 1793 war es auch jetzt den Alliierten nicht gelungen, die innerfranzösischen royalistischen Widerstandsbewegungen in der Bretagne und in Südwestfrankreich für sich nutzbar zu machen. Der Abwehr des Angriffs der Koalition folgte 1800/01 die vollständige Wiederherstellung der französischen Hegemonialposition durch den inzwischen zum Ersten Konsul und diktatorischen Alleinherrscher avancierten Bonaparte. Österreich und Großbritannien schlossen in Lunéville (1801) und Amiens (1802) mit Frankreich Frieden.

Der Verlauf des Zweiten Koalitionskriegs machte noch einmal die strukturellen Veränderungen deutlich, die sich seit 1789 im Verhältnis zwischen Frankreich und den übrigen europäischen Mächten ergeben hatten:

– Die Zerschlagung der ständischen Privilegiengesellschaft und die außenpolitischen Krisen der Revolution 1792/93 hatten auf Seiten Frankreichs auf militärischem Gebiet zu einem Modernisierungsschub geführt, den die übrigen Mächte noch nicht aufgeholt hatten: Besetzung der höchsten Kommandopositionen nach Maßgabe von Leistung und Talent, Einführung der allgemeinen Wehrpflicht, die 1798 durch die – nach dem damaligen Kriegsminister benannte – *Loi Jourdan* ihre endgültige gesetzliche Grundlage erhielt, taktische Innovationen wie die Tirailleurtaktik etc. Die Herausbildung eines an den Errungenschaften der Revolution und der Überlegenheit der *Grande Nation* orientierten Nationalgefühls erleichterte die Mobilisierung und Motivierung der Franzosen für den Krieg. Es sollte nicht übersehen werden, dass auch auf militärischem Gebiet viele der Neuerungen der Revolution an Reformmaßnahmen und Reformprojekte aus den letzten Jahrzehnten des Ancien Régime anknüpfen konnten. Aber erst die Krise der Revolution schuf die Gelegenheit und die Notwendigkeit zu durchgreifenden Veränderungen, die zwar oft improvisiert wurden und in chaotischen Bahnen verliefen, insgesamt Frankreich jedoch einen qualitativen und quantitativen Vorsprung vor seinen Gegnern verschafften.

– Die französische Außenpolitik der 1790er Jahre stand in den Traditionen des Hegemoniestrebens der Bourbonen und des alten englisch-französischen bzw. österreichisch-französischen Gegensatzes. Sie hatte jedoch insofern einen innovatorischen Charakter, als sie nicht nur zum ersten Mal systematisch die ›natürlichen Grenzen‹ Frankreichs zu verwirklichen suchte, sondern auch durch den universalistischen Anspruch der revolutionären Prinzipien zahlreiche Sympathisanten, Verbündete und Kollaborateure außerhalb Frankreichs zu gewinnen vermochte. Dies galt nicht nur für die niederländischen, deutschen, schweizerischen und italienischen ›Jakobiner‹, die mit französischer Unterstützung in ihrer Heimat das Ancien Régime stürzen und am französischen Vorbild orientierte Staaten etablieren konnten, sondern auch für die irische demokratische Unabhängigkeitsbewegung der *United Irishmen*, die sich seit 1794 um französische Hilfe für ihren Kampf gegen Großbritannien bemühten und 1798 einen großen, von Frankreich allerdings nur schwach unterstützten Aufstand auslösten.

– Dem revolutionären Frankreich gelang es jedoch nicht, die ›Völker‹ für sich zu gewinnen, wie es die girondistische Kriegspropaganda vorausgesagt hatte. Die französische Besatzungspolitik mit ihren Plünderungen, Requirierungen und gewalttätigen Übergriffen, die antikatholische Kirchenpolitik der Franzosen und ihrer einheimischen Verbündeten, aufgeklärte Reformen, die von der großen Masse der Bevölkerung nicht verstanden wurden und ihr nicht zugute kamen, alle diese Maßnahmen erregten in den ›befreiten‹ und besetzten Gebieten eine breite Volksopposition gegen die französische Herrschaft, die vor allem in Italien in den Aufständen des Jahres 1799 zu einem gewaltsamen Ausbruch kam. Zugleich wuchs auch bei zahlreichen italienischen und deutschen ›Jakobinern‹ die Enttäuschung über die egoistische Machtpolitik des revolutionären Frankreich. Die französische Besatzungspolitik schuf Konflikte, die – wie die Ereignisse in Spanien (seit 1808), Tirol (1809), Russland (1812) und Deutschland (1813) zeigen sollten – geeignet waren, eine breite nationalistische und gegenrevolutionäre Opposition gegen Frankreich zu mobilisieren und damit den Mächten des Ancien Régime eine ›Massenbasis‹ zu verschaffen, die ihnen in den 1790er Jahren insgesamt noch gefehlt hatte.

Michael Wagner

WIRKUNGSBEREICHE
DER REVOLUTION

LA CONSTITUTION FRANÇAISE.

Die Französische Verfassung (La Constitution française).
Anonyme farbige Aquatinta-Radierung, 1791, 370 x 302 mm (National-
bibliothek Paris, Kupferstichkabinett Sammlung de Vinck Nr. 4286).

Aus wesentlichen Vorgängen und politisch-sozialen Kräften der ersten drei Revolutionsjahre komponiert diese in der Legende ausführlich erklärte Gravüre eine symbolträchtige Feier der ersten geschriebenen Verfassung Frankreichs vom September 1791.

Deren »allegorisches Denkmal« bildet das Zentrum des Bildes und visualisiert mit der Würde und dem Inhalt der »Französischen Verfassung« zugleich ihre geschichtlichen und politischen Grundlagen. Denn zum einen ruht sie mittelbar auf einem Sockel aus Steinen der geschleiften Bastille, dieses »Tyrannennestes«, von denen einige die Namen wirklicher und imaginierter ehemaliger Bastille-Häftlinge tragen. Das in den Sockel eingelassene Relief über den »14. Juli 1789« beschwört mit dem Bastillesturm das Gründungsereignis der Revolution und die Voraussetzung der folgenden Konstitutionalisierung. Die auf dieser Grundlage errichtete tragende Säule besteht aus der Keule des Herkules als »Verbildlichung des Volkes«, umschlossen von einem 83-teiligen Rutenbündel (den römischen *Fasces* entlehnt) als Zeichen der geeinten Kraft der Departements und deren gewählter Vertreter im Parlament. Was diese beschließen, graviert die »Nation« ein; durch ihre Attribute (Hund, Füllhorn, Bekassine) als politisierte Muttergöttin charakterisiert, zeigt sie ihre Souveränität, indem sie das monarchische Element zum schmückenden Beiwerk macht (siehe das an sie gelehnte halbe Bourbonenwappen) und ihrerseits »das Szepter der gesetzgebenden Gewalt« führt, mit dem sie dem König (in einem unvollendeten Satz) gerade eine Aufgabe zuweist: eine extensive Auslegung der konstitutionellen Monarchie, wie die Verfassung von 1791 sie festlegte. ›Gekrönt‹ mit der Freiheitsmütze, auf welcher der Gallische Hahn die neue Freiheit verkündet und zugleich zur Wachsamkeit mahnt, trägt ›die Säule des Volkes und seiner Abgeordneten‹ unmittelbar die dem mosaischen Gesetz nachgebildeten, sakrosankten Verfassungstafeln, die weit mehr enthalten als (wie sonst üblich) Auszüge aus dem Verfassungstext. In bunter Mischung verzeichnen sie schlagwortartig wichtige (historisch belegte) Beschlüsse und Gesetze des revolutionären Parlaments bis 1791: einerseits Maßnahmen zur Beseitigung des Ancen Régime – von der Abschaffung der Stände, der Adelstitel, der alten Gerichte, der Binnenzölle und Privilegien über die Schließung der Klöster bis zur Entlassung der königlichen Leibwache; andererseits Errungenschaften der neuen Ordnung – von der Einrichtung der Nationalgarde, der Friedensrichter, des Bundesfestes zum 4. Juli und der Departements über die Einführung der Handelsfreiheit und der Assignaten bis hin zur Verkündigung der Menschenrechte, der Ministerverantwortlichkeit, der Verfassung, der Zivilverfassung des Klerus, einer neuen Gerichtsordnung und eines Strafgesetzbuches.

Auf dieses Verfassungs- und Revolutionsdenkmal reagieren Vertreter der verschiedenen gesellschaftlichen Gruppen mit kennzeichnenden Unterschieden. Adel und Klerus sind gespalten: Teils lehnen sie gemäß einem Breve Pius' VI. mit der Zivilverfassung die ganze Revolution grundsätzlich ab (links vorne sucht ein Priester eine Bürgerfamilie entsprechend zu beeinflussen), oder sie schmieden gar gegenrevolutionäre Verschwörungspläne (rechts vorne stürzen sie bei solch einem »Fehltritt« mitsamt ihrer royalistischen Kokarde), teils schreiten sie in freudiger Begrüßung auf die Verfassung zu (rechts hinter dem Sockel). Während elegant gekleidete Großbürger nur widerstrebend das Reliefbild vom Bastillesturm betrachten (vor dem Sockel links), erweisen Leute aus dem einfachen Volk, zumal Frauen, ihre Reverenz dem rechts im Vordergrund errichteten Grabmal Mirabeaus, das seinen berühmten Ausspruch vom 23. Juli 1789 trägt; war der so als Wegbereiter der Verfassung qualifizierte populäre Revolutionär doch nach seinem allgemein betrauerten Tod feierlich im neuen nationalen Ruhmestempel des Pantheons beigesetzt worden (5. April 1791). Ganz für die neue Zeit gewonnen sind auch die Kinder, die in voller Uniform und mit der Trikolore ›Nationalgarde‹ spielen. Zwei ausländische Festgäste schließlich setzen einen kosmopolitischen Akzent (links neben dem Sockel): ein Engländer, ›erfahren‹ durch die Revolution von 1688, erklärt »einem reichen Sklaven Asiens« das Denkmal der Französischen Revolution und stellt dessen Land die Freiheit in Aussicht.

Der Hintergrund des Blattes deutet die befreienden und segensreichen Wirkungen der Verfassung an. In fruchtbaren Gefilden pflügt rechts ein wohlhabender Landwirt – beschrieben als »Bürgermeister mit Trikolorenschärpe« – hinter einem Gespann Ochsen seinen Acker, während links Bauern vom Hofgitter eines Adelsschlosses die Wappen abgerissen haben bzw. im Begriff sind, einen grundherrlichen Mai- und Gerichtsbaum zu fällen, was einen Freudentanz auslöst (links hinter dem Denkmalsockel). Der Himmel über dem Ganzen klärt sich im Lichte der neuen Zeit auf, zeigt aber durch restliche Wolken und einen Geier an, dass Gewitter und Gegenrevolution noch nicht völlig gebannt sind.

Es handelt sich also um eine gemäßigt revolutionäre Verfassungsallegorie im Sinne eines politisch-ökonomischen Liberalismus. In ihrer Bedeutungsfülle gibt sie einen Eindruck davon, wie eng die Verfassungsproblematik im Selbstverständnis der Zeit über die Gesetzestexte hinaus mit der allgemeinen Symbol- und Sozialgeschichte der Französischen Revolution zusammenhängt.

Recht und Verfassung: Von der alten Monarchie zur Republik

Auf den ersten Blick kann die Französische Revolution für sich in Anspruch nehmen, gerade im Bereich von Recht und Verfassung besonders innovativ gewirkt zu haben. Angefangen beim Dritten Stand, der sich selbst zur Nationalversammlung erhob und dies als ausreichende Grundlage für den Geltungsanspruch der künftig zu fassenden Beschlüsse erachtete, über konkrete Akte der Rechtsetzung wie der »Abschaffung« des Feudalwesens und der »Erklärung der Menschen- und Bürgerrechte« bis hin zur Verabschiedung mehrerer Verfassungen, die den in kurzer Zeit zurückgelegten Weg von der absolutistischen Monarchie zur Republik symbolisieren, überall erwiesen sich solche Akte als revolutionär. Das sagt allerdings noch nichts aus über ihre tatsächliche Tiefenwirkung, über ihre Ursachen und ihr Herkommen, d. h. ihre Verankerung in der Mentalität der Menschen. Damit ist mehr gemeint als die reine Dauerhaftigkeit von Gesetzen und Institutionen, obwohl deren wechselvolles Schicksal von der Revolution zu Napoleon durchaus als Oberflächen-Indikator für die mentale Entwicklung einer Gesellschaft genommen werden kann.

Was die Entwicklung von Recht und Verfassung angeht, so weist die Revolution alle Merkmale eines intensiven gesellschaftlichen Erfahrungs- und Lernprozesses auf. Dieser Prozess setzt schon vor 1789 ein, doch erreicht er ein wirklich gesellschaftliches Ausmaß erst in den Jahren unmittelbar vor der Revolution, er endet sicherlich auch nicht mit dem Jahr 1799, doch liegt bis dahin die dynamischste Phase hinter ihm.

Dynamik bedeutet, dass dieser Prozess mehrere Bereiche des gesellschaftlichen Lebens umfasst, d. h. *Recht* und *Verfassung* müssen als gesellschaftliche Phänomene begriffen werden. Dynamik bedeutet auch, dass mehrere Faktoren unterschiedlicher Qualität gleichzeitig ihre Wirkung entfalten: Die Delegierten von 1789 waren durch philosophische Schriften, politische und wirtschaftliche Traktate, Pamphlete, Flugschriften und nicht zuletzt die *Cahiers de doléances* reichlich mit theoretischem – um nicht zu sagen: ideologischem – Rüstzeug versehen, das bei aller Vielfalt auch weitgehende Übereinstimmung erzielende Prinzipien (z. B. die Notwendigkeit einer Verfassung) beinhaltete und um deren Verwirklichung sich die Nationalversammlung bemühte. Dem stand die eigenständige normative Kraft des Bestehenden und Geschaffenen gegenüber, der sich die ›Ideologie‹ durchaus beugte: Hier wäre an die Verwässerung der Feudaldekrete vom 4. August 1789 in der darauf folgenden Zeit zu denken oder an die Umstrukturierung der Verfassung von 1791, die sich einerseits als unpraktikabel erwies und andererseits von ihren Gegnern heftig kritisiert wurde: Sie sei despotischer als die alte Monarchie selbst! Dynamik bedeutet weiterhin, dass es nicht nur revolutionäre und gegenrevolutionäre Kräfte, sondern gerade bei den revolutionären Kräften und auch jenseits der bekannten Oppositionen (Montagnards-Girondisten) sehr zu differenzierende Strömungen gab. Darüber hinaus muss der Bevölkerung als solcher Rechnung getragen werden, die nicht einfach durch eine Behandlung des Themas »Recht und Verfassung« auf der Ebene der Nationalversammlung, des Konvents usf. ersetzt werden kann. Schließlich stehen Recht und Verfassung – zwei Bereiche, von denen man es vielleicht am wenigsten vermutet – in einem engen geistigen Zusammenhang mit der Entwicklung der religiösen Überzeugungen vor und während der Revolution.

Es gilt somit zunächst den Blick abzuwenden vom vordergründigen Aktionismus des Verfassungsroulettes, das oft genug beschrieben worden ist, sowie von einer Überbetonung der Erklärung der Menschen- und Bürgerrechte, da sich das Verhältnis von Recht und Revolution gewiss nicht auf diese Erklärung beschränken lässt. Aufzugreifen ist vielmehr der genannte intensive gesellschaftliche Lern- und Erfahrungsprozess, der sich als das eigentliche Charakteristikum der Revolution in Bezug auf Recht und Verfassung erweist.

Gesetze und Dekrete

Die Revolution hat eine rege Gesetzgebungstätigkeit entfaltet, der zudem eine Unzahl von Dekreten zur Seite zu stellen ist. Hauptziele dieser Anstrengungen waren die Verfassungsgesetzgebung, die Festlegung der politischen und Grundrechte (Menschenrechte), die Neuorganisation des Gerichtswesens, der Abbau der Privilegien und sozialen Ungleichheiten, die rechtliche Grundlegung einer gewissen Vorstellung von beruflicher Chancengleichheit, die Neuordnung des Erziehungswesens, die Neuordnung sämtlicher Verwaltungsstrukturen u. a. m. In vieler Hinsicht wurden Ansätze aus dem Ancien Régime aufgegriffen und unter neuem Namen weitergeführt, gerade auch dort, wo es sich um Grundsatzentscheidungen drehte wie die strikte Zentralisierung der Verwaltung, und selbst der Abbau von Privilegien als Intention verbindet Ancien Régime und Revolution mehr, als dass er sie trennt. Alexis de Tocqueville formulierte: »Die Franzosen haben 1789 die größten Anstrengungen [...] gemacht, um ihr Schicksal sozusagen zweizuteilen und durch einen Abgrund das, was sie bis dahin gewesen waren, von dem zu trennen, was sie von da an sein wollten [...] Ich war davon überzeugt, dass sie unbewusst vom Ancien Régime die meisten Gefühle, Gewohnheiten und selbst die Ideen, die die Revolution leiteten ..., übernommen hatten und dass sie sich, ohne es zu wollen, der Trümmer des Ancien Régime bedient hatten, um das Gebäude der neuen Gesellschaft zu errichten.« (TOCQUEVILLE, *L'Ancien Régime et La Révolution*, Paris 1967, S. 43–44).

Bei aller Kontinuität der Intentionen bleibt festzuhalten, dass erst die Revolution den politischen Akteuren wirklich die Kraft vermittelt hat, den Intentionen auch konsequent Taten folgen zu lassen. Dazu gehörte die unbedingte Überzeugung, dass eine Gesellschaft mittels Gesetzen umgeformt werden könne, worin zugleich ein messianistischer Aspekt insbesondere der Haltung zur Verfassung zum Ausdruck kommt.

Insgesamt erbrachte die Revolution ein umfassendes System rechtlicher Normen, das kaum einen Lebensbereich ausließ, doch wurde dabei nicht immer die innere Kontinuität gewahrt: Viele Gesetze und Dekrete wurden zur Makulatur, kaum dass sie verabschiedet waren, Verfassungen hatten nur wenig mehr Bestand, vieles überdauerte kaum die Situation, in der es entstanden war. Unter diesen Gesichtspunkten wird das revolutionäre Recht auch häufig als »intermediär« bezeichnet, da es aus der zeitlichen Distanz betrachtet auf der Ebene des positiven Rechts die Merkmale eines – sehr bewegten – Übergangs zwischen Staat und Gesellschaft des 18. Jahrhunderts hier und des 19. Jahrhunderts dort aufweist.

Rechtsbewusstsein und Rechtsunsicherheit

Ähnlich »bewegt« gestaltete sich auch das Rechtsbewusstsein der Franzosen. Vor allem seit den 1770er Jahren war es mehrfach Erschütterungen ausgesetzt gewesen. Die großen Justizaffären (Calas, Sirven etc., 1761–65), die zeitweilige Entmachtung der Parlamente (1771–1774), der wachsende Widerstand gegen die Bastille und die *Lettres de cachet*, jener Symbole der Willkürherrschaft und Ungerechtigkeit, schließlich die Verunsicherung durch Reformedikte wie die Turgots, denen praktisch jede Verbindung zum tatsächlichen ökonomischen Wissensstand der Masse der Bevölkerung fehlte, trugen dazu bei, dass sich schon vor 1789 allgemein ein Gefühl der Rechtsunsicherheit sowie der Rechtlosigkeit durchsetzte. Es gab praktisch keine Instanz mehr, die einen Rechtskonsens verbürgt hätte und als Bürge von der Gesellschaft akzeptiert gewesen wäre. Bis zu einem gewissen Grad gelang es noch den Parlamenten, als Faktor der Rechtskontinuität und -stabilität anerkannt zu werden, allerdings eher im Sinne eines »kleineren Übels«. Der König, traditionell als Garant des Rechts gepriesen, war in erstaunlichem Maß diskreditiert (durch die Bastille, die *Lettres de cachet*, vor allem aber verlor er durch eine in den Augen der Bevölkerung falsche, wenn nicht gar betrügerische Getreidepolitik an Ansehen); der Umbruch der religiösen Mentalität im 18. Jahrhundert verhinderte, dass die Idee des göttlichen Rechts noch uneingeschränkt Anerkennung fand. Im Gegenzug wurde die Idee von den natürlichen Rechten des Menschen immer populärer, Rechte, die als dem Zugriff des Menschen entzogen und zeitlos gültig gedacht wurden. Diese naturrechtliche Vorstellung hatte zwar schon Eingang in die traditionelle Rechtssprache gefunden, beherrschte aber nicht das Rechtsdenken. Infolgedessen erhielt und verstärkte sich ihre Anziehungskraft als einzige wirkliche Alternative zu den diskreditierten herkömmlichen letztendlichen Garanten des Rechts.

Erst aus diesen komplexen ereignisgeschichtlichen, philosophischen, mentalen und nicht zuletzt psychologischen Umständen wird die Zeitgebundenheit der Menschenrechtserklärung sowie ihre Bedeutung im Sommer 1789 für die Revolution selbst erkennbar. In ihrem radikalen Rückgriff auf das Naturrecht als letzte und höchste Quelle des Rechts beseitigte die Menschenrechtserklärung zumindest der Intention nach den Zustand der Rechtsunsicherheit und der (vielleicht nur vermeintlichen) Rechtlosigkeit, einen Zustand, der sich aus den gewachsenen Zweifeln, wo die Quelle allen Rechts nun wirklich liege, ergeben hatte. Zugleich sicherte sich die Revolution damit selbst ab: ihre bis August 1789 errungenen Erfolge und die Grundlagen für die weiteren Aufgaben. Für das Jahr 1789 wurde damit trotz aller Diskussion in und außerhalb der Nationalversammlung ein auf Konsens beruhendes Rechtsdenken geschaffen. Das hieß nun noch nicht, dass damit auch schon überall in der Bevölkerung ein neues Rechtsbewusstsein Fuß gefasst hatte, stellte sich doch die Nationalversammlung selbst die pädagogische Aufgabe, das »neue« Rechtsdenken durch geeignete Maßnahmen bis in die letzten Winkel der Provinzen hinein zu verbreiten. Der Abgeordnete Thouret stellte am 8. August 1791 in der Nationalversammlung befriedigt fest: »Die Rechte-Erklärung von 1789 darf nicht geändert werden. Sie hat sich einen religiösen und heiligen Charakter erworben, sie ist ein Symbol des politischen Glaubens geworden; an allen öffentlichen Orten ist sie angeschlagen, sie hängt in den Wohnstuben der auf dem Lande lebenden Bürger aus, und die Kinder erlernen mit ihr das Lesen.« (*Moniteur*, Band IX, S. 346).

Der Ausspruch Thourets ist in mehrfacher Hinsicht aufschlussreich. In der Tat hatte die Menschenrechtserklärung in Verbindung mit der Verfassungsidee den Rang eines politischen Glaubensbekenntnisses erworben, das zu dem Anspruch tendierte, allein – d. h. unter Ausschluss religiöser Wertvorstellungen – Maßstab für die Gestaltung des öffentlichen und privaten Lebens der Bürger zu sein. Selbst jene, die diese Grundhaltung bezeugten, waren sich allerdings nicht einig über Auslegung und Tragweite der Erklärung. Die Auseinandersetzungen darüber in der Nationalversammlung, in den Zeitungen, Pamphleten und Bildflugschriften zeigen vielmehr, dass es kein einheitliches Rechtsbewusstsein gab. Die Archive der Revolution auf der Ebene der Departements und darunter verfestigen darüber hinaus den Eindruck, dass bei der Masse der Bevölkerung das Gefühl der Rechtsunsicherheit noch lange nicht beseitigt war.

Was ist »Recht«?

Um diese Unsicherheit noch beseitigen zu können, war »Recht«, der Begriff »Recht« (*droit*), zu sehr zu einem politischen Schlagwort geworden, mit dem sämtliche politische Fraktionen argumentierten. Der Disput über *Recht* wurde dadurch genährt, dass auch die Erklärung von 1789 nicht so sehr eine grundsätzliche Definition von Recht gab, als vielmehr bestimmte Rechte materiell definierte. Der Rückgriff dabei auf das Naturrecht begründete zwar die Unantastbarkeit dieser wohl formulierten Rechte, aber er gab keine Antwort auf die bohrende Frage, was »Recht« eigentlich sei. Diese Frage wurde im Lauf der Revolution immer häufiger gestellt; was man angesichts des Verfassungs- und Gesetzgebungskarussells suchte, war eine grundsätzliche Definition von *Recht*, nach der »Recht« zwingend hätte »erzeugt« werden können. Die Antworten, die darauf gegeben wurden, waren so vielfältig wie nur irgend denkbar.

Die Revolution hat keine endgültige Antwort gefunden, sie hat aber einen gewissen Erfahrungs- und Lernprozess durchgemacht, der sich in einer allmählichen Abkehr vom Naturrechtsprinzip und in einer Hinwendung zum Rechtspositivismus niederschlug. Wie einer der vielen Zeitgenossen es formulierte, hieß das, dass die Rechtsidee an den Gesellschaftszustand des Menschen gebunden wurde und den daraus erwachsenden Regelungsbedarf verkörperte. Gemeint war damit die Verfassung, aus der sich dann die Menschenrechte ableiteten und nicht umgekehrt! (MURAT DE MONTFERRAND, *Qu'est-ce que l'Assemblée Nationale*, 1791). Oder anders ausgedrückt: »Ich glaube an die neue Französische Republik, ... an ihre Gesetze und die heiligen Menschenrechte, die das französische Volk vom geheiligten Berg des Konvents empfangen hat, der sie schuf.« (*Évangile de La liberté*, 1794, S. 1). Zur Quelle des Rechts wurde damit der Recht-setzende Mensch, womit in Wirklichkeit natürlich nichts geklärt war.

Recht und Werte

Der zuletzt genannte Umstand wurde dadurch überdeckt, dass die abschreckende Phase der Terreur die Rückbesinnung auf bestimmte Werte erleichterte, die, wie die Koppelung des Rechtsverständnisses an ein Pflichtverständnis, in der Anfangsphase der Revolution »wegdiskutiert« worden waren. Von 1794/95 an wurden wieder auf breiterer Ebene die Rechte der Gesellschaft betont, was umgekehrt mehr Pflichten für den Einzelnen bedeutete. Regelmäßigkeit der Rechtsbeziehungen, Stabilität, ja keine Anarchie, Ausgleich zwischen Rechten und Pflichten des Bürgers, Ausgewogenheit zwischen Exekutive (Regierung) und Legislative – was in der konkreten Situation Stärkung der Rechte der

Regierung bedeutete –, das waren die neuen Maßstäbe. Dass sie sich durchsetzten, lag an den Erfahrungen der Terreur, ging aber auch zurück auf die Instabilität und Ineffektivität der Politik über mehrere Jahre hinweg.

Recht, das vermittelt die Entwicklung in der Revolution, ist besonders abhängig von den allgemeinen politischen, wirtschaftlichen, sozialen und moralischen Wertvorstellungen, die – das zeigt dieselbe Entwicklung – sehr kurzlebig sein können. Auf der anderen Seite führte die Gegensätzlichkeit der Wertvorstellungen des Ancien Régime und der ersten Revolutionsjahre zu einer Art »Läuterung« der Werte, bei der Extremismen über Bord geworfen wurden. Was blieb, waren die einmal als Menschenrechte definierten grundlegenden Rechte (der Verfassung von 1799 wurde allerdings nicht mehr eigens eine Rechteerklärung vorangestellt) sowie das Prinzip der Volkssouveränität; selbst die Restauration hob weder das eine noch das andere völlig auf. Was hinzukam, waren die im vorigen Abschnitt genannten neuen, gemäßigten Maßstäbe der Verteilung von Rechten und Pflichten und – im Hintergrund – die Wende zum Rechtspositivismus. Die konkrete Ausgestaltung der Rechte hing nunmehr von diesem z. T. noch sehr jungen historischen Erbe und davon ab, inwieweit die gesellschaftsreformerischen Bemühungen der Revolution bis 1794/95 Fuß gefasst hatten und von der Gesellschaft als nunmehr gültige Maßstäbe verinnerlicht worden waren. Die wirkliche Quelle des Rechts bildeten damit die allgemeinen Wertvorstellungen, so wie sie durch die fernere, die allerjüngste Geschichte und durch den Verlust der Utopien geprägt waren. Damit geriet die Diskussion um das Recht in etwas ruhigeres Fahrwasser und gestaltete sich im Allgemeinen etwas nüchterner.

Wie ›revolutionär‹ war das Recht der Revolution?

Bleibt die Frage, wie revolutionär das Recht der Revolution wirklich war, die wiederum eng mit der Frage der Wertvorstellungen zusammenhängt. Abgesehen von den schon zu Beginn dieses Kapitels erwähnten Aspekten, denen das Etikett »revolutionär« zuerkannt worden war, drängen sich hier Probleme wie die Stellung der Frau und die Frage der Sklaverei auf. Schon die Menschenrechtserklärung von 1789 enthielt längst nicht alles, was damals zum Thema Menschenrechte gedacht und geäußert wurde. Es war wesentlich mehr denkbar – z. B.

Recht auf Arbeit, soziale Rechte der Armen –, als dann wirklich als Norm festgeschrieben wurde. Doch aus der in Artikel 1 der Erklärung formulierten Rechtsgleichheit auch eine Rechtsgleichheit zwischen Mann und Frau abzuleiten, erschien den Wenigsten in der Revolutionszeit nicht nur inopportun, sondern auch kaum denkbar. In dieser Beziehung unterschied sich das Recht der Revolution nur wenig von dem des Ancien Régime. Dagegen wurde nach jahrelanger Diskussion im Jahr II der Republik die Sklaverei abgeschafft; während des Direktoriums wurde im Gegenzug zunächst das Wahlrecht eingeschränkt, bis Napoleon 1802 die Sklaverei wieder einführte. Auch hier fand die Revolution zu ihrem Ausgangspunkt, dem Ancien Régime, zurück. Ebenso wenig gab es ein Wahlrecht für alle; das Wahlrecht der Revolution war, abgesehen von den Wahlen zu den Generalständen, ein Zensuswahlrecht, außerdem schloss es beispielsweise Hausangestellte aus. Teilweise wurde die Einschränkung des Wahlrechts auch offen mit einem (angeblichen) Mangel an politischer Einsicht und Reife bei der Bevölkerung begründet. Solche Urteilsmaßstäbe zeigen die Nähe zum Ancien Régime, auch sie haben die Revolution überdauert.

Besondere Beachtung verdient dagegen, dass ein im Grunde genommen neues Verwaltungsrecht geschaffen wurde, dessen Vollständigkeit sich von der früheren »Unterverwaltung« absetzt. Auch wenn es nicht an Vorbildern fehlte, bedeuten die Aufteilung des Territoriums in Departements, deren gleiche innere Struktur und die Festlegung sowie Abgrenzung der Kompetenzen der jeweiligen Verwaltungsorgane einen wirklichen Einschnitt. Der Bürger erhielt mehr Mitbestimmungsrechte und über diesen Weg neue politische Entfaltungsmöglichkeiten. Eine im Rahmen der allgemeinen Umstände eigenständige Munizipalverwaltung war zwar wiederum keine Erfindung der Revolution, aber erstmals kam sie nicht mehr einfach einer inselhaften Autonomie gleich (jedes Dorf besaß schon im Ancien Régime eine gewisse Verwaltungsautonomie), sondern fügte sich »nahtlos« in einen großen landesweiten politischen Zusammenhang ein. Verwaltung vor Ort wurde so zur Teilhabe am nationalen politischen Geschehen. Dies ist auch dann noch richtig, wenn bedacht wird, dass es an Initiativen »von oben«, Gesetze und Dekrete autoritär durchzusetzen, nie gefehlt hat. Der breite Politisierungseffekt durch die Umgestaltung der Verwaltung und des Verwaltungsrechts gehört zu den revolutionären Aspekten des Rechts in der Revolutionszeit.

Die Bedeutung der Verfassung für die Revolution

»Die Repräsentanten des Volkes waren 1789 berufen worden, um die Finanzen in Ordnung zu bringen, doch erhielten sie von der Nation den Auftrag und die Macht, Frankreich vor allem anderen eine Verfassung zu geben« (P. N. GAUTIER, *Dictionnaire de la Constitution et du gouvernement français*, Paris 1791, S. 102). Dieses nach einer ersten Rückschau gewonnene Bild hat lange Zeit das Bild der Revolution in der Geschichte geprägt, nicht zuletzt weil – abgesehen von den amerikanischen Verfassungen – die französische Verfassungsdiskussion 1789 bis 1791 und die Verabschiedung der (ersten) Verfassung 1791 den eigentlichen Auftakt zum europäischen Konstitutionalismus darstellten. ›Das Werden des modernen Staats‹ als bevorzugtes Forschungsobjekt hat dieses Bild von der Revolution begünstigt. Inzwischen hat sich das Blatt gewendet, die Verfassungsgeschichte der Revolution ist deutlich in den Hintergrund getreten. Weder die eine noch die andere Haltung treffen die Bedeutung der Verfassungsfrage in der Revolution wirklich, da sie die mentalitätsgeschichtliche Dimension des Themas fast völlig übersehen.

»Eine Verfassung ist nur dann gut, wenn die Erhaltung der Menschen ihr heiligstes Ziel ist« (LAMBERT, *Précis des vues générales en faveur de ceux qui no'nt rien …*, Paris 1789, S. 2). Dieser Satz, geschrieben von einem ehemaligen Lehrlingsinspektor, der die Probleme der Armen in Paris sehr gut kannte und dafür plädierte, eben diesen Armen durch eine entsprechende Gestaltung der Verfassung eine Chance zu geben, dieser Satz verweist auf die wirklich mentale Dimension der Verfassungsfrage. Es ging nicht nur um die Verankerung der politischen Rechte des Volkes in einer Charta, sondern um die Absicherung der Existenzgrundlagen der Menschen, kurz, um »Alles oder Nichts«, eine Wendung, die sinngemäß in vielen Pamphleten oder Versammlungsprotokollen der Jakobinerklubs auftaucht. Diese Bedeutung der Verfassungsdiskussion und der Verfassung selbst entwickelte sich im Lauf des 18. Jahrhunderts. Es ist – so paradox das klingen mag – gar nicht so sehr die juristische Seite der Verfassung, die dem Thema ›Französische Revolution und Verfassung« ihr Gepräge gibt, sondern die Stellung, die »der« Verfassung für die gesellschaftlich-politische und selbst individuelle Lebensgestaltung des Menschen zugewiesen wird.

Die Verfassungen von 1791, 1793, 1795 und 1799

Rund zwei Jahre dauerte die Ausarbeitung der ersten Verfassung. Sie ist mit den Ereignissen dieser Zeit eng verflochten. Sie begründete das Prinzip der Volkssouveränität, die jedoch durch ein Zensuswahlrecht und die Beteiligung des Königs an der gesetzgebenden Gewalt (Vetorecht) eingeschränkt wurde. Die inhaltliche Gestaltung der Verfassung sah außerdem eine personelle Trennung von Gesetzgebender Versammlung und Exekutive vor. Die Minister durften nicht aus den Reihen des Parlaments stammen, die Verfassung kannte nur eine strafrechtliche Verantwortlichkeit für sie, nicht aber eine politische Verantwortung gegenüber dem Parlament im Sinne des modernen Parlamentarismus. Diskutiert worden sind diese Fragen jedoch. Die Verfassung konnte der Praxis nicht standhalten, das Ende der Monarchie am 10. August 1792 entzog ihr zudem entscheidende Geltungsgrundlagen Um eine neue Verfassung auszuarbeiten, wurden Wahlen zu einer neuerlichen verfassunggebenden Versammlung ausgeschrieben, dem Konvent, der am 21. September 1792 zusammentrat. Die dort ausgearbeitete Verfassung begründete eine ungeteilte Volkssouveränität, liberalisierte das Wahlrecht und trug Züge einer »direkten« Demokratie. Die Wähler wurden in einem komplizierten Modus, zu dem die Möglichkeit eines Referendums gehörte, an der Gesetzgebung beteiligt. Im Juli 1793 (vielfach auch noch danach!) wurde über die Verfassung in einem Referendum abgestimmt. Die Federationsfeiern vom 10. August 1793 beschlossen das Verfahren. Nur wurde die Verfassung nicht angewandt. Nach dem Ende der Terreur und als Reaktion auf diese Revolutionsphase wurde 1795 im Konvent eine dritte Verfassung ausgearbeitet, die die Volkssouveränität nach Zensusrecht entscheidend einschränkte. Es wurde ein Zwei-Kammer-System eingeführt, um jede »Diktatur der Legislative« auszuschließen. Die Exekutive wurde an der Spitze vom »Direktorium« (fünf Mitglieder) und nicht von einem einzelnen Präsidenten gebildet. Auch hiermit sollte jedem Ansatz zu diktatorischer Gewalt vorgebeugt werden. Über die Verfassung wurde vom 6. bis 22. September 1795 per Referendum abgestimmt. Die praktische Durchführung und die Abstimmung – wie schon 1793 – waren nicht überall wirklich frei, es gab viele Unregelmäßigkeiten, rein nummerisch nahm die überwiegende Mehrheit der Abstimmungsberechtigten an den Referenden nicht teil.

Die am 25. Dezember 1799 in Kraft getretene Konsularverfassung stärkte ganz wesentlich die Exekutive; sie erhielt das Initiativrecht bezüglich Gesetzgebung und Haushalt. Von Volkssouveränität kann kaum mehr gesprochen werden: In einem mehrstufigen, hierarchisierten Wahlverfahren wurden nationale Notabeln-Listen erstellt, aus denen dann die Mitglieder der verschiedenen Institutionen, die außer den Konsuln am Gesetzgebungsverfahren beteiligt waren (Tribunat, *Corps législatif*, Senat), durch Nominierung (der Senat nominierte die Mitglieder des Tribunat und des *Corps législatif*) bestimmt wurden. Die Senatoren waren Senatoren auf Lebenszeit, von zunächst 60 (später 80) wurden 31 durch die scheidenden Konsuln Sieyès und Ducos bestimmt, diese 31 wählten weitere 29 hinzu (Kooptation).

Waren die hinter einer solchen Verfassungskonzeption stehenden Grundsätze das Ergebnis von zehn Jahren Revolution oder behaupteten sie sich lediglich erneut, *trotz* Revolution? Das Erstere scheint das Richtigere zu sein, insofern diese letzte Verfassung sehr viel Gewicht auf eine starke Regierung und ihre Beteiligung an der Gesetzgebung legt. Hier machen sich zweifellos die eher unguten Erfahrungen der Revolution bemerkbar. Dennoch handelt es sich nicht um eine Rückkehr zur alten Monarchie, angefangen damit, dass in den genannten Gremien zahlreiche Persönlichkeiten der Revolution vertreten waren. Gerade ein solches äußeres Zeichen wie personelle Kontinuität unterstreicht, dass die Verfassungsgeschichte der Revolution als die Geschichte eines Lern- und Erfahrungsprozesses zu verstehen ist.

»Verfassung« als Ausdruck eines grundlegenden Bewusstseinswandels

Der hohe Stellenwert, den zur Revolutionszeit die Forderung nach einer Verfassung im Bewusstsein der Menschen einnahm, hing zunächst mit dem Gefühl der Rechtsunsicherheit zusammen, das schon angesprochen worden war. Spätestens um die Mitte des 18. Jahrhunderts meinte »Verfassung« ein Netzwerk von grundlegenden Gesetzen, das die Ausübung der Macht im Staat regelt. Diese Verfassungsvorstellung beruhte nicht auf dem Vorhandensein einer Charta, sondern auf einem allgemeinen juristisch-politischen Wissen, das weit in die Vergangenheit zurückreichte. Es trug vor allem historisch-praktischer und psychologischer Erfahrung Rechnung – nicht nur traditionellen Werten und gewohnheitsrechtlichen Bestimmungen. Dieses Netzwerk wurde von allen Seiten, insbesondere auch den Parlamenten, der »Willkür« und dem »Despotismus« der Minister, wenn nicht gar des Königs, entgegengesetzt. Zugleich wurde es mit einer Aura der Unantastbarkeit umgeben, die es unbedachten, willkürlichen, auf jeden Fall schädlichen Eingriffen entziehen sollte. Das Regelwerk »Verfassung« stand damit schon als Begriff, als Vorstellung, für *rechtliche Sicherheit*. Diese betraf aber in einer Gesellschaft, die ganz wesentlich durch rechtliche Normen und entsprechende Empfindungen geprägt wurde, wesentliche Teile des gesellschaftlichen und persönlichen Lebens. Diese Grundbedeutung galt bis zu einem gewissen Grad unabhängig vom geforderten oder gemeinten Verfassungstyp (etwa einer durch intermediäre Gewalten begrenzten Monarchie, einer konstitutionellen Monarchie oder einer republikanischen Verfassung). Die Regeln im Einzelnen wurden als »Gesetze« bzw. »grundlegende Gesetze« bezeichnet. »Gesetz« stand in der Zeit für eine gewisse politische »Glaubenshaltung«, die das Erlassen von Gesetzen bzw. die richtige Handhabung der grundlegenden Gesetze als wirksames Mittel zur Verbesserung der Welt auffasste. Und auch diese »Glaubenshaltung« hatte ihre Wurzeln: im Rationalismus, beispielsweise, nach dem der Mensch als vernunftbegabtes Wesen befähigt ist, die Welt in eigener Regie zu gestalten. Im 18. Jahrhundert erschien Gott nur noch als der ursprüngliche, einmalige Schöpfer, während das jeweils aktuelle Geschehen nicht mehr wie früher auf das Eingreifen Gottes zurückgeführt wurde, sondern auf das Handeln oder Nicht-Handeln des Menschen selbst.

Das 18. Jahrhundert ist bekannt als Jahrhundert der Entchristianisierung, ein Vorgang, der die ganze Bevölkerung betraf. Überall lässt sich feststellen, dass der Glaube an Gott und die Verheißungen der Bibel nicht mehr ausreichten, um den Menschen insgesamt das Gefühl der Sicherheit zu geben, das sie suchten und brauchten. Mit der Änderung der Einstellung zu Gott wechselte die Perspektive immer deutlicher hin zum Menschen. Auch der Begriff »Menschenrechte« *(droits de l'homme)* dokumentiert eben diesen Vorgang, der heute bei der Verwendung des Begriffes natürlich kaum mehr assoziiert wird. Der Weg zur gesuchten Sicherheit führte nur mehr über den Menschen, eine Perspektive, der dennoch ein kleiner ›metaphysischer‹ Ausblick beigegeben wurde, nämlich auf den Begriff der »Natur«: Der Mensch verwirklicht, was er durch den Gebrauch der Vernunft aus der Natur erkennt. Die wichtigste Konsequenz daraus war, dass sich überall die

Überzeugung durchsetzte, dass der Mensch selbst zum Handeln und Gestalten aufgefordert sei. Es ging nicht mehr darum, in einer vorgefundenen Ordnung zu leben, sondern eine neue Ordnung zu schaffen. Auch der sämtliche Probleme der Zeit überspannende Reformwille, der u. a. in vielen *Cahiers de doléances* zum Ausdruck kommt, ist Teil dieser veränderten Bewusstseinshaltung.

Mit Blick auf »die Verfassung« laufen folglich mehrere Entwicklungen zusammen, die es ermöglichen, ganz allgemein das »Glück« (*bonheur*) des Menschen als abhängig von der Güte der Verfassung zu sehen: »Wenn die Nationalversammlung die Verfassung verabschiedet haben wird, werden unsere Leiden beendet sein und für Frankreich die schönen Tage beginnen. Wir haben keine anderen Wünsche, und nur damit soll sich die Versammlung beschäftigen!« (P. N. CHANTREAU, *Dictionnaire national ou anecdotique* ..., 1790, S. 48).

Die ab 1788 so heiß diskutierte Frage, ob Frankreich schon immer eine ›Verfassung‹ gehabt habe, verlangt vor allem eine Klärung, welche Vorstellungen mit »der Verfassung« insgesamt verbunden wurden. Das Problem der Begrenzung der politischen Macht und ihrer Ausübung ist dabei nur ein Aspekt von vielen. Die Bekundung der Volkssouveränität unterstreicht dagegen den tiefen Bewusstseinswandel: Der sich seiner eigenen Kräfte bewusst und zum »Bürger« gewordene Mensch, bedarf keines allmächtigen Königs von Gottes Gnaden mehr. Im Gegenteil, der König lässt sich so recht nicht mehr im veränderten Menschen- und Weltbild unterbringen. Folgerichtig wird er zunächst in der Verfassung von 1791 (wenn auch unter Beibehaltung eines gewissen Pathos) zum Chef der Exekutive; 1793 wird der Schritt zur republikanischen Verfassung vollzogen. Das politisch ungeschickte Verhalten des Königs hat im Zusammenhang der Entwicklung zur republikanischen Verfassung nur eine nebensächliche Bedeutung. Wesentlicher sind die mentalen und weltanschaulichen Wurzeln, wie sie oben beschrieben wurden.

Dabei ist zu unterscheiden zwischen Entwicklungen, die im Wesentlichen die gesamte Bevölkerung betrafen (Wandel der Einstellung zu Gott, Entchristianisierung, Rationalismus, der Mensch als Gestalter seiner politischen, gesellschaftlichen und sonstigen Umwelt) und sich auf »Weltanschauung« im eigentlichen Sinn des Wortes beziehen, und solchen Entwicklungen, die nur bestimmte Gruppen betrafen. Damit gemeint ist z. B. das Gebäude der politischen, wirtschaftlichen und sonstigen Meinungen, das schon im 18. Jahrhundert sehr plura-

listisch war und während der Revolution scharfe »partei«-politische
Züge annahm. Auf dieser Ebene spielte sich die Diskussion von politischen Inhalten ab, hier debattierte man über die Zweckmäßigkeit einzelner Verfassungsdekrete, wurden Kompromisse geschlossen oder
verweigert. Hier kam es dann auch dazu, dass die Verfassung von 1791
von ihren Kritikern geradezu als »Un-Verfassung« apostrophiert wurde, so wie 1789 die alte Monarchie als »nicht verfasst« empfunden werden konnte. Nicht zu verkennen ist, dass »Verfassung« häufig polemisch als politisches Schlagwort ein-gesetzt wurde, hinter dem die
konkreten Verfassungsvorstellungen und grundlegende mentale Gemeinsamkeiten verschwinden.

Der Wandel der Einstellung zur Verfassung

Zahlreiche Aussagen belegen den Wandel der Einstellung zur Verfassung im Lauf der Jahre. Wenn 1789 Sein oder Nichtsein von der Verfassung abhängig gemacht wurden, dann war man im August 1795 offenbar eines Besseren belehrt. Eine führende konservative Zeitung
schrieb: »Vor allem wird gewünscht, dass aus dieser Verfassung eine
Regierung hervorgeht, die fähig ist, die revolutionären Bewegungen zu
unterdrücken. Unser Wollen und Trachten muss sich nicht so sehr auf
die Verfassung als vielmehr auf die Regierung konzentrieren: Man
kann sich eine Regierung ohne Verfassung vorstellen, nicht aber eine
Verfassung ohne Regierung. Verfassungen ähneln dem Plan einer Maschine, ... aber wenn der nützlich sein soll, dann muss er ausgeführt
werden« (*La Quotidienne*, Nr. 184, 31. August 1795, Rubrik »Paris«).
Die Vorstellung von Verfassung ist somit nicht mehr die des Evange-
liums, sondern die des Plans einer Maschine!
Der Tenor der vier oben beschriebenen Verfassungen reflektiert
ziemlich getreu den grundsätzlichen Mentalitätswandel – ein Regieren
ohne Verfassung ist von 1789 an kaum mehr wirklich denkbar (auch
nicht im soeben angeführten Zitat), selbst die Restauration kommt
nicht ohne Verfassungsurkunde aus –, zugleich zeigt er den Stim-
mungsumschwung im Lauf der Revolution. War die Verfassungseu-
phorie 1789 schon groß, so erreichte sie 1792–94 einen absoluten Höhepunkt, als sich insbesondere die Jakobinerklubs der Verfassungsfrage
annahmen und sie ins Zentrum des Denkens rückten. Ihr Selbstverständnis war dabei missionarisch, und so auch ihr Handeln, das sich

mit der »von oben« eingeleiteten Entchristianisierung 1793/94 verband. Im Kampf gegen den romtreuen Klerus und den sog. »Fanatismus« kam es zu einer einzigartigen Zuspitzung der Vorstellungen: Die Verfassung wird zum Evangelium und ersetzt die Bibel. Es ist verständlich, dass sich unter dem Eindruck der Terreur und nach ihrem Ende sehr viel nüchternere Betrachtungen durchsetzten und der Glaube an die Verfassung, die allein den Menschen glücklich macht, an Substanz verlor.

Die Entwicklung verlief grundsätzlich nicht anders als im Fall der Rechtsvorstellungen. Vor allem wurde auch von naturrechtlichen Vorstellungen Abschied genommen. Es ist nun wirklich der Mensch, der mittels der politischen Instanzen Recht und Verfassung setzt nach den Maßstäben der Zweckmäßigkeit, des Pragmatismus, der dauerhaft gewonnen politischen Vorstellungen (Volkssouveränität ja, aber nur in Verbindung mit einem mehr oder weniger restriktiven Zensuswahlrecht) und der verinnerlichten neuen Werte. Recht und Verfassung wurden fortan »lediglich« als Instrumente der rechtlich fundierten Machtausübung verstanden. Insbesondere der Erlass einer Verfassung wurde nur noch unterschwellig als wichtigste Voraussetzung für eine gelungene Zukunftsgestaltung erachtet. Der Zauber, der von dieser Vorstellung einmal ausgegangen war, ist 1799 weitgehend verflogen.

Als Ergebnis der Auseinandersetzungen um Recht und Verfassung in der Revolution bleibt auf der Ebene der Mentalitäten die endgültige Wendung zum Positivismus. Es ist zu unterstreichen, dass es sich dabei nicht in erster Linie um eine Haltung von Gelehrten und Politikern in Bezug auf die Begründung von Recht und Verfassung handelt, sondern um eine Einstellung auf breiter gesellschaftlicher Basis. Andere, nicht wieder zurückgenommene Ergebnisse der Revolution liegen auf der Ebene der konkreten Rechts- und Verfassungsinhalte, wie die nationale Vereinheitlichung des Rechts und die Neuordnung des Gerichtswesens. Diese Ergebnisse mögen für sich eine Überwindung der tatsächlichen Zustände von 1789 bedeuten, aber als Konzept führen sie fort, was schon im Ancien Régime erdacht und versuchsweise praktiziert worden war. Gerade was das Recht angeht, ist darauf hinzuweisen, dass die Rechtsnormen regional bezüglich ihres genauen Inhalts sehr unterschiedlich sein konnten, jedoch auf weitgehend einheitlichen Rechtsprinzipien beruhten. Hier gab es also schon eine Form von Rechtseinheit, die in der Revolution nicht erst geschaffen werden musste.

Man wird sich von der Vorstellung befreien müssen, dass die moderne Rechts- und Verfassungsgeschichte mit der Revolution beginnt. In diesem Zusammenhang verkörpert die Revolution »nur« eine Phase, in der ein begonnener Mentalitätswandel auf breiter gesellschaftlicher Ebene unter Hochdruck vollzogen wird. Darin liegt die eigentliche Bedeutung der Revolution für »Recht« und »Verfassung« weniger in der Republik ...

Wolfgang Schmale

REVOLUTIONÄRE
WIRTSCHAFTS- UND SOZIALPOLITIK

Die liberalen Prinzipien der Konstituante

»MAN MUSS DEM ACKERBAU und dem Handel ihre Freiheit geben, man muss die gefesselten Hände losbinden; man muss die mit Steuern überladenen Bauern entlasten, man muss die Straßen für alle Arten von Handel öffnen, man muss die Abgaben senken, um die Konkurrenz zum Nutzen des Handels anzuziehen; man muss auf dieses System von Vorschriften verzichten, das allen Gewerbefleiß dem Kalkül von Leuten unterwirft, die weder die Zusammenhänge noch die Resultate kennen, man muss die Zollschranken zwischen den Provinzen vernichten, man muss die Steuern vereinfachen, vor allem aber muss man verhindern, dass die Untertanen die Möglichkeit haben, dass der eine vom anderen Abgaben erhebt.« Mit diesen Worten fasste Rabaut de Samt-Etienne, ein späteres Mitglied der Nationalversammlung, in der vorrevolutionären Krise des Jahres 1788 in einer Flugschrift jene »Interessen des Dritten Standes« nach wirtschaftlicher Liberalisierung zusammen, denen die Konstituante ab 1789 in ihrem Gesetzgebungswerk zu entsprechen suchte (RABAUT DE SAINT-ETIENNE, *Considérations sur les intérêts du Tiers Etat*, o. O. 1788, S. 78).

Wirtschaftspolitik der Revolution, das bedeutete zunächst die Fortführung und Vollendung der im Ancien Régime begonnenen und ins Stocken geratenen Reformen: Im Bereich des Handels und der städtischen Wirtschaft dekretierten die Abgeordneten die Auflösung der Handelsmonopole, darunter die 1785 von Calonne wieder ins Leben gerufene Indienkompagnie (Frühjahr 1790), den Abbau der Wegezölle sowie der städtischen und übrigen innerfranzösischen Zollschranken (Oktober 1790 und März 1791), die Freigabe des Handels mit Ausnahme des Getreideexports, die Streichung der regional und lokal differierenden Verbrauchssteuern (*aides*), vor allem der besonders verhassten Salzsteuer (*gabelle*); die Aufhebung der in zahlreichen Branchen allerdings ohnehin schon ausgehöhlten Zünfte (2. März 1791).

L'Allégorie est aßez Claire .   *Pour se paßer de Commen*

So heißt das abgebildete fliegende Blatt in einem unmittelbaren Nachstich, was hier (links vorne) ein Kolporteur mit Phrygenmütze bestätigt, indem er die Szene moritatenhaft ausruft: Lest und seht, wie »der Handel von der Finanz hochgehalten« wird! Eine makabre Ironie, hat dieses ›Hochhalten‹ doch tödliche Wirkung. Opfer ist der Handel in Gestalt des Götterboten Merkur oder Hermes, kenntlich an geflügelter Kopfbedeckung und Heroldstab (*Caduceus*): Dessen die Gegensätze versöhnende Doppelschlange symbolisiert die eigentliche Bestimmung des Handels, mit privatem Nutzen zugleich öffentliche Wohlfahrt zu stiften. An der Erfüllung dieser Aufgabe hindern den Handel jedoch Fesseln, die nachweisbare wirtschaftliche Vorgänge der Zeit verbildlichen und durch Beischriften eindeutig gekennzeichnet sind. Die Fußfessel bilden vorrevolutionäre Belastungen, die vom Handelsmonopol (»Privileg«) der 1785 neugegründeten Indischen Handelskompagnie über Zwangsanleihen der kurz vor dem Bankrott stehenden Regierung bis zur zeitweisen Liberalisierung des Getreideexports trotz Teuerung in Frankreich reichen. Die Handfessel besteht aus dem »Handels-

*Der Triumph der Hochfinanz
(L'Allégorie est assez claire pour
se passer de commentaire).
Anonyme, kolorierte Radierung,
Anfang 1790, 120 x 2371mm
(Nationalbibliothek Paris, Kupfer-
stichkabinett, Sammlung de Vinck
Nr. 2887).*

vertrag« von 1786, der französische Textilien vor englischer Konkurrenz schützen sollte, aber gegenteilige Folgen hatte. Als tödliche Halsschlinge erscheint der
Missbrauch der »Diskontkasse«, jener 1776 gegründeten Handelsbank für zins-
günstige Kredite (höchstens 4 %), welche 1778 bis 1787 durch staatliche
Zwangsanleihen schrittweise ruiniert und durch Dekret vom 12. Dezember 1789
mit inflationären Assignaten abgefunden wurde.

Letzteres verdeutlicht die Papiergeldkassette am Fuß des Galgens in ihrem
zweifelhaften Wert durch den Hund markiert, während rechts im Vordergrund
die Aufschrift auf der leeren Kiepe eines Straßenhändlers den Zusammenbruch
des Zinsmarktes andeutet.

All das wird in Form des Galgens – er steht wohl vor dem Pariser Rathaus
auf dem Grève-Platz am Seine-Ufer – den Financiers oder schmarotzerhaften
»Kapitalisten«, wie man damals polemisch zu sagen begann, angelastet: Das waren meist aus der Steuerpacht aufgestiegene bürgerliche Neureiche, die Privile-
gienwesen und staatliche Finanznot für sich zu nutzen verstanden. Dass sie – als

Vom Physiokratismus geprägt und überzeugt, das von überkommenen Reglementierungen befreite Individuum werde in Verfolgung seines Eigeninteresses in freier Konkurrenz am wirkungsvollsten die Wohlfahrt der Nation befördern, begriffen die Mitglieder auch ein Koalitionsverbot für Arbeiter und Unternehmer als Teil ihres Liberalisierungsprogramms: Das Le Chapelier-Gesetz vom 14. Juni 1791 verbot jegliche Zusammenschlüsse, die an die gerade erst aufgelösten berufsständischen Vereinigungen erinnerten, und kriminalisierte ausdrücklich kollektive Lohnforderungen und Streikaktionen. Ein einheitliches Maß- und Gewichtssystem sowie ein Patentschutz für technische Erfindungen (Dezember 1790) und die Abschaffung der Manufakturinspekteure (Herbst 1791) verbesserten die Rahmenbedingungen für industrielle Unternehmungen.

Im Bereich der Landwirtschaft beschloss die Konstituante die Aufhebung bzw. Ablösbarkeit der grundherrlichen Lasten (August 1789 und März 1790) und verfügte im *Code rural* gemeinsam mit der ihr nachfolgenden Gesetzgebenden Versammlung die Freiheit des Bodens und des Ackerlandes, des Anbaus (Wegfall des Flurzwangs) und der Einhegung sowie die Aufhebung von Nutzungsrechten der Gemeinden, die allerdings in Form der Allmende erhalten blieben und auch nach der Revolution dem säkularen Trend zum Agrarindividualismus noch zäh widerstanden.

Es waren keineswegs, wie die oben zitierte Flugschrift suggerierte, die Interessen des gesamten Dritten Standes, die mit dem Liberalisierungsprogramm der Revolution verfolgt wurden. Schon 1789 zeigte

Mitprofiteure der Handelsfesseln – die Wirtschaft zum Erliegen gebracht, sich damit ins eigene Fleisch geschnitten haben und nun im Hintergrund der von ihnen angerichteten Misere hilflos zusehen (mit ihnen ein Priester, der dem verstaatlichten Kirchenbesitz nachtrauert), scheint der Graveur mit einer gewissen Genugtuung darzustellen. In der Tat bildete diese antikapitalistische, moralisierende Wirtschaftsethik einen Grundzug der revolutionären Politik und sollte sich, was die in unserem Bild genannten Einrichtungen betrifft, 1793 in der Schließung sowohl der Diskontbank wie der Indischen Handelskompanie niederschlagen, die beide des sozial schädlichen Spekulantentums *(agiotage)* angeklagt wurden. Das andere Problem freilich, wie Handel und Wandel auf neuer Grundlage zu entwickeln seien, wurde von der Revolution nicht gelöst und bleibt bezeichnenderweise auch in unserem Bild offen.

sich, dass die Polemik des Ständekampfes dem tatsächlichen sozialen Konflikt nur teilweise entsprach, dass dieser vielmehr besonders innerhalb des ehemaligen Dritten Standes lag: zwischen Stadt und Land, zwischen reichen und armen Bauern, zwischen bürgerlichen Landeigentümern und bäuerlichen Pächtern, zwischen Unternehmern und Lohnempfängern, zwischen Konsumenten und Produzenten. Besonders deutlich wurden diese gegensätzlichen Interessenlagen beim traditionell staatlich kontrollierten und reglementierten Getreidehandel, dem empfindlichsten Punkt einer stets prekären Versorgung mit dem wichtigsten Grundnahrungsmittel, dem täglichen Brot. Der Widerstand gegen die Freigabe des Getreidehandels kam auch während der Revolution von denselben Schichten, die durch die Liberalisierungsbestrebungen in der zweiten Hälfte des 18. Jahrhunderts, insbesondere durch die Turgotschen Reformen, ihre Existenz bedroht gesehen hatten: Arbeiter und kleine Handwerker, städtische Unterschichten, Kleinbauern und Landarmut. Schon im Jahre 1788 kam es zu einer Welle von Teuerungsunruhen, bei denen Getreidetransporte gestoppt, Bäckerläden gestürmt und der Verkauf zu einem »gerechten Preis« erzwungen wurde. Allein im Winter und Frühjahr 1789 soll es mehr als 400 größere Volksbewegungen im gesamten Land gegeben haben, und auch während des ganzen Sommers 1789 riss die Kette dieser Unruhen nicht ab, ja sie verschärften sich noch bis zur neuen Ernte. Wenn die Nationalversammlung trotz dieser Flächenbrände, die nur mühsam von den neu gegründeten Nationalgarden unter Kontrolle gehalten werden konnten, ihren Prinzipien des innerfranzösischen Freihandels gegen den Willen Neckers mit den Gesetzen vom 29. August und 18. September 1789 Nachdruck verlieh, so waren dies zunächst eher wirtschaftspolitische Absichtserklärungen als praktikable Maßnahmen zur Beilegung der Krise. Hatte 1788/89 die Reglementierung versagt, so konnte auch jetzt die Liberalisierung unmittelbar nichts ändern. Die Versorgung von Paris und anderer großer Städte war auch weiterhin nur durch administrative Maßnahmen möglich, zu denen weiterhin der Aufkauf und gegebenenfalls die Subventionierung des Brotgetreides gehörten. Das Recht, wie vor der Revolution den Preis für Brot und Fleisch festzulegen, blieb den Stadtbehörden ebenfalls erhalten.

Bis zum Ende ihrer Amtszeit unterstrich die Konstituante in mehreren Gesetzen ihren Willen, den freien Kauf und Verkauf des Getreides durchzusetzen, und der Erfolg – eine ausreichende Brotversorgung zu günstigen Preisen – schien diese liberale Wirtschaftspolitik zu bestätigen, zumal zwei gute Ernten in den Jahren 1789 und 1790 den meisten Regionen ausreichend Getreide zur Verfügung stellten. Die Tragfähigkeit und die soziale Akzeptanz des *laissez-faire* mussten sich aber noch erweisen und wurden bald angesichts der Missernte des Jahres 1791 und des Ausbruchs des Revolutionskrieges in Frage gestellt.

Schuldenkrise, Nationalgüterverkauf und Geldpolitik: Die Assignaten

Gleichzeitig mit dem Versorgungsproblem war die Nationalversammlung seit 1789 mit einem anderen, vordergründig nur finanzpolitischen Problem konfrontiert, das sich als bestimmend für die gesamte Wirtschafts- und Sozialpolitik der Revolution erweisen sollte, nämlich der vom Ancien Régime übernommenen Staatsschuld und ihrer Abtragung durch den Verkauf der Nationalgüter.

Zur Vermeidung des Staatsbankrotts hatte die Nationalversammlung am 2. November 1789 beschlossen, die Schuldenlast des alten Staates von ca. 5 Milliarden *livres* – die infolge der eigenen Politik (Entschädigungen für die Abschaffung der Ämterkäuflichkeit, Übernahme der Schulden des Klerus etc.) um etwa eine Milliarde vermehrt worden war – durch die Nationalisierung und den Verkauf des Kirchengutes zu tilgen. Der Verkauf konnte seinen Zweck aber nur erfüllen, wenn diese zusätzlichen Einkünfte nicht zur Stopfung des chronischen Haushaltslochs verwandt wurden.

Genau dies aber geschah. Das neue Steuersystem – mit dem festen Willen in Kraft gesetzt, die Ungerechtigkeiten und Schikanen der alten Steuerpacht hinter sich zu lassen – versuchte, die Staatsausgaben hauptsächlich aus einer allgemeinen Grundsteuer zu bestreiten, deren staatlicherseits fixierte Gesamtsumme von den Gemeinden auf die einzelnen Steuerpflichtigen entsprechend ihrem Grundbesitz umgelegt werden sollte. Ergänzt wurde diese Einnahmequelle durch die so genannte *mobilière*, eine Steuer auf bewegliche Vermögen, ferner eine neue Gewerbesteuer, einige indirekte Steuern und Zölle. Alle Kalkulationen der Finanzexperten des Parlaments, man könne mit dieser Neuordnung zu einem ausgeglichenen Jahreshaushalt zurückkehren, erwiesen sich als illusorisch. Zum einen überstiegen die Staatsausgaben weiterhin alle Vorausberechnungen, zum anderen zeigte der neue Erhebungsmodus erhebliche Anfangsprobleme, und die auf Zwang verzichtende, der Ehrlichkeit der Bürger vertrauende Art der Steuerfestsetzung erwies sich auch als Freiheit zur Steuerhinterziehung. 1790 lag das Defizit der Einnahmen im Vergleich zum veranschlagten Haushalt bei 58,6 %, 1791 bei 57,2 %. Hinzu kam, dass die tatsächlichen Ausgaben 1791 nicht wie vorgesehen rund 580 Millionen *livres*, sondern etwa 822 Millionen betrugen. Der Ausweg, Finanz- und Haushaltspolitik mit der Notenpresse zu treiben, schien gangbar, solange man sich der Hoffnung hingeben konnte, das in Umlauf gesetzte Geld sei ohne Schaden für die Geldwertstabilität durch die Nationalgüter gedeckt.

Mit Beschluss vom 19. Dezember 1789 wurde eine außerordentliche Kasse gebildet, die Schuldverschreibungen in Höhe von 400 Millionen *livres* an die Gläubiger des Staates in Stückelungen ab 1 000 *livres* ausgab, die durch eine Teilmenge des zu veräußernden Kirchengutes gedeckt waren und mit 5 % verzinst wurden. Im Laufe des Jahres 1790 erhielten die Schuldverschreibungen zunehmend den Charakter von Papiergeld: Zunächst wurde ein Zwangskurs festgesetzt (17. April), dann die Verzinsung gestrichen (29. September), schließlich nach Ausgabe weiterer Assignaten im Werte von einer Milliarde *livres* die Stückelung bis zum Frühjahr 1791 schrittweise bis auf einen Nennwert von 5 *livres* herabgesetzt, sodass dieses Papiergeld auch im täglichen Zahlungsverkehr Verwendung finden konnte. Aus staatlichen, den Erlösen aus dem Verkauf des Kirchengutes als Deckung zugewiesenen (»assignierten«) Schuldverschreibungen wurde so schrittweise eine inflationsfördernde neue Geldmenge, die zu einer Doppelwährung führte, bei der die Assignaten schnell gegenüber dem Münzgeld an Wert verloren und Letzteres nach und nach vom offenen Markt verdrängten. Schon im Mai 1791 war der Wert der französischen Währung in London um 27 % gesunken.

Die Einführung der Assignatenwährung hatte gravierende ökonomische und soziale Folgen, die allerdings erst nach 1791, verschärft durch den Krieg und potenziert durch immer neue Emissionen von Papiergeld, voll sichtbar wurden. Wirtschaftspolitisch wirkte sich das Papiergeld in mehrfacher Hinsicht negativ aus:
- Es erhöhte erstens die Sparquote in Metallgeld und führte zur Warenhortung und Spekulation, was wiederum die Inflation anheizte.
- Es verstärkte zweitens die Flucht in Sachwerte, vor allem in Grundbesitz, der durch die Möglichkeit des Nationalgüterkaufs durch

Ratenzahlung in Assignaten zu einem Bruchteil des tatsächlichen Wertes erworben werden konnte. Ein Charakteristikum der französischen Wirtschaftsmentalität im Ancien Régime, die Bevorzugung des sicheren Grundbesitzes vor einer risikoträchtigen Anlage in kapitalintensiven Industrieunternehmen, wurde damit verstärkt.

– Drittens führten die Assignaten zu einer verstärkten Kapitalflucht ins Ausland, wobei besonders die großen Bankhäuser ihre Hartwährung nach London, in die USA oder die deutschen Seehandelsstädte transferierten.

– Viertens führte das Papiergeld zu einer massiven Enteignung all der Fabrikanten, die ihre Rohstoffe, sei es im Inland oder Ausland, nur in harter Währung erwerben konnten, von staatlicher Seite aber, z. B. als Heereslieferanten, in Assignaten bezahlt wurden. Die Aussicht, den Ertrag technischer Innovationen ohnehin durch die Inflation zu verlieren, ließ außerdem die Bereitschaft zu Investitionen zunehmend sinken.

Die gesellschaftspolitischen Konsequenzen der Assignatenwährung und der mit ihr verbundenen Inflation waren nicht weniger gravierend. Vor allem zwei Gruppen, Kapitalrentner mit einem festen Einkommen aus Staatsanleihen und Lohnempfänger, wurden empfindlich von der Geldentwertung getroffen. Die ökonomischen Fehlentwicklungen wurden mehr und mehr zur schweren Hypothek der bürgerlichen Revolution und zu einem wesentlichen Movens der innenpolitischen Auseinandersetzung.

Eine schlechte Ernte in Südfrankreich und eine rapide Abwertung der Assignaten im Herbst 1791, welche die Lebensmittelteuerung noch verstärkte, ließ die Unruhen des Jahres 1789 um den Getreidehandel und Brotpreis wieder aufleben und führte zu erneuten Teuerungsunruhen, die auch andere Grundnahrungsmittel betrafen, z. B. im Januar 1792 den Zucker, dessen Preis sich in kurzer Zeit fast verdreifacht hatte. Anders als 1789 fanden die Forderungen nach staatlichem Dirigismus zur Bewältigung der Krise jetzt eine politische Organisationsform in der Sansculottenbewegung.

Unterstützt von Petitionen aus der Provinz, erhoben die Pariser Sektionen im Spätherbst 1792 die Forderung, die aufgrund der angespannten militärischen Lage verfügten Einschränkungen des freien Getreidehandels beizubehalten, während sich der Konvent mehrheitlich für eine Rückkehr zum Freihandel aussprach. Die von Innenminister Roland im Dezember 1792 verkündeten wirtschaftsliberalen

Prinzipien konnten jedoch politisch nicht lange verteidigt werden. Militärische Niederlagen, Versorgungsengpässe und weiter steigende Preise für die wichtigsten Grundnahrungsmittel, die den Ausgangspunkt aufstandsähnlicher Unruhen in der Hauptstadt wie in der Provinz bildeten, verstärkten den Druck auf den girondistischen Konvent, dem Ruf nach Rückkehr zur dirigistischen Wirtschaftspolitik des Ancien Régime nachzugeben. Das kaum befolgte und auch von den Behörden nicht mit Nachdruck durchgesetzte so genannte kleine Maximum, die Preisfestsetzung für Getreide mit dem Gesetz vom 4. Mai 1793, war der erste Schritt in diese Richtung. Das Bündnis der Montagnards mit der Volksbewegung und der gewaltsam erzwungene Ausschluss der Girondisten aus dem Konvent am 2. Juni 1793 schufen die politischen Voraussetzungen für weitergehende Reglementierungen bis hin zu terroristischen Maßnahmen gegen »Hamsterer« und »Wucherer«. Die Phase der liberalen Ökonomie von 1789 bis 1792 war endgültig durch die dirigistische Phase der Revolution (Perrot) abgelöst.

Die Jakobinerdiktatur: Der Versuch des Dirigismus

Unter dem Druck der Agitation der *Enragés* um Jacques Roux und der Hébertisten gegen »Reiche«, »Wucherer« und »Aushungerer des Volkes« – Begriffe, mit denen sowohl Händler wie wohlhabendere Bauern bezeichnet wurden, – verschärfte der Konvent Schritt für Schritt die staatliche Einflussnahme auf das Wirtschaftsleben: Das Gesetz vom 26. Juli 1793 gegen das Hamstern verfügte die Meldepflicht für alle »lebensnotwendigen Güter« bei den Sektionen oder Stadtverwaltungen. Am 9. August wurde das Gesetz über Vorratsspeicher verabschiedet und damit erneut eine staatliche Vorratswirtschaft ins Leben gerufen, mit der seit Ludwig XV. immer wieder versucht worden war, Preissteigerungen und Hungerkatastrophen entgegenzusteuern. Zwei Verordnungen vom 15. August regelten die Zwangsrekrutierung von Arbeitskräften für die Ernte sowie die zentrale Erfassung der Getreidevorräte und statteten Konventskommissare mit der Vollmacht aus, für die Versorgung von Paris Getreide zu requirieren. All diese Maßnahmen fruchteten wenig, weil dem Grundübel, der galoppierenden Entwertung der Assignaten, die im August 1793 bereits 75 % ihres Wertes verloren hatten, nicht entgegengesteuert wurde, stattdessen immer neues Papiergeld zur Finanzierung der Kriegslasten gedruckt werden musste, Geld, das der Handel nur widerwillig akzeptierte und das den Bauern wenig Anreiz bot, ihre Produktion über den Eigenbedarf hinaus zu steigern. In der Logik des einmal beschrittenen Weges staatlicher Zwangsmaßnahmen schien das Heil in der Verschärfung der Repression zu liegen. Mit ihrem Aufstand vom 4./5. September 1793 erzwangen die Pariser Sektionen die Aufstellung einer »Revolutionsarmee« zur gewaltsamen Requirierung von Lebensmitteln und eine verschärfte Justiz gegen Personen, die im Verdacht standen, Lebensmittel zu horten oder zu teuer zu verkaufen. Mit seinen Gesetzen vom 11. und 29. September verfügte der Konvent das »Allgemeine Maximum«, eine für ganz Frankreich gültige Preisregulierung der lebensnotwendigen Güter; gleichzeitig beschloss die Nationalversammlung aber auch ein Maximum der Löhne, die auf der anderthalbfachen Höhe des Durchschnittslohnes von 1790 eingefroren wurden. Mit diesen Gesetzen zur staatlichen Überwachung der Lebensmittelversorgung, die für den Bereich der Manufakturen ergänzt wurde durch eine Art »Kriegsmerkantilismus« (Perrot), durch den die gesamte Ausrüstung der Armeen in staatliche Regie genommen wurde, schien der Forderungskatalog der Sansculottenbewegung eingelöst. Doch nach wie vor blieb die Ernährungslage, besonders der städtischen Unterschichten, prekär.

Da nach Auffassung von Sansculotten und Teilen der jakobinischen Führung nicht etwa die verfehlte Wirtschafts- und Finanzpolitik für die Misere verantwortlich war, sondern einzig Machenschaften, Komplotte und Verschwörungen von revolutionsfeindlichen Produzenten und Händlern als Ursache ausgemacht wurden, versuchte man der Probleme durch eine abermalige Verschärfung des Terrors gegen die »Handels-Aristokraten« und eine weitere Ausdehnung der staatlichen Kontrolle Herr zu werden. Die Ausgabe von Lebensmittelkarten (29. Oktober 1793), die Überwachung des Brot-, Fleisch- und Zuckerverkaufs durch die Stadtverwaltung, schließlich der Beschluss, zentral für ganz Frankreich durch die Lebensmittelkommission die Preise aller industriellen, handwerklichen und landwirtschaftlichen Produkte festsetzen zu lassen, wobei dem Großhändler maximal 5 % und dem Einzelhändler 10 % Gewinnspanne vorgeschrieben wurden, markieren den Höhepunkt der Bürokratisierung und des – allerdings kaum einlösbaren – Anspruchs auf umfassende Reglementierung der Wirtschaft.

Mit der Verhaftung und Guillotinierung der Hébertisten schaltete der Wohlfahrtsausschuss im März 1794 die vehementesten Verfechter des Dirigismus aus und nahm der Sansculottenbewegung ihre politische Spitze. Wenn in den nächsten Monaten einerseits die Zentralisierung ökonomischer Entscheidungen auf die Regierung in verschiedenen Bereichen noch zunahm (Verstaatlichung des Außenhandels im Mai; Requirierung der gesamten zu erwartenden Getreideernte Ende Juni 1794), so suchten die zuständigen Parlamentsausschüsse andererseits durch eine laschere Handhabung des Maximums und eine engere Zusammenarbeit mit Großhändlern die Versorgungsengpässe zu überwinden.

Intentionen und Ergebnisse der Sozialpolitik

Im Zusammenhang mit dem Sturz der so genannten Ultrarevolutionäre steht ein sozialpolitisches Projekt der Anhänger Robespierres, das sowohl als taktischer Schachzug zur Ausmanövrierung der linken Opposition wie als weitestes Zugeständnis der bürgerlichen Jakobiner an die Volksbewegung interpretiert worden ist: die Ventôse-Dekrete, mit denen Samt-Just vorschlug, das Eigentum der als Verdächtige verhafteten »Revolutionsfeinde« an die Bedürftigen zu verteilen. Wie immer man dieses nie in Kraft getretene Gesetz auch beurteilen mag – es entsprach dem Forderungskatalog nach umfassender staatlicher Fürsorge und Unterstützung mittelloser *patriotes,* nach Vermehrung des Kleineigentums, nach Zwangsbesteuerung bzw. Enteignung der Reichen und Angleichung der Eigentumsverhältnisse, den die Sansculotten bisher gegenüber dem Konvent ohne nachhaltigen Erfolg erhoben hatten. Die Zielgruppe der Ventôse-Dekrete waren die ländlichen Sansculotten, denen mit dieser Landverteilung die Aussicht auf eine Existenz als unabhängige Kleinbauern eröffnet wurde, eine Perspektive, die der Verkauf der Nationalgüter bisher nicht hatte erfüllen können. Wie Georges Lefebvre mit Recht betont hat, müssen die Ventôse-Dekrete im Zusammenhang mit dem Komplex der Nationalgüterverkäufe beurteilt werden.

Zunächst beabsichtigte die Konstituante durchaus, mit dem Verkauf der Nationalgüter auch die ländliche Besitzstruktur zu Gunsten der ärmeren Landbevölkerung zu verändern. Das Gesetz vom 14. Mai 1790 verfolgte ausdrücklich das Ziel, »in der Landbevölkerung die

Zahl der Eigentümer zu vermehren«, und sah eine Parzellierung vor, wenn diese bei den Versteigerungen ebenso viel einbrachte wie ein Verkauf en bloc. Aber schon am 3. November wurden die günstigen Bedingungen für den Erwerb (12 % Anzahlung beim Kauf; Tilgung der Restschuld in zwölf Jahren bei 5 % Schuldzinsen) zurückgenommen, um durch einen beschleunigten Verkauf die dringend benötigten Staatseinnahmen zu steigern. Die zu leistende Anzahlung wurde auf 20 % erhöht und für die Tilgung der Restschuld nur mehr eine Frist von viereinhalb Jahren eingeräumt. Gleichzeitig ging man vom Prinzip der größtmöglichen Parzellierung ab.

Neue Hoffnungen auf einen erleichterten Erwerb von Grundbesitz weckten die Gesetze vom 9. Februar und 30. März 1792, mit denen die Gesetzgebende Versammlung die Beschlagnahme der Emigrantengüter verfügte. Der prinzipielle Beschluss ihres Verkaufs fiel bereits im Sommer 1792, und wiederum wurde die Absicht unterstrichen, durch den Verkauf die Zahl der Kleingrundbesitzer zu erhöhen, um »die Landbevölkerung an die Revolution zu binden« (F. de Neufchâteau am 14. August 1792; *Archives parlementaires*, Ser. I, Bd. 48, S. 118). Vorerst blieben jedoch die Verkaufsmodalitäten offen, und nach der Entspannung der innenpolitischen Lage im Herbst 1792 beschloss der Konvent am 11. November, den Verkauf vorerst aufzuschieben. Nachdem am 24. April 1793 die Kollektivkäufe, mit denen weniger kapitalkräftige Interessenten oder ganze Dorfgemeinden sich gegen die Konkurrenz von Großbauern, Bürgertum und Strohmännern des Adels ihren Anteil an den Nationalgütern gesichert hatten, vom Konvent verboten wurden, musste Kleinbauern und Landarmut umso mehr daran gelegen sein, für den Kauf der Emigrantengüter vorteilhaftere Bedingungen zu erlangen. Es waren wiederum die politischen Ereignisse in der Hauptstadt, die eine Entscheidung herbeiführten. Bereits am 3. Juni 1793 setzten die *Montagnards* gesetzlich eine stärkere Parzellierung und eine günstigere Tilgung durch. Das folgende Gesetz vom 13. September gestand Bürgern ohne Steuerleistung sogar zwanzig Jahresraten zu.

Die Ergebnisse der Nationalgüterverkäufe entsprachen in keiner Phase der Revolution den erklärten Absichten der Gesetzgeber, eine breitere soziale Streuung des Grundbesitzes zu erreichen. Die finanzpolitischen Zwänge, durch die Kriegslasten vergrößert, begünstigten die kapitalkräftigen Interessenten. Das von Anfang an gültige und auch während der Jakobinerdiktatur festgehaltene Prinzip der Versteigerung war ohnehin zum Vorteil von Großbauern und Bürgertum, und das Verbot der Kollektivkäufe schloss die Mehrheit der kleinen Interessenten vollends aus. So ist als Ergebnis der Nationalgüterverkäufe – bei erheblichen regionalen Unterschieden – eher eine Festigung der Besitzstruktur zu Gunsten der Bourgeoisie und der reicheren Bauern (Erstere erwarb – wie bereits im Ancien Régime – bevorzugt Land in stadtnahen Gebieten; die Bauern konnten ihre Chancen besser in stadtfernen Regionen nutzen), eine bescheidene Arrondierung des Kleinbesitzes, kaum aber der Erwerb von Land durch Tagelöhner oder andere Gruppen der Landarmut festzustellen. Die größte Umverteilung von Landeigentum in der französischen Geschichte unterstrich die regionalspezifischen sozialen und ökonomischen Prägungen des ländlichen Frankreich und konservierte in mancher Hinsicht die Charakteristika des *royaume agricole* bis weit ins 19. Jahrhundert.

Ließen die Nationalgüterverkäufe die Wünsche der großen Mehrheit der Landbevölkerung unbefriedigt, so bot die Aufteilung der Gemeindeländereien (Allmenden) eine weitere Möglichkeit des Landerwerbs. Die Konstituante und die Gesetzgebende Versammlung schufen zwar gesetzliche Regelungen, mit denen die Gemeinden vormalige Usurpationen ihrer Allmenden *(communaux)* anfechten konnten; eine in vielen ländlichen Petitionen geforderte Teilungsregelung und eine vorbehaltlose Rückerstattung der von ehemaligen Seigneurs angeeigneten Gemeindeländereien verfügte aber erst das Gesetz vom 10. Juni 1793. Die Teilung war danach fakultativ – ein Drittel aller mindestens 21 Jahre alten Gemeindemitglieder musste ihr zustimmen – und sollte jedem Dorfbewohner, gleich welchen Geschlechts, zugute kommen. Aber auch diese von den Sansculotten auf dem Lande begeistert aufgenommenen und nach Thermidor bald revidierten Bestimmungen führten nur in wenigen Regionen zu einer Vermehrung des Kleinbesitzes. Rivalitäten innerhalb der Dorfgemeinschaften, die Unmöglichkeit, angesichts des Krieges die vom Gesetz vorgeschriebenen Formalitäten einzuhalten (Bestellung eines Landvermessers und Sanktionierung der Teilung durch die Verwaltung), und die agrarwirtschaftlich bedingte Unmöglichkeit der Teilung (z. B. bei extensiver Viehwirtschaft) begrenzten die Anwendung des Gesetzes ganz erheblich. Und wo Teilungen vorkamen (z. B. im Elsass) änderten sie nichts an der sozialen Hierarchisierung der Bauernschaft und ergaben zu minimale Landparzellen, um die ärmere Landbevölkerung aus ihrer Lohnabhängigkeit zu befreien.

Was Saint-Just mit den Ausführungsbestimmungen zu den Ventôse-Dekreten am 3. März 1794 verkündete, war im Prinzip die Schaffung einer neuen Kategorie von Nationalgütern, die ausschließlich sozialpolitischen Zwecken und nicht dem Ausgleich des Haushaltsdefizits dienen sollte. Aber hätte dies in der Praxis mehr sein können als die bisherige Armenpolitik? Zur Unterstützung der städtischen Armut wäre nur ein Verkauf der enteigneten Güter und die Verteilung der Erlöse unter die Bedürftigen in Frage gekommen. Eine solche finanzielle Unterstützung bedeutete aber nichts Neues, sondern stand in der Tradition der Gesetzesinitiativen aller Nationalversammlungen der Revolution (und in gewisser Weise auch der traditionellen kirchlichen Wohltätigkeit), die Armen, die nicht arbeitsfähig waren und damit auch in den neu gegründeten Armenwerkstätten kein Einkommen finden konnten, durch geringfügige Unterstützungen vom Betteln abzuhalten. Der Konvent hatte zwar diese Unterstützung für Arbeitsunfähige am 28. Juni 793 auf 120 *livrès* jährlich festgelegt, sie aber wenig später an Bedingungen geknüpft, die den Zwangsmaßnahmen des Ancien Régime zur Beseitigung der Bettelei näher standen als der Armenpolitik der Konstituante. Bettlern, die sich als widerspenstig oder nicht arbeitswillig zeigten, drohte durch die Gesetze vom 15. Oktober und 1. November 1793 die Deportation in die Kolonien.

Tatsächlich verfolgte die weitere Gesetzgebung zur Armenunterstützung die Linie der finanziellen Hilfeleistung weiter. Nicht die kostenlose Landverteilung, sondern der Verkauf von Gütern der »Verdächtigen« und anderer Nationalgüter zur staatlichen Unterstützung der Arbeitsunfähigen und damit zur Bekämpfung des Bettlerwesens war Ziel des Gesetzes, das Barère dem Konvent vorschlug (11. Mai 1794). Es versprach die Öffnung »eines Buchs der öffentlichen Wohltätigkeit«, die kostenlose medizinische Versorgung, Pensionen für ältere bedürftige Menschen sowie die Unterstützung von Müttern mit vielen Kindern. Den Gemeinden wurde aufgetragen, Listen der Bedürftigen zu erstellen. Dies geschah in einigen Landgemeinden, zu einer Ausführung der weit reichenden Sozialmaßnahmen kam es jedoch nicht.

Auch eine tatsächliche Verteilung der konfiszierten Güter in kleinen Stücken hätte im Bereich der Agrarwirtschaft allein aufgrund ihrer relativ geringen Menge kaum die sozialen Probleme lösen können. Selbst wenn man die Ventôse-Dekrete nicht nur als taktische Maßnahme zur Ausbootung ultrarevolutionärer Abweichler betrachtet, bleiben sie doch auf der Ebene der sozialen Utopie und rousseauistisch geprägter

Sozialromantik, die einerseits die selbstgenügsame, staatlich geförderte Subsistenzwirtschaft vor Augen hatte, andererseits den Widerspruch dieses Gesellschaftsideals zur prinzipiell ebenfalls verfochtenen Freiheit der Konkurrenz und Freiheit der Eigentumsnutzung nicht erkannte.

Inflation und soziales Elend nach dem Sturz Robespierres

Die seit dem April 1794 von den Regierungsausschüssen eingeleitete Liberalisierung in der Wirtschaftspolitik wurde von den Thermidorianern beschleunigt fortgesetzt. Eine schlechte Ernte 1794, welche die Versorgungsengpässe noch verschärfte, führte deutlich vor Augen, dass die Zwangswirtschaft praktisch dazu führte, dass auf den offiziellen Märkten kaum noch Lebensmittel erhältlich waren. Um Getreideimporte zu ermöglichen, die Kapitalflucht zu stoppen und den Bauern Anreize zur Produktion und Vermarktung zu geben, war zumindest eine Lockerung des Maximums unumgänglich. »Wenn Sie das Maximum abschaffen«, so verdeutlichte ein Abgeordneter vor dem Konvent die Situation im Herbst 1794, »wird alles teurer werden, das ist wahr; aber wenn Sie es beibehalten, wird man überhaupt nichts haben« (Zitat nach AFTALION, *L'économie de la Révolution française*, S. 221). Nach erfolglosen Versuchen, die Preisregulierung zu reformieren, wurde das Maximum, dessen Einhaltung tatsächlich nur für Getreide von den Behörden halbwegs hatte garantiert werden können, am 24. Dezember 1794 vollständig aufgehoben. Eine gesunkene Getreideproduktion, ein extrem kalter Winter und die abrupte Freigabe der Preise, die nunmehr die lange kaschierte Inflation voll sichtbar werden ließ, führten zur Hungerkatastrophe des Jahres III, die erst 1797 überwunden war. Im Juni desselben Jahres wurde die Freiheit des Getreidehandels wieder in Kraft gesetzt.

Die sozialen Folgen der doppelten volkswirtschaftlichen Belastung durch Inflation und die Folgen des Dirigismus, die beide die Güterproduktion hatten zurückgehen lassen, wurden ab 1795 umso deutlicher, als Spekulanten und Inhaber von Hartwährung im Luxus lebten, während die Masse der Lohnempfänger für ihre Assignaten praktisch keine Waren mehr erhalten konnte. Trotz dieser katastrophalen Folgen blieb die Notenpresse vorerst weiter in Betrieb. Im Herbst 1795 waren bereits 8 Milliarden *livres* in Umlauf (der Wert der Kirchengüter war 1789 mit 2 Milliarden *livres* veranschlagt worden; die übrigen Nationalgüter hatten nochmals den gleichen Wert), und als im Februar 1796 die Neuemission des Papiergeldes endgültig eingestellt wurde, waren insgesamt 45,5 Milliarden gedruckt worden, von denen noch rund 34 Milliarden als Zahlungsmittel dienten. Auch die daraufhin im Wert 1:30 gegen Assignaten eintauschbaren *mandats territoriaux*, für die faktisch Nationalgüter zu Schleuderpreisen erworben werden konnten, da sie mit kaum 10 % der paarig veranschlagten Hartwährung gehandelt wurden, mussten nach weniger als einem Jahr wegen ihrer völligen Entwertung im Januar 1797 aus dem Verkehr gezogen werden.

Die Bilanz: Kontinuität ökonomischer Grundstrukturen

Trotz aller Turbulenzen und Brüche, denen die Finanz-, Wirtschafts- und Sozialpolitik im Revolutionsjahrzehnt unterlag und die von dieser Politik ausgingen, hat die Revolution nur in bescheidenem Maße ökonomisch strukturverändernd gewirkt.

Im gesamtökonomisch weiterhin dominierenden Bereich der Landwirtschaft blieben die kommunitären Agrarstrukturen bestehen und hier sprengte auch die ›Zerstörung der Feudalität‹ keineswegs die ›Fesseln‹, die eine kapitalistische Entwicklung behindert hätten. Die besitzenden Bauern profitierten zwar unmittelbar von der Aufhebung der grundherrlichen Rechte, die sie 1793 ohne Ablösungszahlungen erzwangen, sie gingen deshalb jedoch nicht unbedingt zu rationelleren Bewirtschaftungsmethoden über, sondern investierten ihre Überschüsse bevorzugt in neuen Bodenflächen. Größere Pächter, die über ausreichend Kapital verfügten und nach physiokratischer Auffassung im Ancien Régime das fortschrittliche, am englischen Beispiel orientierte Modell einer produktiven Landwirtschaft repräsentiert hatten, wurden nicht nur durch die Requisitionen und den Wirtschaftsdirigismus der Wohlfahrtsdiktatur schwer getroffen, sondern waren teilweise auch gezwungen, ihr flüssiges Kapital in Grundbesitz zu investieren, um ihre als Nationalgüter zur Versteigerung stehenden Bewirtschaftungsflächen nicht zu verlieren. Das ländliche Frankreich blieb auch nach der Revolution im größten Teil seiner Regionen geprägt von bäuerlichem Klein- und Splitterbesitz, dessen Bestand die revolutionäre Wirtschafts- und Sozialpolitik zwar sichern half, ohne ihn jedoch über das Niveau einer marktfernen Subsistenzwirtschaft hinauszuführen.

Auch für den Bereich der Industrie ist der Einschätzung Georges Lefebvres zuzustimmen, dass weitgehende Kontinuität vom Ancien Régime über die Revolution hinaus herrschte (LEFEBVRE, *La Révolution française*, S. 174) und dass die feierliche Erklärung wirtschaftsliberaler Prinzipien durch die Konstituante keineswegs mit der Entstehung einer kapitalistischen Produktionsweise auf breiter Basis und schon gar nicht mit technischer Innovation oder gar industrieller Revolution gleichgesetzt werden kann. War die technische Innovationsfreudigkeit der französischen Wirtschaft im Vergleich zu England auch am Ende des Ancien Régime nicht sehr ausgeprägt gewesen, so taten nun der Dirigismus der Revolution, die Ausgabe von Assignaten und die damit verbundene Inflation, die Auflösung von Aktionärsgesellschaften (1793) und der Zusammenbruch des Bankwesens während der Terreur, die Konzentration auf kriegswirtschaftliche Erfordernisse, die zum Ruin großer Manufakturen führte, aber auch die politische Festschreibung traditioneller gesellschaftlicher Leitbilder, wie das des unabhängigen, vom Sansculotten verkörperten Kleinproduzenten, ein Übriges, die Modernisierung der Produktionsmethoden zu behindern.

Das Fazit der kurzfristigen Auswirkungen der revolutionären Wirtschaftspolitik muss der zentralen Rolle der Schuldenkrise Rechnung tragen. Die Entscheidung der Konstituante, zur Wahrung des Eigentumprinzips die Schuldverschreibungen des alten Staates gegenüber seinen Gläubigern anzuerkennen, und die Unfähigkeit der Revolutionäre, die Staatseinnahmen in den ersten Jahren nach 1789 auf eine solide Grundlage zu stellen, verengten nicht nur alle politischen Handlungsspielräume, sondern präjudizierten auch in nicht unerheblichem Maße die Versorgungskrisen und damit die sozialen Konflikte der Revolution. Das Heil zur Überwindung dieser Krisen erblickte man schließlich in einer staatlichen Reglementierung, die den ursprünglichen wirtschaftsliberalen Überzeugungen aller verantwortlichen Akteure – auch der Anhänger Robespierres – widersprach und die durch »die Macht der Verhältnisse« (Saint-Just) aufgezwungen schien, in einem Dirigismus, der bestenfalls eine Verteilung des Mangels hätte bewirken können, dem aber auch dafür noch die volkswirtschaftlich relevanten Informationen und das Handlungsinstrumentarium (wenn man den Terror nicht als solchen ansehen will) fehlten.

Gerd van den Heuvel

Club Patriotique de Femmes.

Des Femmes bien Patriotes avoient formées un club dans lequel n'étoit admise aucune autres;
Elles avoient leur Présidente et des secrétaires; on s'assembloit deux fois la semaine, la Présidente
faisoit la Lecture des Séances de la convention nationale, on approuvoit ou l'on critiquoit ses Décrets.
Ces Dames animées du zèle de la Bienfaisance faisoient, entre'elles une quête qui étoit distribuée à des
familles de bons Patriotes qui ont besoins de secours.

Patriotischer Frauenclub (Club Patriotique de Femmes).
Gouache der Brüder Pierre Étienne und Jacques Philippe Lesueur, Paris
1791, 303 x 535 mm; ausgeschnitten und auf blau aquarelliertes Papier ge-
klebt; darunter aufgeklebt eine eigenhändige Beischrift mit brauner Tinte
(Leihgabe des Louvre im Garnavalet-Museum Paris, Inventar-Nr.:
RF. 36527).

Beischrift: »Sehr patriotische Frauen hatten einen Club gebildet, zu dem niemand anders zugelassen wurde. Sie hatten ihre Vorsitzende und Sekretärinnen.
Man versammelte sich zweimal wöchentlich, die Präsidentin verlas die Sitzungsprotokolle des Nationalkonvents, dessen Beschlüssen man Beifall oder
Kritik zollte. Aus Wohltätigkeitseifer veranstalteten die Damen unter sich eine
Sammlung und verteilten den Erlös an hilfsbedürftige Familien guter Patrioten.«

Das in frischen Farben gemalte, idealtypische Bild und seine Beischrift belegen, dass auch im zeitgenössischen Selbstverständnis die revolutionäre Club-
Kultur nicht auf die Männerwelt beschränkt blieb, sondern dass Frauen eigenständig an ihr teilhatten. Die meisten der hier dargestellten Frauen sind

Frauen und Familie
in der Revolution

»Die Frauen haben die Gefahren der Revolution geteilt; warum sollten sie nicht an ihren Vorteilen teilhaben«, leitete Etta Palm, eine führende Frauenrechtlerin während der Revolution, ihre Forderungen nach der Gleichheit von Mann und Frau ein. Freiheit und Gleichheit bildeten die Grundpfeiler des neuen Gesellschaftskonzepts. Aber über die Frage, ob diese beiden Rechte in gleicher Weise auch für Frauen gelten sollten, herrschte Uneinigkeit. Nun waren die Frauen in der Revolution zu Akteurinnen geworden, die am 14. Juli 1789, in den Oktobertagen, am 10. August 1792 und im Mai 1793 den Verlauf der

aufgrund ihrer Hauben und Kattuntücher dem Bürgertum zuzuordnen, ausgenommen die ganz vom Betrachter abgekehrte Dame in Oberschichtenkleidung. Was der gesammelte Ernst in Haltung und Mienen dieser Frauen andeutet, das bestätigen die offensichtliche Existenz einer Geschäftsordnung (Glocke auf dem Tisch), die semiorale Informationsvermittlung (die Präsidentin liest aus dem *Moniteur* vor, der führenden Parlamentszeitung), die offene Meinungsäußerung (Klatschen der Frau vorne links), die Regelmäßigkeit der Club-Sitzungen (siehe Beischrift) und die Wohltätigkeitssammlung: Hier handelt es sich nicht um einen Geselligkeitskonvent, sondern um eine bewusst politische Versammlung zu gemeinschaftlicher Meinungsbildung und engagiertem, solidarischem Handeln.

Dieses ›Frauen-Bild‹ steht nicht alleine. Als Anhänger der Revolution malten die Brüder Lesueur mindestens achtzig zeitpolitische Gouachen, und in einer ganzen Reihe dieser Revolutionsszenen spielen Frauen die Hauptrolle – ob sie nun Schmuck auf dem Altar des Vaterlandes opfern, mit Waffen und Fahnen auftreten wie Rose Lacombe und Théroigne de Méricourt oder als »Strickweiber« der Arbeit der Guillotine zusehen. Bis in die Kunst hinein zeichnet sich also ab, welchen Politisierungs- und Emanzipationsschub die Französische Revolution für die Frauen bedeutete.

Revolution entscheidend mitbeeinflusst hatten. Forderungen nach rechtlicher und politischer Gleichstellung mit den Männern folgten, wenn auch in unterschiedlichen Abstufungen. Doch die männlichen Führungsschichten waren prinzipiell nicht bereit, den Frauen auch außerhalb der Familie eine bedeutende Rolle zuzugestehen.

Die Frauen selbst verfolgten unterschiedliche Zielvorstellungen, die um die Frage kreisten, ob sie einen Platz an der Seite der Männer erkämpfen oder eigenständig Politik betreiben sollten. Wollten sie einen neuen Status der Frau schaffen oder gaben sie sich mit dem neuen Status von Ehe und Familie zufrieden? Die Forderung nach der Gleichheit von Mann und Frau stellte jedenfalls nur eine Minderheit von Frauen auf. In einer ersten Phase vom Ausbruch der Revolution 1789 bis zum Kriegsbeginn 1792 herrschte Euphorie unter den Frauen, und der theoretische Feminismus, vertreten von einigen bekannten Frauengestalten, blühte auf. Danach wandelte sich der begleitende und unterstützende Charakter des weiblichen Engagements für die Revolution in praktische Teilhabe und Aktivität. Schon im Jahre II und insbesondere unter der thermidorianischen Bourgeoisie wurden die Frauen allerdings wieder vollständig in ihre häusliche Rolle zurückgedrängt.

Ehe, Familie und Scheidung

Hatten die Theoretiker der Aufklärung die Frau auf ihre Rolle im Haus und als Mutter verwiesen und die Verfügungsgewalt über ihre Person und ihre Güter vollständig dem Ehemann übertragen, so verbesserte sich ihr Zivilstatus durch die Gesetzgebung der ersten französischen Republik erheblich. Die Revolutionäre stärkten die Stellung von Ehe und Familie, indem sie die Eheschließung in einen zivilrechtlichen Vertrag umwandelten. In ihrem Verständnis kam dem Staat die Aufgabe zu, die Bedingungen des Ehevertrages festzulegen und zu garantieren, denn die Ehe wurde als Pflicht des Staatsbürgers gegenüber seinem Vaterland gesehen. Sie stellte die soziale Bindung des Staatsbürgers an den Staat her. Der Kirche gestand man in dieser Frage nur noch eine marginale Rolle zu. Die Familie erhielt gleichzeitig die Aufgabe, die Erziehung jedes Bürgers zur Demokratie zu übernehmen. Die Hochzeitsfeiern nahmen einen erzieherischen Charakter an, der darauf ausgerichtet war, das revolutionäre Bewusstsein der Teilnehmer zu steigern. Im Vergleich zum

Ancien Régime stieg die Zahl der Eheschließungen in der Revolution bei sinkendem Heiratsalter deutlich an: ein Zeichen der Hoffnung auf eine Verbesserung des Lebensniveaus. Während des Krieges riss die Heiratswilligkeit nicht ab, denn verheiratete Männer waren von den Massenaushebungen ausgenommen.

Da die Zeitgenossen die Ehe als einen Akt der Freiheit betrachteten, der Freude, Glück und Stabilität hervorbringen sollte, befürworteten sie gleichzeitig die Möglichkeit, Ehen, die diesem Ziel nicht entsprachen, im Interesse der Gesellschaft auflösen zu können. Am 20. September 1792 wurde ein Gesetz erlassen, das die Scheidung in bestimmten Fällen erlaubte. 1792 wurden überproportional viele Ehen geschieden. Der jährliche Durchschnitt von 1792 bis zum Jahr XII lag in Lyon bei ungefähr 87 Scheidungen. Danach sank er bis zum Jahr 1816 auf sieben. Doch insgesamt blieb die Scheidungsrate gering. In Paris stand im Jahre II die Unvereinbarkeit der Charaktere an erster Stelle der Scheidungsgründe, dicht gefolgt vom Verlassen und Ausbleiben von Lebenszeichen des Ehepartners.

Die meisten Scheidungsanträge wurden von Frauen eingereicht. Jedoch gab es große Unterschiede zwischen den sozialen und Berufsgruppen. Während adlige Frauen in drei von vier Fällen die Initiative ergriffen, da die Scheidung einen Weg darstellte, um einen Teil des Besitzes vor der Nationalisierung der Emigrantengüter zu bewahren, waren die Frauen der Bourgeoisie wenig geneigt, ihre Ehen aufzulösen. Ähnlich verhielten sich auch die Frauen der Lyoner Seidenarbeiter, doch die Motivationen, ihre Ehen zu erhalten, waren unterschiedlich: Während im bürgerlichen Milieu das Streben nach einem harmonischen Familienleben im Vordergrund stand, zwang die materielle Situation die Seidenarbeiter zum familiären Zusammenhalt. Die Scheidungseuphorie, die dem auf- und absteigenden Verlauf der Revolution folgte, wurde hauptsächlich von den Frauen getragen, deren Ehemänner freien Berufen oder der Gruppe der Angestellten, der Handwerker und der Händler angehörten. Auch die Frauen von Tagelöhnern und Bauern profitierten in hohem Maße von der Möglichkeit, ihre Autonomie wiederzuerlangen.

Unter dem Direktorium nahm die Scheidungsrate in Lyon generell ab. Doch die Frauen aus dem neuen Bürgertum bildeten eine Ausnahme, denn sie scheinen mit dem sozialen Aufstieg der thermidorianischen Bourgeoisie den Ehestatus zu Gunsten der Unabhängigkeit der Frau in Frage gestellt zu haben.

Ein anderer Bereich, in dem die Frauen Gleichberechtigung forderten, stellte die Verfügungsgewalt über das Familieneinkommen dar. In einem Gesetz aus dem Jahre 1793 wurde ihnen das Recht zugebilligt, Familieneigentum zu teilen und auch an Mädchen und uneheliche Kinder, sofern sie anerkannt waren, zu vererben. 1794/95 wurde das Bildungswesen verbessert. Kostenlose Grundschulen für Mädchen und Jungen wurden eingerichtet, der Unterricht erfolgte aber getrennt.

Gesetze, die die Ehe und das Eigentum schützten und Bildung für Frauen garantierten, überdauerten die Revolution, auch wenn Napoleon nach 1804 die Autorität des Gatten und Vaters rechtlich stärkte. Das Scheidungsrecht wurde erst nach 1815 wieder abgeschafft.

Die Rolle der Frauen in der Revolution

Haben Frauen also in der großen Französischen Revolution keine Rolle im öffentlichen Bereich gespielt? Zumindest konnten sie zu keinem Zeitpunkt das Wahlrecht ausüben. Alle politischen Gruppen der Revolutionszeit wandten sich vehement gegen politische Aktivitäten von Frauen, denn diese entsprachen ihrer Meinung nach nicht der weiblichen Natur. Schon Rousseau hatte die Bestimmung der Frau in der Mutterrolle gesehen. Robespierre sah die Aufgabe der Frau darin, Kinder zu gebären und ihre Söhne und Männer für die Republik zu opfern. Jean Amar schließlich, Mitglied des Sicherheitsausschusses, sprach den Frauen in einer Rede vor dem Nationalkonvent im Oktober 1793 alle politischen Rechte ab, weil sie nicht über genügend moralische und physische Stärke für die Politik verfügten und die Natur sie für Aufgaben innerhalb der Familie geschaffen habe.

Dennoch spielten Frauen eine bedeutende Rolle in den verschiedenen Phasen der Revolution. Einerseits führten sie den traditionellen Strang der Brotaufstände fort, die seit eh und je von Frauen getragen wurden. Andererseits entwickelten sich bisher unbekannte weibliche Verhaltensweisen, und neue Optionen breiteten sich aus. Frauenclubs, in denen man über Tagespolitik debattierte, wurden gegründet, Frauen nahmen an politischen Versammlungen teil, gaben eigene Zeitungen heraus und trugen ihre Forderungen vor dem Parlament vor. In der Französischen Revolution wurde das höchste Maß an organisierter weiblicher Aktivität erreicht, das die Zeitgenossen kannten. Frauen erfuhren zum ersten Mal, dass sie eine zusammenhängende Gruppe bildeten und in der Lage waren, gemeinsam ihren Willen durchzusetzen.

Frauen überwanden zwar in einzelnen Fällen soziale Unterschiede untereinander, doch letztlich erwiesen diese sich als stärker als die weibliche Solidarität: Frauen wandten sich niemals gegen die Männer ihrer eigenen Schicht. Eine autonome Kraft stellten die revolutionären Frauen deshalb nicht dar, denn sie waren stark in die Familienökonomie des ausgehenden 18. Jahrhunderts eingebunden und aus diesem Grunde hauptsächlich an der Verbesserung ihrer sozialen Lage interessiert. Gleichzeitig kämpfte eine Minderheit von ihnen für die zivilrechtliche und politische Gleichberechtigung der Frau. Diese beiden Formen von weiblicher Partizipation waren in ihrer Wirkung auf den Revolutionsverlauf aber nicht getrennt.

Revolutionäre ›Journées‹ und Brotaufstände

In großem Ausmaß beeinflussten die Frauen der Sansculotten – der städtischen kleinen Leute, Handwerker, Kleinhändler und Tagelöhner – den Verlauf der Revolution, denn sie waren die Hauptakteurinnen der revolutionären Aufstände *(Journées)*, der Brotaufstände, der Höchstpreisfestsetzungen und der Ladenplünderungen, auf deren Initiative hin die Montagnards schließlich die Maximumgesetze erließen.

Waren Aufstände in Zeiten von Hungersnöten von jeher Frauensache gewesen, die die Gesellschaft insofern duldete, als sie die Urheberinnen straffrei ließ, wenn sie nicht Eigentum angegriffen oder Personen verletzt hatten, so erhielt die Einmischung der Frauen während der Revolution eine politisch-revolutionäre Note. Der Marsch der Pariserinnen nach Versailles am 5. Oktober 1789 zum Beispiel erfüllte nicht nur das Ziel, von Ludwig XVI. Brot zu fordern. Durch ihren Protest zwangen sie den König gleichzeitig, die Menschenrechtserklärung zu unterschreiben.

»Am Morgen des 5. Oktober, berichtet die Augenzeugin Frau Chéret, versammelten sich viele Pariserinnen im Rathaus, um von Bürgermeister Bailly und dem Chef der Pariser Nationalgarde, La Fayette, zu erfahren, warum Brot, das Hauptnahrungsmittel der damaligen Zeit, so schwer zu erhalten und so teuer sei. Die Forderung, dass König und Königin in die Hauptstadt kommen sollten, um von hier aus die Lage zu verbessern, wurde laut. Andere bestanden darauf, dass die Leibwache des Königs ausschließlich aus Nationalgardisten bestehen sollte. Da die Menge keine Waffen und Munition im Rathaus fand, wurde sie immer wütender. Schließlich erklärte sich La Fayette bereit, sich den Frauen anzuschließen. Etwa 5 000 aufgebrachte Frauen in der Begleitung von 500 Männern, Freiwilligen der Bastille, machten sich auf den Weg. Frau Chéret, die gerade vor dem Abschluss eines einträglichen Geschäftes stand, ließ ihre Kunden stehen und schloss sich den Frauen an. In Versailles angekommen, drang die mit Hellebarden, Stöcken und Piken bewaffnete Menge in die dort tagende Nationalversammlung ein. (PERNOUD/FLAISSIER, Die Französische Revolution in Augenzeugenberichten, S. 65 f.). Eine Abordnung der Frauen verschaffte sich Gehör und erlangte die Zusicherung der Abgeordneten, ein neues Getreideausfuhrverbot und einen Höchstpreis für Getreide und Fleisch erlassen zu wollen (PETERSEN, Marktweiber und Amazonen, S. 70–73). Danach belagerte die Menge das Schloss und zwang König und Königin, mit ihnen nach Paris zurückzukehren.

In diesen Oktobertagen zeigte sich erstmals, welch eine große Macht die Frauen in der Revolution darstellen konnten, wenn sie gemeinsam auftraten, und vor welche Schwierigkeiten sie die staatliche Autorität bei dem Versuch stellten, diese Kraft zu kanalisieren. Ob sie nun an der Revolution des 10. August 1792, am Sturz der Girondisten Ende Mai 1793 beteiligt waren oder ob sie auf den Märkten Unruhe stifteten und Bauern und Händler zwangen, ihre Erzeugnisse zu einem niedrigen Preis an die Konsumenten abzugeben, wie es im Frühjahr 1792 und 1793 häufig geschah, die Familie zu versorgen, stand stets im Mittelpunkt ihrer Motivation. Zu den weiblichen Selbsthilfemaßnahmen gegen Wucher, Spekulation und Korruption zählten das Stürmen von Läden und die Festlegung von Höchstpreisen.

Erwerbstätigkeit von Frauen und soziale Situation der Familie

Kleinbauern und -pächter, Tagelöhner, Kleinhändler und Handwerker, kurz jene, die man zu den Armen zählte, waren auf die Arbeit aller Familienmitglieder angewiesen, um in ausreichendem Maße für den Lebensunterhalt aller sorgen zu können. Wer über genügend Land verfügte, konnte die ganze Familie beschäftigen und ernähren. Da aber die Mehrheit der ländlichen Bevölkerung über Landmangel klagte, muss-

Quelle 1

Louis Sébastien Mercier beschrieb die Lastträgerinnen in Paris: »Schlimm dagegen ist der Anblick jener unglückseligen Frauen, die sich in aller Herrgottsfrühe, die schwere Hucke auf dem Buckel, durch den Schlamm der Gassen kämpfen müssen, rot im Gesicht, das Auge blutunterlaufen; mitunter knirscht auch Glatteis unter ihren Füßen und bringt ihr Leben in Gefahr. Wenn man sie so sieht, packt einen wahrlich Mitleid, obschon sie kaum noch als weibliche Wesen erkennbar sind.«

(Übersetzt bei PETERSEN, Marktweiber und Amazonen, S. 47.)

ten sich viele Familienangehörige andere Erwerbsquellen suchen. Auch der Lohn eines angelernten städtischen Arbeiters reichte höchstens für eine Person, die Miete und eventuell für ein Kind aus, wie der Bettelei-ausschuss *(Comité de mendicité)* in einer Umfrage im Jahre 1790 ermittelte. Folglich war die Frauen- und Kinderarbeit in diesen Schichten eine unerlässliche Quelle des Familieneinkommens, obwohl das geringe Niveau der gesellschaftlichen Arbeitsteilung Frauenarbeit nicht begünstigte. Während ledige Frauen häufig als Hausangestellte gegen Kost und Logis arbeiteten, verrichteten verheiratete Frauen Heimarbeit. Vor allem in Nord- und Zentralfrankreich waren sie in der Woll- und Baumwollspinnerei und in der Schnurherstellung tätig, weil sie für niedrigere Löhne arbeiteten als Männer. Tätigkeiten im Textil- und Bekleidungsgewerbe galten schon im Ancien Régime als typisch weiblich.

In den Städten bestand ein hoher Anteil der Arbeitskräfte im Handel und im Versorgungsbereich aus Frauen. Als Marktfrauen betreuten sie ihre Stände in den Pariser Hallen und auf den städtischen Märkten, aber sie waren auch als Einkäuferinnen, Zwischenhändlerinnen und Weiterverkäuferinnen tätig. Ehefrauen von Handwerksmeistern verwalteten die Betriebskasse, führten die Bücher, regelten den Ein- und Verkauf und betreuten die Gesellen. Oft führten Witwen die Geschäfte nach dem Tode des Ehemanns erfolgreich fort. Mit der Abschaffung der Zünfte im Jahre 1791 fielen die Schranken, die Frauen zuvor bis auf wenige Ausnahmen im Bereich der Schneiderei und des Moden-, Federn- und Blumenhandels von der Ausübung handwerklicher Tätigkeiten abgehalten hatten. Dennoch blieben viele Berufe Männern vorbehalten. Tätigkeiten, die schwere körperliche Arbeit voraussetzten, standen dagegen auch Frauen offen, wenn ein großer Arbeitskräftebedarf herrschte. So fand man Lohnarbeiterinnen auch in der Papier- und Glasherstellung, in Bergwerken, bei der Eisengewinnung oder auf dem Bau (Quelle 1).

Während der Revolution verschlechterten sich die Lebensbedingungen infolge enormer Preissteigerungen. Armut und Elend nahmen zu. Schon 1790 galt ein Fünftel der französischen Bevölkerung als bedürftig (Bericht des *Comité de mendicité*), aber die staatliche Fürsorgepolitik, die nach der Enteignung der Kirche die traditionelle Armenpolitik ablösen sollte, zeigte noch keine Wirkungen. Deshalb nahm die Zahl der Familienmütter zu, die mit ihren Kindern betteln gingen, wenn die Einkünfte für den Lebensunterhalt nicht mehr ausreichten. In den größeren Städten, vor allem in Paris, weitete sich die Prostitution aus. Manche Frauen versuchten auch, Arbeit zu finden, indem sie sich als Männer verkleideten.

Je mehr die Not zunahm, um so eindringlicher wurden Maßnahmen zur Schaffung neuer Arbeitsplätze gefordert. Verschiedene öffentliche Werkstätten wurden eingerichtet, in denen allein in Paris 9 000 Spinnerinnen Arbeit fanden. Werkzeuge und Arbeitsmaterial wurden ihnen zur Verfügung gestellt. Entlohnt wurden sie in Naturalien. Mit Beginn des Krieges im April 1792 änderte sich die Arbeitsmarktsituation für Frauen, denn sie mussten nun die Männer, die an der Front kämpften, ersetzen und die Kriegsproduktion aufrechterhalten.

In den armen Schichten nahmen die Frauen innerhalb der Familie eine soziale Vorrangstellung ein, weil sie sowohl einen notwendigen Beitrag zum Familieneinkommen beisteuerten als auch die Versorgung der Familie gewährleisteten. Starb eine Familienmutter, so bedeutete dies häufig, dass die Familie die Armutsgrenze überschritt und bedürftig wurde. Besonders in Hungerzeiten war die Familie auf die Ausdauer und den Erfindungsreichtum der Frau angewiesen, denn sie unternahm alle Schritte, um Lebensmittel zu organisieren. So waren die Brotaufstände, auch während der Revolution, in erster Linie Frauensache.

Weibliches Engagement für die Revolution

Die Frauen der bürgerlichen Mittel- und Oberschichten dagegen setzten sich vornehmlich für die Ausweitung ihrer Rechte, auch politischer Rechte, ein. Schon in den Beschwerdeschriften 1789, in denen Frauen zum ersten Mal ihre Stimme erhoben, forderten sie Gleichheit, Bildung, die Reform der Ehegesetze und, wenn auch selten, politische Repräsentation durch Frauen. Sogar das Recht der Frauen, Hosen zu tragen, wurde in einer Schrift eingeklagt. Anlässlich der Föderationsfeste im Frühjahr 1790, an dem sich in großer Zahl Frauen beteiligten, wurden politische Frauenclubs gegründet, die eine bessere Bildung für Frauen, die Beteiligung an Gerichten, den Zugang zu Primärversammlungen, die Reform der Ehegesetze und die Einführung des Scheidungsrechts verlangten. In Paris hatte Etta Palm, eine junge Holländerin, die seit 1774 in Paris lebte und seit 1791 aktiv an den Versammlungen des *Cercle social* (»Gesellschaftlicher Kreis« von Fauchet teilnahm, den *Cercle Patriotique des Amies de la Vérité* (»Patriotischer Kreis der Freundinnen der Wahrheit«) ins Leben gerufen, in Dijon hatte sich schon 1789 der *Club des Femmes* (»Club der Frauen«) zusammengefunden, in Breteuil versammelten sich die *Sœurs de la Constitution* (»Schwestern der Verfassung«), in Bordeaux die *Amies de la Constitution* (»Freundinnen der Verfassung«). Überall in der Provinz fanden sich Frauen zusammen, die ein Beispiel der Tugend geben und so die Revolution unterstützen wollten. Die Mitgliederinnen dieser Gesellschaften stammten meist aus dem Bürgertum und hatten eine gewisse Bildung genossen. Häufig waren ihre Ehemänner oder Väter in Männerclubs aktiv.

Dieses unterstützende Engagement der Frauen verfolgte die Öffentlichkeit mit Wohlwollen. Doch als die außenpolitische Situation für Frankreich immer bedrohlicher und der Krieg mit Österreich und Preußen immer wahrscheinlicher wurde, änderte sich auch die Teilnahme der Frauenclubs und der gemischten Volksgesellschaften am politischen Leben: Nun übernahmen sie eine aktive Rolle in der Verteidigung der Revolution. Mit Beginn des Krieges im Frühjahr 1792 engagierten sie sich für die Revolution und trugen den Kampf gegen die Konterrevolutionäre im Innern. Ihre traditionellen Aufgaben sahen sie in der republikanischen Bildung der Jugendlichen, der sie durch die Gründung von Jugendclubs nachkamen, in der Armenfürsorge, die sie durch die Sammlung von Hilfsgütern verbesserten, und in der Ausstattung der Armeen. Zahlreiche Frauen nähten und strickten für die Soldaten an der Front. So genannte »Strickweiber« legten ihre Nadeln auch dann nicht aus der Hand, wenn sie auf den Rängen des Nationalkonvents den Debatten der Parlamentarier folgten oder als Zuschauerinnen bei Exekutionen applaudierten.

Quelle 2

»Wir, Mütter, Töchter, Schwestern, Vertreterinnen der Nation, verlangen, in die Nationalversammlung aufgenommen zu werden. In Anbetracht dessen, dass Unwissenheit, Vergesslichkeit oder Missachtung der Rechte der Frauen die alleinigen Ursachen öffentlichen Elends und der Korruptheit der Regierungen sind, haben wir uns entschlossen, in einer feierlichen Erklärung die natürlichen, unveräußerlichen und heiligen Rechte der Frau darzulegen, auf dass diese Erklärung allen Mitgliedern der bürgerlichen Gesellschaft ständig vor Augen, sie unablässig an ihre Rechte und Pflichten erinnert; ...*

Frauen, wacht auf! Die Stimme der Vernunft lässt sich auf der ganzen Welt vernehmen! Erkennt eure Rechte! Das gewaltige Reich der Natur ist nicht mehr umstellt von Vorurteilen, Fanatismus, Aberglauben und Lügen. Die Fackel der Wahrheit hat alle Wolken der Dummheit und Gewalttätigkeit vertrieben. Der versklavte Mann hat seine Kräfte verdoppelt. Er hat eurer Kräfte bedurft, um seine Ketten zu zerbrechen. In Freiheit versetzt, ist er nun selbst ungerecht geworden gegen seine Gefährtin. O Frauen! Frauen, wann hört ihr auf, blind zu sein?«

(Aus der »Erklärung der Rechte der Frau und der Bürgerin« von Olympe de Gouges; übersetzt in: PETERSEN, S. 89 ff.)

Doch einige Frauen forderten auch das Recht, sich bewaffnen und weibliche Nationalgarden bilden zu dürfen. Im März 1792 verlas Pauline Léon eine Petition vor der Nationalversammlung, die dreihundert Frauen unterschrieben hatten. Sie forderten die Bewaffnung von Frauen mit der Begründung, dass niemand glauben solle, die Menschenrechte besäßen für Frauen keine Gültigkeit. Sie müssten zumindest in der Lage sein, sich verteidigen zu können. Doch die Versammlung lehnte eine direkte Teilnahme der Frauen am Krieg ab. Einige Tage später rief Théroigne de Méricourt die Frauen der Pariser Vorstadt Saint-Antoine dazu auf, eine weibliche Legion aufzustellen, aber die Menge vertrieb sie. Die meisten Männer waren nicht gewillt, bewaffnete Amazonen und Heldinnen zu dulden. Trotz mehrfacher Aufrufe blieb ihre Zahl gering. Einige Frauen verkleideten sich als Männer, um in der Armee zu kämpfen, andere begleiteten ihre Lebensgefährten an die Front. In Lons-le-Saunier, in Mâcon und im Distrikt Tarbes bewaffneten sich Frauen, um ihr Heim und ihre Kinder zu schützen.

Theoretische Konzepte zur Befreiung der Frau

Frauen wurden aber nicht nur in Clubs und Volksgesellschaften tätig. Sie gaben auch Zeitungen und Broschüren heraus und richteten ihre Forderungen in Petitionen und Denkschriften an die Volksvertretung. Einige herausragende Frauen formulierten Konzepte zur Befreiung der Frau. So veröffentlichte Olympe de Gouges im September 1791 die »Erklärung der Rechte der Frau und der Bürgerin«, in der sie die Menschenrechtserklärung mit Blick auf die Bedürfnisse der Frau umformulierte (Quelle 2).

Sie forderte das gleiche Wahlrecht für Mann und Frau, Meinungsfreiheit und sexuelle Freiheit für alle. Die Institution der Ehe wollte sie durch einen Sozialvertrag zwischen Mann und Frau ersetzen.

Schon 1790 hatte sich Condorcet, der einzige männliche Theoretiker, der sich für die Rechtsgleichheit von Mann und Frau aussprach, für die Gleichheit der Frauen eingesetzt, die er aus dem Naturrecht ableitete. Er gestand aber im Rahmen des Zensuswahlrechts nur den Frauen, die Eigentum besaßen, das Wahlrecht zu. Später setzte er sich für öffentliche Bildungsmaßnahmen ein, um die Lage der Frauen zu verbessern.

Im April 1792 veröffentliche Etta Palm einen »Aufruf an die Französinnen über die Erneuerung der Sitten und die Notwendigkeit des Einflusses von Frauen in einer freien Regierung«. Darin stellte sie die Forderung nach gleichen zivilen und militärischen Berufschancen für Frauen, nach Bildung, nach politischer Freiheit und Rechtsgleichheit auf.

Die einzige politische Zeitung, die von einer Frau redigiert wurde, war *Le Journal de l'Etat et du Citoyen* (»Journal des Staats und des Bürgers«), die Mme Robert-Kéralio, Mitglied der Akademie Arras, im Jahre 1789 gegründet hatte. Aber auch andere Zeitungen wie *La Bouche de Fer* (»Eisenmund«) des Abbé Fauchet, vertraten die Partizipation der Frauen am politischen Leben. Unter den Schriften, die von Frauen geschrieben wurden, verbreiteten aber die meisten nur einen schwachen Schein der Forderungen der Frauenrechtlerinnen. *Le Véritable Ami de La Reine ou Journal des Dames* (»Der wahre Freund der Königin oder Journal der Damen«), *Le Bulletin* von Mme de Beaumont, *L'Observateur féminin* und die *Annales de l'éducation du sexe ou Journal des Demoiselles* (»Jahrbücher der Erziehung des weiblichen Geschlechts oder Journal der Frauenzimmer«) von Mme Mouret beschäftigten sich nicht mit dem öffentlichen Leben von Frauen.

Der Club der republikanischen revolutionären Frauen

Unter den Kämpferinnen für die Revolution erlangte der Club der republikanischen revolutionären Frauen in Paris, der am 10. Mai 1793, dem Höhepunkt des Duells zwischen Girondisten und Montagnards, gegründet wurde und der politisch den *Enragés* nahe stand, eine große Bedeutung. Schon im Frühjahr des gleichen Jahres hatte aufgrund der schlechten Versorgungslage eine Annäherung zwischen Sansculottenfrauen und *Enragés* stattgefunden. Obwohl mit Hilfe der Volksbewegung der Sturz der Girondisten herbeigeführt wurde, blieben die Jakobiner den politisch aktiven Frauen der Sansculotten gegenüber misstrauisch. Unter den Präsidentinnen Claire Lacombe und Pauline Léon entwickelte sich der Club zu einer scharfen Opposition der Montagnards. Die ausschließlich weiblichen Mitglieder trugen Hosen, die Nationalkokarde und die Jakobinermütze (Letztere war nur Männern vorbehalten) und patrouillierten, mit Pistolen bewaffnet, durch die Straßen. Sie forderten die harte Bestrafung von Konterrevolutionären und das Wahlrecht für Frauen, das ihnen trotz des in der Verfassung von 1793 verankerten allgemeinen Wahlrechts weiterhin vorenthalten blieb. Im September 1793 erlangten sie die Verabschiedung eines Gesetzes, das allen Frauen vorschrieb, die Nationalkokarde anzustecken. Im gleichen Monat erließ der Konvent unter dem Druck der Sansculotten und ihrer Frauen das Maximumgesetz, das Höchstpreise für Lebensmittel festsetzte.

Die Abschaffung der erworbenen Rechte

Die politischen Aktivitäten der republikanischen revolutionären Frauen lösten nicht nur im Konvent und in der Pariser Commune Ablehnung aus, sondern auch bei anderen Frauengruppierungen. Insbesondere die Pariser Marktfrauen setzten sich gegen das Maximum und das Tragen der Nationalkokarde zur Wehr. Als Claire Lacombe vor der Commune erschien, um Hausdurchsuchungen nach versteckten Lebensmitteln zu fordern, brach der Konflikt aus. Die Marktfrauen verprügelten die Frauen, die Jakobinermützen trugen, und forderten im Namen der Freiheit vor dem Konvent, tragen zu dürfen, was ihnen beliebte. Daraufhin nahm der Konvent das Gesetz, das alle Frauen zum

Tragen der Kokarde verpflichtete, zurück. Im Oktober verbot er alle Frauenclubs.

Als Robespierre im Frühjahr 1794 seine Opposition vernichtete, wurde auch die Teilnahme von Frauen an Zusammenkünften der Volksgesellschaften verboten. Die Frau sollte ihre Bedeutung wieder ausschließlich im familiären Zusammenhang erlangen.

Unter dem Direktorium wurden den Frauen alle politischen Rechte entzogen, aber Frauen des wohlhabenden Bürgertums wie Mme de Staël, Mme Tallien oder Josephine de Beauharnais beeinflussten Politiker in ihren Salons. Reichtum und Luxus lösten den revolutionären Puritanismus ab. In der Provinz herrschte das Frauenbild des mittleren Bürgertums vor. Nach 1804 erhielten die Männer wieder die Verfügungsgewalt über ihre Frauen. Bestehen blieben die Gesetze zum Schutz der Familie und die Erinnerung an die kollektive Erfahrung der Frauen in den großen Tagen der Französischen Revolution.

Elisabeth Botsch

Nouvelle Méthode pour faire prêter serment aux Curés

Revolutionärer Schwurhandaufzug für eidverweigernde Priester (Nouvelle Méthode pour faire préter serment aux Curés).
Anonyme, kolorierte Radierung, verlegt von Hansman, Paris 1791,
151 x 201 mm (Nationalbibliothek Paris, Kupferstichkabinett Sammlung de Vinck Nr. 3483).

Unter den zahlreichen antiklerikalen Bildflugblättern der frühen Revolutionsjahre, welche die katholische Kirche des alten Frankreich als Ausbeutungsre-
gime anprangerten, in Form von Leichenzügen ihr Ende beschworen oder die
bei ihr kritisierten Missstände mit symbolischen Strafen ahndeten, sticht die
abgebildete Karikatur weder durch besondere Radikalität noch durch hohe
künstlerische Qualität hervor. Doch macht sie in einer fiktiven ›Momentaufnah-
me‹ den wohl entscheidenden Dreh- und Krisenpunkt der revolutionären Kirchenpolitik sichtbar. Die Szene spielt kurz nach dem Beschluss der Nationalversammlung vom 27. November 1790, nur diejenigen katholischen Pfarrer und
Bischöfe in ihren Ämtern zu bestätigen und – nach Einziehung der Kirchengü-

ter – aus der Staatskasse zu besolden, welche den Eid auf die neue Zivilverfassung des Klerus vom 2. Juli 1790 leisteten. Dies Gesetz, das u. a. die Bestellung des Klerus den neuen politischen Wahlgremien in den Departements übertrug, war von Ludwig XVI. widerstrebend angenommen worden (24. August), sollte aber vom Papst strikt verurteilt werden (10. März 1791). Suchte es doch die Kirche in den Dienst der Revolution zu stellen, indem es die Priester zu »Staatsbeamten« *(fonctionnaires publics)* ernannte und ihnen unter der Drohung, »als Störer der öffentlichen Ordnung verfolgt zu werden«, den Eid abverlangte, »der Nation, dem Gesetz und dem König treu zu sein und mit aller Kraft für die [...] Verfassung einzutreten« (Art. 1 und 7, in: Archives parlementaires ..., 1. Série, Bd. 21, Paris 1885, S. 80–81).

Eben diese Forderung und ihre Problematik werden in unserer Szene beispielhaft veranschaulicht. Da der Verfassungseid mit dem Geistlichen auch die Gemeinde an die Revolution binden soll, ist er öffentlich bei der sonntäglichen Messe zu leisten. Begleitet – und beschützt – von der revolutionär gesinnten örtlichen Nationalgarde haben sich also Vertreter der neu gewählten lokalen Obrigkeit (Munizipalität) durch ihr gepflegtes Äußeres wie ihre würdevolle Amtshaltung von den kleinen Leuten deutlich abgehoben, in die Dorfkirche begeben, um die Eidleistung der säumigen Geistlichen entgegenzunehmen und amtlich zu protokollieren. Sie werden dabei unterstützt von einigen Männern aus der Gemeinde selbst. Doch stößt die gemeinsame Eidforderung dieser revolutionären Kräfte auf Widerstand – sichtbar vor allem in dem vorne auf der Kanzel zitternden Bischof, dessen Linke nur gewaltsam – mit einer Seilwinde – in die geforderte Schwurhaltung zu bringen ist. Doch auch zwei weiteren anwesenden Geistlichen ist ihre Ablehnung anzusehen: sowohl der erschrockenen Gestalt hinten auf der Kanzel, die wohl als Nächste ›drankommt‹ und an den gegenrevolutionären Abbé Maury erinnert, wie dem (um Vergebung) betenden Pfarrer am Kirchenportal, der gerade zwangsvereidigt worden zu sein scheint. Der Widerspenstigkeit dieser »aristokratischen« Geistlichen – d. h. ›gegenrevolutionär‹ aufgrund ihrer Eidverweigerung – entspricht der im Augenblick noch resignierte passive Widerstand der am Fuß der Kanzel sitzenden und knienden Bauersfamilie, während die beiden neben der Winde stehenden Bauern und die Frauen am Eingang eher eine zögernde Haltung einnehmen.

Der ungenannte Graveur ist offensichtlich ein Kritiker der Revolution; mit der Kanzel, die statt Engeln ein Teufel ›ziert‹, erscheint der ganze Verfassungseid als widergöttliches Werk. Doch schildert unser Stecher die Zwangsvereidigung satirisch als kirchenpolitisches ›Happening‹, an dem auch revolutionäre Betrachter Gefallen finden konnten. Latent zeichnet sich in seiner Darstellung bereits die ernste politisch-soziale und religiöse Konfrontation ab, die zwischen

KIRCHE, KLERUS
UND RELIGION

Die Kirchengeschichte der Revolution
im Meinungsstreit

DAS FELD DER KIRCHEN- UND RELIGIONSPOLITIK wurde im
Verlauf der Revolution aufgrund vielfältiger Faktoren zu einem
Hauptkampfplatz der revolutionären Parteiungen. Auf allen Seiten
blieben tiefe Wunden und fortwirkende Sensibilisierungen zurück.
Die 1795 definitiv vollzogene Trennung von Kirche und Staat, die sich
im Gegensatz zu anderen Errungenschaften der Revolution als dauerhaftes Erbe erweisen sollte, spaltete die französische Nation in ein kon-
servativ-katholisches und ein laizistisch-republikanisches Lager; die
Aktualität dieser Spaltung haben Mitte der 1980er Jahre noch die vi-
rulenten Auseinandersetzungen um die Schulpolitik der sozialisti-
schen Regierung lebhaft vor Augen geführt. Jede der beiden Seiten hat
über Jahrzehnte Mythen transportiert und Legenden ausgesponnen,
ihre Märtyrer und Helden geehrt und stilisiert, die Protagonisten der
Gegenseite als Renegaten und Apostaten verketzert und verdammt.
Diese Lagerbildung hat die Darstellung der revolutionären Religionspolitik nachhaltig bestimmt, wobei allerdings die Geringschätzung der
so genannten Überbauphänome in der dominierenden Revolutions-
historiographie dem insofern Vorschub leistete, als sie die Kirchenge-
schichte einer ausschließlich prosopographisch orientierten, detail-
verliebten Lokalforschung überließ.

den Eidleistenden und den tatsächlich zahlreichen Eidverweigerern, zwischen
laizistischen Verfechtern und katholischen Gegnern der Revolution ausbrechen
sollte – eine Polarisierung, die der Verfassungseid von 1790/91 in der Tat eigentlich auslöste und die sich bis 1794 im Zuge weiterer, immer radikalerer politischer Eidforderungen an die Geistlichkeit zu einer dauerhaften innenpolitischen Spaltung Frankreichs vertiefen sollte.

Beide Lager verstanden die Revolution als Frucht der Aufklärung, allerdings unter gegensätzlichen Vorzeichen: Bei der Suche nach Erklärungen für den für viele einfach unfassbaren, als dämonisch erfahrenen Prozess der Revolution wurde seit 1790 – im Rahmen der These von der ›Verschwörung der Philosophen‹ – von Angehörigen der Geistlichkeit (etwa dem Eudisten Lefranc und den Jesuiten Royou und Barruel) die französische Aufklärung als Urheber dingfest gemacht, deren kirchen- und religionskritische ›Wühlarbeit‹ eine durch die Gegenreformation glanzvoll erstarkte Kirche zerstört, die Kirchenfeindlichkeit, den Anti-Klerikalismus und die Dechristianisierungswellen der Revolution hervorgebracht habe. Dieses Denkmodell, das die Revolution als langfristig geplantes Werk einer kleinen Gruppe ausgab, erlaubte es, die Revolution unter bewusster Ausklammerung ökonomischer und sozialer Bedingungsfaktoren als einen ›Putsch von Staatsfeinden‹ zu betrachten, und hatte für seine Urheber den Vorteil, die regierenden Kräfte des Ancien Régime (Krone, Kirche und Parlamentsadel) von jeglicher Schuld an der Entstehung der Revolution zu entlasten.

Die republikanische Seite zeichnete demgegenüber das Bild einer dekadenten, vor dem Kollaps stehenden Kirche, welche die Reformvorschläge der Aufklärer ignoriert und der die Revolution nur noch den Gnadenstoß versetzt habe: Sie sei gleichsam von innen heraus ausgezehrt worden, zerrissen durch Konflikte zwischen hohem und niederem Klerus, durch Animositäten zwischen Orden und weltlichem Klerus, gelähmt durch Richtungskämpfe zwischen Jansenisten und Ultramontanen, zerfallen in die Gruppen dem Hofleben frönender Bischöfe, verweltlichter Mönche, der Freimaurerei anhängender Stiftsherrn, am Rande des Existenzminimums lebender Pfarrer. Während die geistige Elite die Kirche längst verlassen hatte, bilde ihr Fundament ein in Unwissenheit gehaltenes, abergläubisches, kaum dem Heidentum entwachsenes Laienvolk.

Diese holzschnittartigen Geschichtsbilder sind erst seit den frühen sechziger Jahren – in Fortführung religionssoziologischer Ansätze von Gabriel Le Bras – durch Arbeiten von John McManners, Bernard Plongeron, Michel Vovelle und Timothy Tackett entscheidend modifiziert worden, wobei allerdings frappierende Differenzen der Grundstrukturen und Verhaltensmuster in den verschiedenen Landschaften und Diözesen deutlich geworden sind.

Zwischen Aufbruch und Erstarrung – der französische Katholizismus im ausgehenden Ancien Régime

Mit der Kirche erfasst man ein wichtiges Strukturelement der traditionellen Gesellschaft, denn ihr kam im Ancien Régime eminente gesamtgesellschaftliche Bedeutung zu, sozial wie wirtschaftlich gab es keine Institution mit vergleichbarem Einfluss. Seit dem Konkordat von 1516 war der katholische Glaube Staatsreligion, und jeder Untertan des Königs somit von Rechts wegen Katholik. Die Kirche verfügte mit ca. 37 000 Pfarreien über ein breites Organisations- und Kommunikationsnetz, das auch staatliche Funktionen wahrnahm; sie durchdrang so das alltägliche Leben in vielfältiger Weise, nicht zuletzt, weil sie faktisch über ein Erziehungsmonopol verfügte. Der Lebensraum war katholisch. In der Metropole Paris etwa gab es annähernd 50 Pfarrkirchen für 600 000 Einwohner, die Klöster bedeckten mit ihrem Grund- und Immobilienbesitz ein Viertel des Stadtgebiets; in einer Provinzstadt wie Amiens traf man bei 35 000 Einwohnern auf 1 200 Geistliche, im Domkapitel, in den Kollegkirchen, in 14 Männer- und 9 Frauenklöstern sowie in 15 Pfarrgemeinden. Überall stieß man auf Soutanen, unzählige Prozessionen durchzogen das städtische Leben. Die Zeit war katholisch: der Kalender, der Arbeitsrhythmus, die vielen Feiertage. Die zahllosen Kirchtürme prägten das Profil einer Stadt, das Glockengeläut regelte den Ablauf des Tages, Taufen und Sterbemessen forderten von den Gläubigen häufige Präsenz über den sonntäglichen Kirchgang hinaus, die Fest- und Feiertage bestimmten den Rhythmus eines Jahres. Auf dem Land war die Präsenz der Kirche zwar weniger augenfällig, dafür aber um so verbindlicher. Über die Kanzel, durch die sonntägliche Predigt und mittels der stetigen Seelsorge- und Verwaltungsarbeit der Pfarrgeistlichkeit erreichte die Kirche nahezu jeden Franzosen. In dieser ländlich geprägten Welt setzte nach wie vor der Kirchenkalender die Akzente; Bibel, Gesangbuch, Katechismus, Almanache und Festkalender blieben alleinige Lektüre der Grundschichten.

Der Klerus bildete zwar ständerechtlich – von den Privilegien innerhalb von Staat und Gesellschaft her – eine homogene Gruppe, doch in der hierarchischen Gliederung, in der Streuung der sozialen Herkunft, in den Zugriffsmöglichkeiten auf Recht und Kultur und nicht zuletzt in der begrenzten sozialen Mobilität bot er ein getreues Spiegelbild der Gesellschaftsordnung des Alten Frankreich und verwies so auf seine enge Verflechtung mit weltlichen Institutionen und sozialen Gruppen. Wenn auch das aus Propagandaschriften des späten 18. Jahrhunderts überkommene Bild einer rigiden Zweiteilung der kirchlichen Amtsträger stark überzeichnet ist, so sind deutliche Abstufungen nach Sozialprestige, politischem Einfluss, Vermögen und funktionaler Selbsteinschätzung nicht zu übersehen. Die Rechte, Lasten und Pflichten verteilten sich innerhalb des Standes so einseitig, dass Konflikte auf die Dauer innerhalb der Kirche unausweichlich waren.

Der Erste Stand umfasste im Stichjahr 1790 etwa 170 000 Personen: 39 000 Pfarrer, 20 500 Vikare, 28 500 Säkulargeistliche in diversen Funktionen an Kapitel- und Kollegkirchen, 26 500 Regulargeistliche und 55 000 Nonnen. Schon diese Aufteilung zeigt, dass eine übergroße Zahl von Geistlichen von den Einkünften aus einer Pfründe oder aus anderen Einnahmen lebte, die sich nicht aus einer pastoralen Tätigkeit ergaben, und dieser Missstand wurde sowohl innerhalb der Kirche (von den Pfarrern) als auch außerhalb der Kirche (von aufgeklärten Laien) lebhaft kritisiert. Die höhere Geistlichkeit (ca. 8 000 Personen: Bischöfe, Ordensobere, Domkapitulare mit Einkommen von 10 000 *livres* im Jahr) rekrutierte sich ohne Ausnahme aus den alten, hochadligen Familien; kirchliche Pfründen waren also durch den König vergebene Versorgungsinstitute des Adels (von 740 Abteien waren am Vorabend der Revolution 625 in Kommende, d. h. nur zum Niesnutz der Einkünfte ohne Amtspflichten, vergeben). Die gut dotierten Pfründen und der Aufstieg in die besseren Positionen der kirchlichen Hierarchie wurden daher auf der Basis des Nepotismus und der adligen Kontrolle vergeben und waren durch Leistung in Studium oder pastoraler Arbeit nicht zu erreichen, sie blieben argwöhnisch gehütete Domänen des Adels. Allerdings war im 18. Jahrhundert Patronage in der Kirche nicht gleichzusetzen mit Korruption und Inkompetenz; wenn auch nur wenige Bischöfe im Ruf von Heiligen standen, wies sich doch die Mehrzahl von ihnen durch administrative Effizienz aus. Allerdings gelangten junge Adlige nicht selten aus politischen Rücksichtnahmen in Stellungen, für die sie sich nicht berufen fühlten. Gleichzeitig förderten die vielfältigen Aufgaben der Kirche in Staat und Gesellschaft eine Verfilzung mit staatlichen oder mit Gruppeninteressen; kirchliche Würdenträger waren in allen wichtigen Gremien vertreten. Dadurch wurde im 18. Jahrhundert ein Rückgang der Spiritualität immer spürbarer, der schon seit längerem vor allem in den Klöstern und bei der Geistlichkeit an den Kapiteln unübersehbar war.

Hier rangierten die Erfordernisse der religiösen Berufung nicht selten deutlich hinter der Wahrnehmung der wirtschaftlichen Interessen. Zwischen 1766 und 1768 hatte eine kirchliche Kommission unter Leitung des Erzbischofs Loménie de Brienne von Toulouse zur Beseitigung der ärgsten Missstände eine Reihe von Auflagen erteilt und 426 Klöster aufgehoben, damit jedoch die Krise des Ordensleben nicht beheben können. Bei allen Ordensgemeinschaften sank die Zahl der Novizen zwischen 1770 und 1790 dramatisch, bei einigen Orden halbierte sich in dieser Zeit die Zahl der Mitglieder (anders lag die Entwicklung bei den Frauengemeinschaften, wo alte, kontemplative Gemeinschaften ebenso regen Zulauf zu verzeichnen hatten wie neue karitative und der Erziehung gewidmete Orden; hier zeigt sich ein Trend zur Feminisierung des Glaubens, der am Ende des Jahrhunderts auch auf die Laien übergreifen sollte).

Die Kirche nahm über Landbesitz ca. 100 Millionen *livres* im Jahr ein, annähernd die gleiche Summe erbrachten die Zehnteinnahmen. Große Teile dieser Einnahmen flossen an Kapitel und Klöster, die 90 Mitglieder des Kapitels in Chartres etwa teilten sich 3,5 Millionen *livres*. Diese Abgabenlast – deren Einzug sich seit 1760 verschärfte – beschwor Konflikte mit den zu Leistungen verpflichteten Bauern, aber auch mit dem Pfarrklerus herauf, der in seiner Mehrheit nicht zehntberechtigt war, sondern in der Regel mit einer kleinen Entschädigung abgefunden wurde. Der Pfarrklerus empfand sich als überlastet und unterbezahlt.

Seine vielschichtige, zentrale Rolle hat die Mentalitätsgeschichte in jüngster Zeit herausgearbeitet: Vermittler zwischen den Welten der Elite und der Massen, aber auch zwischen bischöflicher Verwaltung und dem Kirchenvolk, zwischen Staatsverwaltung und Untertan – Notabler in einer dörflichen Gesellschaft, Angehöriger einer Welt zwischen Grundherr und Bauer, Träger der posttridentinischen Reformen, Pfeiler der Armenfürsorge, maßgebliche Stütze des Primarschulwesens, Mittler einer kulturell wenig mobilen Welt mit einer sich rapide wandelnden Umgebung. Er hatte nicht selten um seine Einkünfte mit Bischof oder Kloster, mit Gutsherr oder Gemeinde zu kämpfen, er war durch eine Vielzahl von Pflichten und Verpflichtungen in vielschichtige, nicht selten inkompatible persönliche und sachliche Abhängigkeiten eingebunden, aus denen sich notwendig Reibungen ergaben; diese verschärften sich, als die sozialen und wirtschaftlichen Probleme auch in der Gesellschaft die Überhand gewannen und sich der politische Handlungsspielraum verengte.

In dem einschneidenden, facettenreichen Prozess von Bevölkerungswachstum, Verarmung von Kleinbauern und unterbürgerlichen
Schichten, der Verstädterung mit ihren Begleiterscheinungen (Prostitution, illegitime Geburten, Kriminalität) und nicht zuletzt der Aufklärung wandelten sich auch die religiösen Gefühle und Überzeugungen
vieler Gläubigen, ohne dass bischöfliche Verlautbarungen oder die
pastorale Praxis neue Wege gewiesen hätten. Menschen, die sich im
Umfeld neuer Wirtschaftszentren ansiedelten, wurden nicht in die Kirche integriert, Kirchenneubauten unterblieben. So machte sich in der
französischen Gesellschaft – auf dem Land weniger als in der Stadt, im
Norden in geringerem Maße als im Süden – seit 1770 verstärkt religiöse Gleichgültigkeit, Desozialisierung und Laizisierung breit, auch wenn
gelebte, offensive Ungläubigkeit qualitativ wie quantitativ ein begrenz-
tes Phänomen in einem zumindest den Formen nach zutiefst katholischen Reich blieb.

Der Prozess der Reformen, der im Zuge der Gegenreformation eingeleitet worden war, begann sich gegen die Kirche zu wenden. Die Pfarrer, die in den Seminaren eine vereinheitlichte Ausbildung erfahren
hatten und mit einem neuen Selbstverständnis antraten, reklamierten
mehr Mitsprache und angemessene Besoldung, viele Laien wandten
sich zumindest im Alltag von der Kirche ab: in der Stadt, weil die Welt
des Bürgers sich immer weiter von kirchlichen Lehren absetzte und die
Aufklärung praktikablere Lebenshilfen zur Verfügung stellte, auf dem
Land aber gerade wegen kirchlicher Neuerungen, die tradierte Glau-
bensinhalte, lieb gewordene Heilige und religiöse Gefühle missachte-
ten: Die breite Masse der Bevölkerung hing an ihrem Brauchtum, das
unverzichtbarer Teil der Volksfrömmigkeit war: Das Geläut der Glocken und das Entzünden schwarzer Kerzen sollten weiterhin Unwetter
abwenden und der Pfarrer schädliche Insekten verdammen. Indem sie
sich an den Forderungen der Aufklärung orientierte, opferte die Kirche Teile ihrer ländlichen Hochburgen, ohne in der Stadt neue Anhänger zu finden oder abgefallene neu einbinden zu können.

In der öffentlichen Meinung hatte die Kirche ihre unangefochtene
Stellung weitgehend eingebüßt, obwohl nur der Klerus über eine regelrechte Standesorganisation verfügte: Alle fünf Jahre tagte eine Generalversammlung, am Hof war der Klerus über eine Generalagentur vertreten. Die Generalagentur unterhielt ein ganzes Heer von Schriftstellern,
das die Sache der Kirche vertreten sollte; die Produktion der Devotio-
nalienliteratur war gewaltig (63 % aller Titel in der Provinz), wie auch

die Zahl apologetischer Schriften den Umfang aufklärerischen
Schrifttums weit übertraf. Doch fehlte es der Kirche an charismatischen
Persönlichkeiten. Der innerkirchliche Streit um die rechte Konfession,
der das 18. Jahrhundert im Gefolge der Bulle Unigenitus prägte (mit der
Papst Klemens XI. im Jahr 1713 die Lehren des jansenistischen Führers
Quesnel verworfen hatte), warf tiefe Gräben auf. Episkopat, Klerus,
Hof, Regierung und Volk zerfielen angesichts der päpstlichen Entscheidung je in zwei Lager, bei deren Auseinandersetzung die Grundsätze und Freiheiten der seit dem Konkordat (1516) gewachsenen gallikanischen Kirche im Vordergrund standen. Der Jansenismus – ursprünglich Glaubensrichtung einer kleinen Elite innerhalb der Kirche
– wurde zum Sammelbecken aller Katholiken, die in Opposition zu
Rom, zum »ministeriellen Despotismus« oder zur Macht der Bischöfe
standen. Als Speerspitze des Widerstandes fungierten die Parlamente.
Demgegenüber suchte der Episkopat eine göttlich-sanktionierte, absolutistische Monarchie gegen Konstitutionalismus und drohende
Volkssouveränität abzusichern, wobei er eine Kontrolle der »Untertanen« (d. h. der Parlamente) forderte, sie aber für sich selbst aufgrund
der spezifischen Ordnung und der göttlichen Einsetzung der Kirche ab-
lehnte. Und zur Durchsetzung dieses Anspruches setzte die Kirchenfüh-
rung immer weniger auf Überzeugungsarbeit, immer mehr aber auf
Zwangsmaßnahmen wie Zensur und Haftbefehl (*lettres de cachet*).
Zwar verfügte niemand über einen umfassenden Reformplan für die
Kirche, und bis in den Sommer 1789 hinein erhoben sich auch keine
Stimmen, die die offizielle Stellung der Kirche in Frage gestellt hätten.
Aber der Ruf nach Reformen wurde – von Angehörigen der niederen
Geistlichkeit wie von Laien – unüberhörbar vorgetragen. So glich die
Kirche vor der Revolution »einem prachtvollen Gebäude mit deutli-
chen Rissen« (O. Hufton), und diese Risse sozialer, wirtschaftlicher und
psychischer Natur drohten ohne durchgreifende Maßnahmen die tra-
genden Mauern über kurz oder lang zum Einsturz zu bringen.

Kooperation und Integration: Auf dem Weg zu einer katholisch-revolutionären Staatskirche (1785 bis 1790)

Die hohe Geistlichkeit verwehrte jedoch die überfällige Reform des
Pfründenwesens und lehnte eine Partizipation des niederen Klerus

wie der Laien am innerkirchlichen Entscheidungsprozess ab. Durch ihre Eingliederung in die aristokratische Fronde gegen Reformvorhaben der Krone hatte sie maßgeblichen Anteil am Ingangsetzen der Revolution. Die im Frühjahr 1787 zur Sanierung des Staatshaushaltes einberufene Notablenversammlung hatte den Plan des leitenden Ministers Calonne, auch die privilegierten Stände zu besteuern und Kirchengüter zur Deckung der aufgelaufenen Schulden der Kirche an die Krone (die sich aus dem alle fünf Jahre bewilligten *don gratuit* des Ersten Standes ergaben), abgelehnt. Der zum Nachfolger Calonnes berufene Erzbischof Loménie de Brienne suchte in der hoffnungslosen Lage, da sich auf dem Kreditsektor kaum noch Anleihen der Krone platzieren ließen, Unterstützung von Seiten der Kirche und berief für das Frühjahr 1788 eine außerordentliche Kirchenversammlung ein. Die 64 Mitglieder dieses Gremiums repräsentierten jedoch ausschließlich die Meinung des hohen weltlichen Klerus. Die Umstände des von Brienne gesuchten Dialogs mit seinen Amtsbrüdern waren denkbar ungünstig: Seit Monaten wurde der Verkauf von kirchlichen Besitztiteln zur Deckung des auf 140 Millionen *livres* gestiegenen Schuldenbergs in der Öffentlichkeit lebhaft diskutiert. Die Kirche hatte sich dem öffentlichen Druck gebeugt und einer Auflistung ihrer Besitztitel zugestimmt, beharrte aber auf einer eigenständigen Durchführung der Inventur. Die Kirchenversammlung lehnte daher die Gewährung einer Sonderzahlung von 8 Millionen *livres* als unerträgliche Sonderbelastung ab. Ihre am 5. August erfolgte Weigerung zog am 8. August 1788 die Erklärung des Teilstaatsbankrotts und damit den De-facto-Rückzug der Krone aus dem politischen Machtkampf nach sich. Die Lösung der Probleme lag nun bei den Generalständen.

Durch Inflation und Teuerung hatte sich die wirtschaftliche Lage vieler Pfarrer seit 1750 drastisch verschlechtert, wozu auch Sparmaßnahmen jener Klöster, die Pfarrstellen vergaben, und die Verweigerung des Zehnten durch die bäuerliche Bevölkerung beitrugen. Die berechtigten Klagen der Pfarrer hatten jedoch kein Gehör gefunden, weil sie in keinem Entscheidungsgremium (den Kirchenversammlungen, den 1787 eingerichteten Provinzialversammlungen, den 1787 und 1788 einberufenen Notablenversammlungen) Sitz und Stimme besaßen. Trotz ihres zunehmenden Drucks auf die Diözesanverwaltungen, der sich in Form von steigenden Konflikten mit dem Bischof, aber auch in der Errichtung von Pfarrersyndikaten niederschlug, waren sie ständig übergangen und synodaler Mitspracherechte beraubt worden. Nach-

dem Brienne im Juli 1788 per Edikt die Öffentlichkeit aufgefordert hatte, über die Form der Generalstände zu beraten, begnügten sich die
Pfarrer nicht länger mit Eingaben an den Generalagenten des Klerus
oder an die Parlamente. Da weder Kirche noch Staat ihre Forderungen
auch nur angehört hatten, suchten sie in einer Flut von Broschüren,
Flugschriften und gelehrten Abhandlungen die Öffentlichkeit für ihr
Anliegen zu mobilisieren. Da sich der Pastoralklerus fast uneingeschränkt hoher Wertschätzung erfreute und sich die Krone von der
Mitarbeit der Pfarrer in den Generalständen hilfreiche Einblicke in die
Lage des Landes erhoffte, legten die Ausführungsbestimmungen vom
24. Januar 1789 für die Wahlen fest, dass jeder Pfarrer (hingegen nicht
die Vikare) an den Wahlen seines Standes teilnehmen sollte. Obwohl
die hohe Geistlichkeit den Spielraum für Manipulationen jeder Art in
vielen Wahlbezirken nutzte, brachten die Wahlen dem Pastoralklerus
den Löwenanteil der 291 Mandate (45 Bischöfe, 20 Äbte, 12 Kanoni-
ker, 6 Generalvikare, 208 Pfarrer).

Allerdings handelte es sich bei diesen Deputierten keineswegs um
geborene Parteigänger des Dritten Standes; ihr Ziel war vielmehr eine
Neuverteilung der Macht, der wirtschaftlichen Ressourcen und der
Kompetenzen innerhalb ihres Standes, bei gleichzeitiger Wahrung der
korporativen Selbständigkeit und der privilegierten Stellung der Kirche. So ging der entscheidende Schritt für die Verfassungsrevolution
vom 17. Juni 1789 zwar von einem Geistlichen aus (Abbé Sieyès), der
jedoch den Generalständen als Deputierter des Dritten Standes ange-
hörte. Die Mehrheit der Geistlichen dagegen entschloss sich erst nach
wochenlangem Zögern zur gemeinsamen Beratung mit den anderen
Ständen, weil sie ihre Standesprivilegien und die von ihnen angestrebten Ziele eben gerade nicht auf dem Altar der vom Dritten Stand ok-
kupierten Nation, zu opfern gewillt war. Eine kleine Gruppe reform-
williger Geistlicher, die bereits im Vorfeld der Revolution mit Teilen des
Dritten Standes kooperiert hatte und sich an den Sitzungen der ent-
stehenden Parteiungen beteiligte, gab den Ausschlag für eine Mehrheit
der vom Dritten Stand ausgerufenen Nationalversammlung.

Abgesehen von einem harten Kern entschiedener Konservativer
(etwa ein Viertel der geistlichen Deputierten), war der Klerus während
der frühen Revolution in seinem kirchlichen und politischen Reform-
willen mit dem Dritten Stand einig. Mit gutem Grund sind die in den
Broschüren und vorrevolutionären Beschwerdeheften dokumentier-
ten gesellschaftlichen Grundeinstellungen zu notwendigen Reformen

im Bereich von Kirche und Glauben bei Pastoralklerus und Drittem Stand weitgehend deckungsgleich (Abschaffung der Steuerprivilegien des Klerus, Beseitigung des Pfründenwesens, lokale Einziehung und Verwaltung des Zehnten, stärkere Nutzung des Kirchenbesitzes zur Finanzierung der Sozialhilfe und des Schulwesens, Kontrolle der Klöster, Reinigung des Glaubens). So stimmte der Klerus in der berühmten Nacht des 4. August 1789 unter dem Eindruck der rapide um sich greifenden Bauernrevolten für die Abschaffung des Feudalwesens mit allen sich daraus für die Organisation der Kirche ergebenden Folgen, insbesondere der Abschaffung des Zehnten, der Aufhebung der Steuerfreiheit und der ständischen Gerichtsbarkeit, und die Sitzung klang mit einem feierlichen Tedeum aus. Wie die Generalstände am 5. Mai mit einer feierlichen Prozession zur Kirche des heiligen Ludwig in Versailles eröffnet worden waren, so behielt auch die Nationalversammlung den Brauch bei, politische Entscheidungen von besonderer Tragweite in ein religiöses Zeremoniell einzubetten; so segneten etwa Karmeliter und Kartäuser die ersten Trikoloren, nahezu überall präsidierten Pfarrer die Errichtung von Mai- und Freiheitsbäumen, und nicht wenige Pfarrer finden sich als Gründungsmitglieder lokaler Freundeskreise der Verfassung. Man wollte Kirche und Staat keineswegs trennen, vielmehr die Kirche eng an die Revolution binden, denn die Religion war ein starker nationaler Integrationsfaktor, die Kanzel das schnellste und zuverlässigste Medium zur Verbreitung der Revolutionsgesetze.

Da die Geistlichkeit jedoch bei dem Reformvorhaben ein Abkommen gleichberechtigter Partner im Auge hatte, während die Absicht der revolutionären Trägergruppen auf eine einseitige Vereinnahmung hinauslief, die auch vor der Barriere des kirchlichen Selbstbestimmungsrechts und der kanonischen Formen nicht Halt machte, waren Reibungen auf Dauer unausweichlich. Die dramatische Zuspitzung der Finanzkrise führte dazu, dass im Herbst 1789 die Einziehung des kirchlichen Grundbesitzes zu Gunsten des Staates erneut auf die Tagesordnung gesetzt wurde. Am 2. November 1789 beschloss die Versammlung mit 510 zu 346 Stimmen die Verstaatlichung der Kirchengüter, die ab 1790 bei den Departements- und Distriktverwaltungen von reichen Stadtbürgern und wohlhabenden Landwirten ersteigert wurden. Obwohl die Kirche diesen Transfer, der im Landesdurchschnitt etwa ein Zwölftel des Bodens betraf, nur widerwillig akzeptierte, erregte diese Maßnahme in der Öffentlichkeit genauso wenig Unruhe oder Entrüstung wie die am 3. Februar 1790 dekretierte Aufhebung aller Kongregationen mit feierlichen Gelübden, die weder in der Krankenpflege noch im Unterrichtswesen tätig waren. Die mit der Einziehung der Klostergüter einhergehende Säkularisierung der Personen wie die Streuung des Besitzes entsprach den über Jahrzehnte vorgetragenen Forderungen der französischen Aufklärung. Polemik und Kritik hatten weithin die Diskussion um Klöster und Ordensklerus im 18. Jahrhundert bestimmt. Der ›lüsterne Mönch‹ gehörte zum Standardrepertoire der Antihelden in der populären Literatur; Untergrundschriften schilderten in immer neuen Varianten den Ordensklerus als ›Krebsgeschwür am Leib der Nation‹. Nicht nur Berufung, sondern auch geheime Arrestbefehle oder Vorgaben des Beichtvaters wiesen den Weg ins Kloster. Die klösterliche Abgeschiedenheit schien der ›Natur des Menschen‹ schädlich. Ein Großteil der geistlichen Abgeordneten protestierte vergeblich gegen diesen Übergriff der weltlichen Macht auf Glaubensangelegenheiten. Die Reform der kirchlichen Organisation erschien der Mehrheit der Konstituante als die Konsequenz der allgemeinen Umwälzung aller Institutionen und der Beseitigung der überholten, sozial schädlichen, wirtschaftlichen Fundamente der Kirche.

Seit dem 2. August 1789 arbeitete ein Komitee für kirchliche Angelegenheiten ohne Konsultation kirchlicher Stellen an der Neuregelung der materiellen Grundlagen einer revolutionären Staatskirche. Dieses Gremium verständigte sich sehr schnell auf eine Verminderung des Personalbestandes der Kirche (neben den Ordensgeistlichen galten die Dom- und Kollegiatkapitel als überflüssig) und auf eine Ausrichtung des Glaubens an den Lebensformen der Urkirche. Eine lange, in der Öffentlichkeit wie in den Revolutionsgremien geführte Debatte mündete am 12. Juli 1790 in die Zivilkonstitution des Klerus, die im Wesentlichen drei Neuerungen mit sich brachte: eine Neueinteilung der Diözesen auf der Grundlage der 83 Departements mit einer erheblichen Reduzierung der Pfarrgemeinden; eine Besoldung der Geistlichen durch den Staat bei unentgeltlicher Verrichtung aller von diesem Personenkreis durchgeführten religiösen Amtshandlungen; die Wahl der Bischöfe und der Pfarrer durch politische Wahlkörperschaften, wobei die bischöfliche Amtsgewalt durch einen Priesterrat eingeschränkt wurde, der bei der Führung der Amtsgeschäfte anzuhören war.

Die Zivilkonstitution war gleichbedeutend mit dem Ende der gallikanischen Kirche, deren Autonomie Stück für Stück abgebaut worden war: Politisch durch die Vereinigung der »patriotischen Pfarrer« (*curés patriotes*) mit dem Dritten Stand zur Nationalversammlung, sozial

durch die Aufhebung der Feudalrechte, wirtschaftlich durch die Nationalisierung der Kirchengüter, religiös durch die Zivilverfassung, die –
orientiert am rousseauistischen Ideal einer »zivilen Religion« – die Kirche dem Prinzip der Volkssouveränität unterordnen und in die Nation
einzugliedern suchte. Die Revolution trennte die Kirche damit definitiv von Rom, um sie dem Staat nicht nur unterzuordnen, sondern um
auch ihren hierarchischen Zusammenhalt auf allen Stufen und in allen
Formen aufzulösen. Das war jedoch für die Kirchenführung wie für das
Kirchenvolk unannehmbar. Die weitaus größte Zahl der geistlichen Abgeordneten lehnte die Zivilkonstitution ab, weil derart einschneidende
Änderungen auf dem Gebiet des Glaubens nur nach Absprache mit einem Nationalkonzil oder nach Billigung durch den Papst dekretierbar
schienen. Für viele Laien war die Zivilkonstitution der erste fühlbare
Eingriff der Revolution in den Alltag; zerriss doch die Auflösung und
Neugruppierung vieler Pfarreien über Jahrhunderte gewachsene Zuge-
hörigkeiten. Wenn man die unzähligen Proteste gegen die Zivilkonstitution betrachtet, muss es sich um eine traumatische Erfahrung gehandelt haben. So brachte die Kirchenpolitik der Nationalversammlung
nicht die erhoffte religiös-politische Einheit, sondern führte zur Spaltung der Kirche und der Nation. Katholische und konstitutionelle Kirche traten sich mit verhärteten Fronten unversöhnlich gegenüber, die
eine vom Staat misstrauisch überwacht und verfolgt, die andere vom
Staat begünstigt, jedoch nicht mehr konsequent gefördert, beide um öffentliche Anerkennung und um die Treue ihrer Anhänger ringend.

Radikalisierung und Verweigerung: Die Spaltung der Kirche (1790 bis 1793)

Der religionspolitische Konsens bröckelte jedoch schon vor der Verabschiedung der Zivilverfassung. Viele Angehörige der Geistlichkeit verfolgten besorgt die fortschreitende Auflösung der gallikanischen Kirche
seit dem Herbst 1789. Als im April 1790 ein Antrag des Kartäusers Dom
Gerle auf Anerkennung des Katholizismus als Staatsreligion abgelehnt
wurde, sahen viele in diesem Akt der Staatsräson einen nationalen Abfall vom Glauben. Diese Entwicklung traf zusammen mit immer fühl-
bareren Bemühungen verschiedener Bischöfe, aus der Emigration wie
aus der Nationalversammlung heraus in der Provinz einen Widerstand
gegen die gesamte Kirchenpolitik zu organisieren, der sich auch gegen

die Käufer von Kirchengütern richtete, wodurch der progressive Flügel der revolutionären Trägergruppen den Eindruck einer »aristokratischen und klerikalen Verschwörung« gewann. Das Festhalten der Kirche an ihrer Sonderstellung – außerhalb der sich formierenden Nation – und ihr Pochen auf Sonderrechte – gegenüber der Nation – zog ihre Loyalität gegenüber der Revolution zunehmend in Zweifel. Seit dem Sommer 1790 begann man in der Öffentlichkeit die Kirche merklich in Gegensatz zu zentralen Werten der Revolution (Freiheit, Nation, Gleichheit) zu rücken, und eine latent schon länger schwelende Kirchenfeindlichkeit in der städtischen Bevölkerung griff, geschürt von anti-klerikaler Propanda, in den Clubs und in den Zeitungen offener um sich.

Als die Verfassunggebende Versammlung beim Ableben eines Bischofs die Wahl seines Nachfolgers nach dem in der Konstitution festgelegten Modus befahl (das Wahlkollegium wählte bezeichnenderweise den Deputierten Expilly, der das Kirchenkomitee geleitet hatte), ohne die päpstliche Zustimmung zur Zivilkonstitution abzuwarten, formierte sich gegen diese eklatante Missachtung Roms in verschiedenen Provinzen (vor allem im Westen und im Süden) ein massiver, konservativer Widerstand. Er zwang die Nationalversammlung, ihrerseits Druck auf den zögernden Klerus auszuüben, indem sie von allen ein öffentliches Amt bekleidenden Geistlichen einen Eid auf die Verfassung verlangte, der die Zustimmung zur Neuregelung der kirchlichen Angelegenheiten umfasste. Wie die Mehrzahl der Deputierten, weigerte sich etwa die Hälfte des Klerus, diesen Eid zu leisten (wobei diese statistische Rechnungseinheit keinen Eindruck von den enormen Differenzen zwischen den Departements vermitteln kann).

Die im Frühjahr 1790 offenkundig gewordene Kluft innerhalb der Kirche wurde aus verschiedenen Gründen immer tiefer. Die feindlichen Parteien bekämpften sich erbittert, auch innerhalb der Pfarrgemeinden, wo nicht selten der alteingesessene, eidverweigernde Pfarrer gegen seinen eidleistenden Nachfolger seine Anhänger mobilisierte. Da es sich in vielen Regionen als schwierig erwies, selbst die wichtigsten Pfarreien neu zu besetzen, hielten sich viele Eidverweigerer bis zum Sommer 1792 im Amt.

Als Talleyrand und Gobel mit dem Aufbau eines neuen Episkopats begannen (da alle bis auf sieben Bischöfe den Eid verweigert hatten), sah sich Papst Pius VI., der seit langem von den sich in Rom sammelnden Emigranten zu einer Verurteilung gedrängt worden war, zum Handeln gezwungen. Mit einem Breve vom 10. März und vom 13. April

1791 verurteilte er die Zivilkonstitution und forderte von Eidleistenden ihren Widerruf. Eine große Zahl von Pfarrern kam dieser Aufforderung nach (22 000 von 28 000), sodass sich die Besetzung der Stellen immer problematischer gestaltete. Viele Ordensgeistliche nutzten die Chance zur Etablierung. Unter den neuen Pfarrern befand sich jedoch auch eine größere Gruppe von Geistlichen, die im späten Ancien Régime einem kirchlichen Untergrund angehört hatte und die sich nun aktiv am Umbau der tief in den vorrevolutionären Zuständen wurzelnden Kirche beteiligten. Provokatorische Aktionen wie die ostentative Verheiratung und die Stilisierung zum Bürger Pfarrer ließen bei den Gläubigen Zweifel am Wert der Sakramente aufkommen, die von solchen eidleistenden Geistlichen gespendet wurden. Der am 1. Oktober 1791 die Konstituante ablösenden Gesetzgebenden Nationalversammlung gehörten nunmehr 26 Geistliche an, und diese Versammlung entschied sich für eine radikale Verfolgung der Eidverweigerer. Als im Mai 1792 der Krieg mit Österreich und Preußen ausbrach, galten die Eidverweigerer nicht mehr nur als Helfershelfer der Reaktion, sondern als fünfte Kolonne des Auslandes. Der aus der zweiten Revolution im August 1792 hervorgehende Konvent hob daher umgehend die der Lehre oder der Krankenpflege verpflichteten Orden auf, schloss die letzten Klöster, verkaufte die Güter der Kirchenverwaltungen, verbot das Tragen geistlicher Kleidung und erließ ein Prozessionsverbot in der Hauptstadt, am 26. August folgte dann die Deportierung aller romtreuen Priester. Bis zum Frühjahr 1793 emigrierten mindestens 30 000 Geistliche ins Ausland, etwa 2 000 wurden deportiert, etwa 300 wurden im September 1791 in Pariser Gefängnissen ermordet. Die römisch-katholische Kirche hatte sich in den Untergrund und in die innere Emigration begeben; die konstitutionelle, national-revolutionäre Kirche verfügte nur über einen geringen Anhang (vielleicht 30 % der Gläubigen) und verlor zunehmend ihren offiziellen Charakter.

Überleben im Untergrund: Dechristianisierungswellen und die Propagierung revolutionärer Ersatzkulte (1793 bis 1794)

Bis zum Aufstand in der Vendée trat die Kirchen- und Religionspolitik hinter wirtschafts- und militärpolitischen Zielen zurück, dann allerdings richtete die politische Führung erneut ihr Augenmerk vorran gig auf dieses Feld. Die aufständischen Bauern hielt man für von verbrecherischen Geistlichen Verführte. Begleitet von Dekreten des Konvents, die eidverweigernde Geistliche erneut mit Hinrichtung und Deportation bedrohten, kirchliche Prozessionen und die Sonntagsruhe verboten und die Schließung aller Kirchen anordneten, kulminierte der Anti-Klerikalismus vor allem kleinbürgerlicher Gruppen in der Dechristianisierungskampagne des Jahres II. Da die konstitutionelle Kirche an zahlreichen Orten im Juli 1793 die verfemte föderalistische Bewegung unterstützte, welche 60 Departements in Aufruhr versetzte, waren die Konstitutionellen den Revolutionären ebenso verdächtig wie die Eidverweigerer. Es mehrten sich die Stimmen, auch der Freiheit deutliche Signale zu setzen und die Symbole der Kirche und des christlichen Glaubens zu zerstören; der Katholizismus sollte durch die genaue Befolgung politischer Moral ersetzt werden. Ziel des Angriffs war nun nicht mehr die kirchliche Organisationsstruktur, sondern die christliche Gläubigkeit und Mentalität, die den Lebensrhythmus der Bevölkerung nach wie vor entscheidend bestimmte. Konventskommissare, Sansculottenkommandos, Distriktverwaltungen und lokale Clubs wetteiferten um Erfolge und Trophäen im Kampf gegen den »Fanatismus«, wie die christliche Religion in den revolutionären Propagandaverlautbarungen der Jahre 1793 und 1794 buchstabiert wurde. Angesichts älterer Annahmen der Forschung ist zu betonen, dass die Dechristianisierung keineswegs nur ein in Paris geplantes, in die Provinzen eingeschleustes Phänomen war, sondern dass es sich auch um eine von der Provinz ausgehende, mitunter spontane Bewegung handelte. Wie sehr der christliche Glaube getroffen wurde, hing vom Grad seiner Verwurzelung in der jeweiligen Region ab. Die massenhafte Verhaftung von Priestern, die Exekution von Revolutionsgegnern durch Massenertränkung in Flüssen, die Priesterheiraten und Priesterabdankungen, die Etablierung des republikanischen Kalenders, der den Sonntag zu Gunsten des *décadi* abschaffte, die unzähligen Kirchenschließungen, die Requirierung zahlreicher Kirchenglocken, die Ablieferung von wertvollem Altargerät, die Einschmelzung von Kirchensilber, die Zertrümmerung von Mobiliar, die öffentliche Verbrennung von kirchlichen Gewändern und Reliquien, die Kürzung von Kirchtürmen auf die ›demokratische Höhe‹ von Häusern, die Diffamierung von Zusammenkünften der Gläubigen als Orte konterrevolutionärer Umtriebe brachten den Katholizismus in schwerste Bedrängnis. Jedoch wurden diese Maßnahmen nur selten koordiniert und kontinuierlich durchgeführt, und dank der Beharrung vieler Christen gelang es in einer ganzen Reihe von Bezirken, wirksamen Widerstand zu organisieren.

Parallel mit dieser Dechristianisierungskampagne intensivierten sich Versuche, revolutionäre Gegenkulte zu etablieren. Schon seit dem Sturm auf die Bastille waren neben den Gottesdienst neue, parareligiöse Feierformen getreten, und seit dem Föderationsfest im Sommer 1790 propagierten verschiedene Gruppen eine zivile Gläubigkeit. Zu diesem patriotisch-revolutionären Kult gehörten der sakrale Charakter der Trikolore, der Bürgereid und Bruderkuss, der Freiheitsbaum und der Altar des Vaterlandes, der Katalog der Menschenrechte, patriotische Umzüge, republikanische Katechismen und der Kult um die Märtyrer der Revolution. In vielen Städten beging man im November 1793 das Fest der Vernunft, während die Revolutionsregierung zur Eindämmung dieser wild wuchernden Kultformen an Pfingsten 1794 den pantheistischen Kult des Höchsten Wesens lancierte.

Die Trennung von Kirche und Staat und der Beginn einer religiösen Erneuerung (1795 bis 1802)

Nach dem Sturz Robespierres wurden die Angriffe gegen Kirche und Glauben zwar sporadisch fortgesetzt und die neuen Kulte der Vernunft und des Höchsten Wesens wurden in verschiedenen Städten noch bis an die Wende zum 19. Jahrhundert zelebriert, aber die gegen die Kirche gerichtete Politik verlor durch den ihr fehlenden Rückhalt bei der Mehrheit der Bevölkerung an Militanz. Die Verfolgungszeit hatte geradezu eine religiöse Erneuerung bewirkt, weil die am Glauben festhaltenden Personengruppen zu verschworenen Gemeinschaften herangewachsen waren. Bereits im Sommer 1794 kehrten viele Pfarrer – Romtreue wie Konstitutionelle – aus dem Untergrund zurück. Bei der faktischen Aufgabe des Staatskirchenprinzips (im September 1794 wurden die Gehälter der konstitutionellen Priester gestrichen) plädierten führende Köpfe der konstitutionellen Kirche unter Führung von Henri Grégoire für das Recht auf freie Religionsausübung unter Anerkennung der vollzogenen Trennung von Kirche und Staat. Die Kirche erhielt mit der im Mai 1795 gewährten Kultfreiheit den notwendigen Freiraum für ihren Neuaufbau, für den ein Nationalkonzil im Sommer

1797 ein umfassendes Programm entwarf. Mit dem zwischen Napoleon und Pius VII. im Jahre 1801 geschlossenen Konkordat und dem im April 1802 verabschiedeten »Organischen Artikel« wurde die Kirche in ihrer äußeren Stellung gesichert und ein Ausgleich zwischen dem alten Staatskirchentum und den von der Revolution geschaffenen Tatsachen versucht.

Auch wenn die revolutionäre Kirchenpolitik und die Entchristlichungsbewegung in manchen Regionen keine Tiefenwirkung gehabt und die Wurzeln von Kirche und Glauben unberührt gelassen hatten, so ließ die Revolution eine vielfach veränderte Kirche zurück. Unter den Laien hatte die Revolution den seit 1720 beobachtbaren Laizisierungsprozess vertieft, ja ihn durch ihren »politisch motivierten Bekenntniszwang« (R. Reichardt) geradezu aufgedeckt und durch Rückdrängung des kirchlichen Einflusses den offenen Abfall vieler Menschen ermöglicht; die allgemeine Wehrpflicht hatte den Exodus der Männer aus der Kirche forciert, die religiöse Erneuerung ließ eine Kirche der Frauen entstehen. Die Zahl der Geistlichen war durch Emigration und Deportierung, durch die Aufhebung der Orden und durch Amtsverzicht drastisch und dauerhaft geschrumpft, die Gesamtzahl der Berufungen zwischen 1801 und 1815 erreichte mit 6 000 gerade die Gesamtweihen eines Jahres vor 1789. In der besoldeten Amtskirche erstickten demokratische Ansätze, die Stellung des Bischofs war stark wie nie zuvor.

Eva Schleich

Aspekte einer Kulturrevolution

Entgegen der lange vorherrschenden Lehrmeinung vor allem der etablierten französischen Fachhistoriker, wonach die Französische Revolution hauptsächlich eine ›bürgerlich-kapitalistische‹ Revolution gewesen sei, kommen neuere empirische Feld- und Regionalstudien (nicht zuletzt angelsächsischer Forscher) immer deutlicher zu dem Ergebnis, dass weder die Gesellschafts- noch die Wirtschaftsstruktur des alten Frankreich im Revolutionsjahrzehnt und in der folgenden Generation einen grundlegenden Umbruch erfuhren (Reichardt/Schmitt 1980). Da die Französische Revolution gleichwohl zweifellos stattgefunden und im kollektiven Bewusstsein tiefe Spuren hinterlassen hat, die sich allein aus der unbestrittenen revolutionären Umstrukturierung der politischen Herrschaft und des Rechts nicht ausreichend erklären lassen, fragt eine wachsende Gruppe von Historikern, ob die eigentliche Revolution sich nicht in den Köpfen der beteiligten Menschen vollzogen hat (Vovelle 1982; Koselleck/ Reichardt 1988).

Bislang als sekundärer ›ideologischer Überbau‹ der ›sozio-ökonomischen Basis‹ vernachlässigt, werden somit gesellschaftliche Einstellungen, Werte und Mentalitäten als eigenständige Kräfte erkannt, die auch politische und wirtschaftliche Wahrnehmungen und Entscheidungen der Revolutionäre leitend vorprägten. Es handelt sich um die (Wieder-) Entdeckung der kulturellen Dimension der Französischen Revolution im weitesten – sozialhistorischen – Sinne. Damit soll keineswegs eine ›Autonomie‹ des Kulturellen konstruiert werden, seine Verflechtung etwa mit einzelnen politischen Bewegungen der Revolution (Sansculotten, Frauenemanzipation) und mit der Kirchenpolitik ist im Gegenteil ein Kennzeichen der Revolution und oben in entsprechenden Kapiteln skizziert worden. Wohl aber wäre es lehrreich, scheinbar vereinzelte und verstreute Erscheinungen, die bisher eher punktuell als kulturgeschichtliche Kuriositäten am Rande vermerkt wurden, in ihrem funktionalen und systematischen Zusammenhang zu untersuchen. Hier ist nur eine exemplarische Aufzählung möglich. Da kommt nach dem 14. Juli 1789 eine bekenntnishafte Revolutionsmode auf (BRINGEMEINER 1981), gefolgt von den ›Moden‹ der jakobinischen und der direktorialen Revolutionsphase. Sprachwissenschaftler wie Urbain Domergue und politische Lexikographen propagieren ein neues Französisch, eine »Sprache der Freiheit« (REICHARDT 1985; SCHLIEBEN-LANGE 1981). Theater und Oper geben eintrittsfreie Vorstellungen politischer Stücke für das »Volk«. Eine explosionsartig wachsende Massengraphik entwickelt eine leicht fassliche, die ikonographische Tradition umfunktionierende Zeichensprache (HERDING/REICHARDT 1989). Brettspiele für Kinder und Erwachsene machen auch dem kleinen Mann die Grundwerte der Revolution sinnfällig (REICHARDT 1989). Tausende politischer Straßenlieder – oft mit neuartigem, psychologisch wirksamem Refrain – suchen auch Analphabeten revolutionäre Überzeugungen und Schlagworte einzuprägen (SCHNEIDER 1988). Ein Republikanischer Kalender ersetzt die christliche Zeitrechnung durch die ›natürliche‹ Zeitrechnung der Revolution nach »Dekaden« und gibt dem Lebensalltag teilweise einen neuen Rhythmus (MEINZER 1988). Von der monarchisch-religiösen Tradition geprägte Orts-, Straßen- und Personennamen werden ersetzt durch Neubenennungen wie »Ville-Affranchie«, »Place de la Révolution« und »Marat«. Eine dichte Reihe öffentlicher Feste fasst diese Elemente zusammen – zunächst spontan und bekenntnishaft (Juli 1790), dann in immer gezielterer Massendidaktik.

Zusammengenommen waren solche Maßnahmen und Bemühungen so umfassend, in ihrer massendidaktischen Zielrichtung und Wirkung so bewusst, dass sie eine regelrechte ›Kulturrevolution‹ ausmachten: Der Sache nach jedenfalls entstand diese in der Französischen Revolution, mag sie auch ihren Namen erst im revolutionären China erhalten haben.

Rolf Reichardt

Dieses Kupfer, das eine der zahlreichen neuen Bürger-Fibeln der radikalen Revolutionsphase eröffnet, ist zu deuten als Wunschbild des von den überzeugten Revolutionären angestrebten laizistischen, obligatorischen, freiheitlich-egalitären und republikanischen Grundschulwesens, wie es 1793/94 gesetzlich beschlossen, aber nur fall- und ansatzweise in die alltägliche Schulpraxis umgesetzt wurde. Wie das Bild zeigt, haben an der Wand des Klassenzimmers ein Plakat der Menschenrechte und der Verfassung sowie die Büsten der 1793 ermordeten »Freiheitsmärtyrer« Marat und Lepeletier das früher übliche Kreuz und religiöse Andachtsbilder verdrängt. Diese revolutionären Bekenntnissymbole werden ergänzt durch den Wahlspruch der bedrohten Republik: »Frei leben oder sterben«. Für die Zeit der Freiheit und Gleichheit, welche die Jakobiner mit ihrem Existenzkampf vorzubereiten meinten, sollte die revolutionäre Volksschule den ›neuen Menschen‹ und tugendhaften Bürger heranziehen nach Grundsätzen, die unser Stich verbildlicht: gemeinsamer und gemischter Unterricht von Jungen und Mädchen, Einschleifen des Wissens durch Vorlesen (siehe den Schüler auf dem Podest) und gemeinschaftliches Nachsprechen, weiter geregelte Unterrichtsführung fast wie in den politischen Clubs (Glocken), schließlich – entsprechend den Jakobinermützen des Lehrers und einiger Schüler – ein inhaltlich bewusst republikanisch ausgerichteter Unterricht, der mit dem Erlernen von Lesen und Schreiben anhand revolutionärer Gesetzestexte beginnt.

Titelloser Kupferstich, nach einer Zeichnung von Binet gestochen von Le Tellier, 1793. Veröffentlicht als Frontispiz der anonymen Schrift: Alphabet Républicain ou méthode pour apprendre à lire aux enfants, Paris, Jahr II (1793/94).

Schulwesen und Erziehung

Obwohl – oder vielleicht gerade weil – erzieherische und didaktische Elemente in den meisten Bereichen der Französischen Revolution allgegenwärtig waren, hat diese mangels Zeit, ausreichender Mittel und innerer Ruhe kein einheitliches und dauerhaftes neues Schulwesen hervorgebracht. Dennoch hat sie pädagogische Kräfte mobilisiert, die wenigstens in Frankreich ein Jahrhundert nachwirkten und eine Darstellung verdienen.

Die Entdeckung des staatlichen Schulwesens

Schulpolitiker der Nationalversammlung – wenn es sie damals schon gab – fanden 1789 ein disparates und weithin veraltetes Schulwesen vor, das hauptsächlich von der katholische Kirche getragen wurde. Das im Zuge der Gegenreformation ausgebaute Netz von Grundschulen diente und führte – zumal auf dem platten Lande – nur bei einem Drittel der Bevölkerung zu Lese- und Schreibfähigkeit. Die Gymnasien *(collèges)*, infolge der Vertreibung der Jesuiten nach 1763 teilweise in die Hände von Kommunen oder Privatleuten übergegangen, verharrten meist in der von Latein und Rhetorik geprägten Tradition. Noch mehr galt das für die staatlichen Universitäten. Die Aufklärer unterzogen dieses Schulwesen des Ancien Régime beißender Kritik, vereinigten sich in mehr oder weniger autonomen Provinzakademien und eröffneten in den 1780er Jahren zu historischen und naturwissenschaftlichen Themen neuartige öffentliche Kurse für Bildungsbürger, distanzierten sich aber von den wenigen Vorkämpfern einer wirklichen ›Volksaufklärung‹ in ihren Reihen.

Daran hat die Revolution anfangs wenig geändert. Wie eine Schulreform kein zentrales Anliegen der *Cahiers de doléances* von 1789 war, so wurden auch die Abgeordneten der Nationalversammlung zu sehr von brennenderen politischen Fragen beansprucht; Mirabeau, der im

April 1791 eine »Arbeit über die öffentliche Erziehung« hinterließ, bildete eher die Ausnahme. Inkonsequenzen und Nebenwirkungen des revolutionären Radikalisierungsprozesses ließen jedoch auch das Schulproblem akut werden. Denn indem die Nationalversammlung einerseits die Schulaufsicht den neu zu wählenden lokalen und departementalen Verwaltungen übertrug (21. September und 22. Dezember 1789) und von allen Lehrern den Bürgereid forderte (17. April 1791), andererseits auch den Schulaufgaben dienenden Kirchenbesitz einzog, eidverweigernden Priestern den Unterricht untersagte und katholische Schulorden (Oratorianer) verbot, entzog sie dem alten Schulwesen seine Grundlage, ohne die finanziellen, baulichen und personellen Zusatzmittel bereitzustellen, welche zur Durchsetzung des staatlichen Anspruchs nötig gewesen waren. Angesichts einer immer desolateren Schulsituation musste so die Konstituante die Neuordnung des Bildungswesens noch kurz vor Ende ihrer Sitzungsperiode auf die Tagungsordnung setzen, ohne jedoch zu einer Beratung zu kommen (Quelle 1).

Die Legislative richtete sogleich ein *Comité d'Instruction Publique* ein (14. Oktober 1791). Dessen durchdachter Bericht und Gesetzentwurf, erarbeitet unter Federführung des Marquis de Condorcet, des politischen Erben der Aufklärung, ging jedoch im revolutionären Tageskampf vor und nach dem Tuileriensturm unter. Erst im Dezember 1792 führte das Parlament seine erste große Bildungsdebatte, wobei der Akzent deutlich auf den staatspolitischen Aufgaben der Erziehung lag. Während Lanthenas einen Plan für die Primarschulen vorlegte, erklärte Romme, der auch den Revolutionskalender ausarbeiten sollte, in seinem Grundsatzbericht vom 20. Dezember: »Der öffentliche Unterricht wird die Meinung aufklären, den Gemeinwillen befördern und durch ihn alle gesellschaftlichen Einrichtungen verbessern. Er wird überall besonders jene heilige Liebe zum Vaterland verbreiten, die alles belebt und einigt ... Wie die Nation durch die Verfassung eine politische Existenz erhält, so gewinnt sie erst durch den öffentlichen Unterricht eine moralische und geistige Existenz ... Beeilt euch, Gesetzgeber. Das Bedürfnis nach Unterricht regt sich überall. Mehrere Gesellschaften der Freunde der Republik, welche nicht länger mit ansehen können, wie sehr der Unterricht des Volkes vernachlässigt wird, haben in ihrer Mitte ein Erziehungskomitee gebildet« (BACZKO, S. 273 und 286).

In der Tat wurde der Mangel an Schulräumen und Lehrpersonal um so größer, als der Konvent alle Mitglieder ehemaliger Lehrorden von Schulämtern ausschloss (18. April 1792) und den *collèges* gestiftete Vermögen verstaatlichte (8. März 1793). Andererseits verkündete Artikel 22 der jakobinischen Menschen- und Bürgerrechtserklärung vom 24. Juni 1793: »Unterricht ist das Bedürfnis aller. Die Gesellschaft hat die Pflicht, die Fortschritte der öffentlichen Vernunft *(raison publique)* nach bestem Vermögen zu fördern und den Unterricht allen Bürgern zugänglich zu machen.« Um diesen Widerspruch abzubauen, unternahm der Konvent im zweiten Halbjahr 1793 trotz der allgemeinen Krisenlage große Anstrengungen. Ausschussberichte der Wissenschaftler Lakanal und Daunou verwarf er als zu elitär, ließ aber auch den bewusst ›plebejischen‹ Plan von Lepeletier fallen, obwohl Robespierre ihn unterstützte, und entschied sich schließlich am 9. Dezember für die Vorlage des Monteguard Gabriel Bouquier. Diese hatte eine intellektuellenfeindliche Ausrichtung: »Die freien Nationen brauchen keine Karte von spekulativen Gelehrten … Das Volk, das die Freiheit erkämpft hat, braucht nichts anderes als tatkräftige, starke, gesunde, arbeitsame Männer, Menschen, die über ihre Rechte und Pflichten aufgeklärt sind« (Baczko, S. 418).

Zugleich aber vermied das entsprechende, vor allem das Grundschulwesen regelnde Gesetz einen radikalen Antikatholizismus; bemerkenswert liberal stellte es die Schulwahl frei, öffnete den Lehrerberuf für jedermann, gab großen Spielraum im Lehrstoff und bemaß das Lehrergehalt nach der Schülerzahl.

Auf der parlamentarischen Ebene hatte die revolutionäre Schulpolitik damit einen verlängernden Abschluss erreicht, wenn auch der Bildungsausschuss weiterhin tätig blieb und im Sommer 1794 das Regierungsexperiment patriotischer Militärausbildung *(École de Mars)* vier Monate lang erfolgreich war. Ansonsten kennzeichnet es den ›demokratischen‹ Charakter des Jahres II, dass pädagogische Initiativen nicht nur von der politischen Spitze, sondern auch besonders von der Basis ausgingen (s. u.).

Hatte sich die Schulpolitik während der aufsteigenden Revolutionsphase schrittweise demokratisiert, so suchte sie nach dem 9. Thermidor wieder an der Tradition der Bildungseliten anzuknüpfen. In der entspannten inneren Situation des Winters 1794/95 verabschiedete der Konvent ein ganzes Bündel von Gesetzen, um vor allem die zerrütteten Mittel- und Fachschulen zu reorganisieren: von der Gründung einer kurzlebigen Lehrerbildungsanstalt *(École normale*, 31. Oktober 1794) und der »Zentralschulen« (s. u.) bis zur Schaffung neuer Hoch-

Quelle 1

Als Sprecher des Verfassungsausschusses trug der Abgeordnete Talleyrand, Bischof von Autun, am 10., 11. und 19. September 1791 einen ebenso umfangreichen wie gelehrten Bericht vor, der bildungsbürgerliche Reformpläne der Aufklärung fortführte und zugleich folgerichtige Grundsätze verkündete.

»1. Die öffentliche Erziehung muss für alle da sein; denn da sie ein Ergebnis wie auch ein Vorteil gesellschaftlichen Zusammenlebens ist, so folgt daraus, dass sie ein gemeinschaftliches Recht der Mitglieder der Gesellschaft darstellt. Von ihm kann also niemand rechtmäßig ausgeschlossen werden; und derjenige, welcher am wenigsten privates Eigentum besitzt, scheint ein um so größeres Recht zu haben, an jenem gemeinsamen Eigentum zu partizipieren.

*2. (...) Wenn jedermann das Recht besitzt, die Wohltaten des Unterrichts zu empfangen, so besitzt er umgekehrt auch das Recht, an ihrer Verteilung mitzuwirken, denn aus dem Zusammenspiel und dem Wettbewerb individueller Bemühungen erwächst immer auch Gutes. (...) Schon an sich ist jedes Vorrecht (*privilège*) verabscheuungswürdig; aber in Unterrichtsdingen ist ein Vorrecht noch hassenswerter und widersinniger.*

3. Hinsichtlich seines Gegenstandes muss der Unterricht universal sein; denn nur so ist er wirklich ein gemeinschaftliches Gut, von dem jeder sich das ihm Gemäße aneignen kann. (...) Daraus folgt, dass in einer wohlorganisierten Gesellschaft zwar niemand alles Wissen erwerben kann, dass er aber die Möglichkeit dazu haben muss.

4. Der Unterricht muss beiden Geschlechtern zur Verfügung stehen: das ist evident; denn er ist ein gemeinschaftliches Gut ...

5. Schließlich muss der Unterricht allen Altersstufen zur Verfügung stehen. Es ist ein Vorurteil, ihn wie gewohnt auf die Unterweisung der Jugend zu beschränken. Es gilt vielmehr, erworbenes Wissen zu festigen und zu vervollkommnen.«

(BACZKO, S. 114–115)

Quelle 2

Brief des Abbé Vernerey, Gemeindesekretär von Le Luhier (Distrikt Saint-Hippolyte), an den Abbé Grégoire, Vorsitzenden des Unterrichtsausschusses des Konvents vom 17. April 1795:

»In diesem Distrikt ist unsere Gemeinde (abgesehen von den Protestanten) die einzige gewesen, die gemäß dem Gesetz vom 29. Frimaire des Jahres II

(19. Dezember 1794) beizeiten eine Primarschule eingerichtet hat. Ich habe alles getan, was in meinen Kräften stand, um sie am 15. Germinal (4. April 1795) zu gründen und sicherzustellen, dass dort nichts gegen die Religion gelehrt wurde. Der Schulmeister, obwohl guter Katholik, gab den Kindern nur die Menschenrechte *und die* ausgewählten Berichte an den Konvent *in die Hand und sagte ihnen nichts vom Katholizismus; ich aber versammelte die Kinder jeden Tag, wenn sie vom Unterricht aus der Kirche kamen, um sie im Katechismus zu unterrichten.«*

(A. GAZIER, Documents inédits pour servir à l'Histoire de l'instruction publique pendant la Révolution française, in: Revue internationale de l'enseignement, 1894, S. 426)

schulen für Ingenieurwesen *(École polytechnique)*, Medizin *(Écoles de Santé)* und Orientalische Sprachen (30. März 1795). Nur das von Lakanal vorbereitete Gesetz vom 7. November 1794 galt den Primarschulen, die nun wieder mehr der freien Initiative von Ortsverwaltungen und Eltern überlassen wurden, sodass ein Abgeordneter die Befürchtung äußerte, die öffentlichen Volksschulen würden zu »Armenschulen« verkommen und »nur noch von Kindern der Sansculotten besucht werden« (JULIA, S. 82).

Wenn dann unter dem Direktorialregime ein von Daunou vorbereitetes allgemeines Gesetz über die Organisation des öffentlichen Unterrichts (25. Oktober 1795) diesen Teilrückzug und zugleich den Ausbau der Eliteschulen fortsetzte und bestätigte, so hat die schul- und bildungspolitische Diskussion der Revolutionsjahre doch eine Reihe neuer Grundsätze dauerhaft ins gesellschaftliche Bewusstsein gehoben: besonders die Grundsätze, dass die Sorge für Schulunterricht zu den vornehmen Staatsaufgaben zählt, dass die öffentliche Erziehung Vorrang vor der privaten besitzt, dass der Staat jedenfalls im Grundschulbereich auf der Schulpflicht bestehen muss, dass Freiheit, Gleichheit und soziale Gerechtigkeit nicht nur ein national einheitliches Schulsystem und Schulgeldfreiheit, sondern die Offenheit aller Bildungsgänge für jedermann verlangen.

Utopie und Wirklichkeit
einer egalitär-republikanischen Volkserziehung

Wie die obige Darstellung der städtischen Revolution zu zeigen versucht, war die sie vorantreibende Volksbewegung engstens verbunden mit vielseitigen Anstrengungen zur Bildung und demokratischen Politisierung der Grundschichten. Gerade im Bereich der Volksschulen musste sich also die zentrale Frage einer sozialen Fundierung und Verankerung der Revolution entscheiden. Die parlamentarischen Bemühungen zur Ablösung der kirchlichen Gemeindeschulen des Ancien Régime durch allgemeine und freie staatliche Gemeinschaftsschulen mit neuen Lehrinhalten kamen durchaus dem demokratischen Bildungsbedürfnis einer wachsenden Zahl von Kleinbürgern entgegen, das sich z. B. in zahlreichen Adressen der Pariser Sektionen an den Konvent (STÜBIG, S. 254–311) äußerte. Mit der Ausrufung der Republik im August 1792 und der revolutionären Entkatholisierungsbewegung erhielten die Bestrebungen dieser Gruppen zusätzlichen Auftrieb.

Das Ende 1793 beschlossene Gesetz Bouquier, das jene demokratischen Forderungen im Ansatz erfüllte, löste daher bei den überzeugten Revolutionären vor Ort hoffnungsvolle, teilweise geradezu missionarische Aktivität aus. Von den zentral instruierten Nationalagenten über die Wahlbeamten der Distrikte bis hinunter zu den Stadtverwaltungen betrieb 1794 eine Kette von Erlassen und Rundschreiben – unterstützt von den Aktivisten der »Volksgesellschaften« – landesweit die Gründung republikanischer Volksschulen. Dabei mischten sich oft revolutionäre und traditionelle Elemente, wie z. B. das Schulgründungsprotokoll des Dorfes Vitry-le-Croisé im Departement Aube zeigt. Durch Ausrufer und Trommel wie durch die Glocke der Dorfkirche versammelt, bestätigten hier die Generalversammlung der Bürger und die Stadtverwaltung den alten Schulmeister, Pierre Dormay, unterstellten diesen aber »der Aufsicht der Munizipalität, des Überwachungskomitees und der guten Bürger dieser Gemeinde« und ließen ihn »bei seiner Seele und seinem Gewissen« schwören, »die ihm anvertrauten jungen Leute nur die republikanischen Maximen und nichts diesen Widersprechendes zu lehren« (GONTARD, S. 123). In der Gemeinde Le Luhier im Departement Doubs wiederum kam es zu der paradoxen Verkehrung der Fronten, dass der neue Lehrer, obwohl katholisch, republikanischen Unterricht hielt, während sich die örtliche Schulaufsicht um ein religiöses Gegengewicht bemühte (Quelle 2).

Diese Beispiele erscheinen nicht untypisch, auch was die Grundfrage des Lehrstoffs in den republikanischen Volksschulen der Revolution betrifft. Hatte das Gesetz Bouquier (Abschnitt III, Art. 1) doch bestimmt: »Der Nationalkonvent beauftragt seinen Unterrichtsausschuss, ihm über das Wissen, das zur Bildung der Bürger unbedingt nötig ist, Elementarbücher vorzulegen; zu solchen Büchern erklärte er als Erstes die Menschenrechte, die Verfassung und das *Tableau des actions héroïques ou vertueuses*« (*Archives parlementaires*, Bd. 81, 1893, S. 706). Letzteres war eine Sammlung von Kurzberichten über revolutionäre »Heldentaten«, für den Unterrichtsausschuss von Léonard Bourdon gesammelt und im Auftrag des Wohlfahrtsausschusses (16. Februar 1794) in 150 000 Exemplaren gedruckt. Tatsächlich verschickte etwa die Distriktverwaltung von Sézanne (Dept. Marne) von Oktober bis Dezember 1794 nicht weniger als 2 950 Exemplare der jakobinischen Verfassung und 2 600 Katechismen über die Menschenrechte an die Lehrer der öffentlichen Primarschulen, die sie an die Schüler verteilen sollten.

Bei solchen ›Katechismen‹ handelte es sich nicht um staatlich prämierte und autorisierte Lehrbücher (diese erschienen in geringerer Titelzahl erst ab 1796, als die revolutionären Volksschulen bereits wieder im Niedergang waren), sondern um spontan entstandene Erziehungsschriften, verfasst von einer langen Reihe revolutionsbegeisterter Pädagogen, oft einfachen und obskuren Männern, die eine demokratisch-republikanische Volkserziehung zu praktizieren suchten, noch bevor der Konvent sie verkündete. Für die Jahre 1793 bis 1799 lassen sich mindestens 380 Titel solcher Elementarbücher nachweisen, häufig verwendeten sie altbewährte Methoden der katholischen Katechese um neue, säkulare und egalitäre Werte einzuschleifen. Ihr Hauptgegenstand war 1793/94 die republikanische Moral (bei 39,6 % der Elementarbücher), die dann bis 1798/99 weit hinter Lesen, Schreiben und Rechnen zurückfiel und nur noch 4,7 % ausmachte.

Ein Beispiel für die revolutionären Elementarbücher der ›ersten Stunde‹ ist der selbst verlegte *Ami des jeunes patriotes ou Catéchisme républicain* (Freund der jungen Patrioten oder Republikanischer Katechismus) des Pariser Drucker-Verlegers Jean-Baptiste Chemin-Dupontès vom Jahre II. In Taschenformat bietet er neben dem Text der Verfassung von 1793 eine Erklärung des Republikanischen Kalenders und die *Chansons des Sansculottes*. Hauptsächlich aber besteht er aus einer Reihe didaktischer »Unterhaltungen« über die »Freiheitsmärtyrer«, über den Nutzen von Lesen und Rechnen, über die »Gründung der Französischen Republik« und – anhand der Artikel der Menschenrechtserklärung – über die revolutionären Leitbegriffe, auch für Analphabeten ›lesbare‹ allegorische Radierungen unterstützen diese Lehrtexte visuell (Quelle 3).

Fehlte es den neuen Primarschulen nicht an angemessenem Lehrmaterial, so litten sie doch an Raum- und Lehrermangel. Das persönliche pädagogische Engagement nicht weniger Primarschullehrer konnte die fehlende Lehrerbildung auf Dauer nicht ausgleichen. Da die *Ecole normale* 1794 mit dieser Aufgabe kläglich scheiterte, weil dort Gelehrte wie Monge, Laplace und Berthollet über die Köpfe der Lehreranwärter hinweg dozierten, und da an den Primarschulen das Lehramt ohne Fachprüfung jedem offen stand, fand hier mancher Hungerleider Unterschlupf, während auch qualifiziertere Lehrer hier zum Lebensunterhalt weniger verdienten als ein Dorfpfarrer im Ancien Régime. Es kennzeichnet die Aufbruchstimmung des Jahres II, dass sich zunächst dennoch erstaunlich viele Lehrer in den neuen öffentlichen Primarschulen engagierten – viele von ihnen jünger als ihre Vorgänger, überzeugt antiklerikal und republikanisch. So verzeichnete eine verwaltungsinterne Liste in Toulouse im März/April 1794 immerhin 68 Primarschullehrer und beurteilte diese in ihren politischen Einstellungen zum kleinsten Teil als »gemäßigt« (3 Lehrer), zu einem größeren Teil als »aristokratisch« (30), zu über der Hälfte aber als »patriotisch« (35). Vier Jahre später allerdings war dieses ›Kollegium‹ staatlicher Volksschullehrer auf die Hälfte geschrumpft, wobei zugleich die »Patrioten« in die Minderheit gerieten.

Welche Kämpfe und Schicksale sich hinter einer solchen Statistik verbergen, mag der Fall des Elementarschullehrers Gérard Le Normand in Rouen andeuten. 1746 geboren, von Jugend an pädagogisch tätig, Verfasser einer finanzpolitischen Abhandlung über die »freie Schenkung« (1787), einige Jahre darauf *»professeur de poésie française«*, Angestellter bei der Domänenverwaltung mit dem bescheidenen Jahresgehalt von 600 *livres*, tritt er 1791 dem Rouener Jakobinerclub bei und erhält politische Wahlämter im 9. Stadtbezirk von Rouen. Zugleich mit diesem politischen Engagement wird er »Prinzipal« für die städtischen Schulen, d. h., er muss den Unterricht von 1 500 Kindern in den Armenschulen leiten und überwachen und erhält dafür 700 *livres*, wogegen ein Prinzipal für die Gymnasien das Doppelte verdient. Während der Konvent noch unentschlossen debattiert, rich-

Quelle 3

»*Fünfte Unterhaltung: Die Gleichheit.*
III. ›Alle Menschen sind gleich von Natur und vor dem Gesetz.‹

P 3 0   Erklärung

Dieser Artikel bedeutet nicht, dass alle Menschen gleich stark, gleich alt, gleich groß und gleich klug sind, sondern nur, dass sie alle dieselben Rechte haben und dass kein Einzelner seine Begabung oder seine ihm vom Volk anvertrauten Ämter dazu benutzen darf, dem anderen zu schaden oder die Gesetze zu verletzen. Die Gleichheit kommt von der Natur; sie ist die gemeinsame Mutter aller Lebewesen und hat keinen Menschen dazu bestimmt, mehr Rechte zu haben als ein anderer. Die Gleichheit ist also das erste Recht des Menschen. Dies Recht ist unveräußerlich ... Die Gleichheit und die Freiheit sind keine Personen, es sind vielmehr Rechte; doch werden sie hier in menschlicher Gestalt dargestellt, damit das Volk ihr Bild stets vor Augen hat und niemals vergisst, dass es nur in dem Maße glücklich sein kann, wie es diese Rechte bewahrt.

Die Freiheit wird als eine Frau dargestellt, die ein Senkblei in der Hand hält. Ihre anderen charakterisierenden Attribute drücken zugleich Einfachheit und Einheit aus. So sitzt sie auf einem Stein, als Kopfschmuck trägt sie einen Kranz aus Ringen, und sie hält ein Waffenbündel. Sie zertritt der Hydra der Tyrannei das Haupt. Die Natur an ihrer Seite wird dargestellt als eine Frau mit sechs Brüsten, um ihre Fruchtbarkeit auszudrücken.«

(J.-B. CHEMIN-DUPONTÈS, L'Ami des jeunes patriotes ..., Paris 1793/94, S. 30–33)

tet er im Sommer eine vorausschauende schulpolitische Petition an ihn (Quelle 4).

Im Herbst 1793 erreicht er den Höhepunkt seines politischen Ansehens, wird Vorsitzender der Rouener Volksgesellschaft, zeitweise Sekretär des Jakobinerclubs und Mitglied des Überwachungskomitees.

Folgerichtig stürzt er sich Anfang 1794 sogleich in die neu eröffnete
Aufgabe als staatlicher Volksschullehrer. Er ist dabei zunächst erfolgreich: Mit der Zahl seiner Schüler (bis 251) steigt sein öffentlich gesi-
chertes Gehalt, wenn auch dessen Kaufwert durch die Inflation reduziert wird. Im Gefolge der Unterrichtsgesetze vom November 1794 und
vom Oktober 1795 aber verliert er fast alle Schüler und die finanzielle
Absicherung. Vergeblich beschwert er sich beim Rat der 500 in Paris,
dass die Primarschulen verlassen sind und die Kinder in den Straßen
herumstreunen; umsonst entwirft er ein alternatives Reglement für die
Elementarschulen; erfolglos bewirbt er sich als Lehrer bei der neuen
Zentralschule, für deren Jury er als ›Jakobiner‹ abgestempelt ist. Er
zählt zwar zu den dreizehn Rouener Primarschullehrern, die von 70
Lehrern, welche 1794 angetreten waren, 1798 noch tätig sind, aber er
ist nun ein gebrochener Mann, der nicht einmal mehr ein selbst ver-
fasstes Elementarbuch genehmigt und gedruckt bekommt.

In der Biographie von Le Normand spiegeln sich Aufstieg, kurze
Blüte und rascher Niedergang der republikanischen Volkserziehung.
Vom Direktorium weitgehend sich selbst überlassen (das war die ›bil-
ligste Lösung‹), von den Eltern zunehmend boykottiert, der Konkurrenz wiedereröffneter Privatschulen nicht gewachsen, fristeten die
staatlichen Primarschulen ab 1795 nur noch ein Schattendasein. Zumal Landgemeinden, welche von der katholischen Erneuerungsbewe-
gung erfasst wurden, wurden ihrer überdrüssig. So richteten die 42
Haushaltsvorstände von Saint-Léger de Fougeret (Dept. Nièvre) am
27. Juli 1795 folgende Petition an den Konvent:

»Die Primarschulen sind für die Republik sehr kostspielige Einrichtungen; bei uns auf dem Lande sind sie unnütz, weil es uns unmöglich
ist, unsere Kinder zu entbehren oder sie in eine Schule zu schicken, die
mehr als eine Meile von unseren Wohnungen entfernt ist. Hinter dem
Pflug brauchen wir keine Anwälte; und es hilft uns nicht bei der Feld-
arbeit, wenn wir lesen und schreiben können. Was wir aber alle brauchen, ist moralische Unterweisung, und sie wollen wir finden durch die
praktische Ausübung der Religion unserer Väter.« Daher solle die
›zweckentfremdete‹ Dorfkirche ihrer wahren Bestimmung zurückge-
geben werden (GAZIER 1894, S. 427).

In der Tat: die Utopie einer republikanischen Erziehung des ganzen Volkes war ausgeträumt. Am Ende der Direktorialzeit besuchte ein
geringerer Prozentsatz der Kinder im entsprechenden Alter die Grundschulen als im ausgehenden Ancien Régime.

Petition von Gérard Le Normand an den Konvent vom 16. August 1793:
»*Gesetzgeber! Seit mehreren Jahren bin ich mit dem Unterricht der Jugend von Rouen beauftragt* ... *Bürger Gesetzgeber, welcher Unterricht ist diesen jungen Schülern angemessen? Sicher duldet ihr nicht, dass die Lehrer ihre Schüler nur nach altgewohnten Büchern unterrichten, wie es jetzt üblich ist! Diese Bücher sind nicht nur schlecht, sie sind auch gefährlich, ja widernatürlich!*

Die Unterrichtsräume der so genannten Armen- oder Almosenschulen, wie der gemeine, der aristokratische Ausdruck lautet, bestehen in Rouen aus baufälligen Baracken oder Hütten, die zum größten Teil auf dem alten Friedhof stehen, wo die Luft verpestet ist, während es in Rouen ein geräumiges Gymnasium gibt, wo sieben bis acht Professoren siebzig Schüler mit großem Aufwand unterrichten.

Gesetzgeber, kommt ungefähr viertausend Jungen und ebenso vielen Mädchen zu Hilfe, die in der Gemeinde Rouen seit mehreren Jahren der nötigen Erziehung beraubt sind, und zwar nicht durch die Schuld der städtischen Beamten, sondern aus Mangel an Geldmitteln. Duldet es nicht länger. Gesetzgeber, dass die Klostergebäude ... *durch die Distriktverwaltung verkauft werden* ...

Gebt die Anordnung, dass alles, was zum Lobpreis der Freiheit, der Gleichheit und der Vaterlandsliebe geschrieben worden ist, gedruckt und in einer neuen Fibel zusammengefasst wird, welche viel bessere Dienste leisten wird als die jetzt gebrauchten Schulbücher ...«

(GUILLAUME, Procès-verbaux du Comité d'Instruction Publique ... 1891–1904, Bd. 2, 1894, S. 431–432).

Kontinuität eines elitären Schulwesens?

»Scheuen wir uns nicht, es einzugestehen: Wohl erst unseren Tagen ist es vorbehalten, den öffentlichen Unterricht wiedererstehen zu sehen« (BACZKO, S. 508). Mit diesen Worten präsentierte der ehemalige Oratorianer Pierre-Claude-François Daunou, der unter der Jakobinerdiktatur in die innere Emigration gegangen war, am 4. Oktober 1795 den dann beschlossenen Entwurf eines neuen Schulrahmengesetzes. Die ›Renaissance‹, von der hier die Rede ist, betrifft nicht die staatlichen Elementarschulen, sondern eine Reihe von Fachhochschulen (s. o.), vor allem aber die im Februar 1795 gegründeten *Écoles centrales*. Die-

se neuen Gymnasien stellen die dauerhafteste und am weitesten entwickelte öffentliche Schulart der Revolutionszeit dar. Im Vergleich zu
den knapp 4000 *collèges* des Ancien Régime war das Netz der Zentralschulen (1 pro Departement bzw. fakultativ auf 3000 Einwohner)
weitmaschig, doch wurde sein Aufbau von Innenminister François de
Neufchâteau aktiv betrieben, sein Bestand durch Gebäude und Lehrer-
besoldung staatlich gesichert. Lokale Prüfungen unterwarfen Schüler
wie Lehramtskandidaten einer gewissen Leistungskontrolle. Wegwei-
send war das Unterrichtsprogramm, das an spätaufklärerische Reformvorschläge und Condorcets Bildungsprojekt anknüpfte: Anstelle
von Latein, Grammatik und Rhetorik begann der Unterricht nun mit
Zeichnen und Naturgeschichte, ging mit physikalischen und chemi-
schen Experimenten weiter, um mit französischer Literatur, Geschichte und Gesetzeskunde zu schließen, wobei die Schüler sich ihr Programm teilweise frei zusammenstellen konnten. Die Zentralschulen
bedeuteten also eine Modernisierung. Während der sechs Jahre ihres
Bestehens gewannen sie die Anerkennung vieler Bildungsbürger und
unterrichteten jeweils 160 bis 400 Schüler.

Doch auch diese Errungenschaft einer elitär gewordenen ›Bil-
dungsrevolution‹ war nicht von langer Dauer. Napoleons Gesetz über
den öffentlichen Unterricht vom 1. Mai 1802 beseitigte sowohl die Pri-
mar- wie die Zentralschulen der Französischen Revolution. Gleichwohl konnte und wollte er nicht einfach das Schulwesen des Ancien
Régime restaurieren. Es blieb vielmehr in staatlicher Regie, wenn auch
Privatschulen – zumal im Gymnasialbereich – verstärkt zugelassen
wurden. Darüber hinaus haben die ›Schulkämpfe‹ der Französischen
Revolution pädagogische Energien mobilisiert und einen gesellschaftlichen Bewusstseinsschub hervorgebracht, der lange nachwirkte. Die
laizistischen Volksschullehrer der Dritten Republik, welche die parlamentarische Demokratie in Frankreich erst richtig heimisch gemacht
haben, waren ideell wie auch oft biographisch die Erben der republikanischen Primarschullehrer des Jahres II. Und noch in den jüngsten
Massendemonstrationen für die Beibehaltung der privaten Gymnasien
(z. B. 1987) lebten die revolutionären Auseinandersetzungen zwischen
egalitären Republikanern und elitären Bildungsbürgern wieder auf.

Rolf Reichardt

Kunst und Revolution

Die Reform der Historienmalerei –
Ideal und Realität

1789 GALT JACQUES-LOUIS DAVID bereits als der bedeutendste
französische Künstler seiner Zeit; dieses Urteil hat sich bis heute gehalten. Von ihm stammt denn auch das erste größere Werk, das während
der Revolution selbst entstand: ein Projekt (Abb. 1) zu einem Gemälde in gewaltigen Dimensionen, das nie vollendet wurde. Sein Sujet, der
Ballhausschwur, und der geplante Aufstellungsort, der Plenarsaal der
französischen Nationalversammlung, weisen dem Werk eine öffentliche, historische, politische Bedeutung zu, und damit fassen wir eine
grundlegende, über frühere Bilder Davids, etwa den *Schwur der Horatier* und den *Brutus*, hinausgehende Qualität dieser Kunst. Jene Bilder
konnten das Kunstpublikum motivieren, vielleicht schon zu praktischen Veränderungen aufrufen, dieses richtete sich an die ganze Nation.

Dass aber die Zeichnung nicht zu einem Gemälde ausreifen konnte, ist nicht minder bedeutsam. Die Hektik, in der die alten Verhältnisse umgewälzt, aber auch die revolutionären Ziele verändert, Protagonisten und Paradigmata ausgetauscht wurden, ließ den Künstlern
kaum Muße, den langen Atem durchzuhalten, den ein Gemälde (oder
gar eine Skulptur, ein Gebäude) erforderte: Die alte Vorstellung von der
auf Dauer angelegten Konzeption eines Kunstwerks war mit der neuen,
in raschen Schüben sich verändernden Realität nicht zu vereinen, und
je mehr die Künste dieser Wirklichkeit im Sinne der Forderung nach
›Zeitgenossenschaft‹ *(contemporanéité)* gerecht werden wollten, desto
schwieriger wurde ihre Aufgabe, denn für die römische Toga stand
noch kein gleichwertiges modernes Gewand, für eine aus *französischen*
Themen resultierende Historienmalerei kaum ein Vorbild zur Verfügung. Auch führte der endliche Durchbruch des republikanischen Ge-
dankens zunächst nur zu einer Einbuße an Motivation: Alle subversi-
ve Energie war dem hellen Tageslicht gewichen, alle Anspielungen,

239

Abb. 1: David, Der Ballhausschwur, Feder, laviert. 1791 (Versailles, Musée National du Château).

metaphorischen Einkleidungen, mythologischen Ausweichstrategien waren überflüssig geworden; das ganze Arsenal an Mitteln, das seit den 1740er Jahren angelegt worden war, schien verbraucht. Dieser Antriebsschwäche sollten nur bald materielle Sorgen folgen. Denn für Großprojekte fehlten Auftraggeber und Mittel. Nachdem am 4. August 1789 die Adelsprivilegien auf dem Papier gefallen waren, musste die Aristokratie auch mit realen Einbußen rechnen; zunehmend fielen Adlige als Auftraggeber aus. Ähnliches gilt für den Klerus. Während des ganzen Jahrzehnts zwischen 1789 und 1799 erging in Paris kein einziger Auftrag zu einem Kirchenbild. Trotz des Siegs über das ›düstere‹ *Ancien Régime* erweist sich die Revolution auch im Bereich der bildenden Kunst als Zeit der *Krise*. Dies aber nur, solange wir uns auf einen hergebrachten Kunstbegriff beschränken. Ephemere künstlerische Aufgaben nahmen während der Revolution zu und führten zu neuen Lösungen. Die Festigung der neuen Prinzipien (Vaterlandsliebe statt bedingungsloser Treue zur Person des Monarchen; Einsicht in die Naturgesetze statt Erhebung zu einem Schöpfergott, Ehre durch Leistung statt durch Geburt) konnte ebenso preiswerten wie eindrucksvollen Medien, vor allem der Festdekoration und der Graphik, übertragen werden. Darin, dass vieles Entwurf blieb oder nur für den Tagesbedarf geschaffen wurde, lag auch eine Chance; zumindest enthüllt sich für uns in den unvollendeten Werken oder in der Alltagskunst von den Zielen und Normenkonflikten der Revolution oft mehr als in manch einem harmonisierten Gemälde.

Davids Zeichnung, die zugleich als Stichvorlage für das geplante Gemälde gedacht war, stellte den Künstler vor schwierige Aufgaben. Zunächst zur Situation: Die im Hôtel des Menus-Plaisirs in Versailles tagenden Generalstände fanden das Versammlungslokal am 20. Juni 1789 verschlossen vor; eine Proklamation des Königs besagte, dass er den Fortgang der Sitzungen bekannt geben werde. Auf Vorschlag des Arztes Guillotin, der später durch sein Eintreten für eine hygienische und rasche Hinrichtung so bekannt wurde, wich man ins Ballhaus aus, wo die Versammlung schwor, nicht eher auseinander zu gehen, als bis Frankreich eine neue und gerechte Verfassung habe. Dieser Eid ist Davids Thema.

Obwohl auf eine antikisierende Einkleidung verzichtet ist, wäre die Annahme, David habe die Szene wirklichkeitsgetreu dargestellt, ganz verfehlt. Der Vorhang, Zeichen für den wogenden ›Atem der Geschichte‹, soll Dynamik verbürgen, ist somit eine der Historienmalerei entsprechende Zutat. Die Gesten sind bei aller scheinbaren Spontaneität so aufeinander abgestimmt, dass sie sich ideell in der erhobenen Hand (oder gar im Auge, so KEMP 1986) des Präsidenten treffen. Ganz unwahrscheinlich ist, dass dieser (es ist Bailly) ganz vorn stand und aus dem Bild heraussah: Wen sollte er von hier aus ins Auge fassen, wenn nicht die Abgeordneten der Nationalversammlung, in deren Saal das vollendete Gemälde aufgestellt werden sollte? Auch die Anordnung der Gruppe im Vordergrund, wo ein Ordenspater (Dom Gerle in Kartäuserkutte), ein Weltgeistlicher (Abbé Grégoire) und ein protestantischer Pastor (Rabaut) im Schwur vereint sind, widerspricht den Tatsachen – nie trafen diese drei Priester zu einer offiziellen Handlung zusammen; aber auf symbolische Akte dieser Art war die Revolution angewiesen, und David beugte sich.

Das Problem lag in der Verbindung von Idealität und Realität. David musste den Eid, der auf die Erneuerung der wahren Grundsätze der Monarchie abzielte, nach vorn wenden, d. h. im Lichte der späteren Ereignisse interpretieren. Das bedeutete auch, dass er Abläufe und Attitüden verschiedenster Art (Verbrüderungsszenen, zögerliches Abwarten, Begeisterung und Eidesleistung) in einem Augenblick zusammenfassen und aus den vielen Einzelheiten ein Ganzes schmieden musste, das es noch kaum gab – das Bild einer Nation. Von der Tradition der Salonmalerei her war dies ein unerhörtes Unterfangen, ging es doch vorher stets um Einzelne, die als sittenstrenge Befehlshaber (wie Belisarius und Brutus d. Ä.) oder als philosophische Tugendhelden (wie Sokrates und Diogenes als Menschensucher) Vorbild und Ansporn sein konnten. Mit dem Begriff der Nation dagegen, die sich in den Versammelten repräsentiert sah und in deren Zusammenschluss den Willen aller ausgedrückt fand, wurde der moralische Effekt im Bilde selbst schon eingelöst; auf der Bühne, nicht in der nachträglichen Erschütterung, manifestierte sich die Botschaft der Tugend. Wenn aber das Bild selbst schon die Lösung anbot – was konnte es dann an weiterführenden Ideen vermitteln? So hätte ein Künstler vor der Revolution argumentiert. Auch die geplante Hängung in der Nationalversammlung hätte nichts daran geändert, dass das Bild einen in sich geschlossenen Ereignisraum vorstellte – die Abgeordneten wären damit nur imaginäre Zeugen eines historischen Vorgangs geworden (eine andere Sicht bei KEMP 1986). David löste dieses Problem, indem er die Kluft zwischen Wirklichkeit und Zielvorstellung markierte und damit die Idealität der Aussage aufhob. Dies ist um so bemerkenswerter, als

Dubois de Crancé, Mitglied der Verfassunggebenden Versammlung, am 28. Oktober 1790 die Verewigung des Eides durch »den besten Maler Frankreichs, den Schöpfer des *Brutus* und der *Horatier*« ganz im Sinne einer feierlichen Hymne gefordert hatte. Auf jene idealisierenden Bilder wird zurückzukommen sein. Nun aber ging es David darum, möglichst unterschiedliche Gefühlsäußerungen zu vereinen (und dadurch das Bild einer lebendigen Nation mit all ihren Widersprüchen zu geben). So notierte er auf einem Blatt des Versailler Skizzenbuches: »ein Adliger, der von Eifersucht gegen Barnave und Mirabeau verzehrt wird«, auf einem anderen: »nicht vergessen, zu Tränen gerührte Abgeordnete zu zeigen.« Und von den Hauptgestalten sollten »Mirabeau große Energie, Kraft, Heftigkeit, Sieyès Tiefgründigkeit, Barnave Ruhe« verkörpern. Durch diese Differenzierung entging David der fatalen Perspektive, seine Kunst auf bloße Panegyrik beschränken zu müssen. Zugleich weist diese Offenlegung der Gefühle bereits auf die im Herbst 1791 schon erkennbaren gewaltigen Differenzen innerhalb der revolutionären Bewegung hin. Schon aus diesem Grunde hätte David das geplante Gemälde gar nicht mehr ausführen können: Bailly musste als Bürgermeister von Paris zurücktreten, der inzwischen verstorbene Mirabeau war kompromittiert; wenig später fiel Barnave in Ungnade. 1799 versuchte David noch einmal, das Bild zu vollenden, und hier hätten historische Kurzzeit- und künstlerische Langzeitvorstellungen erst recht aufeinanderprallen müssen, wäre David nicht auf die offizielle Historiographie eingeschwenkt. Tatsächlich plante er nun, fünf Jahre nach Robespierres Sturz, die Teilnehmer des Ballhausschwurs durch genehmere Zeitgenossen zu ersetzen.

Die Künstler konnten mit der Kurzzeitigkeit der Revolution allerdings auch anders verfahren: Sie konnten sich auf den raschen Wechsel einlassen und den alten Anspruch auf würdevolle Überhöhung des Augenblicks fahren lassen. Zeichnungen und Stiche weisen diesen Weg (den David noch in den flüchtigsten Entwürfen verschmähte), Zeichnungen sowohl zum Ballhausschwur (von Norblin de la Gourdaine; vgl. BORDES fig. 16–18, zur Deutung: KEMP 1974, S. 249 ff., 1986, S. 167) als auch zu anderen Versammlungen, etwa zur stürmischen Sitzung des Jakobinerclubs am 10. August 1792 (von François Gérard; vgl. LÉVÊQUE 102). In diesen Darstellungen spürt man vielleicht etwas von der Unruhe der Revolution, von einer sich konstituierenden, selbstständig agierenden, aufgeregten Menge, obwohl selbst da (zumal bei Gérard) die flüchtige Gegenwart durch Anleihen bei der Antike nobilitiert wird.

Davids Entwurf vereint historisch gesehen zwei bedeutende Traditionen: die des holländischen Gruppenporträts und die des klassizistischen französischen Historienbildes (zu dieser Doppelbindung vgl. die ausgezeichnete Untersuchung von BROWN): Für Ersteres lassen sich die Schützenkompagnien des Frans Hals mit ihrer egalitären Binnenstruktur, für den anderen Strang eine Reihe antikisch geprägter Tugendbilder anführen, die schon mit Coypels *Trajan* von 1680 beginnt und sich über Viens *Mark Aurel* von 1765 und Greuzes *Septimius Severus* von 1769 bis zu Davids *Schwur der Horatier* und seinem *Brutus* in ihrem Pathos allmählich gesteigert hatte. Auch die beiden letztgenannten Bilder behandelten Themen aus der Antike, und wie eng dieser Impuls noch im *Ballhausschwur* ist, zeigt sich, wenn wir auf den vorbereitenden Skizzen die gleichen Personen bald antikisch, mit Helm, Rundschild und Chlamys, bald nackt oder auch modern gekleidet finden (vgl. SCHNAPPER fig. 56). Offensichtlich wollte David damit die Gleichrangigkeit seiner Zeitgenossen mit antiken Heroen betonen. Aber er notierte auch, »dass die zuletzt Angekommenen ganz durchnässt, mit aufgelöstem Haar eintreten und Regenschirme tragen, um das schlechte Wetter anzudeuten«. David will also ideale und alltägliche Kunst zugleich schaffen und bestätigt damit Marx' Analyse, wonach gerade in den »Epochen revolutionärer Krise (...) ängstlich die Geister der Vergangenheit« beschworen werden, um »in dem römischen Kostüme und mit römischen Phrasen« die »Entfesselung und Herstellung der modernen bürgerlichen Gesellschaft« zu vollbringen.[2]

Der *Ballhausschwur* enthält die größte damals denkbare Manifestation von Öffentlichkeit – qualitativ (virtuell war in der Verfassunggebenden Versammlung die ganze Nation präsent) und quantitativ (es waren über 600 Ständevertreter darzustellen, die David einzeln zu porträtieren gedachte; er bat sie deshalb, nach Paris zu kommen oder ein Bildnis zu schicken). Von diesem Anspruch her sind zwei Aspekte näher zu erörtern, die auch zahlreiche andere Werke der Revolutionszeit betreffen: Welche Öffentlichkeit sollte das Bild erreichen, und wie war diese darauf vorbereitet? Als der Jakobinerclub im Oktober 1790 David bat, seinen Entwurf als Gemälde auszuführen, beschloss er gleichzeitig, davon 3000 Exemplare stechen zu lassen; diese Stiche sollten subskribiert und durch einen Gutschein in Höhe von 24 Francs eingelöst werden können; dadurch wäre das Gemälde vorfinanziert worden. Da aber nur 652 solcher Aktien verkauft werden konnten, wurde ein halbes Jahr später beschlossen, das Gemälde auf Staatskosten vollenden zu lassen. Wie gezeigt, misslang auch dieser Plan. Aber das Modell machte Schule: Auch der *Sterbende Marat* (Abb. 3) sollte in 1 000 Exemplaren (in manchen Quellen ist von der zehnfachen Anzahl die Rede) verbreitet werden, während das Bild selbst beim Konvent verblieb: Eine doppelte (und doppeldeutige) Rezeption bestimmter Werke wurde von vornherein geplant.

Unabhängig vom Scheitern dieses Plans im Falle des *Ballhausschwurs* stellt sich die Frage, wer daran Interesse haben konnte. Crancé hatte bereits durchblicken lassen, dass sich seine eigene Erwartungshaltung an den *Horatiern* und am *Brutus* orientierte. Es ist daher notwendig, auf diese Bilder näher einzugehen – nur dann lässt sich beurteilen, ob Crancé für *die* Öffentlichkeit reden konnte.

Vor der Revolution gab es nicht eine, sondern mehrere Arten von Öffentlichkeit: die des Volkes *(peuple),* das sich auf den Märkten artikulierte und dort auch schon so etwas wie Systemkritik einüben konnte, sodann die der Privatzirkel mit ihren Ausstrahlungen in die jährlich von der Staatlichen Akademie der Künste veranstaltete Kunstausstellung, den *Salon.* 1785 wurde hier Davids *Schwur der Horatier* gezeigt (Abb. 2), ein Bild, das, obwohl fünf Jahre vor Ausbruch der Revolution entstanden, oft als deren ›Markenzeichen‹ gilt. Aber erst die spätere Resonanz hat das Gemälde zu einem Vorläufer der Revolution erklärt. Anschaulich weist zunächst alles in die Vergangenheit zurück, in die Antike und das *Ancien Régime*: Von der königlichen Akademie in Auftrag gegeben, war das Bild für die Gemächer des Königs bestimmt; Livius überliefert die Geschichte, Corneille schöpfte daraus den Stoff für seine Tragödie. Der cornelianische Konflikt zwischen Liebe und Pflicht beherrscht das Gemälde: Zwischen Rom und Alba Longa war der Kampf um die Vorherrschaft ausgebrochen; stellvertretend sollte er von je drei Männern aus beiden Städten ausgetragen werden. Für Rom wurden die drei Söhne des Horatius, für Alba drei ebenbürtige Kämpfer aus dem Hause der Curatier erwählt. Eine Familientragödie bahnte sich damit an, denn einer der Horatier war mit einer Schwester der Curatier vermählt, die einzige Schwester der Horatier wiederum mit einem der Gegner verlobt. Der Krieg bricht aus; der jüngste Horatier überlebt; Rom ist gerettet. David wählt den Schwur vor dem Kampf, die martialische Selbstverpflichtung der drei Söhne. Neu war die extreme Einfachheit *(simplicité)* des Bildes, und damit war David in der Tat ein Promotor der Revolution. In einem bühnenartig hochgezogenen Raum die drei Soldaten im Ausfallschritt, mit vorgerecktem Arm den Waffen zugewandt, die der Vater ihnen barhäuptig darreicht, während er zugleich den Segen des Himmels auf sie herabfleht; rechts die ahnungsvoll trauernden Frauen. Den Hintergrund des gedämpft beleuchteten Raumes bildet eine Arkade, deren drei Bogen auf unkannelierten Säulen und Wandpfeilern ruhen, die nach dorischem Muster ohne Basis aufragen. Diesen Bogen sind die drei Abschnitte des Vordergrundes zugeordnet: die Drillinge, der Vater, die Frauen in ihrer Klageecke. Der Waffeneid, so geheim er sich abspielen mag, beansprucht öffentliche Geltung, während die Trauerszene, verhaltener in Bewegung, Licht und Farben, privaten Charakter trägt; sie ist dem Schwur eindeutig untergeordnet, sodass die Lehre vom absoluten Vorrang der Staatsinteressen vor den Gefühlen des Einzelnen optisch bekräftigt wird. In dieser *normativen Aussage* liegt die Essenz des Bildes und sein revolutionärer Impuls – so sehr, dass David später das Waffenbündel (die Formel für Einigkeit) als persönliches Wappen adoptieren konnte. *Unité* war eine Losung der Revolution, aber auch ein dringendes Bedürfnis des absolutistischen Staates, sodass sich darin zunächst nichts anderes spiegelt als das Sanierungsprogramm, das die Akademie (stellvertretend für die anderen staatlichen Institutionen) den Künsten verordnet hatte; auch der Verzicht auf Attribute und Hausrat, die karge, ernste, ja spartanische Zurüstung gehörte, unabhängig vom militärischen Sujet, zu diesem seit 1769 gültigen Programm. Überdies spielte die Geschichte der Horatier zur Zeit des römischen Königtums. So konnte man sagen, dass David hier seine Loyalität zur Monarchie betont habe und dem offiziellen Reformprogramm entgegengekommen sei; keine Spur von republikanischer Gesinnung sei in dem Bilde zu finden (Crow, S. 213). Aber die Treue zur Monarchie schloss Werbung für egalitäre Tugenden nicht aus: Dass die Bevölkerung, in Gestalt der Drillinge, zusammensteht ›wie ein Mann‹ und dem *pater familias*, in dem das Staatsoberhaupt angerufen wird, Treue schwört, war genau jenes Konzept, das die radikalen Citoyens zu Beginn der Revolution verfochten: Mit dem König den Adel besiegen, war bis 1791 die Devise. Auch der Ballhausschwur ist davon erfüllt. Eben darum konnten Davids *Horatier* sowohl 1785 als auch 1791, bei ihrer zweiten öffentlichen Ausstellung, einhelliges Lob erringen: Das Bild genügte sowohl dem Reformprogramm des *Ancien Régime* wie dem Impetus der ersten Phase der Revolution. Das Goldene Zeitalter der Tugend, Ordnung und Fülle sollte mit Hilfe des Monarchen wiederkehren, so zeigt es manch ein Stich aus den Jahren 1789/90 (vgl. Dayot, S. 30, 117, 134; Gautier Frontispiz, S. 15, 786, Vovelle I,

Abb. 2: David, Der Schwur der Horatier, Öl/Lw., 1784 (Paris, Louvre).

S. 78, 252, II, 18). Dass mit den *Horatiern* in der Tat ein Klassenbünd-
nisbild entstanden war, wird in manchen Versionen des Bildes und in
den zeitgenössischen Nachstichen noch durch einen Pflug im Hintergrund bekräftigt: ›Einfache Leute‹, Bauern sind es, die hier das Volk vertreten und Königstreue symbolisieren.[3] Darauf beruhte die bis 1791 ge-
wollte Allianz. Trotzdem ist zu fragen: Welches Ideal transportieren diese Eisenmänner, wenn nicht das einer (patriarchalisch abgesicherten)
Gleichheit im Sinne von Gleichschaltung? Weicht die Aufklärung hier
einem neuen, spartanisch verbrämten Mythos? Wohl kaum. David
schoss bewusst übers Ziel hinaus, bot statt einer komplizierten Tugend-
geschichte eine einprägsame plakative Formel an. Als eine kühle Überlegung[4] erklärt sich die Militanz der Komposition: Dem Inhalt nach war
sie unangreifbar, der Form nach verstieß sie allenfalls gegen akademische Zurückhaltung. Was konservative Kritiker befremdete, war das
Fehlen gemäßigt-aufklärerischer Prinzipien; das Bild bot weder An-
haltspunkte für Katharsis durch Gemütsbewegung (sind doch die
Emotionen durch den Eid in Bann geschlagen) noch für die Erhebung
der Seele durch Schönheit (ist deren Ausdruck doch buchstäblich ins
zweite Glied verwiesen). Vor allem aber rief es eine Clique junger
Maler auf den Plan, die (mit David in vorderster Front) um gerechtere
Zulassungsbedingungen zu Akademie und Salon kämpften. In dieser
Fanalwirkung, der Instrumentalisierung der Malerei für kunst- und all-
gemeinpolitische Zwecke, lag das Besondere, Wegweisende, Zukünftige, aber auch Befremdliche des Bildes. So stehen die *Horatier* heute da
als ein sorgfältig ausponderiertes Paradestück, mit dem David sich zum
Wortführer der jungen Garde erhob und der notwendigen Vereinfachung späterer Revolutionsparolen den Weg bahnte. Doch darf man
darüber das vornehm-ruhige Gepräge des Bildes nicht vergessen.

An Eigenwilligkeit und Tiefsinn war den *Horatiern* der *Brutus* (vgl.
Schnapper fig. 44) aus dem Revolutionsjahr 1789 weit überlegen, und
es ehrt die Parteigänger des Malers, dass sie dieses dissonante Gemälde ebenso wie jenes erste als »*Vorläufer der Revolution*« bezeichneten.
In der Tat ist die erhabene Düsternis des *Brutus* (dazu: Herbert) für
den weiteren Verlauf der Revolutionskunst ebenso kennzeichnend wie
die kalkulierte Militanz des anderen; ein ganzes Kapitel der Revolutionskunst besteht aus dunklen, kryptischen und magischen Vorstellungen, und der Totenkult spielt dabei eine wesentliche Rolle. Der *Brutus* war aber auch noch aus einem anderen Grunde revolutionär. Jetzt
erst, 1788/89, entschloss sich David zu einem offen republikanischen

Thema, obgleich das Bild wieder für den König bestimmt war. Allerdings waren solche Themen im Zuge der Rückerinnerung an die *pristina virtus* (die schon unter Augustus gepriesene Rückkehr zur Tugend der Väter) bei Hofe gang und gäbe. Auch in den Gymnasien war dergleichen am Vorabend der Revolution beliebt. In den Erinnerungen von Charles Nodier heißt es:

> »*Wir waren damals auf die außergewöhnlichen Ereignisse bestens vorbereitet (...). Es bedurfte keiner großen Anstrengung, von unseren Studien am Gymnasium überzuwechseln zu Forumsdebatten und Sklavenaufstand. Von vornherein bewunderten wir die Gesetze des Lykurg und die Tyrannentöter der Panathenäen; nichts anderes wurde behandelt (...). Der Preis im Aufsatz (...) war nur strittig zwischen zwei in Senecas Manier vorgetragenen Plädoyers für Brutus den Älteren und Brutus den Jüngeren*« (zit. nach HERDING 1983, S. 98 f.).

Dennoch: Voltaires *Brutus*, eine schon 1729 entstandene Tragödie, war 1786 aus politischen Gründen abgesetzt worden, und es ist zumindest wahrscheinlich, dass David 1789 zur Unterstützung seines gleichnamigen Bildes ein oppositionelles Publikum bereits voraussetzen durfte (CROW, S. 254).

Zum *Ballhausschwur* führt indes eine andere Dimension des *Brutus* zurück. Der volle Titel lautete: *Dem Brutus, dessen Söhne bei einem Anschlag auf die Republik entdeckt und daraufhin von ihm zum Tode verurteilt worden waren, werden von zwei Liktoren die Leichname zur Beerdigung übergeben.* Brutus (es ist nicht Cäsars Mörder) gab also auf noch grausamere Weise als die Horatier dem Wohl des Vaterlands den Vorzug vor dem der Familie.

Doch nimmt David den Konflikt nun ernster. Das Handeln der Horatier wurde im Bild allenfalls durch die Frauen kritisiert, hier dagegen isoliert sich der Held so sehr, wird so von Dunkel umhüllt, und, wie David selbst schreibt, von Leid und Trauer umfangen, dass nun eine wirkliche Abwägung, ein *raisonnement*, vor dem Bilde möglich wird. Erschütterung und Abwehr – unterschiedliche Gemütsbewegungen – werden ausgelöst, offensichtlich will David nun auch die aufgeklärten Oberschichten des Bürgertums für sich gewinnen. Eben dieses Bemühen setzt sich im *Ballhausschwur* fort; Crancé sprach also nicht für die ganze Nation, wohl aber für seinen Stand. Nur *abs-*

Abb. 3: David, Der Sterbende Marat, Öl/Lw., 1793 (Brüssel, Musées Royaux)

trakt waren alle Bürger, *konkret* waren noch immer vor allem die oberen Mittelschichten zu einem Urteil aufgerufen. Für sie war das Projekt des *Ballhausschwurs* eine Bekräftigung des *Horatierschwurs* – den moralischen Anspruch und die organisatorische Kraft jenes früheren Bildes, das Verlangen, unter allen Umständen zusammenzuhalten, all dies sahen sie im neuen Projekt bestätigt und vervielfacht. Mit dem Brutus aber hatte dieser Schwur die republikanischen Weihen erhalten.

Die Revolutionsereignisse zwangen David, sich auf Bildnisse und Festdekorationen zu beschränken. Aber was macht er daraus! Der *Sterbende Marat* (Abb. 3) ist ein offizielles Bilddenkmal, ein persönliches Freundschaftszeugnis, und ein unerhörtes Stück Zuwendung zum einfachen Volk. Der tote ›Märtyrer‹ der Revolution (schon zu Lebzeiten als Heiliger bezeichnet), wird uns hautnah präsentiert: Aus einer Badewanne – denn von einer Hautkrankheit versprach er sich Linderung im warmen Wasser – ragen der unbekleidete Oberkörper und das zurückgesunkene, verbundene Haupt auf. Noch im Tode scheint der »Volksfreund« zu arbeiten, die zu Boden gesunkene Rechte hält die Feder, die andere das Billet, mit dem die bretonische Royalistin Charlotte Corday, an Marats Mitleid appellierend, Zutritt erlangt hatte, um ihn in dieser hilflosen Lage zu ermorden. Dazwischen, hochkant gestellt, eine abgesplitterte Holzkiste, Ablage für Schreibzeug und ein weiteres Schriftstück – es enthält Marats letzte Verfügung, einen Akt der Witwenversorgung (deshalb die Assignate daneben). Noch klafft die Wunde, frisches Blut färbt Wasser und Papier, Linnen und Messer. All dies ist verständlich, alltäglich, einfach, eine stumme Anklage aus lapidaren Beweisstücken. Um dieses Bild zu verstehen, bedurfte es keiner ikonographischen Vorkenntnisse – ein bedeutsamer Schritt hinaus über die akademische Historienmalerei, ja über Davids eigene Versuche: Was hatte noch der *Brutus* an Gelehrsamkeit vorausgesetzt! Allenfalls lag hier der volkstümliche Gedanke an den vom Kreuz abgenommenen, betrauerten Christus nahe, und wirklich sind Brust und herabhängender Arm Pietà-Darstellungen angeglichen (vgl. TRAEGER). In dieser Hinsicht ist das Bild wahrhaftig *Malerei für das Volk*, dem trotz der antikatholischen Propaganda von 1793 die Glaubensbräuche vertraut blieben. Wir besitzen Nachrichten darüber, dass die einfachen Jakobiner, als sie an Davids Bild vorbeidefilierten, Marat die Verehrung eines Heiligen zukommen ließen (HERDING 1983, S. 94 ff.). Zugleich aber war Davids Gemälde zum Gedächtnisbild für Marat als Mitglied des Konvents bestimmt, in dessen Sitzungssaal es tatsächlich bis zum Februar 1794 hing, neben dem (ebenfalls von David gemalten) Bildnis des Lepeletier de Saint-Fargeau, jenes ersten, adligen Revolutionsmärtyrers.[5] Damit schuf David Identifikationsangebote für zwei Klassen: Mit Genauigkeit und Wahrhaftigkeit, der unbeschönigten Wiederga-

be der Gesichtszüge und der auf *compassion* angelegten Anmutungs-
qualität – alles Züge einer zutiefst realistischen Auffassung – kam er
dem *peuple* entgegen; mit der ›edlen Einfalt‹ der Gesamtkomposition
und ihren beruhigten Linien und Farben entsprach er dem Geschmack
der Führungsschichten. Waagrechte und Senkrechte dominieren bei
der mit Flanell abgedeckten Badewanne wie auch in den Faltenwürfen
und geben dem Bild ein klassizistisches Gepräge; auch der grünbrau-
ne, gegenstandsfreie Hintergrund mit dem von schräg oben einfallen-
den Licht verleiht dem Bild eine hohe Stillage und hebt es in eine Ar-
kanzone distanzierter Verehrung empor. Dieses eine Element von
Davids Komposition wird hernach, bei anderen Malern, fast zum Zeichen gerinnen, so etwa in dem großartigen Bild *Freiheit oder Tod* von
Jean-Baptiste Regnault, das diese Zeichenhaftigkeit schon im Titel
kundgibt (vgl. Goya-Katalog Nr. 322, Farbtf. XIII). Davids *Marat*
hingegen zielt auf Ausgleich zwischen kalkulierter Nähe und Ferne.
Dass David, wie man heute weiß, sowohl den Klassizisten Poussin wie
den Naturalisten Caravaggio kopierte, entspricht diesem doppelten
Eindruck. Zu alledem aber tritt die unerhörte Intimität der Szene.
Man muss sich vorstellen: Ein Tod in der Badewanne wird hier zu einem öffentlichen Sujet! Der private Charakter wird nicht verschwie-
gen, sondern durchdringt und überspielt den öffentlichen. Dazu die la-
konische Widmung »À Marat, David, l'An Deux«, denkmalhaft in
Versalien geschrieben. Das Pathos dieser Widmung umfasst alle drei
Bedeutungsebenen: David lässt keinen Zweifel daran, dass er seine
ganze Kunst dem Dienst an der Revolution weiht; seine Botschaft kann
nur lauten, eben dies, die Aufopferung für das Volk, verbinde ihn mit
dem *Ami du peuple*. Ein Gran ›Nibelungentreue‹ schwingt mit, wenn
David dem toten Freund seinen eigenen Namen beigibt, als schüfe er
sein eigenes Grabmal mit – als »Volksfreund« wollte der Maler selbst
gern gelten. Volksverbundenheit suggeriert die Schrift in der Tat ebenso wie Denkmalhaftigkeit: Denn obgleich sie der lateinischen Antiqua
gleicht, die für Denkmale benutzt wurde, wirken ihre Buchstaben bedacht ungelenk ins Holz geritzt und ausgemalt.

Die zweite Art der schriftlichen Einlassungen, die auf den handbe-
schriebenen Billets, ist innerhalb der Historienmalerei ungewöhnlich.
Diese ›Zettelwirtschaft‹ führt uns vielmehr zur Graphik und ihren aus
englischen Stichen übernommenen Spruchbändern. Andererseits ver-
weisen Anlass und Inhalt des Bildes auf die Skulptur und das dauer-
hafte öffentliche Denkmal.

Text und Bild – Codes und Dekodierung – Realität und Symbol in der Druckgraphik

Trotz aller Bedeutung des Historienbildes stellt die Druckgraphik unzweifelhaft das größte künstlerische Potential der Revolutionszeit dar. Dies nicht nur, weil die hervorragendsten Künstler, gerade auch David, sich in diesem Medium betätigten, sondern weil die Graphik das gegebene Medium einer Zeit war, in der Verlautbarungen, moralische und politische Anweisungen, Nachrichten über Bedrohungen und Fortschritte an der Tagesordnung waren. Der stete Wechsel der Ereignisse erheischte ein Medium, das ebenso rasch zu produzieren wie zu verbreiten, das ebenso verständlich wie vor allem preiswert war – Letzteres eine Grundbedingung innerhalb einer Gesellschaft, deren Kunstmarkt zusammengebrochen war.

Man kann das 19. Jahrhundert das moralische wie das papierene nennen – zu beidem hat die Graphik der Französischen Revolution den Grund gelegt: Nie vorher hatte dieses Medium derart umfassenden öffentlichen Einfluss, und nie zuvor war seine didaktische Wirksamkeit größer, zumal in ihm vorübergehende politische Ereignisse Dauer und Verbreitung gewannen. Ohne die in hohen Auflagen gedruckten Holzschnitte, Kupferstiche und Radierungen hätten der Abbau von Autoritätsvorstellungen und der Aufbau einer neuen, revolutionären Symbolsprache niemals so rasche Fortschritte machen können. Mit einem Wort: Nicht in der künstlerischen Imagination, wohl aber für die Herstellung einer mit visuellen Codes vertrauten Öffentlichkeit hat die Französische Revolution Entscheidendes geleistet.

In Frankreich selbst gab es eine lange Kupferstecher-Tradition, die sich im frühen 18. Jahrhundert zur höchsten Blüte entfaltet hatte; aber auch volkstümliche Holzschnitte wurden auf den Märkten in großen Mengen vertrieben – Themen wie Lebensalter *(degrés de l'âge)* oder Liebesbäume *(arbres d'amour)* wurden da behandelt, aber auch Liebesgeschichten wie *Paul et Virginie* oder *Pyrame et Thisbé* melodramatisch erzählt. Aus England kamen im letzten Jahrhundertdrittel radierte Zyklen, die, grotesk und populär aufgemacht, eine ganz andere Schicht ansprachen, den ›Mann auf der Straße‹, der seinesgleichen, aber auch politische Größen nun als Dickwänste oder dürre Spindeln verlachen durfte – ein wesentliches Mittel, Hierarchie abzubauen und Selbstbewusstsein zu fördern. Bedeutende Künstler, wie Thomas Rowlandson oder James Gillray, widmeten sich diesem Genre. Eine dritte wichtige

Quelle waren die Einblattdrucke und illustrierten Flugblätter, die in Deutschland und der Schweiz seit der Reformation im Umlauf waren; burleske Phantasie und hoher technischer Standard verbanden sich hier.

Die Revolutionsgraphik ist von dieser Tradition her gesehen nicht sehr innovativ, wohl aber ein großer Schmelztiegel, aus dem vor allem im Bereich der Montage von Alt und Neu, in der Herausschälung eines handfesten emblematischen Instrumentariums und im Abstreifen allzu großer Erzählfreudigkeit doch eine neue Sprache sich entwickelte. Bemerkenswert sind die enge Verzahnung von Bild und Text, die Entwicklung einer unbeschönigten Körpersprache, und ein weit vorangetriebener satirischer Zug. Die simple Tatsache, dass diese Produktion Bildpropaganda war und weitgehend von oben her gesetzten Zwecken entsprach (LEITH), sollte die Erkundung der künstlerischen Mittel nicht länger verdrängen.

Die Revolutionsstiche sind zunächst nach Gattungen und Aufgaben zu unterscheiden. Rein quantitativ spielt die Ereignisgraphik die größte Rolle, doch enthält sie kaum eigene künstlerische Aussagen. Auch sind viele Stiche dieser Art erst nachträglich entstanden; man muss geradezu davor warnen, sie für bare Münze zu nehmen. Dies gilt vor allem von der 1802 erschienenen, von Berthault, Niquet und Duplessis-Bertaux gestochenen Serie der *Tableaux historiques de la Révolution française* (eine Auswahl in verkleinerter Reproduktion bei GROTH). Diese Blätter schöpfen kompilatorisch aus zeitgenössischen Stichen, fügen sie aber in antirevolutionärer Absicht zusammen. Die Gesamtform eines jeden Blattes ist ruhig und konventionell; das ›revolutionäre Element‹ ist jeweils als Unruheherd, als Aufwiegelei gekennzeichnet. In diesem negativen und partikularen Sinn einer Meuterei oder Erhebung wurde Revolution vor 1789 definiert. Die nachrevolutionären Ereignisstiche tendieren dorthin zurück und versuchen, die Revolution als Ausbruch aus dem ›ordentlichen‹ gesellschaftlichen Rahmen aufzufassen, der sich mit Napoleon wieder etabliert hatte.

Wichtiger sind zwei andere Domänen, erstens die volkstümlichen Radierungen, die oft aggressiv gehalten sind und die Kirche oder den Adel, später auch den König angreifen, zweitens die Dedikationsstiche an die Nationalversammlung, die das offizielle Programm der Revolution widerspiegeln und, da sie sich an ein gebildetes Publikum wenden, häufig mit aktualitätsgebundenen Allegorien durchsetzt sind.

Gehen wir die Gattungen durch, so zeigen sich mannigfache, innovative Interferenzerscheinungen: Eine Radierung zur Enthauptung Ludwigs XVI. (Abb. 4) gibt dieses Ereignis allerersten Ranges scheinbar ganz trocken und altertümlich wieder: Eine gleichförmige, hölzern wirkende Menge umsteht, von der Miliz zurückgedrängt, im Karree das Hinrichtungspodium. Einige Freiheitshüte und phrygische Mützen werden auf Stangen hochgehalten – das ist alles, was das Blatt an Emotionen freigibt. Erst dadurch aber gewinnt der emphatische Gestus des Henkers, der, mit ganzem Körper der Menge zugewandt, ihr das Haupt des Königs weist, seine singuläre Bedeutung. Die Abstraktion, die aller Graphik der Revolution anhaftet, enthüllt sich hier in ihrer ganzen Ambivalenz: Das Haupt des Königs in der Hand des Henkers

FIN TRAGIQUE DE LOUIS XVI.

Abb. 4: Sarcifer (Pseudonym), *Die Hinrichtung Ludwigs XVI.*,
Radierung, 1793 (Paris, Bibl. Nationale).

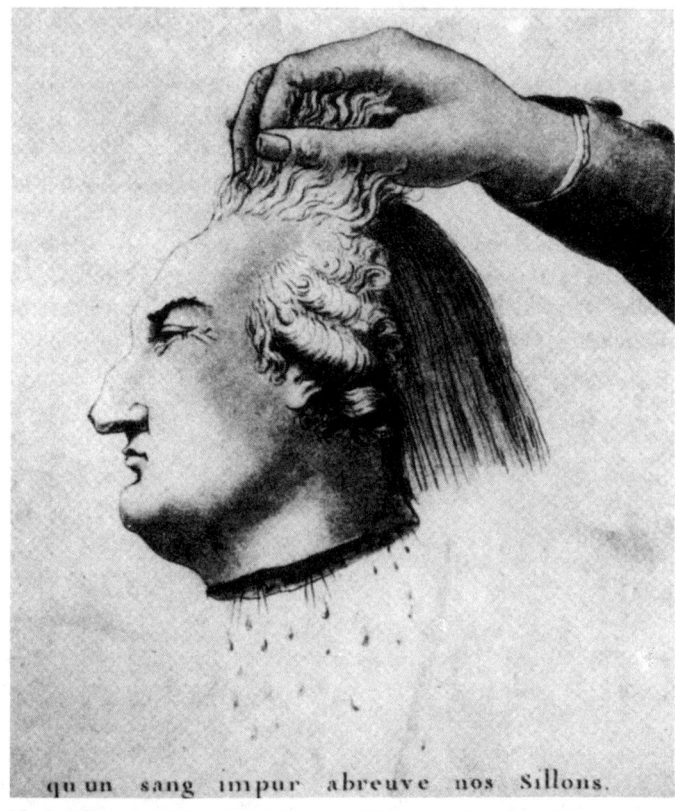

MATIÈRE A RÉFLECTION POUR LES JONGLEURS COURONNÉES

qu un sang impur abreuve nos Sillons.

Abb. 5: Villeneuve, Das Haupt Ludwigs XVI. nach der Hinrichtung, Radierung, 1793 (Paris, Bibl. Nationale).

überragt den Horizont: Eine herrschaftsfreie Zukunft wird dadurch verheißen und angesichts der dumpfen Menge zugleich zur Illusion gestempelt. In dieser emphatischen Vereinzelung summiert sich die weltgeschichtliche Bedeutung des Augenblicks. Die Handlung hat sich verselbstständigt zum »imperativen Revolutionsgestus, der Veränderung als permanenten Tatwunsch vorstellt« – von nun an, kann man sagen, gibt die Revolutionskunst »für alle Lebensbereiche Losungen eines unablässigen Voran aus, dessen Ziel abstrakt allegorisch bleibt« (WARNKE, S. 803). Der Kopf in der Hand – dieses Motiv kann sich verselbstständigen. In Liebesszenen des Manierismus wird gelegentlich das Haupt des Partners spielerisch gehalten, als könne es aus einer Fassung herausgedreht werden. Die Revolution macht Ernst mit diesem Spiel, und wo sie es isoliert darstellt, kommt die Essenz des Vorgangs erst wirklich zum Tragen: Einer der bedeutendsten Stecher der Revolution, Villeneuve, der zugleich Verleger war, vollzieht diesen Schritt und ›überhöht‹ damit die Ereignisgraphik (Abb. 5): Indem er dem Betrachter das Haupt ›nahe rückt‹, macht er es zu einem Emblem, dem die Oberzeile *Matière à réflection pour las jongleurs couronnés* ausdrücklich ein moralisches Moment beigibt, während die untere Zeile mit dem Zitat aus der Marseillaise dem Hohn freien Lauf lässt. Im Grunde zeigt das Blatt die gleiche Tendenz zum Plakat, die wir am Beispiel des *Marat* bereits in der Hochkunst kennen gelernt haben – wahrscheinlich ist es ein Reflex der untergegangenen Wandmalereien der Revolution.

Die Ausgrenzung des Objekts muss nicht unbedingt Überhöhung bedeuten. Im Falle des Königs, der gezeichnet ist, als würfe er einen letzten, hoheitsvoll-verächtlichen Blick über die Menge, eröffnet sich ein Spielraum zwischen Ereignis und Symbol, zwischen Gedenkbild und Satire.

Die volkstümliche Graphik nährt sich aus Ressourcen der Ereignisgraphik, aber sie verdichtet diese auf eigentümliche Weise: Bruchstücke von Erzählungen fügt sie zusammen, reale wie allegorische Versatzstücke – oft unbeholfen, doch dafür drastisch, an Wirksamkeit den Dedikationsstichen weit überlegen. Eine Bildsatire auf Ludwig XVI. (Abb. 6) mag als Beispiel genügen. Vor einem fiktiven Grabmonument zwei Publizisten: Jean Bart und Hébert (der Herausgeber der Revolutionszeitung *Le Père Duchesne*), der hier eine Verlautbarung des Königs hinterlistigen Zwecken zuführt. Porträtähnlichkeit ist offenbar angestrebt, doch hat der Zeichner, seiner Sache nicht sicher, die Namen hinzugefügt. Das Grabmal – ein kubischer Grundblock mit der Aufschrift »*ci gît Louis Capat l'aîné*« (»hier ruht Louis Capet der Ältere«) und dem Nachtrag »*le faux*« (»der Falsche«), darüber, auf zwei Kugeln, recht labil, ein Obelisk mit dem Medaillon des Königs – wird von einer geflügelten Allegorie Frankreichs attackiert; ganz unweiblich schwingt Francia hier die Keule des Herkules, um der Pyramide die Spitze abzuschlagen. Diese (logisch bereits vollzogene, bildlich noch bevorstehende) allegorische Tat zeugt von krausen Anleihen bei der Ikonographie der Hochkunst. Die geköpfte Pyramidenspitze, seit der

Abb. 6: Louis Capet, Jean Bart und der Père Duchesne, Radierung, kol., 1793 (New York, Metropol. Museum).

amerikanischen Revolution üblich, ist hier vorauszusetzen. Noch die heutige Ein-Dollar-Note zeigt die mit der Jahreszahl 1776 versehene, oben abgeplattete Pyramide; anstelle der Spitze dort ein frei schwebendes Dreieck mit dem allwissenden Auge – einem Symbol, das auch in den Vignetten der Revolution (vgl. Boppe) außerordentlich beliebt war. Dem Genius Frankreichs, der, frei schwebend, so kräftig zuschlägt, entspricht der Eichbaum als Zeichen der Volkskraft auf der Gegenseite. Alles ist in grellbunten Farben gehalten. Zuviel Ehre für das kleine Blatt? Keineswegs. Es steht für viele Tausende ähnlicher Radierungen, die ihre Breitenwirkung der hier erörterten Mischstruktur verdanken, einer Struktur, die den ikonographischen Fundus des Bürgers voraussetzt, ihn aber vereinfacht, um neue Schichten zu gewinnen, Handwerker und (trotz der Schriftzusätze) auch des Lesens unkundige Bauern wurden als Rezipienten solcher Stiche erwartet.

In der Ermittlung der ursprünglichen Adressaten besteht ein wesentlicher Teil der Revolutionsforschung. Das Verhältnis von Schrift und Bild ist für solche Dekodierungsaufgaben (aber auch für die aufklärerischen Absichten der Stecher selbst) von großer Bedeutung. Eine Karikatur Davids auf die englische Regierung (es gibt deren zwei) ist unter diesem Aspekt hilfreich (Abb. 7). Sie arbeitet ebenfalls mit volkstümlicher Drastik, verrät aber in den innerbildlichen Schriftzusätzen und einer weitläufigen *Explication* den höheren Anspruch, freilich auch die teurere Produktionsweise. Alle Inschriften sind hier gedruckt; auf der populären Radierung waren sie vom Stecher nur in die Platte geritzt worden. Bildlich ist Davids Beispiel deshalb bedeutsam, weil es hochstilisierte Allegorese mit allgemein verständlicher Bildsprache verknüpft: Die englische Regierung ist in Gestalt eines *Ecorché*, eines Gehäuteten gegeben (unter dieser Bezeichnung verstand man seit der Renaissance anatomische Modelle zum Studium der Muskeln und Sehnen). Ein Monster mit Vampirzähnen ist es, zwar mit dem Hosenbandorden geschmückt und einem neptunischen Dreizack als Szepter versehen, doch das Haupt von Schlangen umwunden. Dickbäuchighinfällige Nacktheit macht es zur *Invidia*, dem Sinnbild des Neides, Krallenfüße besitzt es wie ein Raubvogel, das Haupt König Georgs III. bildet das Gesäß, und dieses zweite Gesicht speit Steuern aus über das englische Volk, das dadurch wie von Blitzen getroffen durcheinanderwirbelt (der Blitz, ein häufig prorevolutionär verwendetes Symbol, wird hier für einen Afterwitz gebraucht). Die Engländer zeichnet David mit großen Kinderaugen als führungsloses Zwergenvölkchen in naiven Zügen. Insgesamt ein komplexes, an Gegensätzen reiches Blatt, und gerade darin paradigmatisch. Die seit dem Mittelalter übliche Technik, das Böse als Monster zu präsentieren, ist hier konkret außenpolitisch

Nº 1. Gouvernement Anglais   **EXPLICATION.**   Nº 2. l'Anglais

Ce Gouvernement est représenté sous la figure d'un Diable écorché tout vif, accaparant le Commerce et revêtu de toutes les décorations Royal, le de Roi se trouve au derrière du gouvernement lequel vomit sur son Peuple une multitude d'impôts avec lesquels il le foudroye. Cette prérogative est attachée au et à la Couronne.

Abb. 7: David, Die englische Regierung, Radierung, 1794 (Paris, Bibl. Nationale).

gewendet. Zum Feindbild der Französischen Revolution gehörte die englische Raffgier; nur der ständige Hinweis darauf konnte ablenken von der eigenen Unfähigkeit, den Hunger zu stillen. Dass der Graphik diese Agitation anvertraut wird, bedeutet nicht (so noch DOWD und LEITH), dass die Graphik nur Sprachrohr der *Montagnards* war, ganz abgesehen davon, dass es auch gegenrevolutionäre Bildagitation gab (vgl. LEVER, SIEBENMORGEN, VOGELSANG). David schöpft den didaktischen Spielraum für künstlerische Experimente aus. Dabei ist beachtenswert, dass auch solch verunglimpfende Blätter nicht eigentlich Karikaturen darstellen. David arbeitet damit, Motive zu ›deplatzieren‹, die Gesichtszüge des Königs am unrechten Ort anzusiedeln, aber er entstellt weder sein Antlitz noch das seiner Untertanen, während das Monster, von Natur aus natur*widrig*, gar nicht anders denn als verzerrt gedacht werden kann. Auch wo Marie Antoinette als Monster gezeich-

Abb. 8: Anon., *Magische aristo-demokratische Laterne, Kupferstich,*
Frontispiz für Almanach von 1791.

net ist, bleiben die Gesichtszüge in aller Regel unversehrt. Wird ein ganzer Stand (wie die Aristokratie) in dieser Weise gebrandmarkt (Abb. 8), verzichtet der Stecher erst recht auf herabsetzende Verzerrung individueller Physiognomien, sondern zeichnet eine Hydra, die teilweise Tierköpfe (Kamel, Schaf) trägt; die Kopfbedeckungen fungieren als Standesinsignien, wobei eine Mitra darauf deutet, dass adlige Bischöfe in das Pamphlet einbezogen werden. Das so erdachte Monster bildet das Frontispiz eines Almanachs auf das Jahr 1791. Almanache spielen in der Französischen Revolution eine große Rolle für das Verhältnis zwischen Bild und Text (vgl. ANDRIÈS); in unserem Falle wird auf der nebenstehenden Textseite die Aristokratie wie folgt beschrieben:

»*Ein Monster, weder männlich noch weiblich, sondern beide Geschlechter umfassend; es hat die Klauen einer Harpyie, die Zunge eines Blutegels, die Seele eines Staatsanwalts, das Herz eines Finanz-*

mannes, die Füße eines Bocks, die Gefräßigkeit eines Geiers, die Grausamkeit eines Tigers, den Stolz eines Löwen, die Geilheit eines Mönchs und die Sturheit eines Provinzbeamten; mehr als ein Jahrhundert lang hat es sich vom Blut der Menschen genährt, die Ernte, die ganze Hoffnung der Bauern aufgezehrt, das Volk verschlungen und in Frankreich die größten Verwüstungen angerichtet ...«

Text und Bild bekräftigen einander; sie lassen aber auch die hartnäckige Traditionsfixierung der Almanache erkennen – nicht nur Unvermögen, sondern zuvörderst ein Mittel, auf bekannte Standards zurückzugreifen, um eine möglichst umfassende Kommunikation zu gewährleisten. Unser aristokratisches Monster geht auf Dürers *Apokalypse* zurück.[6] Doch ist es mit zusätzlichen allegorischen Elementen aufgefüllt, mit einer *Freiheitssonne* (die nichts als die Umwandlung des älteren Typus einer *Wahrheitssonne* ist[7]) und einer *Laterne* (einem ›fortschrittlichen‹ Alltagsmotiv also, das sich der allegorischen Bildsyntax im Grunde entzieht). Neu sind hier weder Ikonographie noch Motivrepertoire, wohl aber die eigentümliche Zweischneidigkeit der Bildargumentation: Es wird ein Rechtsgut (Freiheit) verheißen, aber der Widerstand dagegen gleichzeitig mit dem Tode bedroht. Die Laterne, überdies mit der Inschrift »*Vengeur da la Patrie*« (Rächerin des Vaterlandes) versehen, ist Pendant und Gegenstück zur Freiheitssonne, nämlich Exekutionspfahl; Gillray hat wohl den bekanntesten Stich hierzu geschaffen. Gut und Böse, Lohn und Strafe, Tugend und Terror einander gegenüberzustellen, ist wiederum nicht originär, sondern aus der christlichen Ikonographie des Jüngsten Gerichts abzuleiten, doch wirkt sich dieses Prinzip in der Revolutionskunst vielfach als extreme Schwarzweißmalerei aus (wie überhaupt das Neue in der Kunst oft durch Überspitzung des Alten ausgelöst wird). Als finster, als okkult wird das *Ancien Régime* dargestellt, als hell leuchtend, vernünftig und klar die von der Tyrannis befreite Gegenwart. Darin setzt sich die Lichtmetaphorik der Aufklärung fort, bekundet sich der Anspruch der Revolution, den Triumph der Vernunft zu vollenden – zu vollenden, aber auch zu beenden, denn das Licht der Laterne, dem die Häupter der Aristokratie zwangsläufig zugekehrt sind, verheißt den Untergang des Lichts.

Mit der Verbindung von narrativer und symbolischer Sprache befinden wir uns bereits auf halbem Wege zu den Dedikationsstichen, in denen differenzierter, schwieriger argumentiert wird. Von Anbeginn der Revolution wurden der Nationalversammlung und dem Konvent

Abb. 9: Pézant, *Die drei Zeiten, Kupferstich, 1789/90 (Paris, Bibl. Nationale).*

Stiche gewidmet, die den Willen der gesamten Nation ausdrücken soll-ten; in Wirklichkeit wurden sie auf Bestellung der Volksvertreter oder als Eigenempfehlung der Hersteller gefertigt. Namhafte Stecher wie Helman, Duplessis, Villeneuve oder Maillet gaben sich dafür her. Ge-meinsames Kennzeichen dieser Stiche ist ein hoher technischer Stan-dard, eine feingliedrige Zeichnung, ein hohes Maß an kompositori-scher Konventionalität, eine vielteilige Szenerie und eine starke Durchmischung bildlicher Mittel. Fast immer werden Mythologien und Realien nebeneinander benutzt, häufig wird naturrechtlich argu-mentiert (die Revolution folgt dem Lauf der Gestirne, ist also natur-gesetzlich abgesichert; daher erscheint auf solchen Stichen häufig der Tierkreis).

Selten sind diese Stiche von großer künstlerischer Erfindung. Deshalb sind sie aber nicht weniger bedeutsam; gerade das Durcheinander der Gesten, Haltungen, Proportionen zeigt an, was in der revolutionären Krise aufeinander prallt. Um so nötiger waren freilich schriftliche Erläuterungen. Diese wenden sich im Grunde nicht an die unmittelbaren Adressaten, sondern geben das jeweils offizielle Revolutionsverständnis an die Öffentlichkeit weiter.

Unter den Dedikationsstichen ist einer, der jenen Ablauf überspringt und nicht der Nationalversammlung, sondern gleich der Nation selbst gewidmet ist (Abb. 9). Das Blatt zeigt eine Gruppe realer und idealer Gestalten vor einem Tempel am Meer. Ein kleines Boot, das jedoch Frankreichs »*Staatsschiff*« darstellt, setzt an Land; ihm entsteigen Finanzminister Necker und das Königspaar, wieder von Gut und Böse, von einem monsterartigen »*Widersacher*« und der »*Allegorie der Wahrheit*« begleitet; Letztere fängt das Sonnenlicht in einem Spiegel ein, der seinerseits das »*Bild der Zukunft*« erhellt. Denn drei Bilder werden den Ankömmlingen gewiesen: das der *Zukunft*, das der *Gegenwart* und das der *Vergangenheit*. Eine Geschichtskonstruktion in Bildern also, die beweist, wie früh die weltgeschichtliche Bedeutung der Revolution erkannt wurde. Ablauf und Charakter dieser Zeiten sind durch unterschiedliche Einkleidung abgesichert; mit Blumen geschmückt das heitere Medaillon der kommenden Zeit (das Wachsamkeit, Frömmigkeit und Fleiß verkörpert), daneben die dornenumwundene Tafel der Gegenwart (von widrigen Winden und dem Streit der Privilegierten gezeichnet) und, weit entrückt, das Spiegelbild der Vergangenheit, das Chronos soeben verhüllt. Weitläufig (offensichtlich an das Volk als Ganzes gewandt) erklärt die Legende die Bedeutung der drei Zeiten (dazu HERDING 1988, S. 542 ff.) und verknüpft die Zukunftshoffnung mit der Notwendigkeit, das Bündnis zwischen dem König und den drei Ständen zu stärken. Es ist somit ein Blatt aus der ersten Phase der Revolution, ein Dokument der virtuellen Einheit der Nation unter des Königs Ägide. Bezeichnenderweise steht nicht Ludwig XVI., sondern Necker im Mittelpunkt, sind es doch ökonomische Zwänge, die über das Schicksal der Revolution entscheiden werden.[8] Es fällt auf, wie stark hier mit *Bildern* argumentiert wird; einem Bild wird die Zukunftsvision anvertraut – kein kennerschaftlicher, sondern ein magischer Umgang mit Kunst wird propagiert. Dies zeugt vom hohen Rang der Kunst während der Revolution, weist aber auch auf ihre Gefährdung hin; denn wo Bilder

Abb. 10: Anon, Die Petition der Künstler, Radierung, 1791 (Paris, Bibl. Nationale).

als Ikonen gelten, da muss die Ablehnung ihrer Inhalte zwangsläufig zum Ikonoklasmus führen.

Es gab aber auch den Weg der Persiflage offizieller Bild-Verlautbarungen. Ein Beispiel dafür bietet der *Festzug der Künstler zur Nationalversammlung* (Abb. 10). Anlass war eine reale Petition, welche eine Gruppe von Künstlern, unter ihnen David, im Sommer 1791 einbrachten; sie forderten freien Zugang zum Salon (David drohte, er werde andernfalls die *Horatier* und den *Brutus* nie wieder zeigen). Am 21. August 1791 beschloss die Nationalversammlung daraufhin, alle französischen und ausländischen Künstler, ob Mitglied der Akademie oder nicht, in dem dafür vorgesehenen Teil des Louvre ausstellen zu lassen. Damit waren die Proteste, welche die einfachen Akademiemitglieder und Studenten unter maßgeblicher Beteiligung Davids seit dem 28. November 1789 gegen die *officiers* vorbrachten, zu einem vorläufigen Abschluss gelangt. Die Akademie hielt sich zwar noch bis 1793, doch gab diese Petition bereits den Anstoß zur Gründung ihrer Nachfolgeorganisation, der egalitären *Commune temporaire des arts*, die 1794 in *Société populaire et républicaine des arts* umbenannt wurde (vgl. SCHEINFUSS; zur Petition: SCHNAPPER, S. 100 ff.). Die Radierung, offenbar zwischen dem Antrag und dem Beschluss von 1791 entstanden und auf einem älteren römischen Vorbild fußend, zeigt eine Art Triumphzug, bei umgekehrten Vorzeichen ähnlich der Art, in der David 1794 seinen Triumphzug des französischen Volkes gestaltete (SCHNAPPER fig. 80 f.). Der reale Vorgang wird auf eine mythologische Ebene gehoben und zugleich zu einer Satire verarbeitet. Wieder tritt Chronos auf, nun aber als gerittener Dämon, dessen Leibesgeräusche ein Wortspiel mit *pétition* eingehen; und wieder sehen wir links einen Tempel – es ist der Voltairesche »Tempel des Geschmacks«, aus dem der Zug ins Freie tritt. Oben ein Tierkreisbogen bei partieller Sonnenfinsternis – eine dunkle, mit einer Fledermaus bespannte Scheibe schiebt sich vor die Sonne mit dem Gespann des Apolls (der nun gehindert wird, die Künste zu beschirmen), während rechts Zeus auf dem Adler, Blitze zückend, sich naht. Unten abermals Apoll auf prächtigem Wagen; neben der Lyra führt er nun die Keule – es ist ein Herkules zugleich, ein ›Volksapoll‹, der überdies der Eitelkeit frönt und sich anschickt, einem Pfau die Bürgerkrone anzubieten. Ihm folgen Narren, die mit Palette, Winkelmaß und Trommelwirbel die Einheit der Künste verkörpern; am Ende, Zimbeln schlagend, Venus. Auf Leoparden und Eseln ziehen die Bittsteller voran; ein spindeldürrer Merkur hat sich auf einem Bastard-Pegasus hinzugesellt, Gehörnte führen den Zug an. Im Hintergrund türmen sich Quadern zu einem Museum empor (links liest man »*Musée*«: eine Anspielung auf den alten und nun bald realisierten Plan, den Louvre zu einem öffentlichen Museum auszubauen). Eine antikische Versammlung deutet sich an; unterhalb einer Pyramide steht die römische Inschrift »SPQR«, im Hintergrund taucht eine Triumphsäule auf – allenthalben persifliert das Blatt jene Rahmenbedingungen der Revolutionsikonographie, die eben genannt wurden: die Vielfalt gelehrter Erinnerungen und Anspielungen, Naturmetaphorik, Antike, asketischen Ernst und Bürgertugend. Wer aber wird verhöhnt, die Nationalversammlung oder die Petitionäre? Vordergründig die Künstler. Doch die Inschrift deutet den Vorgang tiefer. Ihr Wortlaut ist ernst gemeint: »Noch gibt es große Künstler, doch Leichtfertigkeit, Luxus und Moden lassen die Talente verkümmern, und wenn es nicht zu einer glücklichen Revolution kommt, wird der Gott des Geschmacks, wie man hier sieht, nur noch ein Räuber mit üblem Gefolge sein.« Die glückliche Revolution – das ist die Kunstrevolution: Seit Baumgarten galt der Aestheticus als der *glückliche* Charakter. Aber vor allem basiert die Inschrift auf Rousseaus Wort: »So zieht die Lockerung der Sitten, als eine notwendige Folge des Luxus, ihrerseits den Verfall des Geschmacks nach sich.«[9] Geschmack aber avancierte in der Aufklärung zum Vorreiter der künftigen, nach dem Prinzip der *raison* organisierten Gesellschaft. Der Geschmack sollte zur *perfectibilité* (Vervollkommnung) beitragen; er rückte damit den Errungenschaften der Naturwissenschaften zur Seite. Höher konnte die Bedeutung der Kunst, der die Ausformung des guten Geschmacks anvertraut wurde, kaum veranschlagt werden. Die Kritik am schlechten Geschmack, dem Relikt der luxuriösen Lebensführung und der Privilegierung weniger, konnte sich auf Voltaires *Temple du Goût* von 1732/33 berufen, zumal dort Geschmacksverirrung als Maskerade, als Verkehrung der Natur gedeutet wird.[10]

Die öffentliche Rolle der Kunst: *Monumente – Bilderstürme – Museen*

Wie gezeigt, war der Graphik durchaus öffentliche Wirkung beschieden. Doch drängt die Kunst seit jeher darauf, sich darüber hinaus in Monumenten der Architektur und Skulptur aus dauerhaftem Mate-

rial zu manifestieren. Der Errichtung solcher Monumente standen
die Revolutionsereignisse im Wege; nicht nur die rasche Abfolge der
Ereignisse – auch der stete Wechsel der Bewertungsmaßstäbe gefähr-
dete solche Projekte. Einen Ausweg boten zunächst die Festdekorationen (vgl. EHRHARD/VIALLANEIX; oben LÜSEBRINK und REICHARDT).
Auf Davids führende Rolle auch in diesem Bereich kann hier nur
stichwortartig eingegangen werden. Bei der Überführung von Voltaires Asche ins Pantheon am 11. Juli 1791 war er an der Gestaltung
des Leichenwagens beteiligt (SCHNAPPER fig. 74 f.). Am 15. April 1792
organisierte er das Fest zu Ehren der Meuterer von Châteauvieux, die
nun als Märtyrer gefeiert wurden; hier wurden im Festzug Reliefs von
Brutus und Wilhelm Tell mitgeführt – Gestalten, die schon vor der
Revolution als historische Berufungsinstanzen galten. Nach Davids
Entwurf wurde am *Fest der Brüderlichkeit*, das am 10. August 1793
zur Erinnerung an den vorjährigen Tuileriensturm begangen wurde,
der *Brunnen der Erneuerung* auf den Trümmern der Bastille errichtet,
ein ägyptisierendes Monument (aus vergänglichem Material), das
den Isiskult als Urkult der Natur wiedererstehen ließ.[11]. Eine Art offizieller Taufbrunnen war dies zugleich, denn die Vertreter der Departements sollten das aus den Brüsten der Statue strömende Wasser
als Zeichen brüderlicher Reinigung empfangen. Am 8. Juni 1794
schließlich ließ David für das *Fest des Höchsten Wesens* (neben der Allegorie des Atheismus, einer Gruppe aus Pappe, die Robespierre feierlich in Brand setzte) einen künstlichen Abhang errichten (Abb. 11),
der sorgsam durch Holztreppen abgesichert, dennoch den Anblick
rousseauisch ›wilder‹ Natur bot: Ein Felsgebirge schien sich über dem
Marsfeld emporzutürmen (in den verbliebenen Darstellungen vermutlich überhöht; vgl. auch das schöne Aquarell von Naudet, LÉ-
VÊQUE, S. 159). Zum Aspekt der Natur gehörte ferner die Allegorie
der revolutionären Landwirtschaft, auf deren (von acht Ochsen gezo-
genem) Wagen sich Gerät und Ähren türmen. Im Grunde verrät sich
in dieser Inszenierung bereits die Abhängigkeit der Großstadt vom
Lande, zumal vom Brotpreis – wohl *das* wirtschaftliche Grundpro-
blem Frankreichs im späten 18. Jahrhundert. Da aber die Natur des
Menschen in der Antike am würdigsten zum Ausdruck gebracht
schien, wurde die naturmetaphorische Ebene wiederum mit klassizistischen Formen verknüpft. Ein Säulenmonument des Volkes in Gestalt eines antikischen *Herkules* (aus Gips), antikisierende Flachre-
liefs, Feuerschalen, Gewänder bürgten dafür.

Abb. 11: Chéreau (Verleger), *Das Marsfeld am Fest des Höchsten Wesens*,
Radierung, 1794 (Paris, Bibl. Nationale).

Der öffentliche Anspruch der Kunst war nie größer als im revolutionären Jahrzehnt. Flüchtige Monumente, wie attraktiv auch immer,
konnten dem auf Dauer nicht genügen. Daher wurden die größten
Bildhauer der Zeit, Jean-Guillaume Moitte oder Joseph Chinard, nicht
müde, Denkmäler der Republik, der Gleichheit, der Freiheit oder des
Volkes zu entwerfen. Diese Monumente mussten mit den großen Eh-

renmälern der absolutistischen Könige wetteifern und sie auch dann noch überbieten, wenn diese physisch bereits vernichtet waren. Auch die so störend in den Himmel ragenden kirchlichen Baudenkmäler sollten überboten werden; aus ›Respekt vor der Gleichheit‹ sollten in Clermont-Ferrand, Laon, Toulouse und Straßburg die Kirchtürme der Kathedralen geschleift werden (vgl. Réau). Die neuen Denkmäler hatten nicht nur hoch aufzuragen – sie sollten kirchliche und feudale Ideologien buchstäblich unter sich begraben. Bezeichnenderweise schlug David am 7. November 1793 vor, eine monumentale *Statue des französischen Volkes* auf den Trümmern der gestürzten Königsstatuen von Notre-Dame zu errichten, und zwar auf dem Pont-Neuf, an der Stelle des Denkmals des (vom Volk besonders verehrten) Heinrich IV. Auf fünfzehn Meter Höhe war der Koloss berechnet; aus erbeuteter Bronze sollte er gegossen werden. Auf einer Hand sollte die Figur Statuetten der Freiheit und Gleichheit tragen, in der anderen, den antiken Herkules überbietend, eine riesige Keule führen (Schnapper, S. 143 f.). In dieser Megalomanie verraten sich die Schwächen des Überbietungstopos: Der ›Neue Mensch‹ konnte nicht anders denn als ›Übermensch‹ vorgestellt werden; ein Gigant nur konnte die (längst bezwungenen) Giganten des Ancien Régime symbolisch niederringen, denn mit ihrer faktischen Überwindung war es im Bewusstsein der Massen nicht getan. Auch Chinards *Freiheit, den Genius Frankreichs krönend* (Abb.: Lévêque, S. 179) zeigt eine Überproportionierung, die das Groteske streift: Die kleine Freiheitsstatue muss einen riesigen Genius krönen. An Frankreichs Grenzen sollten riesige Statuen des Keulen schwingenden Volkes mit der Inschrift *Le peuple mangeur des rois* aufgestellt werden, die jeweils einen winzigen König halten und zu erwürgen drohen.[12]

Offenbar versuchte David, der Megalomanie durch ein pädagogisches Programm zu begegnen: Auf der Stirn der Statue sollte »Licht« stehen, auf den Brüsten »Natur« und »Wahrheit«, auf den Armen »Kraft«, auf den Händen »Arbeit«. Wir erkennen nun den Sinn jener Verbindung von Natur und Antike: Beides zusammen garantierte Erneuerung, ethischen Neubeginn. Überspitzt kann man sagen, dass nach Auffassung Davids Natur und Antike erst in der revolutionären (populistischen) Perspektive zu ihrem vollen Ausdruck, ja *zu sich selbst* kamen. David verknüpfte mit diesem Projekt weit reichende institutionelle Ambitionen: Zum einen schlug er in Verbindung damit Förderungspreise vor, die später von Napoleon übernommen wurden und die Grundlage für Goethes Weimarer Kunstbestrebungen bildeten; zum anderen verknüpfte er damit die Pläne für die städtebauliche Erneuerung von Paris – Pläne, die von den Architekten Napoleons und von den Saint-Simonisten teilweise aufgegriffen wurden.

Davids Vorstoß brachte 26 Entwürfe hervor, stieß aber auch auf Kritik. Sein unskulpturaler, ganz von der Graphik her gedachter Vorschlag, Schrift und Bild zu kombinieren, stieß ebenso auf Widerstand wie der Trümmersockel, der wohl die Statik des ganzen Monuments gefährdet hätte. Auch war die Zurschaustellung vernichteter Kunstwerke obsolet geworden, seit Abbé Grégoire sich gegen den »Vandalismus« gewandt hatte und Bestrebungen in Gang gesetzt worden waren, jene Zeugnisse der Vergangenheit, die ihre reale (magische) Macht eingebüßt hatten, in einem Museum unterzubringen.

Den bedeutendsten Entwurf im Wettbewerb um die *Statue des französischen Volkes* schuf Moitte, ein Bildhauer, dessen ganze Bedeutung erst jetzt zutage tritt (dazu: GRAMACCINI). Offensichtlich versuchte Moitte (Abb. 12), die Übergröße der Statue durch Ausbau des Sockels etwas abzumildern. Über einem Figurenfries aus 83 weiblichen Gestalten, welche die Departements Frankreichs verkörpern, ragt der eigentliche Denkmalsockel empor. Er trägt auf der Frontseite die Tafeln der Menschenrechte zwischen den Allegorien der Fülle und der Wahrheit; darüber die Statue, die nach altem Überwindungsschema den Fuß auf den Lindwurm der Tyrannis setzt und mit der Keule die Hydra des Fanatismus, Royalismus und Föderalismus niederhält, wie es in der Endausschreibung vom 24. April 1794 vorgeschrieben war. Anstatt Natur und Wahrheit zu verschriftlichen, stellt Moitte Freiheit und Gleichheit als Statuetten auf einer Erdkugel dar (in diesem weltweit missionarischen Anspruch geht die Französische Revolution über die amerikanische hinaus); auf den niedrigen Seitenpostamenten summiert er trophäengleich die Relikte der klerikalen und der feudalen Herrschaft.

Insgesamt blieben die projektierten französischen Revolutionsdenkmäler einer idealistischen Starre verhaftet; das Beste lieferten Bildhauer wie Moitte, Chinard oder Deseine dort, wo sie unabhängig von abstrakten Losungen arbeiten konnten (was übrigens Détournelle im *Club Révolutionnaire des Arts* ausdrücklich forderte; GRAMACCINI, S. 251), dort nämlich, wo sie sich unbefangen auf Lehrmeister wie Pigalle und Houdon stützen konnten: im Bildnis.

Im öffentlichen Raum dagegen gab es einen weiteren Bereich, der, so paradox dies klingt, seit 1791 viele Bildhauer beschäftigte: den Bil-

Abb. 12: Moitte, Entwurf zur Statue des Volkes, Feder, laviert, 1794 (Paris, Bibl. Nationale).

dersturm. Die nach der Gefangensetzung Ludwigs XVI. einsetzende Korrektur an Bauten und Denkmälern bedeutete zunächst einmal kaum Vernichtung, sondern Veränderung; es galt, die »Zeichen der Despotie und des Aberglaubens« durch neue zu ersetzen: durch die Kokarde, durch phrygische Mützen, durch Insignien der Gleichheit und Freiheit – bescheidene, doch arbeitssichernde Aufgaben. Was aber die geschleiften Königsmonumente anging, so erfand David hierfür eine neue Strategie: Er schuf *Substitutsangebote*. Wir haben schon erfahren, dass er sich das Monument des französischen Volkes auf leibhaftigen Trümmern der Vergangenheit dachte, damit aber wegen der beginnenden konservatorischen Maßnahmen nicht durchdrang. Anfang 1793 hingegen, am Vorabend der Hinrichtung Ludwigs XVI., als Lepeletier de Saint-Fargeau ermordet wurde, einer jener Adelsvertreter, die im

Nationalkonvent für den Tod des Königs gestimmt hatten, galten noch andere Maßstäbe. David fiel die Aufgabe zu, eine feierliche Aufbahrung zu inszenieren (Abb. 13). Er wählte dafür die Place Vendôme, wo wenige Monate vorher Girardons Reiterstatue Ludwigs XIV. gestürzt worden war. Der hohe Sockel stand noch; ihn nutzte David für den aktuellen Anlass. Oben wurde der Ermordete auf einer Liege ausgestellt; von beiden Seiten führten Stufen für das *Défilé* hinauf. Die Frontseite schmückte eine neue, feierliche Inschrift zu Ehren Lepeletiers. Davids Angebot lautet also, man möge mit der Zerstörung leben und Monumente in zeitgemäß umgewidmeter Form wiederbeleben. Ungeachtet der antikisierenden Ausschmückung verrät sich darin eine bemerkenswert realistische Haltung. Übrigens enthielt schon die Schleifung der Bastille ein solches Substitutsangebot: Auf dem Sockel des letzten Turms sollte ein Denkmal des Königs errichtet werden; der Bildhauer Houdon und der Journalist Linguet trugen sich schon vor der Revolution mit diesem Gedanken (RÉAU, S. 210). Nach der Umwidmung von Notre-Dame in einen »*Tempel der Vernunft*« (November 1793) war deren Chorraum in einen gigantischen Freiheitsberg verwandelt worden. Aus den Trümmern der Königsgräber von Saint-Denis sollte eine riesige Pyramide zu Ehren Marats errichtet werden. Die Statue Ludwigs XIV. von Desjardins wurde durch eine Pyramide zu Ehren der Opfer des 10. August 1792 ersetzt.

Oft wurde der Ernst einer Zerstörung durch einen spielerischen Umgang mit der Aura des Kunstwerks durchbrochen: Der Statue Heinrichs II., der beim Transport aus Saint-Denis die Marmorhände mit dem Gebetbuch abgebrochen waren, wurden Gipshände mit einem Kartenspiel angefügt, damit sich der König unterwegs die Zeit vertreiben könne. Der Turm des Straßburger Münsters – angesichts seiner Höhe eine unerhörte Beleidigung der *égalité* – brauchte nicht geschleift zu werden, da der Stadtrat beschloss, ihn mit einer großen roten Blechhaube zu überziehen und ihn so zu revolutionieren: Ein karnevalistisch-listiger Schachzug windet der bürokratischen Tugendforderung den Triumph aus der Hand.

Diese Umwidmungsstrategien decken das paradoxe Phänomen des revolutionären Bildersturms jedoch nicht ab. Grundsätzlich muss man sich bei allen zerstörerischen Maßnahmen zunächst vor Augen halten, dass sie erst möglich wurden auf der Grundlage einer außerordentlich hohen Einschätzung der politischen Funktionen von Kunst – eine selbstverständliche Konsequenz des visuellen Beeindruckungspro-

Abb. 13: Anon., Der Katafalk Lepeletiers auf dem Sockel der zerstörten Statue Ludwigs XIV. auf der Place Vendôme, Radierung aus den »Révolutions de Paris«, Bd. 15, 1793 (Paris, Bibl. Nationale).

gramms, das die Monarchen durch öffentliche Denkmäler und Festdekorationen und die Akademiedirektoren durch die Propagierung einer moralisch läuternden Historienmalerei gepflegt hatten. Angesichts
dieser Wertschätzung kann es kaum überraschen, dass die Konstituante am 19. Juni 1790 die Beseitigung der ›versklavten‹ Kunst als einen
Akt der Befreiung verstand; damals wurden die Sklaven an Desjardins'
Standbild Ludwigs XIV. auf der Place des Victoires ›befreit‹, d. h. ihrer
Ketten entledigt und in ein Depot verbracht, ohne dass die Statue
selbst tangiert worden wäre.

Später wurden die ›schändlichen‹ Reliefs abgenommen, erst im August 1792 wurde die Statue gestürzt. Zwei Jahre hindurch sieht man
sich also veranlasst, rational zu argumentieren und nur das zu vernichten, was eine Beleidigung ›revolutionärer Gesinnung‹ darstellte. Gezielt
sollten auch die Könige von Notre-Dame bestraft werden, in denen
man frühere Herrscher Frankreichs zu erkennen glaubte, diese Statuen
sollten zunächst nicht gestürzt, sondern nur enthauptet werden.
Schließlich wurden sie, einem alten Brauch folgend, begraben (weshalb
sie so gut erhalten sind).

Schon früh wurden Bestandsaufnahmen angelegt; mit Dekret vom
26. Mai 1791 wurde die Inventarisierung der Diamanten der Krone beschlossen; am 5. September des gleichen Jahres erging ein Dekret zur
Schaffung eines *Cabinet des médailles* für die im Kirchenschatz von
Saint-Denis gefundenen Münzen. Der Beschluss der Nationalversammlung vom 14. August 1792 schuf dann die Grundlage für die Zerstörung royalistischer Monumente. Doch wird dieser Beschluss sogleich neutralisiert, indem der 1790 geschaffenen *Commission des
Monuments* die Befugnis übertragen wird, alle Objekte zu erhalten,
»die von künstlerischem Interesse sind« (vgl. Sprigath 1980, S. 510 ff.;
die Reden Grégoires bei Scheinfuss, S. 22–31, 41–49, 168–202). Dass
dies in der Praxis kaum durchzusetzen war, steht auf einem anderen
Blatt (vgl. Réau und Steinmann); vor allem war den Zerstörungen
und Plünderungen nicht mit moralischen Appellen zu wehren. Doch
muss man den Volksvertretern zugute halten, dass sie frühzeitig um Er-
haltungsmaßnahmen besorgt waren, ja sogar eine neue Qualität der
Denkmalpflege hervorgebracht haben. Selbst gegenüber den Emble-
men der Vergangenheit waltet nun Vorsicht; um die Paradoxie des Ikonoklasmus zu verdeutlichen, greift Romme 1793 sogar zu der Formel,
dass man dann auch Davids Bildnis des Lepeletier verbrennen müsse,
weil auf seinem Schwert eine Lilie zu sehen sei. Drei Ursachen der Zer-

störungswut nennt er: Unwissenheit, Gier und die Absicht, der Revolution zu schaden. Auf dieser Grundlage bezeichnet Abbé Grégoire dann in seinem Bericht vom 10. Januar 1794 »sinnlose Zerstörung« *(déstruction inconsidérée)* als »Vandalismus«, auch formuliert er zum ersten Mal die Notwendigkeit der Aneignung des »kulturellen Erbes der Nation« (vgl. CHAPU; SCHEINFUSS; SPRIGATH 1980). Damit wiederum wird der Grund gelegt für die systematische Erhaltung und Erschließung vergangener Kunst durch Alexandre Lenoir. Lenoirs großer Vorzug war, dass er nicht als Kunstkenner, sondern als Historiker argumentierte und forderte, ein aufgeklärtes Volk müsse seine Geschichte und deren anschauliche Zeugnisse kennen; damit traf er den Nerv der revolutionären Pädagogik und durfte mehr als nur die Zustimmung eines esoterischen Kreises von Ästhetikern erwarten. Nicht ein Museum forderte er denn auch, sondern eine ganze Reihe: außer dem *Muséum des Monuments français* ein Museum für Naturgeschichte, ein Antikenmuseum, ein Nationalmuseum und ein Museum in Versailles. Auch wird berichtet, Lenoir sei den Plünderern der Königsgräber in Saint-Denis entgegengetreten – ein Ereignis, das eine Zeichnung von Pierre-Joseph Lafontaine (Abb. 14) dramatisch gestaltet. Man darf dieses Blatt nicht naturalistisch lesen, entscheidend ist, dass ein Denkmalpfleger die Hauptfigur bildet, dass mitten in der Revolution sich ein kulturelles Engagement entfaltet und bildlich durchzusetzen vermag. Lenoir tritt hier als Instanz eines kunst- und geschichtsbewussten Bürgertums auf, das sich nicht scheut, dem Pöbel Einhalt zu gebieten – eine Wunschkonstruktion selbst dann, wenn es sich real so zugetragen hätte. Denn insgesamt sah die Wirklichkeit sehr viel widersprüchlicher aus: Der Wohlfahrtsausschuss hatte die Zerstörung und Verwertung der Königsgräber von Saint-Denis verfügt und Lenoir gleichzeitig beauftragt, alles Wertvolle in Sicherheit zu bringen. Die ganze Ambivalenz des revolutionären Umgangs mit vergangener Kunst zeigt sich in diesem Auftrag, einem der zahlreichen Ablenkungsmanöver mit moralisierendem Anspruch: »Wir beginnen die Spuren des Königtums zu löschen – und sollten die kostbaren Särge der Tyrannen die kaum bedeckten Toten der Revolution weiter beleidigen lassen?« (RÉAU, S. 225). Der Jahrestag der Gefangennahme des Königs, der 10. August 1793, sollte mit diesem Akt der Löschung begangen werden, die Gruft von Saint-Denis eignete sich besonders gut dafür, da man darin, wie schon in der Königsgalerie von Notre-Dame, ein Doppelmonument des Despotismus erblickte, ein Monument der Monarchie *und* der Kirche.

Abb. 14: Lafontaine, Lenoir widersetzt sich der Zerstörung des Grabmals Ludwigs XII., Feder, laviert, 1794 (?) (Paris, Musée Carnavalet).

51 Gräber wurden geöffnet, alle Bronzeteile eingeschmolzen. Immerhin – und das will Lafontaine zeigen – konnte mitten in der Revolution der *Bildungsbürger* sich erstmals politisch manifestieren. Das *Muséum* wurde 1792 schon gegründet, eröffnen konnte es Lenoir allerdings erst 1801, unter Napoleon, aber die Gliederung nach Epochen statt nach kunstimmanenten Abteilungen behielt er bei; nicht um ein ›Pantheon der Künste‹, sondern um eine Visualisierung der Geschichte war es ihm zu tun.

Der neuen Musealisierung der Kunst nach dem 9. Thermidor entsprach die Zurückdrängung ihrer öffentlichen Wirksamkeit durch das Direktorialregime. Eine Bildkritik (Abb. 15) auf das Kunstdekret vom 26. August 1797 (dem 9. Fructidor des Jahres V) stellt in jeder Hinsicht den Gegenpol zur Aufbruchsstimmung des Künstlerumzugs von 1791 dar. Die Kunst, sagt die Bildlegende, ist durch das neuerliche Dekret pa-

tentiert, aber nicht »*tenté*«, also nicht gerade erbaut. Statuengleich sitzt
sie auf hohem Sockel, doch verhüllten Hauptes und angekettet. Eine
merkwürdige Szene zeigt der Sockel: jenen Wettstreit zwischen Apoll
und Pan, bei dem Midas den Sieg Apolls missbilligte und dafür Esels-
ohren erhielt. Die Kunst scheint aus dem Gleichgewicht geraten: Die
Waage senkt sich zu Gunsten der »Boutique de Mercier«, obwohl auf
Seiten der Kunst der *Apoll vom Belvedere, die Venus von Milo* (ergänzt)
und Raffaels *Hl. Michael* doch schwerer wiegen müssten. Das »Niveau
der Talente« ist außer Kraft gesetzt, es vermag sich nicht mehr senk-
recht zu stellen. Diese Anspielungen richten sich vor allem gegen Mercier, der Mitglied des Rates der Fünfhundert war und als Kunstbanau-
se galt; als *Midas* wurde er beschimpft. Die Künstler wollten damals mit
den Dichtern und Geometern gleichgestellt und von der Gewerbesteuer *(patente)* befreit werden, was Mercier zunächst zu verhindern
wusste, bevor er dann die Kunst »auf noble Sujets und würdige Monumente« beschränkte (vgl. RENOUVIER, S. 494; LEITH, S. 131 f.). Diesem
Stich zufolge hat das Direktorium mit der Ruhigstellung der Künste,
zu der auch die vorläufige Internierung Davids gehörte, nichts erreicht
als Friedhofsruhe.

Rationalität und Ursprünglichkeit in der Architektur

›Sprechende‹, ›autonome‹ oder schlicht ›Revolutionsarchitektur‹
wurde die französische Baukunst zwischen 1780 und 1800 genannt.
Indes entstand vieles von dieser Architektur längst vor der Revolution, anderes, vor allem Entwürfe von Claude-Nicolas Ledoux und
von Etienne-Louis Boullée, wurde erst lange danach publiziert und
trat daher während der Ereignisse selbst nicht in Erscheinung. Aber
so sehr diese Architektur ihren Ursprung in der Aufklärung hat, so
sehr mitunter ihre Wirkung sich verzögert hat – mit der Revolution
hat sie dennoch viel zu schaffen, denn um Motivations- und Egalisie-
rungsprobleme, um die Nutzung von Natur und Antike zur moralischen Erneuerung und zur geschichtlichen Selbstbesinnung geht es
in der Baukunst ebenso wie in einem beliebigen Historienbild oder
Dedikationsstich unter dem Konvent. Die Reform der Architektur
setzt bereits in den 1750er Jahren ein, unterstützt durch theoretische
Schriften wie Laugiers *Essai sur l'architecture* und seine *Observations*

LES ARTS PA·TENTÉ PAR LE DECRET
du 9 Fructidor An 5.

Abb. 15: Anon., Die patentierte Kunst, Kupferstich, 1797 (New York, Metropol. Museum).

sur l'architecture oder auch Peyres *Livre d'architecture.* Den führenden Reformklassizisten, Soufflot mit der Kirche Sainte-Geneviève (1755–1792), Gabriel mit der École Militaire, den beiden Palästen an der Nordseite der *Place de la Concorde* und dem (1762 begonnenen) *Petit Trianon* in Versailles, Victor Louis mit dem Theater in Bordeaux und der Präfektur in Besançon, oder auch de Wailly und Peyre, den Erbauern des Odéon, ging es um eine Vereinfachung und Verernstung der architektonischen Ausdrucksmittel, nicht unverwandt den Absichten Viens bei der Reform der Historienmalerei. Man muss diese Architektur von den in sich geschlossenen, zugleich bildhaft vorgestellten Bauten unterscheiden, die kurz vor, während und nach der Revolution entstanden. Jedoch trat manches davon schon früh zutage, auch konnten die Auffassungen einzelner Baumeister wie die Bélangers sich unvermittelt von einem gemäßigten Klassizismus zu einem ›Strengen Stil‹ wandeln. Einerseits sind die späteren Architekten zutiefst von der Generation der Jahrhundertmitte beeinflusst, andererseits ist die entscheidende (und angesichts des fortdauernden Klassizismus paradoxe) Tat der Jüngeren gerade die Überwindung der seit der Renaissance kanonischen Formen. Unter ihnen ragen Chalgrin und Desprez, Brongniart und Bénard hervor, Letzterem wird die noch erhaltene *Rue des Colonnes* (deren dorische Säulen an Davids *Horatier* erinnern) jetzt zugeschrieben (RABREAU/SZAMBIEN). Vor allem aber ist Ledoux zu nennen, der Schöpfer des Theaters in Besançon, der Saline von Arc-et-Senans (Chaux), des Justizpalastes und des Gefängnisses in Aix-en-Provence sowie der für die Revolution so bedeutsamen Pariser Zollhäuser, von denen das von La Villette noch steht. Architektonische Großprojekte waren während der Revolution kaum zu verwirklichen, weder Triumphal- noch Gemeinschaftsarchitektur – die Jakobiner residierten in jener Kirche, der sie ihren Namen verdanken; der Bündnisschwur wurde im Ballhaus des Königs geleistet, die Nationalversammlung besaß kein eigenes Parlamentsgebäude, sondern tagte (nach Versailles) in der Pariser *Manège* und nach dem 10. August 1792 in den Tuilerien (es gab zwar zahlreiche Neubauprojekte, doch wurden sie nicht ausgeführt). Ebenso blieben Davids Pläne zur Verschönerung der Parks liegen, auch auf diesem Gebiet konnte Napoleon die Revolution beerben. Dagegen wurde eine bis in unsere Gegenwart hinein wirksame Reform verwirklicht: Die *École Polytechnique* in Paris (an der auch Boullée wirkte) führte in den 1790er Jahren eine eigene Ausbildung für den Beruf des Ingenieurs ein, der fortan den Architekten von statischen und installatorischen Problemen entlastete, sodass dieser sich seinem Beruf als *Künstler* widmen konnte.

Mit dieser Veränderung hängt es zusammen, dass, teils während, teils vor der Revolution, eine Reihe von Idealentwürfen entstand, die, unabhängig von der praktischen Nutzbarkeit konzipiert, zu einer neuen Auffassung von Architektur als autonomer Kunst geführt haben. Diese grundsätzliche Neubestimmung zeigt sich in den akademischen Architekturwettbewerben[13] ebenso wie in den Entwürfen Lequeus oder den Traktaten Ledoux' und Boullées.[14] In ihnen kommt der Innovationsschub der Architektur seit den 1770er Jahren zum Tragen, vor allem in der Einführung rein kubischer Baukörper und reiner Halbkugelformen bei Kuppeln, im Verzicht auf kleinteilige Ornamente zu Gunsten ungeteilter Baumassen, in der Vereinfachung der (in Frankreich traditionell komplizierten) Dachformen, in der Bevorzugung ursprünglicher, schwer wirkender Säulenformen. Die Berufung auf stereometrische Grundformen wurde von Boullée gleichzeitig als Rückkehr zu Urformen gedeutet, die der Natur selbst abgesehen seien und daher dem menschlichen Empfindungsvermögen in besonderer Weise entsprächen, und zwar dem *aller* Menschen, sodass nun von der Architektur, wie von Davids Malerei, der Anspruch auf eine Weltsprache *(langage universel)* erhoben wurde, die ungeachtet sozialer Unterschiede von jedermann verstanden werden konnte.

Die Suche nach anschaulichen Äquivalenten solch grundsätzlicher Überlegungen fiel naturgemäß umso leichter, je mehr von praktischen Notwendigkeiten abstrahiert wurde. In den ›freien‹ Idealentwürfen konnte sich die Architektur der Malerei als einer imaginativen, ja poetischen Kunst gleichwertig fühlen. Boullée verlieh dem besonderen Nachdruck, indem er seinen Idealbauten oft ein malerisches Aussehen gab, das nicht mit einem *Benutzer*, sondern mit einem *Betrachter* rechnete und diesen auf ein dem jeweiligen Bau gemäßes Ambiente ›einzustimmen‹ versuchte. Gleichzeitig stellte der Maler Hubert Robert in seinen Gemälden eine riesige, menschliches Maß übersteigende Architektur als Stimmungsträger vor. *Architektur als Bild* zu inszenieren wie zuerst in der Gartenarchitektur erprobt (vgl. LANGER 1963), war die Leitidee Boullées, der seine Entwürfe im entscheidenden Jahr der Revolution, 1793, ausdrücklich der französischen Nation widmete und damit zu programmatischen Revolutionsentwürfen deklarierte. In ihnen werden die aufklärerischen

Prinzipien der Revolution, von denen die Tagesereignisse oft so weit entfernt waren, weitergedacht. Wuchtige, urtümliche, unnahbare Bauten treten uns da entgegen, entweder gar nicht oder aber mit gleichmäßig wiederkehrenden Kolonnaden geschmückt, wie sie schon Burke (1757) zur Steigerung des Erhabenen empfohlen hatte (vgl. STEINHAUSER, S. 34). Viele von diesen Entwürfen lassen eine Vorliebe für chthonische, unterirdische oder sepulkrale Motive erkennen. Einen dritten Aspekt könnte man die Militanz des Rationalen nennen, aber stets nur als *ein*, nie als *das* einzige Element: Architektur ist für Boullée kein bloßes Ordnungssystem mehr, sondern eine allen gefühlsempfänglichen Menschen zugängliche Schöpfung. Wiederum werden diese 32 (seit 1781 entstandenen) Entwürfe von einem theoretischen Traktat mit dem Titel *Architecture. Essai sur l'art* begleitet, dessen volle Bedeutung erst in unserem Jahrhundert erkannt worden ist. Auch Boullées Plan, ein Architekturmuseum zu errichten, wurde erst in unseren Tagen aufgegriffen, damals erging kein Auftrag dazu. Dagegen beziehen sich die Entwürfe zur Oper und zur Nationalbibliothek auf konkrete Bauvorhaben. Alles übrige ist Lehrmaterial, bildhaft-poetisch ausgebreitet. In dieser Veranschaulichung einer sinnlichen Ausstrahlung der Bauwerke greift Boullée auf Legeay und Piranesi zurück; ihnen folgt er auch darin, dass er den Charakter der von ihm propagierten Architektur als großartig, erhaben, von Licht und Schatten erfüllt definiert, und schließlich darin, dass er nach der Wiederbelebung von Grund- und Urformen der Vergangenheit fragt. Diese jedoch sucht er nicht mehr in der (damals neu entdeckten) griechischen oder in der römischen Architektur allein, sondern, um der ›Urnatur‹ näher zu sein, in einer Verbindung rudimentärer Formen aller frühen Kunst, auch der ägyptischen. Offensichtlich überträgt er damit die Suche nach Urtypen und einfachen Gesetzen, um die es den Natur-, aber auch den Sprachwissenschaften der Zeit zu tun war, »in lapidarer Einfachheit« (STEINHAUSER, S. 23, 31) auf die Architektur. Bezeichnenderweise ist es ausschließlich große, *öffentliche* Architektur, die ihn beschäftigt, von der Kathedrale über den Friedhof bis zu einem sphärischen Kenotaph für Newton (vgl. VOGT). Boullée verstand solche Architektur als *Repräsentationsarchitektur für das Volk*, deshalb die Absage an hierarchische Gliederung. Die Gleichheitsidee anschaulich auszudrücken, war ihm, der mit den fortschrittlichen Ideen eines Helvétius vertraut war, wesentlich; aber nur die Repräsentationsarchitektur konnte ihm dafür genü-

Abb. 16: Boullée, Der Tempel der Vernunft, Schnitt, Feder, laviert, 1793
oder 1794 (Florenz, Uffizien).

gen, da nur sie die Idee des Erhabenen zu vermitteln und auf diesem
Wege den Menschen zu läutern vermochte – Wohnungsbau konnte
Boullée nicht interessieren.

Nahezu alle Prinzipien von Boullées Architekturtheorie lassen sich
an dem (in mehreren großen Zeichnungen entfalteten) Entwurf zu einem *Tempel der Vernunft* darlegen. Das Äußere dieses Tempels besteht
aus zwei übereinander gestellten Zylindern ungleichen Durchmessers,
der rückspringende obere ist von einer Halbkugelkuppel überwölbt.
Säulenumgänge bilden den oberen Abschluss der beiden Zylinder, dem
Erdgeschoss ist eine Kolonnade vorgelegt. Auch hier also rudimentäre
Grundformen und iterativ-egalitäre Dekorationssysteme. Das Innere,
bei Boullée im Schnitt wiedergegeben (Abb. 16), zeigt zwei Halbkugeln
ungleichen Durchmessers mit Annexen. Könnte man den Bau betre-
ten, sähe man sich in einem riesigen, halbkugelförmig gewölbten
Raum; da die Kuppelkrümmung bereits über den Kämpfern eines eingestellten Kolonnadenkranzes, also sehr tief, einsetzt, muss der Betrachter annehmen, dass unmittelbar über ihm das ›Himmelsgewöl-
be‹ (die profanisierte Sphäre der Unendlichkeit) beginnt. Tritt er nun
um die Länge der Säulen nach vorn, sieht er sich unvermittelt einem
riesigen, in die Tiefe ragenden zweiten Halbrund gegenüber, das mit
Felsbrocken gewaltigen Ausmaßes verkleidet ist, sich in der Mitte aber

zu einem Hügel aufwirft, den eine Statue bekrönt. Dieser Hügel ist aus riesigen Gesteinsplatten aufgeschichtet, in deren Mitte eine finstere Öffnung klafft – ein Tor ins Erdinnere. Der Hügel aber ist beleuchtet, sodass sich Licht und Schatten hier grell gegeneinander absetzen, ohne dass wir erführen, woher der Raum sein Licht erhält: Die Anbauten zeigen nur, dass der untere Zylinder in zwei Stockwerke untergliedert ist und der obere den Seitenschub der Kuppel und ihrer Außenschale auffangen hilft.

Insgesamt also ein äußerst rational durchkonstruierter Baukörper, der im Inneren jedoch Unendlichkeit, Ursprünglichkeit, Natur und die eigene Befindlichkeit des Betrachters thematisiert. Im Aspekt der Natur kulminiert das Ganze, oben räumlich, unten körperlich, denn hier erhebt sich eine Statue der Diana von Ephesos, deren Vielbrüstigkeit seit alters als Verkörperung der Fruchtbarkeit galt. Dieser ›Nabel‹ ist für das Ganze bestimmend: Die Fruchtbarkeit der Vernunft wird in dieser Statue der Natur angerufen.[15] Der Betrachter soll dadurch seiner eigenen Natur innewerden; nur über dieses ›zweckfreie‹ Denkmal (das einer Grabesgruft gleicht), nur über dieses Gespräch mit der ›ewigen‹ Natur kann er zum Erlebnis der Erhabenheit geführt werden. Der Architekt, der ›Licht und Finsternis scheidet‹ und diesen Weg zum Erhabenen durch eine ›Schattenarchitektur‹ bahnt, spielt dabei eine »gottgleiche Rolle« (Steinhauser, S. 32 f.) – in seiner Schöpfung vollendet sich die Emanzipation des ›Neuen Menschen‹.

Klaus Herding

Anmerkungen

1 Die Leinwand (in den riesigen Ausmaßen von etwa 5,50 x 9,50 m, 1826 auf 4,00 x 6,60 m reduziert) war bereits vorbereitet, sie befindet sich heute, ebenso wie die hier abgebildete Zeichnung, im Musée National du Château zu Versailles; eine farbig gefasste Ölstudie (vermutlich von Schülerhand ausgeführt) im Musée Carnavalet zu Paris. – David hatte die Komposition in unzähligen Skizzen vorbereitet (vgl. Schnapper, S. 102–122 [hiernach auch die nachfolgenden Zitate] und Bordes).

2 Karl Marx, Der Achtzehnte Brumaire des Louis Bonaparte; 2. veränderte Ausg. Hamburg 1869, hier nach: Marx/Engels, Werke, Bd. 8, Berlin: Dietz, 1972, 115 f.

3 Gemälde: Toledo (Ohio); vgl. *Bilder vom Menschen in der Kunst des Abendlandes*, Ausst.-Kat. Staatliche Museen Preußischer Kulturbesitz Berlin 1980, 320, Nr. 7/29. – Stich: *Triumph und Tod des Helden*, Ausst.-Kat. Wallraf-Richartz-Museum Köln 1987, 372, Nr. 114.

4 Auch darin, dass David das Bild in Rom vollendete und ausstellte, die dortigen Würdenträger und Kenner dafür zu interessieren verstand und damit die Erwartungshaltung in Paris steigerte, dass er das Bild dann bewusst zu spät und in weit größerem Format einreichte als gefordert (womit es in die höchste Kategorie aufrückte und mit 6 000 statt 4 000 Francs bezahlt werden musste), erweist sich David als ein Künstler, der mit seinem Pfunde zu wuchern verstand.

5 Zerstört, nur Zeichnung und Nachstich erhalten (Abb. der Ersteren: SCHNAPPER fig. 88).

6 Blatt 13: Die babylonische Hure, 1498. Abb.: WOLFGANG HÜTT (Hg.), Albrecht Dürer, *Das gesamte graphische Werk*. Bd. 2, München: Rogner & Bernhard, o.J., S. 1518 f.

7 Vgl. etwa das Titelkupfer zu JOH. KUNCKEL, *Ars vitraria experimentalis*, Frankfurt und Leipzig: Riegel 1689.

8 Offensichtlich fand dieser Stich Anklang; das Pariser Musée Carnavalet bewahrt ein Ölgemälde mit vereinfachter Version des gleichen Gegenstands.

9 JEAN-JACQUES ROUSSEAU, Über Kunst und Wissenschaft (1750), in: *Schriften zur Kulturkritik*, hg. von KURT WEIGAND (Philosophische Bibliothek Nr. 243), Hamburg: Meiner, 2. Aufl. 1971, S. 39.

10 Vgl. VOLTAIRE, *Kritische und satirische Schriften*, München: Winkler, 1970, S. 5 –29.

11 JURGIS BALTRUSAITIS, *Le culte d'Isis. Introduction à l'égyptomanie*, Paris: Perrin, 1967.

12 Abb. in: *Révolutions de Paris*, 8.12.1793. – Weitere Beispiele in: L'art de l'estampe et la Révolution française, Ausst.-Kat. Paris Musée Carnavalet, 1977, S. 12 ff. (Nr. 40, 42), S. 57 (Nr. 276, 284).

13 Dazu: JEAN-MARIE PÉROUSE DE MONTCLOS, *Les prix de Rome. Concours de l'Académie royale d'architecture au XVIIIe siècle*, Paris: Berger-Levrault, 1984; WERNER SZAMBIEN, *Les projets de l'an II. Concours d'architecture de la période révolutionnaire*, Paris: École Nationale Supérieure des Beaux-Arts, 1986.

14 Zu den verwickelten Datierungsproblemen vor allem von Ledoux' Entwürfen vgl. JOHANNES LANGNER, Ledoux' Redaktion der eige-

nen Werke für die Veröffentlichung, in: *Zeitschrift für Kunstge-schichte* 1960,S. 136–166, W. HERRMANN, The Problem of Chrono-logy in C.-N. Ledoux's Engraved Work, in: *The Art Bulletin* 1960, S. 191–210.

15 Die nächste Parallele bildet das Monument *élevé à la Nature dans le Temple de la Raison à Strasbourg* (LANKHEIT Abb. 30).

SPRACHE UND LITERATUR

1789 oder: Die Krise der Institution Literatur

EINE RADIERUNG AUS DEM SOMMER 1791 zeigt, in der radikalen Zeichensprache der Zeit, die Szenerie eines symbolischen Machtwechsels: Der Schriftsteller Voltaire, mit *Mons gloriae* versehen, vor dem Ruhmestempel der Nation auf einer Säule thronend, erscheint als triumphaler Herrscher und Nachfolger des neben ihm vom Sockel stürzenden Königs Ludwig XVI., den ein trompetender Genius mit einem Fußtritt unsanft zu Fall bringt (Abb. auf der Seite 310). Die Radierung spielt auf den gescheiterten Fluchtversuch Ludwigs XVI. im Juni 1791 an, der das französische Königtum in den Augen der öffentlichen Meinung schlagartig diskreditierte, sowie auf die knapp drei Wochen danach, am 11. Juli 1791, erfolgte Pantheonisierung Voltaires, der Überführung seiner sterblichen Überreste in die neu gegründete Ruhmesstätte für die »Großen Männer der Nation«. Zugleich verkörpert das Bild einen Transfer symbolischer Macht von der sakralisierten traditionellen Herrschergewalt auf jene neuen (Be-) Herrscher der öffentlichen Meinung, die der Literat und »*Philosophe*« Voltaire repräsentiert. In radikaler Umkehrung der Symbolhierarchie des Ancien Régime wird hier der Repräsentant des Bourbonenkönigtums, Ludwig XVI., als Verräter, als verabscheuungswürdiges »Monster« und als »Schrecken der Menschheit« dargestellt, der deistische Aufklärungsphilosoph Voltaire, den der Vorgänger Ludwigs XVI. als Staatsverräter in die Bastille gesperrt hatte, hingegen als »Unsterblicher Mensch«, dem höchste Ehren erwiesen werden. Mit dieser Hochschätzung, ja Sakralisierung von Literatur und Schriftstellertum *während* der Jahre 1789 bis 1799 kontrastiert auf geradezu frappierende Weise die Verdrängung der Literaturproduktion der Revolutionszeit aus dem Bewusstsein der Nachwelt. So nimmt die Literatur der Französichen Revolution in gängigen Literaturgeschichten – von wenigen Ausnahmen abgesehen – nur eine äußerst marginale Stellung ein. In Lansons Epoche machender *Histoire da la littérature française* (1902) fanden die

287

Ce Monstre votre idole horreur du genre humain
Que votre orgueil trompé veut retablir en vain .

Tous les vrais Citoyens ont enfin rappellé la liberté publ
Nous ne redoutons plus le pouvoir tirannique .

Allegorie auf den Fluchtversuch Ludwigs XVI. nach Varennes (2. Juni 1791)
und Voltaires Pantheonisierung (11. Juli 1791).
Anonyme kolorierte Radierung ohne Titel vom Sommer 1791, 173 x 225
mm (Nationalbibliothek Paris, Kupferstichkabinett, Sammlung Histoire
de France, Nr. M 100737).

Revolutionsjahre ebenso wenig Berücksichtigung wie in Lagarde/
Michards *Les grands auteurs français du programme* (1963), der noch
heute in Frankreichs Gymnasien und Universitäten dominierenden
Geschichte der französischen Literatur. Das sechs Seiten kurze Kapitel
des über 400 Seiten starken fünften Bandes der Literaturgeschichte von
Lagarde/Michard zur französischen Literatur des 18. Jahrhunderts berücksichtigt beispielsweise im Kapitel »La littérature révolutionnaire«
lediglich die politische Rhetorik der Zeit und kommentiert Reden Mirabeaus, Vergniauds, Dantons und Robespierres, die in Auszügen ab-
gedruckt werden. Die gesamte *literarische* Produktion der Revolu-

tionsdekade wird mit der Begründung »Die Revolution hat eine intensive, aber äußerst mittelmäßige Literatur hervorgebracht«, keiner Zeile gewürdigt. Von La Harpes *Cours de littérature* aus den Jahren 1799–1805 bis hin zu Pamphleten wie Anton Schumms Schrift *Frankreichs Culturrückschritt durch die Revolution* (1888) erscheint die Revolutionszeit als tiefer Einbruch im Höhenflug der französischen Literatur des 17., 18. und 19. Jahrhunderts, dessen »Mittelmäßigkeit« und »Vulgarität« (Lagarde/Michard) am besten mit Schweigen übergangen werden solle.

Diese Verdrängung der Literatur der Französischen Revolution aus der Literaturgeschichte erklärt sich vor allem aus der Tatsache, dass sie an der Elle eines ästhetischen, seit der Romantik in der Literaturgeschichtsschreibung und Literaturkritik dominierenden Begriffs von Literatur als *Belles Lettres* gemessen wird, die der Literaturproduktion der Jahre 1789–99 nicht gerecht zu werden vermag. Ein Blick in die Presse des Jahres 1789 zeigt, dass die zeitgenössischen Schriftsteller und Publizisten sich ausdrücklich von diesem tradierten Konzept der »Schönen Literatur« absetzten und eine neue, aktualitätsbezogene und politische Form von Literatur proklamierten. So schrieb etwa der Literat Sylvain Maréehal im Dezember 1789: »Der Bleistift und der Meißel, die allzu lange aus Mangel an Sujets müßig geblieben sind, werden nun tätig werden können. Das Genie der Künstler wird sich nunmehr am Feuer des Patriotismus entzünden können, und die Stürme der das Licht der Welt erblickenden Freiheit werden, indem sie alle Geister erreichen, die Keime unzähliger Talente zur Blüte bringen« (*Tableaux de la Révolution Française*, Prospectus). Zahlreiche Schriftsteller sprechen bereits 1789 von der »Wiedergeburt der Poesie aus dem Geiste der Freiheit«, der »Revolutionierung des Theaters« (*Journal de Paris*, 16.11.1789) und dem neuen Rollenbild des Künstlers als »Patriotischem Schriftsteller« *(Artiste Patriote)*, dessen geistige und materielle Unabhängigkeit in radikalem Gegensatz zum Opportunismus der von königlichen Pfründen lebenden Literaten des Ancien Régime stehe. Anonyme Pamphlete wie das 1789 publizierte *Livre rouge* (»Rotbuch«), das ungeheures Aufsehen erregte, und Publizisten wie Jean-Paul Marat etwa in seiner Schrift *Du charlatanisme académique* (1791), listeten die hohen königlichen Pensionen auf, die Schriftsteller wie Marmontel oder Robinet erhalten hatten, und denunzierten in virulenter Sprache die enge Verquickung der Akademien und Salons des Ancien Régime mit der politischen Macht.

Das Bewusstsein einer tief greifenden Wandlung der Institution Literatur, ihrer Ausdrucksformen und ihres Selbstverständnisses, spiegelt sich in einem Umbruch der Literaturproduktion selbst, der sich zumindest für Teilbereiche zahlenmäßig eindrucksvoll belegen lässt. So ging während der Jahre 1790–94 die Romanproduktion, die 1788 einen Höchststand erreicht hatte, rapide zurück und fiel 1794 auf den niedrigsten Stand der zweiten Hälfte des 18. Jahrhunderts. Erst während der Direktorialzeit gewann der Roman, vor allem in der Form des Schauerromans und des pornographischen Romans, seine frühere, im Laufe des 18. Jahrhunderts stetig gewachsene Bedeutung zurück.

Symmetrisch hierzu verlief der Aufschwung jener Literaturgattungen, die die Literaturproduktion der Revolutionszeit beherrschten: Theater, Chansons, Almanache und populäre Bildgraphik. So versiebenfachte sich beispielsweise die Jahresproduktion von Chansons und Hymnen zwischen 1789 und 1794, um während der Direktorialzeit erneut rapide zurückzugehen und bis 1800 auf den Stand der letzten Jahre des Ancien Régime zurückzufallen. Zwischen 1789 und 1799 erschienen in Frankreich insgesamt 91 neue Almanache, mit deutlichen Schwerpunkten in den Jahren 1792 (18 Titel), 1793 (13) und 1795, während in den letzten Jahren der Direktorialzeit lediglich fünf (1798) bzw. ein (1799) neuer Titel publiziert wurde und der Anteil politischer Almanache von 20 % (1792) bzw. 23 % (1795) auf gerade 2 % absank (SONNET, S. 6). Eine ähnliche Entwicklung weist die Zeitungsproduktion auf: Die Zahl der Periodika, in denen neben politischen Informationen auch ein Großteil der literarischen Kurztexte (Chansons, Fabeln, Anekdoten) publiziert wurde, stieg von 1789 bis 1791 um das Dreifache, um auch hier unter dem Direktorium und während des Konsulats Napoleon Bonapartes, der die Pressefreiheit erneut rigoros einschränkte, auf den Stand des ausgehenden Ancien Régime zurückzufallen. Vor allem das Jahr 1789 zeichnete sich durch eine explosionsartige Entwicklung der Tages- und Wochenpresse aus: Die Gesamtzahl der Zeitungen stieg im Vergleich zu 1788 um 165 %; statt über eine einzige Tageszeitung verfügte das Pariser Lesepublikum im Juni/Juli 1789 nunmehr über nicht weniger als 39 Periodika, die das politische und kulturelle Tagesgeschehen mit einer völlig neuen Intensität verfolgten und auf arbeiteten (RÉTAT). Die Ausweitung der Theaterproduktion schließlich lässt sich – mangels brauchbarer Aufführungsstatistiken – vorerst nur an der Zahl der Theater selbst ablesen, die zwischen 1789 und 1793 in Paris von vier auf 45 anstieg.

Die institutionelle Infrastruktur des Literatur- und Kulturbetriebs des Ancien Régime hingegen zeigte sich bereits in den Jahren 1789/90 in partieller Auflösung. Renommierte Kulturzeitschriften wie die *Année Littéraire* Frérons, der *Journal des Savants*, der *Journal Encyclopédique* und *Panckouckes Gazette de littérature* stellten ihr Erscheinen ein oder verloren – so der *Mercure de France* – einen Großteil ihrer Leserschaft. Zeitungen wie der *Journal de Paris* oder der *Journal de Provence* öffneten ihren literarischen Rezensionsteil der Besprechung politischen Schrifttums und ersetzten ihre Poesieseite (*»Morceaux de poésie«*) durch eine ausführliche Berichterstattung über das Theaterleben sowie die Sitzungen der französischen Nationalversammlung (RÉTAT). Die Akademien für Literatur, Schöne Künste und Wissenschaften sowie die Lesegesellschaften des Ancien Régime, im 18. Jahrhundert vor allem in der Provinz Zentren der Verbreitung aufklärerischen Gedankenguts, wurden 1793 durch ein Dekret der Nationalversammlung aufgelöst, nachdem sie bereits seit dem Sommer 1789 ihre frühere Bedeutung eingebüßt hatten. An ihre Stelle traten deutlich politisch orientierte Institutionen wie die Volksgesellschaften (*Sociétés populaires*) und die Jakobinerclubs, die gelegentlich aus den Lesegesellschaften hervorgingen und deren Zahl in ganz Frankreich bis 1794 auf über 2 000 anstieg. Neben den politischen Debatten nahmen die gemeinsame Lektüre und Diskussion der Tagespresse sowie das Vorlesen und Singen patriotischer Lieder einen wichtigen Platz in den häufig fast täglichen Sitzungen dieser politischen Clubs der Revolutionszeit ein. Einzelne Institutionen wie der 1785 gegründete *Lycée de Paris*, eine literarische Gesellschaft, zeigten sich wiederum erstaunlich wandlungsfähig und sicherten hierdurch ihren Fortbestand und ihren Platz im kulturellen Leben. »Das Erwachen des Epimenides«, so ein Journalist 1789 in der Zeitung *La Chronique de Paris*, »ist auch im Pariser Lycée erfolgt, zumal es nicht schwierig war, dort jenen öffentlichen Geist einzuführen, der so rasch seit den ersten Tagen der Revolution aufgekeimt ist.«

Die ›Krise der Literatur‹ in den Jahren 1789 bis 1799 lässt sich somit vor allem als tief greifender Umbruch literarischer Institutionen und Ausdrucksformen beschreiben. Dieser betraf insbesondere die Jahre 1789 bis 1794 und stellt auf den ersten Blick ein ephemeres Phänomen dar, das jedoch in vielen Bereichen langfristige, bis in die Gegenwart hineinreichende Wirkungen zeitigte. Der literarische Umbruch der Revolutionszeit selbst liegt weniger in der Entstehung neuer Gattungen und Ausdrucksformen als in der *Umfunktionierung* tradierter Genres wie des *Vaudeville,* der *Hymne,* der Tragödie und des *Chanson* (Nies) sowie einer völlig neuen gesellschaftlichen Bedeutung von Literatur. Die Abschaffung der Pressezensur im Sommer 1789, die Teilnahme breiter Bevölkerungsschichten am politischen Geschehen und das hiermit verknüpfte immense Bedürfnis nach Mitteilung und Information sprengte – zumindest in den Jahren 1789 bis 1794 – die tradierten Strukturen des Literaturbetriebs. Gegenüber dem *Lesen* von Schriftliteratur gewann das Vorlesen, das gemeinsame Singen, das Theater sowie die Bildgraphik – allesamt halb mündliche literarische Ausdrucks- und Vermittlungsformen, mit denen auch die nicht alphabetisierte Mehrheit der Bevölkerung Frankreichs (ca. 63 % im Jahre 1789) erreicht werden konnte – eine herausragende Bedeutung.

›Plebejische Wortergreifungen‹ – die neuen Schriftsteller der Revolution

»Je mehr Salpeter«, schrieb der Journalist Gorsas am 9. September 1789 in der Zeitung *Le Courrier,* »in dem Rohr, in das es eingefüllt ist, zusammengepresst wird, desto stärker und ohrenbetäubender wird die Explosion sein, die er hervorruft. Genauso ist es mit der Stimme des frei geborenen Menschen: Je länger sie unterdrückt wird, desto mehr gärt sie, wenn der Vergleich erlaubt ist, in den Lungen, und wenn sie sich endlich Luft verschafft, dann ist sie keine Stimme mehr, sondern ein gellender Schrei, der die Tyrannen in Angst versetzt und die Götzen des Despotismus vom Sockel stürzt«. Gorsas' Bildmetapher vom explodierenden Salpeter verweist nicht nur auf den Strukturwandel der Öffentlichkeit und den Funktionswandel von Literatur, die sich seit dem Frühjahr 1789 in beschleunigter Weise vollzogen, sondern zugleich auf jene Vielzahl neuer, häufig aus dem Handwerkerstand stammender ›plebejischer‹ Schriftsteller, die seit der Einberufung der Generalstände das Wort und die Feder ergriffen. In Dijon etwa verfasste der Hutmacher Pierre Sauvageot, der in den Jahren 1792 bis 1794 zum Bürgermeister der Stadt gewählt wurde, aus Begeisterung über das Föderationsfest am 4. Juli 1790 eine »Hymne an die Freiheit«, die anlässlich eines patriotischen Banketts in Dijon gesungen und in gedruckter Form als vierseitige Broschüre publiziert wurde. In späteren Schriften, wie einer gleichfalls zum Druck gelangten Rede aus Anlass der Einwei-

hung der Büsten Rousseaus und Marats im Pariser Pantheon, sah sich
Sauvageot als Erbe des großen Genfer Philosophen, dessen »Schriften
die Französische Revolution vorbereitet haben«. Ähnliche ›Wortergreifungen‹ plebejischer Autoren, die bis 1789 nichts veröffentlicht und geschrieben hatten und auch aufgrund der veränderten politischen Bedingungen (verschärfte Zensur etc.) fast ausnahmslos in den Jahren
des Direktoriums erneut verstummten, lassen sich für die Jahre 1789
bis 1794/95 in ganz Frankreich beobachten, ohne dass eine auch nur
annähernde zahlenmäßige Eingrenzung möglich wäre. In Reims etwa
publizierte der Schauspieler Delloye in der Zeitung *Le Gardien de la
Constitution* (»Der Hüter der Verfassung«; 30. 4. 1796) ein die Melodie der Marseillaise aufnehmendes antijakobinisches Lied, das er zugleich im örtlichen Theater vor den Aufführungen sowie in den Pau-
sen gemeinsam mit den Zuschauern sang. In Rouen sah der
Schuhmacher Adrien Pasquier, der bereits in den beiden letzten Jahrzehnten des Ancien Régime mehrere Tausend Manuskriptseiten mit literarischen Entwürfen, historischen Darstellungen und politischen
Reformplänen gefüllt hatte, mit dem Jahr 1789 die Zeit gekommen, zumindest einzelne Teile hiervon zu publizieren und an die Öffentlichkeit zu bringen. 1790 und 1791 erschienen – fünfzehn Jahre, nachdem
er an Turgot und Maurepas handschriftliche Pläne zur Reform des
Steuerwesens und der allgemeinen Sitten abgesandt hatte, die noch
nicht einmal eines Antwortschreibens gewürdigt worden waren – mehrere kurze Pamphlete Pasquiers wie seine »Beobachtungen eines patriotischen Bürgers« *(Observations d'un citoyen patriote)*. Diese machten Pasquier rasch bekannt und führten u. a. zu seiner Ernennung zum
Lebensmittelkommissar der Stadt Rouen in den Jahren 1793 und 1794.
Mitglieder der neu gegründeten *sociétés populaires* griffen, wie der
Schuhmacher Jung in Straßburg, der Tischler Drouet-Pathé in Reims
und der Landmann Vieil im nordwestfranzösischen Alençon überall in
Frankreich zur Feder – nicht nur um politische Reden und Stellungnahmen *(Discours, Adresse, Opinion, Observation)* zu verfassen, sondern auch, um die häufig gemeinsam gesungenen patriotischen Lieder
und Hymnen zu publizieren. Die ›Wortergreifungen‹ des Kanzlei-
schreibers Pierre-Mathieu Parein und des verkrachten Seminaristen
Ange Pitou, die beide 1789 aus der Provinz nach Paris kamen, um Journalist und Schriftsteller zu werden, knüpfen ihrerseits an die Ambitionen jener plebejischen Intellektuellen an, die seit der Jahrhundertmitte, vom Glanz der *République des Lettres* geblendet, in Frankreichs

Hauptstadt geströmt waren. Mit der Revolution erhielten diese »Rousseaus der Gosse« (R. Darnton) nicht nur eine Fülle neuer Publikations- und Ausdrucksmöglichkeiten – vor allem in der politischen Publizistik, im Theater und bei Revolutionsfesten –, sondern änderten auch ihre Schreibweise, die aktualitätsbezogener, politischer und häufig pathetischer wurde. Ange Pitou beispielsweise war im Frühjahr 1789 aus dem Priesterseminar in Chartres nach Paris geflohen und dort zunächst als Journalist beim *Journal de la Cour et de la Ville* untergekommen. Ein von seiner Rousseau-Lektüre inspiriertes Naturgedicht mit dem Titel *La Voix de la Nature* (»Die Stimme der Natur«), das er zunächst bei einem Pariser Verleger veröffentlichen wollte, vergaß er bald in der Schublade und begann stattdessen, politische Pamphlete (wie seine *Réflexions sur le jugement et la mort de M. de Favras*, 1790) und Chansons wie sein erfolgreiches *Tableau de Paris en vaudevilles* (1791) zu schreiben und zu publizieren.

Die revolutionären Ereignisse, von der Einberufung der Generalstände über den Sturm auf die Bastille bis hin zum Sturz Robespierres (1794) und den Jakobineraufständen der Jahre 1796 und 1797, riefen eine Vielzahl neuer Schriftsteller und Publizisten auf den Plan, die das politische Geschehen in Pamphleten, Zeitungsartikeln und literarischen Texten verschiedenster Art – von der Autobiographie über die Hymne bis zum Melodram – aufzeichneten, kommentierten und in historische Sinnzusammenhänge einfügten. So griffen von über 800 Erstürmern der Bastille 24 nach dem 14. Juli 1789 zur Feder und publizierten während der Revolutionszeit insgesamt über 300 Einzelschriften, meist kürzere Broschüren (LÜSEBRINK). 18 dieser 24 schriftstellernden *Vainqueurs de la Bastille* hatten vor 1789 nichts veröffentlicht; ein Drittel unter ihnen gehörte dem Pariser Kleinbürgertum sowie dem Handwerkerstand an, so etwa der Weinhändler Cholat oder Pierre-François Palloy, ein aus kleinbürgerlichen Verhältnissen stammender Bauunternehmer und ehemaliger Maurer.

Palloy verkörpert wie kaum ein zweiter jene Wortergreifung plebejischer Autoren und Publizisten, die die politisch-kulturelle Öffentlichkeit der Jahre 1789 bis 1794 kennzeichnet. 1755 als Sohn eines kleinen Weinhändlers in Paris geboren, nach einer Maurerlehre zunächst einfacher Geselle, heiratete Palloy 1776 die Tochter eines Pariser Bauunternehmers, dessen Geschäft er übernahm und innerhalb von zwei Jahrzehnten zu einem der größten der zeitgenössischen Pariser Baubranche entwickelte. Die Ereignisse der Revolution und vor allem das

Erlebnis des Sturms auf die Bastille am 14. Juli 1789 unterbrach die
steile Karriere Palloys in einschneidender Weise. Palloy begann auf eigene Faust zusammen mit seinen Arbeitern mit dem Abbruch des alten Staatsgefängnisses, bis er im Herbst 1789 von der französischen
Nationalversammlung den offiziellen Auftrag hierfür erhielt, und entwickelte zugleich eine geradezu fieberhafte literarische und propagan-
distische Tätigkeit. Weitgehend auf eigene Kosten verschickte er ab Oktober 1790 in alle französischen Departements quadergroße, behauene
Bastillesteine, die als »Reliquien der Freiheit« (Palloy) den Sturz des
Despotismus bezeugen sollten. Abgesandte Palloys, die er »Apostel der
Freiheit« nannte und selbst bezahlte, brachten die Bastillesteine im
Spätherbst und Winter 1790 in alle Departementshauptstädte, wo sie
feierlich eingeweiht und zusammen mit anderen »Reliquien der Freiheit« (Nachbildungen der Schlüssel der Bastille, einer Geschichte der
Bastille von Dusaulx, der Autobiographie des ehemaligen Bastillehäft-
lings Latude u. a. m.) im Triumphzug durch Straßen und über Markt-
plätze getragen wurden. Seine »Apostel der Freiheit«, die bis Korsika
und in die südlichen Pyrenäen gelangten, verlasen anlässlich der Über-
gabe der Bastillesteine an die politisch Verantwortlichen vor Ort Reden und patriotische Lieder Palloys, welche die symbolische Bedeutung des 14. Juli 1789 unterstrichen. In Paris und in seinem Wohnort
Sceaux im Süden der Hauptstadt trat Palloy, der sich seit dem Sommer
1789 nicht nur mit dem offiziellen Titel »Besieger der Bastille« *(Vain-
queur de la Bastille)* schmückte, sondern sich zugleich die Beinamen
»Patriot« und »Patriotischer Künstler« *(Artiste Patriote)* gab, als Orga-
nisator zahlreicher Revolutionsfeste auf, bei denen die Inszenierung
der Bastillesteine eine zentrale Rolle spielte. Überzeugt von der Wirksamkeit des gedruckten Wortes, ließ Palloy in den Jahren 1789 bis 1794
über hundert Schriften, meist Broschüren, Reden und großformatige
Plakate, auf eigene Kosten drucken, verteilen und in die französische
Provinz verschicken. 1793 beispielsweise erhielt die *Société Populaire*
des südostfranzösischen Städtchens Menton auf eigenen Wunsch hin
von Palloy 1 000 Exemplare eines foliantengroßen Plakats mit dem Titel *Les XVI Commandements Patriotiques. Par un vrai Républicain,* eine
Art patriotisches Glaubensbekenntnis, das als Anhang eine kurze Geschichte der Revolution mit der Evozierung der wichtigsten Ereignisse (*»Memento du Patriote«*) sowie die Unterschrift »Von Palloy, dem
Patrioten« enthielt. Von Palloy verfasste Lieder wurden bei Revolutionsfesten wie der 1794 gefeierten »Fête de la Liberté, verteilt und ge-

meinsam gesungen, so beispielsweise seine die Melodie der Marseillaise aufnehmende Hymne *Insurrection du Peuple Français, contre les Tyrans. Hymne aux Républicains* oder jenes patriotische Trinklied *La bonne Philosophie*, das Palloy im August 1796 an einem *Décadi*-Feiertag an die Bürger des Ortes Sceaux verteilen ließ und das mit den Versen »La Liberté seul convient/au bonheur de la vie« (»Einzig die Freiheit/Passt zum Lebensglück«) endete.

Anders als die meisten plebejischen Schriftsteller der Revolutionszeit, die 1789 das Wort ergriffen und aufgrund der veränderten politischen und kulturellen Situation sowie der verschärften Zensurbestimmungen fast ausnahmslos in den Jahren des Direktoriums verstummten, ließ Palloy auch während des Empire bis in die Restaurationszeit hinein eigene patriotische Lieder, Gedichte und Hymnen drucken und verbreiten, in denen er die Siege der napoleonischen Armeen in die Kontinuität des siegreichen und befreienden Sturms auf die Bastille stellte. Palloy, der sich seit 1789 als »Schriftsteller« und »Patriotischer Künstler« fühlte und als solcher auftrat, widmete einen Großteil seines Vermögens und seiner Zeit dieser neuen schriftstellerischen Mission. 1832 verstarb er, fast völlig verarmt und von den Zeitgenossen als »lächerlicher Künstler« und »Deklamateur« (Michelet, *Histoire de la Révolution Française*, 1848) grausam verspottet, in seinem Heimatort Sceaux.

»Patriotische Schriftsteller« und »Nationalliteratur« – die Politisierung von Literatur in den Jahren 1789 bis 1799

»Normalerweise liest man ein Buch allein und mit kühler Distanz«, schrieb Suard, seines Zeichens königlicher Zensor, am 27. August 1789 in der Zeitung *Journal de Paris*, »und man teilt nur sehr wenigen Personen die Eindrücke mit, die man bei der Lektüre empfangen hat. Theateraufführungen hingegen sprechen die Vorstellungskraft und die Sinne an: Sie können alle Leidenschaften in Bewegung setzen; und die Empfindungen, die hieraus entstehen, können eine außerordentliche Energie entwickeln, weil eine große Anzahl versammelter Menschen gleichzeitig dieselben Reaktionen empfindet.«

Suards (ohne Namenszeichnung veröffentlichte) Reflexion über die ›Gefährlichkeit‹ des Mediums Theater im Kontext der Ereignisse des

Sommers 1789 diente vor allem der Rechtfertigung des Verbots eines bestimmten Theaterstücks, dessen Aufführung das Publikum der *Comédie Française* seit Juli 1789 immer wieder lautstark gefordert hatte: André Chéniers Tragödie *Charles IX ou l'École des Rois*. 1787 verfasst und von der königlichen Zensur verboten, kam das Stück erst am 4. November 1789 aufgrund des Drucks der öffentlichen Meinung auf die Bühne und wurde rasch eines der erfolgreichsten Theaterstücke nicht nur der Saison 1789/90, sondern des Revolutionstheaters überhaupt. *Charles IX ou l'École des Rois* (Karl IX. oder die Schule der Könige), in dessen Mittelpunkt die Ereignisse der Bartholomäusnacht des Jahres 1572 stehen, wurde vom zeitgenössischen Publikum als eine virulente Abrechnung mit Despotismus, religiöser Intoleranz und Tyrannei empfunden. Den positiven Identifikationsfiguren des Stückes – dem Protestantenführer Coligny, dem Kanzler De l'Hôpital und König Heinrich von Navarra, dem späteren Heinrich IV. – stehen als deutlich negativ gezeichnete Figuren Königin Katharina von Medici, der Herzog von Guise und der Kardinal von Lothringen gegenüber, deren Intrigen und Rachegelüste zum Blutbad der Bartholomäusnacht führen. König Karl IX., anfangs unter dem Einfluss des zu Toleranz und Menschlichkeit aufrufenden Kanzlers De l'Hôpital stehend, erscheint als Mitverantwortlicher der grausamen Protestantenverfolgungen, was er am Ende des Stückes in einem Akt pathetischer Selbstanklage eingesteht. »Diese Tragödie«, so im Dezember 1789 der Rezensent der Zeitung *Révolutions de Paris* (n° XXI) über die erste Aufführung, »führt zur Verabscheuung des ministeriellen Despotismus und der weiblichen Intrigen am Hofe; sie beweist die Notwendigkeit, die Machtbefugnisse eines Königs zu beschränken, weil er – wie Karl IX. – schwach oder grausam sein kann; und sie lehrt, dass Klerus und Kirche nicht gleichzusetzen sind. Diese Tragödie ist augenblicklich von sehr großem Nutzen.«

Chéniers Tragödie *Charles IX* wurde zum Prototyp einer Vielzahl patriotischer, »nationaler« Theaterstücke, die in den Jahren 1789 bis 1799 entstanden und die fortschreitende Politisierung der öffentlichen Meinung widerspiegeln. Sylvain Maréchals Drama *Le jugement dernier des rois* (»Das Weltgericht über die Könige«; 1789), Pierre-Mathieu Pareins Stück *La Prise de La Bastille* (»Der Sturm der Bastille«; 1791), Harny/Favarts *La Liberté Conquise et le Despotisme renversé* (»Die errungene Freiheit und der gestürzte Despotismus«; 1791) und Lemierres patriotisches Drama *Guillaume Tell* (»Wilhelm Tell«), allesamt große Publikumserfolge, wurden zugleich für die Ziele der neuen

Quelle

Johann Heinrich Merck, ein deutscher Reisender, der im Winter 1790/91 Paris be-
suchte, beschrieb in einem Brief an Ernst Schleiermacher am 23. 1.1791 wie folgt
die Atmosphäre einer der Aufführungen des Stückes:

> »*Ich habe die Einnahme der Bastille, ein völlig Shakespear'sches Drama, ge-*
> *sehn, dass Göthe nicht besser hätte calculiren können. Ich bin in Thränen ge-*
> *schwommen, nicht einmal wegen der Vorstellung der Dinge, sondern wegen der*
> *Theilnahme des Publikums. Nichts Erhebliches war, das nicht 2–3-mal musste*
> *gesagt werden. Mir war es, als wenn ich bey dem Mahl wäre, wo der Vater des*
> *verlorenen Sohns Alles hergab, was er im Hause hatte. Ich war in dieser großen*
> *Familie mit bey Tische. [...] Die Akteurs übertrafen sich selbst; sie spielten nicht*
> *mehr, sie handelten.*«

(Merck, Briefe, Neuaufl. Frankfurt/M., 1968, S. 630).

revolutionären Kulturpolitik eingespannt. So proklamierte der Wohlfahrtsausschuss am 10. August 1793 auf der Grundlage eines Berichts
von Couthon, dass das Theater in der Vergangenheit »allzu oft der Tyrannei gedient habe«, jedoch fortan »bei allen Franzosen einen republikanischen Charakter formen und eine republikanische Gesinnung
ausbilden solle.« Der Nationalkonvent beschloss im Anschluss hieran
am 1. September 1793 per Dekret, dass in bestimmten Pariser Thea-
tern, die von der Stadtverwaltung hierfür auszuwählen seien, dreimal
in der Woche republikanische Dramen wie *Brutus, Guillaume Tell* und
Caius Gracchus sowie andere Theaterstücke, »die die glorreichen Ereignisse der Revolution und die Tugenden der Freiheitskämpfer darstellen«, gespielt werden sollten. Eine Aufführung pro Woche solle, so die
Bestimmungen des erwähnten Dekrets des Nationalkonvents, auf Kosten der Republik erfolgen. Das Theater, von den politischen Institutionen somit neben den Revolutionsfesten und der Schule zur tragenden
Säule patriotisch-republikanischer Erziehung erhoben, wurde vor allem in den Jahren 1790 bis 1794 zu einem Ort heftigster politischer
Auseinandersetzungen. In Dijon etwa trug die – breites Aufsehen er-
regende – Aufführung von Voltaires bereits 1730 entstandener Tragödie *Brutus*, die der gemäßigte Club Tussat anfangs zu verhindern suchte, im November 1790 entscheidend zum Triumph des örtlichen
Jakobinerclubs bei, der daraufhin im Januar 1791 die Bürgerschafts-

wahlen gewann und das Verbot sämtlicher »aristokratischer Vereinigungen« durchsetzte. In Angers und Strasbourg weigerte sich die örtliche Schauspieltruppe, unterstützt von der konservativen Stadtverwaltung, noch 1790 trotz heftiger Publikumsproteste, Chéniers *Charles IX* und Voltaires Tragödie *Brutus* zur Aufführung zu bringen, Stücke, in denen sie eine Verunglimpfung von Kirche und Königtum erblickte. Eine ganze Reihe von Delegationen erschien im Laufe der Jahre 1789 bis 1799 vor der Tribüne der französischen Nationalversammlung, um den patriotischen Geist bestimmter literarischer Werke – vor allem Theaterstücke – zu unterstreichen. So präsentierte sich beispielsweise in der Sitzung vom 4. Februar 1793 eine Delegation von Bürgern *(Citoyens)*, die am Vorabend im Pariser Theater *Opéra-Comique* die Uraufführung von Lenoirs Drama *La Veuve du Républicain* (»Die Witwe des Republikaners«) gesehen hatten. Sie forderten, das Theaterstück solle per Dekret auf allen Bühnen der Republik zur Aufführung gelangen, da »es in allen Herzen die Freiheitsliebe entflammt und den Hass auf die Könige geschürt habe« *(Moniteur*, n° 65, 25.11.1793). Harnys Drama *La Liberté Conquise ou le Despotisme renversé* (1791) über den Sturm auf die Bastille, einer der größten Bühnenerfolge der Jahre 1791 bis 1793, wurde vor allem von den Pariser Unterschichten begeistert aufgenommen, weil es die Erinnerung an den Ausbruch der Revolution in einer einfachen, volkstümlichen, mit zahlreichen Liedern durchsetzten Sprache festhielt (vgl. Quelle S. 298).

Der Konzeption einer »patriotischen Literatur« entsprach das Rollenbild des patriotischen Schriftstellers *(Ecrivain patriote)*, dem viele Autoren der Revolutionszeit – von Pierre-François Palloy bis zu André Chénier – sich ausdrücklich verpflichtet fühlten. Ihr gemeinsames Vorbild waren die kanonisierten Nationaldichter Voltaire und Rousseau, deren Überreste 1791 bzw. 1794 feierlich ins Pantheon überführt wurden. Jean-Paul Marat, Herausgeber der Zeitung *L'Ami du Peuple* (»Der Volksfreund«) und Verfasser zahlreicher Pamphlete, der am 13. Juli 1793 von Charlotte Corday ermordet und gleichfalls im Pantheon beigesetzt wurde, repräsentierte zumindest in den Jahren 1793 bis 1799 den Prototyp des volksnahen, engagierten politischen Schriftstellers und Publizisten. Jacques-Louis Davids berühmtes Gemälde zeigt ihn im Todeskampf, bezeichnenderweise die Feder in der Hand haltend, beim Abfassen eines Pamphlets – in den Augen der Zeitgenossen ein Märtyrer der Revolution, der wie kein anderer die Mission einer neuen Literatur und Publizistik verkörperte (Abb. s. o. S. 250).

In anderen Literaturbereichen und -gattungen als dem Theater sind Vorgänge der Politisierung und Aktualisierung nicht auf Anhieb bereits in Titeln und Vorworten, sondern erst bei genauerer Analyse der Texte und ihrer Publikumswirkung erkennbar. Deutliche Tendenzen zur politischen Umfunktionierung tradierter Formen zeigen sich bei näherem Hinsehen vor allem bei der verbreitetsten Formen der Volksliteratur des 17. und 18. Jahrhunderts, dem Bänkelsang *(Complaintes)*, dem Almanach und dem volkstümlichen Gassenhauer. Die *Complainte*, im Ancien Régime ein bei Hinrichtungen gesungenes Bänkellied, das die Verbrechen des Gerichteten in düsteren Farben schilderte und zugleich die durch Reue ermöglichte Gnade Gottes verkündete, wurde in den Revolutionsjahren zu einem Medium der Rechtfertigung oder Missbilligung revolutionärer Gewalt und rächender Volksjustiz. So erschienen im Sommer 1793 eine ganze Reihe von *Complaintes*, die den Tod der Revolutionsmärtyrer Marat und Lepeletier zum Gegenstand hatten. Zu populären Melodien wie *Ô ma tendre musette* und *Air du Maréchal de Saxe* gesungen, bildeten sie das volkstümliche Pendant zu den zahlreichen Hymnen und Oden, die vor allem nach der Ermordung Marats in ganz Frankreich verfasst und bei den *offiziellen* Gedächtnisfeiern deklamiert wurden. Die politischen *Complaintes* der Revolutionszeit behielten i. Allg. die Grundstruktur der *Complaintes* des Ancien Régime bei und setzten wie diese mit dem pathetischen Anruf des Publikums ein (»Bürger, vergießen wir unsere Tränen«); der ambivalenten oder negativen Zeichnung der Figur des Gerichteten steht hier jedoch ihre Hochstilisierung zur positiven Märtyrerfigur entgegen, die je nach politischer Ausrichtung beispielsweise der im Januar 1793 hingerichtete König Ludwig XVI. oder der ermordete Marat verkörperten. Die 1796 in der Nähe von Le Mans von konterrevolutionären *Chouans* ermordete Bäuerin Perrine Dugué etwa wurde in mehreren volkstümlichen *Complaintes* zur »patriotischen Heiligen« hochstilisiert und genoss eine fast religiöse Verehrung. Während die *Complaintes* über Perrine Dugué in ganz Frankreich ihren Tod mit dem Martyrium der heiligen Agatha verglichen, entstand um ihr Grab ein von den örtlichen Jakobinerclubs geförderter Reliquienkult, der an Formen traditioneller Volksreligiosität anknüpfte.

Die Politisierung der volkstümlichen *Almanache* folgte im wesentlichen den Zielsetzungen einer staatlichen Erziehungs- und Kulturpolitik, die seit Beginn der Revolution ausdrücklich auch die städtischen Unterschichten und das Bauerntum zu erreichen suchte (vgl.

ANDRIÈS). 1791 veranstaltete das Erziehungskomitee der Französischen Nationalversammlung einen Wettbewerb mit der Zielsetzung, ein Modell für einen patriotischen Volksalmanach zu finden, der vor allem die Landbevölkerung ansprechen sollte. Collot d'Herbois' *Almanach du Père Gérard*, der den ersten Preis davontrug, der in den folgenden Jahren vom nationalen Erziehungskomitee geförderte *Recueil des actions héroïques et civiques des républicains* (»Sammlung heroischer und bürgerlicher Taten von Republikanern«), aber auch von staatlicher Förderung unabhängige Publikationen wie der *Almanach des campagnes ou l'ami du cultivateur* (»Almanach für das Land oder Der Freund des Landmannes«) belegen die politische Umfunktionierung dieser populären Literaturgattung. Zwar wurden im Allgemeinen die traditionellen Inhalte des Almanachs beibehalten – der Kalender, die Marktzeiten und die astrologischen Voraussagen –, im Zentrum der patriotischen Almanache der Revolutionsjahre stand jedoch die Berichterstattung über die großen revolutionären Ereignisse *(journées révolutionnaires)*, der – häufig unmittelbar an die Stelle von Heiligenlegenden tretende – Kult um Märtyrer und Helden der Revolution und schließlich die Vermittlung einer neuen, revolutionären Symbolik und Begrifflichkeit. Allegorien wie die als Fackel dargestellte Freiheit, Fortschrittssymbole wie das Licht und der grünende Baum und zentrale politische Begriffe wie »Despotismus« ›«Aristokratie« und »Brüderlichkeit« erscheinen vor allem in den Almanachen der Jahre 1793/94 und verfolgen die Absicht, die abstrakte aufklärerische Symbolsprache der politischen Führungsschicht zu popularisieren. Sie zeugen, ebenso wie die erfolgreiche Zeitung *La Feuille Villageoise* (»Dorfzeitung«; 1791–95), die zahlreichen patriotischen Katechismen der Jahre 1793/94 (wie zum Beispiel der *Catéchisme des Sans-Culottes*) sowie die patriotischen Liederbücher (wie der *Chansonnier de La Montagne*, 1794) vom Bestreben der politisierten, städtischen Intelligentsia der Revolutionszeit, eine neue, aber traditionelle Formen übernehmende politische Volksliteratur zu schaffen. In diese Zielsetzung ordnet sich auch die Gründung der Zeitung *Père Duchesne* von Hébert ein, eines der erfolgreichsten Periodika der Jahre 1793/94, das in vielfältiger Form imitiert und plagiiert wurde. Der Stil der Zeitung knüpfte an die Alltagssprache der Pariser Unterschichten, an Ausdrucksformen des Jahrmarkttheaters sowie an die Darstellungsästhetik des Karnevals an und eroberte sich vor allem im Pariser Handwerkermilieu sowie in den Revolutionsarmeen ein breites Lesepublikum, das sich mit der Figur

des Père Duchesne, eines Ofenbauers, seiner Dreistigkeit, seiner
sprachlichen Direktheit und seiner politischen Radikalität identifi-
zierte.

Die ›Literatur der Analphabeten‹

Bereits in den Jahren 1790 und 1791 setzte sich in der staatlichen Er-
ziehungs- und Kulturpolitik die Erkenntnis durch, dass eine politische
*Schrift*literatur und Presse in einer Gesellschaft, in der eine überwiegende Mehrheit der Bevölkerung (etwa zwei Drittel), besonders auf
dem Lande, Analphabeten waren, von nur sehr begrenzter Wirkung
sein konnte. Vor diesem Hintergrund ist die entschiedene staatliche
Förderung mündlicher bzw. *semi-oraler* Formen der Informations-
übermittlung und des künstlerischen Ausdrucks zu sehen, durch die
die französische Nation in ihrer *Gesamtheit* erreicht werden sollte.
Hierzu gehören die seit der *Fête de la Fédération* (»Föderationsfest«)
am 14. Juli 1790 institutionalisierten Nationalfeste, eine Art »staatsbür-
gerliches Gesamtkunstwerk« (Thoma) ebenso wie die staatlich geförderte Praxis kostenloser Theateraufführungen und die Schaffung eines
neuen, patriotischen Liedkanons. Henri Grégoire, der als ehemaliger
Gemeindepfarrer in einem kleinen Dorf in Lothringen die Kultur der
Landbevölkerung sehr gut kannte, entwarf als Vorsitzender des Erziehungsausschusses des Nationalkonvents ein umfassendes Programm
nationaler Erziehung, das vom forcierten Ausbau der Volksschulen
über die Förderung der Nationalfeste bis zur Schaffung neuer Formen
der Volksliteratur (Almanache, Katechismen, Schulbücher) reichte.
Den analphabetischen Bevölkerungsschichten sollte, so die Vorstellung
Grégoires, in einer Übergangsphase patriotische Gesinnung und
aufklärerisches Gedankengut durch sinnliche Anschauung (Bildgraphik, Feste, patriotische Motive auf Tellern etc.), gemeinsames Singen,
die demonstrative Umbenennung von Straßen, Plätzen und Gemeinden – für die Grégoire statt der Namen von Heiligen Namen antiker
Heroen wie Brutus und Scaevola vorschlug – sowie die Praxis des Vor-
lesens vermittelt werden. Den Konzeptionen Grégoires entsprechend,
schickten bereits Ende 1792 die Volksgesellschaften *(Sociétés Populaires)* Kommissare aufs Land, um die öffentliche Lektüre patriotischer
Texte zu organisieren. Der Abgeordnete Barère, wie Grégoire Mitglied
des nationalen Erziehungsausschusses, schlug 1794 vor, in jede fran-

zösische Gemeinde einen *Instituteur* zu entsenden, der nicht nur Schulunterricht erteilen, sondern außerdem den leseunkundigen Erwachsenen patriotische Zeitungen und Broschüren vorlesen sollte, ein Vorschlag, der wie die anderen Konzeptionen Grégoires und Barères zumindest teilweise in die Praxis umgesetzt wurde. Viele literarische und politische Schriften der Revolutionsepoche sowie Plakate und Zeitungen wie die *Feuille Villageoise* und der *Père Duchesne* waren durch ihren formalsprachlichen Aufbau (Verwendung von Dialogen, eingängigen Sentenzen, kurzen Anekdoten und Sprichwörtern; direkte Anrede des Lesers als Zuhörer) auch bereits für Vorlesesituationen konzipiert (SCHLIEBEN-LANGE, Traditionen des Sprechens, S. 72–75).

Breitenwirksamer und zeittypisch für die kollektiven Mentalitäten der Revolutionszeit, aber auch diffuser und quellenmäßig schwerer zu fassen als die politische Akkulturation ›von oben‹ sind vielfältige Formen spontan entstehender halbmündlicher Literatur, die seit 1789 zu beobachten sind und einen erheblichen Anteil an der »Dynamik der Revolution« (SCHLIEBEN-LANGE) hatten. Bereits der im Sommer 1789 nach Paris reisende Braunschweiger Pädagoge Campe hielt in seinen »Briefen aus Paris« am 9. August 1789 fest, dass man

»*in allen Straßen, besonders an den Seitenwänden aller Eckhäuser und an dem ganzen Gemäuer öffentlicher Gebäude (…) Affichen oder Bekanntmachungszettel sieht. Vor jedem mit dergleichen Zetteln, die in großen Bogen, mit bunter Schrift bedruckt, bestehn, beklebten Hause, sieht man ein unendlich vermischtes Publikum von Lastträgern und feinen Herrn, von Fischweibern und artigen Damen, von Soldaten und Priestern, in dicken, aber immer friedlichen und fast vertraulichen Haufen versammelt, alle mit emporgerichteten Häuptern, alle mit gierigen Blicken den Inhalt der Zettel verschlingend, bald leise, bald mit lauter Stimme lesend, darüber urteilend und debattierend«* (s. S. 53–55).

(Joachim Heinrich CAMPE: Briefe aus Paris zur Zeit der Revolution geschrieben, 3. Aufl., Braunschweig 1790, S. 43 f).

Parallel zu den offiziellen Nationalfesten, die sich durch eine abstrakte Rhetorik, den häufigen Rückgriff auf Allegorien sowie die Verwendung poetischer Gattungen wie der Hymne oder der Ode auszeichneten, entstanden spontan populäre Revolutionsfeste, die an Volksfeste erinnerten oder an Formen frühneuzeitlicher Volksreligiosität anknüpften. So veranstalteten die Einwohner des Pariser Vorortes Faubourg Saint-Antoine beispielsweise zum Gedenken an den Sturm auf die Bastille im September 1789 eine Prozession, die zur Kirche Sainte-Geneviève führte und mit dem Absingen des *Te Deum* endete. Parallel zum steifen, geradezu militärisch straff durchorganisierten Föderationsfest wurde am 18. Juli 1790 auf Initiative des bereits mehrfach erwähnten Palloy ein inoffizielles Revolutionsfest unter dem Motto »*Ici l'on danse*« (»Hier tanzt man«) veranstaltet, bei dem u. a. von Palloy verfasste patriotische Trinklieder gesungen wurden. Palloy organisierte in seinem Heimatort Sceaux zudem auf eigene Faust Gedenkfeiern zum 4. Juli, bei dem die Erstürmung der – hier aus Pappmaschee und groben Quadersteinen provisorisch nachgebauten – Bastille sowie die Befreiung der Gefangenen theatralisch nachgespielt wurde. Der auf Publikumswirksamkeit bedachte Plebejer Palloy schrieb und publizierte vor allem Texte, die sich zum Vorlesen und Vorsingen eigneten: großformatige Plakate, auf denen in gut lesbarer Schrift patriotische Gebote *(Commandements)* standen oder die Ereignisse der Revolution erzählt wurden, sowie patriotische Trink- und Festlieder. Anders als die bei offiziellen Revolutions- und Gedenkfeiern gesungenen Hymnen wie Chéniers »Hymne an das Höchste Wesen« gewannen patriotische Lieder wie *Ça ira*, *La Carmagnole*, *La Marseillaise* und das aus Beaumarchais' Theaterstück stammende *Vaudeville du Figaro* ungeheure Popularität, nicht zuletzt aufgrund ihrer eingängigen, mitreißenden Melodien. Sie wurden hundertfach parodiert und vor allem auch außerhalb offizieller Anlässe und Feierlichkeiten gesungen. Das Sansculottenlied *Ça ira* und die *Marseillaise* beispielsweise wurden bei vielen Theateraufführungen vom Publikum spontan angestimmt, um die politische Bedeutung eines Stückes – wie *La Liberté Conquise* von Harny – oder bestimmter Szenen (etwa in Voltaires Tragödie *Brutus*) zu unterstreichen und die Schauspieler anzufeuern. Bei der Plünderung der Textilfabrik des Unternehmers Réveillon im Pariser Faubourg Saint-Antoine (April 1789) sang die aufgebrachte Menge die Schlussverse aus Beaumarchais' *Vaudeville du Figaro*, das mit dem Satz »*Les forts ont fait la loi*« (»Die Starken haben das Gesetz gemacht«) endete. Im August 1791 wurde in Caen – wie in vielen Orten Frankreichs – nach der Flucht des französischen Königs eine Reiterstatue des Sonnenkönigs Ludwig XIV. zerstört, wobei die zusammengeströmte Volksmenge *Ça ira* anstimmte. Ähnliche Ereignisse lassen sich in den Jahren 1789 bis 1793 in ganz Frankreich beobachten, selbst in kleinen Provinzstädtchen wie dem normannischen Evreux, wo im Oktober

1793 unter den Klängen von *Ça ira* eine Reiterstatue Ludwigs des Heiligen niedergerissen wurde.

Große Verbreitung erfuhren schließlich während der ersten Revolutionsjahre die populären *Canards*, Einblattdrucke, auf denen sich neben dem zentralen Bildmotiv links und rechts eines oder mehrere Chansons sowie im unteren Teil des Blattes ein kurzer erzählender, zum Vorlesen geeigneter Text befand. Volkstümliche Einblattdrucke dieser Art mit patriotischen Motiven erschienen bereits im Sommer 1789. Sie knüpften formal an eine bis in die Mitte des 17. Jahrhunderts zurückreichende Tradition populärer Druckgraphik an, auf die sich vor allem Verleger in der Pariser Rue Saint-Jacques spezialisiert hatten und die nun – dem Publikumsinteresse entsprechend – statt aufsehenerregender *Faits Divers* (Hinrichtungen von Kriminellen, Unglücksfälle, Naturkatastrophen etc.) Ereignisse der Revolution zum Gegenstand hatten. So entstanden bereits im Sommer 1789 Einblattdrucke, auf denen Holzschnitte den Sturm auf die Bastille, die Befreiung der Bastille-Gefangenen und die gefeierten Bastille-Stürmer Humbert und Arné zeigten, die als Erste die Türme des berüchtigten ehemaligen Staatsgefängnisses erklommen hatten. Populäre *Canards* wie *Le Siège de La Bastille prise par la Bourgeoisie* (Paris, Gauthier, 1789), *La Prise de La Bastille* (Orléans, Letourmi, 1789) und *Délivrance de Mʳ le Conte [!] de Lorges par la Nation* (Paris, Gauthier, 1789) integrierten traditionelle Elemente in eine neue Form politischer Volksliteratur, die auch Leseunkundigen zugänglich war (Abb. auf der Seite 307 u. 309). Die neben den Holzschnitten abgedruckten Lieder über den Sturm auf die Bastille beispielsweise wurden auf volkstümlichen Melodien wie *»Vive Henry«; »Air des Matelots«* und *»Air d'Adélaïde«* gesungen; die auf den Zinnen der Bastille stehenden oder in die düsteren Kerker des Staatsgefängnisses stürmenden »Sieger« verkörperten einen neuen, populären Heldentypus, der im Laufe der Revolutionsjahre an die Stelle traditioneller Identifikationsfiguren (wie dem König und den königlichen Heerführern) rückte; die verwendeten Bilder und Begriffe schließlich verbanden eine neue, patriotische Begrifflichkeit *(Nation, Citoyens, Esclavage)* mit der Vorstellungswelt der Ritterromane der *Bibliothèque Bleue*, der Volksliteratur des 17. und 18. Jahrhunderts, in denen Szenen wie die Belagerung *(Siège)* turmbewehrter Festungen *(Château, Forteresse)* und die Entdeckung düsterer Verliese *(Cachots)* mit Skelettüberresten (Abb. auf der Seite 309) gängige Motive darstellten.

Die Revolutionierung der Sprache:
Sprachwandel und Sprachnormierung

Die auffallendste Errungenschaft der Französischen Revolution im Bereich der Sprache liegt in der Ausbildung und sozialen Verbreitung eines neuen politischen Vokabulars. Neologismen wie »Sansculotte«, »*Enragés*« und »Montagnards«, die politische Strömungen und Gruppierungen bezeichneten, fanden seit Beginn der Revolution Eingang in den allgemeinen Wortschatz der Sprache. Begriffe wie »*Liberté*«, »*Patriotisme*«, »*Aristocrate*«, »*Régénération*«und»*Révolution*« erhielten durch ihre massenhafte, großenteils polemische Verwendung in Pamphleten, Zeitungen, Liedern und Druckgraphiken der Revolutionszeit eine neue Sinnqualität und soziale Verankerung. Als zündende Reizwörter der politischen Auseinandersetzung und politische Schlagworte, die bei Revolutionsfesten und Massenaufläufen auf der Straße von der Menge gerufen wurden, leiteten sie ebenso wie die Parole »*À la lanterne*«, die auch den Refrain des Revolutionsliedes *Ça ira* bildet, häufig unmittelbar zu politischem Handeln über. Pamphletwörterbücher wie Chantreaus *Dictionnaire national et anecdotique* aus dem Jahre 1790 versuchten sowohl die zahlreichen Neologismen der Revolutionssprache wie die neuen Wortbedeutungen festzuschreiben, um die potenzierte Wirkung öffentlicher Sprache besser kontrollieren und in den Griff bekommen zu können. Ähnliche Zielsetzungen verfolgten Domergues *Journal de la Langue française* (2. Serie 1791/92), die in der Tagespresse, in populären Zeitungen wie *La Feuille Villageoise* und vor allem in den Revolutionskatechismen häufigen Wortdefinitionen (wie »Was bedeutet ›Patriot‹?«) und schließlich – während des Direktoriums – die Einrichtung des *Institut National*. Wenn auch zahlreiche politische Schlagworte – von »Revolution« bis zur Devise »Freiheit, Gleichheit, Brüderlichkeit« – seit 1789 in Frankreich zu Zentralbegriffen der politischen Sprache geworden sind, so ist ihre Wirkung *während* der Revolution nur aus ihrer *sozialen Verwendung* zu erschließen. Deutsche Revolutionsreisende wie Johann Friedrich Reichardt mit seinen »Vertrauten Briefen aus Paris« (1792), die fasziniert die Entstehung neuer Formen von Öffentlichkeit in den Jahren 1789 bis 1793 beobachteten, hoben in diesem Zusammenhang immer wieder die herausragende Bedeutung von Rhetorik und Gestik, von Pathos und Sinnlichkeit hervor, durch die – aus heutiger Sicht völlig abstrakt erscheinende – politische Begriffe den Zeitgenossen erst ›unter die Haut‹

Die Einnahme der Bastille (La Prise de la Bastille).
Anonymer, kolorierter Holzschnitt mit Umdruck, verlegt von Jean-Baptiste
Letourmi, Orléans 1789, insgesamt 350 x 260 mm (Nationalbibliothek
Paris, Kupferstichkabinett Sammlung de Vinck Nr. 1559

zu gehen vermochten. Oelsner spricht in seinen 1796 veröffentlichten Reiseaufzeichnungen »Luzifer oder gereinigte Beiträge zur Geschichte der Französischen Revolution« (1797–99) von der »energischen« Sprachgewalt Mirabeaus, Dantons und Vergniauds, die auf die Zeitgenossen einen nachhaltigen Eindruck ausübte und ihren politischen Einfluss erklärte. J. F. Reichardt zielt in die gleiche Richtung, wenn er die politische Wirkung öffentlicher Rede – zu der er auch halb-mündliche Literaturformen wie das Theater und das Lied zählt – auf die »herrschende Sinnlichkeit dieses äußerst reizbaren Volkes« zurückführt, »dessen Aufmerksamkeit nur durch sinnliche Eindrücke erregt und bestimmt, dessen Neigungen nur durch unmittelbare sinnliche Eindrücke gefesselt werden können.« (S. 221)

Von einschneidender, gleichfalls bis in die Gegenwart hinein reichender Bedeutung waren die *sprachpolitischen Maßnahmen* der Revolutionszeit. Die Sprachpolitik der Nationalversammlung gründete durch ihre verschiedenen Phasen hindurch in dem seit Beginn der Revolution immer deutlicher hervortretenden Widerspruch zwischen dem Ziel, die Debatten und Beschlüsse des Parlaments *allen* Bürgern Frankreichs zugänglich machen zu wollen und der Erkenntnis, dass über die Hälfte der französischen Bevölkerung die französische Sprache nicht oder nur sehr gebrochen beherrschte. Einer Erhebung des Nationalkonvents zufolge waren im Jahre 1790 zwölf Millionen Franzosen – etwa die Hälfte der Gesamtbevölkerung – unfähig, Französisch zu sprechen, geschweige denn zu schreiben. Lediglich drei Millionen Bürger (knapp 12 % der Gesamtbevölkerung) beherrschten die französische Sprache in Wort und Schrift halbwegs korrekt. In einer ersten Phase der revolutionären Sprachpolitik versuchte die französische Nationalversammlung, dieser Situation durch eine intensive Übersetzungstätigkeit gerecht zu werden. Alle Dekrete der Nationalversammlung sollten in die lokalen Dialekte *(Patois)* sowie die Regionalsprachen Korsisch, Bretonisch, Katalanisch (im Roussillon) und Deutsch (im Elsass) übersetzt werden, was aufgrund großer sprachlicher und administrativer Schwierigkeiten jedoch nur sehr partiell in die Praxis umgesetzt werden konnte. (BOCHMANN; SCHLIEBEN-LANGE, Sprache und Literatur; SCHLIEBEN-LANGE, Traditionen des Sprechens). Gleichzeitig entstand auf der Grundlage lokaler Literaturtraditionen im Elsass, in der Bretagne und in Okzitanien eine politische Volksliteratur, die sich vor allem der Gattungen des Chansons und des Theaters bediente. Diese Praxis sprachlicher Toleranz, die auf der politisch-adminis-

Die Befreiung von M. le Conte de Lorges durch die Nation / Das Skelett in Eisenketten, von der Nation aufgefunden.
(Délivrance de Mʳ le Conte de Lorges par la Nation, ce 14 juillet 1789/ Le s'quellette au Masque de Fer trouvé par La Nation ce 22 juillet 1789).
Verlegt von Gauthier, Paris 1789. Anonyme Radierung 230 x 339 mm Nationalbibliothek Paris, Kupferstichkabinett, Sammlung de Vinck, Nr. 1631).

trativen Ebene mit der zunächst sehr energisch betriebenen Förderung der Übersetzungtätigkeit einherging, wich während der Jakobinerherrschaft aufgrund der außenpolitischen Bedrohung, aber auch vor dem Hintergrund gewandelter innenpolitischer Verhältnisse einer radikalen Politik der sprachlichen Vereinheitlichung. »Der Föderalismus und der Aberglaube sprechen Nieder-Bretonisch; die Emigration und der Hass auf die Republik sprechen Deutsch; die Konterrevolution spricht Italienisch und der Fanatismus spricht Baskisch. Zerbrechen wir diese Werkzeuge des Fanatismus und des Irrtums«, rief der Abgeordnete Barère am 27. Januar 1794 in seiner berühmten Rede vor der Nationalversammlung und entzog hiermit ideologisch den Regionalsprachen und Patois' ihre Existenzberechtigung innerhalb der französischen Nation. Noch im Januar 1794 wurde der Gebrauch des Französischen in allen Elementarschulen verbindlich vorgeschrieben, im Juli desselben Jahres – im Anschluss an Grégoires *Bericht über die Notwendigkeit und die Möglichkeiten, die Dialekte zu vernichten und die französische Sprache zu einer universellen zu machen* – verbot der Nationalkonvent den Gebrauch von Patois' und Regionalsprachen als Schrift- und damit als Literatursprachen. Auch wenn diese einschneidenden sprachpolitischen Maßnahmen nur zum geringen Teil unmittelbar in die Praxis umgesetzt werden konnten, so markieren sie doch einen tief greifenden Bruch in der französischen Kultur- und Sprachpolitik der Neuzeit, dessen einschneidende Bedeutung erst Ende des 19. Jahrhunderts mit der umfassenden Bildungs- und Alphabetisierungspolitik der Dritten Republik voll zum Tragen kommen sollte. »Die Revolution«, so K. Bochmann in seiner Studie über die Folgen der Französischen Revolution für die französische Sprache (1981), »legte den Grundstein für den Siegeszug des Französischen als Nationalsprache ganz Frankreichs und trug auch unmittelbar, mit ihren Massenkundgebungen, Volksfesten, den Revolutionskriegen und anderem kräftig dazu bei« (S. 219).

Schlussfolgerungen

Die Sprachpolitik der Französischen Revolution, deren national-ideologischem Grundkonzept Frankreich bis heute verpflichtet ist, stellt den wohl folgenreichsten Bestandteil jenes umfassenden Akkulturationsprozesses dar, den das Revolutionsjahrzehnt in den Bereichen Literatur und Sprache auslöste. Von explosiver Wirkung, aber von nur kurzer Dauer war die literarische und kulturelle Fruchtbarkeit der ersten Revolutionsjahre, an der plebejische Schriftsteller maßgeblichen Anteil hatten. Diese Kultur wurde von der zunehmenden politischen Polarisierung und ideologischen Erstarrung sowie von der 1793 erneut eingeführten und während des Direktoriums und des Konsulats sukzessive verschärften Zensur ihrer Kreativität und ihrer Ausdrucksmöglichkeiten beraubt. Von entscheidender Bedeutung für die politische und kulturelle Dynamik der Revolutionszeit, aber gleichfalls nur von ephemerer Wirkung war die semi-orale Kultur der Jahre 1789 bis 1793/94, in der wiederbelebte, aktualisierte und politisierte Formen der Volkskultur und der öffentlichen Rhetorik sich in einer einzigartigen Konstellation mit einer expandierenden und von den Revolutionären geradezu fetischisierten Schriftkultur verbanden. Die Französische Revolution lässt sich in dieser Hinsicht als »die letzte Epoche der europäischen Geschichte« beschreiben, »in der orale Traditionsformen (…) eine entscheidende historische Bedeutung haben, um anschließend der Partialisierung, der negativen Bewertung und der historischen Archivierung anheim zu fallen« (SCHLIEBEN-LANGE, Schriftlichkeit und Mündlichkeit, S. 194).

Die Konzeption eines erzieherischen, politischen Volkstheaters während der Revolution sowie die politische Umfunktionalisierung und Säkularisierung von Formen der traditionellen Volksliteratur des 16. bis 18. Jahrhunderts, die am deutlichsten die Literaturproduktion der Jahre 1789 bis 1799 kennzeichnen, gewannen nach einer Phase der verschärften Zensur und der ideologischen Verhärtung Mitte des 19. Jahrhunderts erneut an Bedeutung. Romain Rolland (*1866, † 1944) etwa knüpfte in seinem Neuentwurf eines republikanischen Volkstheaters im Jahre 1909 programmatisch an die Theaterkonzeptionen der Jahre 1789 bis 1794 an, deren »unterbrochene Tradition es wieder aufzunehmen gelte« (ROLLAND, *Théâtre de la Révolution*, Paris 1909, Préface S. VI: »*Renouer la tradition interrompue de la Révolution*«,). Die Entstehung einer neuen politischen Sprache und vor allem die Konzeption einer unitären, dezidiert nationalstaatlichen Sprachpolitik schließlich stellen die weit reichendsten Folgen der Französischen Revolution im literarisch-sprachlichen Bereich dar. Sie gründen in der Vorstellung einer homogenen, auf Einheit gegründeten Nationalkultur, die den ›Geist der Nation‹ repräsentiere und durch große ›Nationalschriftsteller‹ verkörpert werde, aus der jedoch das Heterogene und Widerborstige ebenso ausgeklammert bleiben sollte wie die ›Literatur der Analphabeten‹ und die Kultur der Sprachminderheiten Frankreichs.

Hans-Jürgen Lüsebrink

Original-Kommentar im *Taschenbuch* (unpaginiert): »Die neue französische Constitution.

Die Freiheit triumphiert über Tyrannei (denn was da unter ihren Füßen liegt ist kein König, sondern bloß ein Tyrann,) und Aberglauben; der Letztere scheint sich wieder etwas aufrichten zu wollen. Im Hintergrunde sieht man die Ruinen der Bastille, hinter welchen die Sonne aufgeht, und im Vorgrunde zertrümmerte Wappen und Adelsbriefe.«

Das Kupfer stammt aus einem weit verbreiteten Kalender, der im Text ausführliche Nachrichten über die Französische Revolution brachte, und visualisiert beispielhaft die sympathisierende, vor allem am Sturm der Bastille und der Erklärung der Menschenrechte orientierte frühe Revolutionsrezeption in Deutschland. Es zeigt die Allegorie eines anbrechenden politischen Morgens. Hinter der geschleiften »Bastille«, die so vom Unterdrückungsinstrument des Despotismus zum Wahrzeichen der Freiheit umfunktioniert wird, beginnt die Sonne der Aufklärung aufzusteigen. Davon erleuchtet, hat das Volk als neuer Souverän und konkret tragende Kraft der Revolution, dargestellt als Löwe mit Schwert, die finsteren Mächte des Ancien Régime bereits niedergeworfen: zum einen den in einer Art Mönchskutte geduckten »Aberglauben«, den Erzfeind der Aufklärung, der freilich noch nicht endgültig besiegt ist; zum anderen und vor allem – mitsamt Wappen und Adelsbriefen – die Tyrannei, charakterisiert durch Sklavenpeitsche, angemaßte Königskrone, geborstene Folterwerkzeuge und zerbrochenes Schwert. So kann die antik gewandete »Freyheit« ihre frohe Botschaft, sichtbar in der Freiheitsmütze, im Morgenlicht der neuen Zeit offen verkünden – nicht ohne mit dem Zeichen der drei kreuzweise zusammengehaltenen Stäbe die Eintracht der Stände und soziale Harmonie zu beschwören. Da sie sich offenbar aus diesen Voraussetzungen ergibt, bedarf die »Constitution« selbst keiner Darstellung mehr. Insgesamt ist die Allegorie, obgleich Frankreich betreffend, so allgemein gehalten, dass ihre Anwendbarkeit auf Deutschland möglich erscheint, jedenfalls nicht ausgeschlossen wird.

Die neue Französische Constitution.
Kupferstich von Daniel Chodowiecky, 1791, 88 x mm. Veröffentlicht in:
»Taschenbuch zum Nutzen und Vergnügen fürs Jahr 1792«, Göttingen bey
Johann Christian Dietrich (1791) als Kupfer Nr. 6, unpaginiert.

Wirkungen
auf Deutschland
und Europa

Auch ausserhalb Frankreichs ist man gewohnt, mit dem
Jahr 1789 ein neues Zeitalter beginnen zu lassen. Den Zeitgenossen
war das keineswegs selbstverständlich, denn für sie waren die Auf
stände in den österreichischen Niederlanden (Belgien), der russisch-
türkische Krieg oder die Polnischen Teilungen oft ebenso wichtig wie
die Französische Revolution. Doch all das wurde bald von dem gewaltigen Eindruck überlagert, den die Pariser Ereignisse in allen
Schichten der so unterschiedlich entwickelten Gesellschaften Europas
hinterließen. Für diese, schon in ihrer ersten Phase große Außenwirkung der Revolution gibt es zahlreiche Metaphern, die eines gemeinsam haben: Sie messen der Revolution eine ungeheure Dynamik zu,
gegenüber der das europäische Ancien Régime keine Chance gehabt
habe. Dahinter steht stets die Vorstellung, überall in Europa sei der
Beginn der Moderne von der Französischen Revolution eingeleitet,
wenn nicht sogar eigentlich bewirkt worden. Zwar verkennt diese,
ganz an Frankreich oder der Revolution orientierte Sicht die Resis-
tenz gewachsener Strukturen und die (relative) Eigenständigkeit in
der Entwicklung der einzelnen Länder. Doch ist nicht zu leugnen,
dass ganz Europa mit der Revolution direkt oder indirekt in Berüh-
rung kam, dass es sich mit dem universalen Anspruch der neuen
Ideologie ebenso auseinander setzen musste wie mit den Großmachtinteressen der expandierenden Republik. Das ergab eine Vielzahl von
positiven und negativen Stellungnahmen, die man gewöhnlich bestimmten Ländern Europas zuordnet, so, als seien sie für die eine
oder andere Reaktion prädestiniert. Neuere Forschungen haben das
in vielem korrigiert und differenziert, entdecken neben der dominierenden Revolutionsrezeption eines Landes dort politische oder soziale Gruppen, die sich ganz anders zur Französischen Revolution verhielten.

Großbritannien – ein Hort der Gegenrevolution?

Zum Beispiel Großbritannien: Es gilt als Hort der Gegenrevolution, als Seele der Koalitionen gegen das revolutionäre, dann napoleonische Frankreich. Daran ist vieles richtig, doch sollte man nicht übersehen, dass England keineswegs immer und geschlossen die Revolution ablehnte. So kam anfangs von zwei entgegengesetzten Seiten Zustimmung zu den Vorgängen in Frankreich:

Der durch die Amerikanische Revolution wiedererstarkte politische Radikalismus sah in den Beschlüssen der Konstituante, besonders in der Menschenrechtserklärung, die eigenen Forderungen nach Meinungs- und Religionsfreiheit, nach sozialem Ausgleich und politischer Teilhabe (Wahlrecht!) bestätigt.

Dahinter standen vor allem die noch immer diskriminierten Dissenters unter John Wilkes, Teile der Intelligenz und bekannte Dichter wie Wordsworth, Coleridge und Hardy. Dagegen brachte das offizielle England der Konstituante deshalb viel Sympathie entgegen, weil sie Frankreich – ganz im Sinne Montesquieus und Voltaires – nach englischem Vorbild umzugestalten schien. Allerdings kam hinzu, dass der Hof und Premierminister William Pitt jun. hofften, der traditionelle Rivale Frankreich werde durch die Unruhen außenpolitisch geschwächt, wenn nicht ganz gelähmt. Zunächst betrachtete Pitts Politik die Revolution als rein innerfranzösischen Vorgang und wollte sie ihrer Eigendynamik überlassen, um sie so den britischen Interessen nutzbar zu machen. Mit dieser rein taktischen Revolutionsabwehr unterschied sich der Premier von jenem Briten, der zum Inbegriff der englischen, ja, der europäischen Gegenrevolution wurde: Edmund Burke. Aus Irland stammend, hatte Burke zunächst für Reformen plädiert und (wie viele Whigs) die amerikanischen Aufständischen unterstützt, weil er in ihnen Verfechter des alten Rechts gegen den Absolutismus von Krone und Parlament sah. Wer jedoch daraus ein Engagement Burkes für die Französische Revolution ableitete, sah sich enttäuscht: Denn schon 1790 formulierte Burke in den *Reflections on the Revolution in France* seine Absage an die Ideen von 1789. Während viele andere Whigs die Entwicklung jenseits des Kanals begrüßten, gehörte Burke zu den wenigen, die bereits im Oktober 1789 die Revolution verurteilten. Nicht nur, weil sich in Paris und den Provinzen die Ausschreitungen häuften, sondern auch, weil für Burke diese Revolution von Anfang an falsch angelegt war: keine behutsame

Reform aufgrund konkreter Erfahrungen, unter möglichst schonendem Umgang mit dem Bestehenden, sondern ein rascher und radikaler politisch-sozialer Wandel, abgeleitet aus philosophischen Konstruktionen. So enthielten Burkes *Reflections* die Doktrin der Gegenrevolution, setzten dem französischen Radikalismus britischen Traditionalismus und Pragmatismus entgegen, der zu Reformen bereit war, aber zugleich den Respekt vor historisch gewordenen Strukturen predigte. Damit war eine zugkräftige Alternative zur Revolution formuliert, nicht nur für England, sondern für ganz Europa, denn Burkes *Reflections* fanden seit 1792 gerade auf dem Kontinent weite Verbreitung und wurden zum ideologischen Kernstück der Revolutionsabwehr. Doch, sie stießen auch auf Widerspruch, sogar in Großbritannien selbst: Thomas Paine, einst Parteigenosse Burkes und Kämpf er für die amerikanische Unabhängigkeit, veröffentlichte 1791/92 seine *The Rights of Man* (»Die Rechte des Menschen«). Darin stellte er sich ganz auf die Seite des rationalen Naturrechts und polemisierte gegen Burkes organischen Konservativismus; dann ging er von der Verteidigung der Revolution zum Angriff auf König Georg III., auf Pitt und die anglikanische Staatskirche über. Angeblich erzielte Paines Schrift eine Auflage von 1 Million, während Burkes Werk in 30 000 Exemplaren verkauft wurde – ein Hinweis darauf, dass die öffentliche Meinung Englands selbst 1792 noch nicht vorwiegend gegenrevolutionär war. Ja, gerade damals erreichten die englischen Jakobinerclubs den Höhepunkt ihrer Wirksamkeit. Oft aus den »Revolutionsgesellschaften« entstanden, die an 1688 anknüpften, verbanden sie sich mit dem erstarkten Radikalismus und verbreiteten wirklich »jakobinisches«, sogar sozialrevolutionäres Gedankengut. Am bedeutendsten war die *London Corresponding Society*, die mit dem Pariser Jakobinerclub und dem Konvent in enger Verbindung stand. Diese demokratischen Gruppen rekrutierten sich meist aus kleinen Geschäftsleuten, Handwerkern und Facharbeitern; zu solchen »Plebejern« kamen allerdings oft noch radikalaufklärerische Intellektuelle. Sozialer Protest und politisch-konfessioneller Dissent erhielten so durch das französische Vorbild starken Auftrieb. Ob es, wie Burke behauptete, 80 000 englische Jakobiner gab, mag man bezweifeln, doch waren sie an Zahl und Einfluss wesentlich stärker als die kontinentalen außerhalb Frankreichs.

Dennoch reichte das nicht aus, um Großbritannien zu revolutionieren. Aber auch umgekehrt waren es nicht Burkes Prinzipien oder die Hinrichtung Ludwigs XVI., die das Land auf gegenrevolutionären Kurs brachten, sondern erst die Verletzung elementarer britischer Interessen durch die französische Okkupation Belgiens 1792. Sogleich wirkte der Eintritt Großbritanniens in den Revolutionskrieg innenpolitisch zurück: Denn er konnte als Mittel britischer Selbstbehauptung ausgegeben, die frankophilen englischen Jakobiner aber als national unzuverlässig denunziert, ja, ausgeschaltet werden: Ein »guter Brite« war kein Anhänger von *Liberté* und *Egalité*, sondern von *Liberty and Property* (»Freiheit und Eigentum«)! Stück für Stück aber schränkte Pitt seit 1793 diese »britischen Freiheiten« ein, griff zu Repressionen (Schließung der Clubs, Verbot aller politischen und Arbeiterassoziationen) und gab seine Reformpläne auf. Die Mehrheit des englischen Bürgertums, erst recht der Adel, auch große Teile der Landbevölkerung waren ebenso antifranzösisch wie antijakobinisch. Dennoch konnte Pitt seine »Gegenrevolution« zwischen 1794 und 1797 nur mühsam durchhalten, denn militärische Misserfolge, eine Wirtschaftskrise mit hoher Arbeitslosigkeit und Hungersnöten sowie Flottenmeutereien brachten seine Regierung in die Krise. Hätte Frankreich seine wiederholten Invasionsdrohungen (ab 1794) wahr gemacht, dann wäre es vielleicht zu einer englischen Revolution gekommen – allerdings unter Vorangehen des Vierten Standes, der hier schon sehr weit entwickelt war. Besonders brisant wurde die Lage 1797/98, als in Irland ein Aufstand ausbrach: Irische Bauern erhoben sich gegen die englischen Landbesitzer. Zwar lehnten Adel und Klerus in Irland die Revolution weitgehend ab, doch zeigte die unterdrückte Landbevölkerung (ebenso der nordirische Dissent) sich zum Aufstand bereit, der vieles mit den französischen Bauernrevolten von 1789 gemeinsam hatte. Der aus städtischen Handwerkern und sehr an den Montagnards orientierten Intellektuellen bestehende Geheimbund der *United Irishmen* ging Anfang 1798 zum offenen Aufruhr über – in festem Vertrauen auf Unterstützung durch das revolutionäre Frankreich. Wie eng diese Anlehnung war, zeigt der *Catechism of the Irish* (»Katechismus der Iren«) von 1798, der Menschenrechte, Volkssouveränität, soziale Gleichheit und Revolutionsrecht zur Grundlage eines selbstständigen Irland erklärte. Doch das paradoxe Bündnis zwischen den streng katholischen Iren und der laizistischen Republik kam nicht zustande, weil die erste französische Invasionsflotte unter Lazare Hoche (1768–1797) durch Seesturm vernichtet worden war und das zweite Expeditionskorps Irland erst erreichte, als der Aufstand bereits von den Briten niedergeschlagen war, und zwar mit einer Brutalität, die mehr als die Unterwerfung im 17. Jahrhundert den unversöhnlichen Hass der Iren auf die Engländer begründete. Hatte Großbritannien damit seine Krise im Kampf mit der Revolution überwunden, so war Irland mit der engen, aber vergeblichen Anlehnung an die Republik an einem Tiefpunkt seiner Geschichte angelangt. Der *Union Act* von 1800, durch den es faktisch von England annektiert wurde, machte nicht nur dem Aufstand, sondern auch den Resten irischer Eigenstaatlichkeit ein Ende.

Polnische Reform und Polnische Revolution

Enttäuschte Hoffnungen waren auch das Fazit in Polen. Dieses Land war ja 1772 stark verkleinert und russischem Einfluss ausgeliefert worden. Doch setzte die Erste Polnische Teilung auch eine breite Reformbewegung in Gang. Als Russland dann 1787 im Krieg mit der Türkei stand, nutzten die Reformer das aus, um König Stanislaus II., ursprünglich ein Günstling Katharinas II., zur Einberufung des »Immerwährenden Reichstages« zu veranlassen. Seit 1788 kodifizierte der Seijm dann etliche Reformen, baute den russischen Einfluss ab, beseitigte mit dem »Liberum Veto« den Kern der polnischen »Adelsanarchie«, blieb aber sozial insgesamt recht gemäßigt. Schon deshalb, weil seine Mitglieder fast alle dem breit gestreuten Adel der »Szlachta« angehörten und nur eine Minderheit der »Patrioten« unter Hugo Kollontay weiter gehen wollte. Diese, außerhalb Warschaus in teilweise konspirativen Klubs organisierte Gruppe übernahm völlig die Ideen von 1789. Sie stärkten damit das Selbstbewusstsein des Bürgertums in den »Königlichen Städten«, das sich Ende 1789, vom französischen Dritten Stand beeindruckt, zu einer »Unionsacte« zusammenschloss und die Beteiligung am Seijm erreichte. Doch auch diese Änderung vollzog sich gewaltlos und innerhalb des Parlaments in Auseinandersetzung zwischen den konservativen »Republikanern« des Ignaz Potocki, der gemäßigten »Partei des Königs« und dem linken Flügel der »Patrioten« unter Kollontay, dem auch polnische »Jakobiner« angehörten. So trug die vom König überraschend vorgeschlagene Polnische Verfassung deutlich Kompromisscharakter: Sie beließ es bei der Adelsherrschaft, schaffte aber die Leibeigenschaft ab; zwar gab es noch immer keine einheitliche

Staatsbürgerschaft, wohl aber mehr Rechte für die Bürger. Die Souveränität des Staates – in Polen bislang unbekannt – wurde allein dem Seijm übertragen, der nun mit Mehrheit entscheiden konnte; die Einführung der Erbmonarchie des Hauses Sachsen stabilisierte das neue Polen zusätzlich. Diese Polnische Verfassung vom 3. Mai 1791 hielten viele für eine »Revolution« oder für die Vorwegnahme der *Constitution française*. Doch, was sich in Warschau vollzog, war eher der Staatsstreich von Reformern, und die Gemeinsamkeiten mit der französischen Verfassung blieben äußerlich. Während man in Paris nämlich durch eine konstitutionelle Monarchie den absolutistischen Staat *ab*bauen wollte, war man in Warschau bestrebt, auf dem gleichen Weg einen stabilen Staat überhaupt erst *auf*zubauen. Beide Verfassungen hatten Berührungspunkte, im Grunde aber verschiedene Ausgangspunkte und Ziele. Bezeichnend, dass Burke die Polnische Verfassung lobte, während sie in Frankreich nur wenig Beifall fand, besonders wegen der Beibehaltung des Adels und der katholischen Staatsreligion. Dennoch: Für Osteuropa musste sie geradezu revolutionär wirken, weil sie einen Hauch von Freiheit brachte, was aber sofort Russland auf den Plan rief. Sobald sie die Türken besiegt hatte, machte die Zarin dem konstitutionellen Polen im Mai 1792 durch militärisches Eingreifen ein Ende und schritt – zusammen mit Preußen, das noch 1790 die Reformen des Seijm unterstützt hatte – zur Zweiten Polnischen Teilung. All das geschah unter dem Vorwand, den Jakobinismus zu bekämpfen, während es doch in Wirklichkeit nur um russische und preußische Expansionsabsichten ging. Doch erzielten die beiden Mächte damit letztlich nur das Gegenteil: Denn gerade seit dem Scheitern der weitgehend eigenständigen Reform von 1791 wirkte die Französische Revolution mehr denn je auf Polen ein. Die 1792 nach Sachsen emigrierten polnischen Patrioten orientierten sich nun erst recht am französischen Vorbild, wollten keine konstitutionelle Monarchie mehr, sondern eine egalitäre Republik wie Frankreich unter dem Wohlfahrtsausschuss. Bezeichnend war auch, dass nun ein Bürgerlicher das Zeichen zum Aufstand Polens gab: Tadeusz Kościuszko mit der Proklamation vom 24. März 1794. Im amerikanischen Unabhängigkeitskrieg bewährt, 1792 als einer der letzten polnischen Heerführer geschlagen, führte Kościuszko nun eine Volksbewegung gegen die Russen an. Dabei ging es – wie im Warschauer Frühjahr 1794 – ebenso um nationale Unabhängigkeit wie um republikanische Regierung und soziale Gerechtigkeit. Viele polnische Jakobiner ließen den Reformismus der Jahre nach 1788 hinter sich und organisierten, voran in der Hauptstadt, ein an der Pariser Terreur orientiertes Regime mit Clubs und Sektionen, Revolutionstribunalen und Hinrichtungen, dem allerdings der antiklerikale und antiaristokratische Zug fehlte. Vielleicht verhallten deshalb die Hilferufe des revolutionären Polen in Paris ungehört, wohl aber auch, weil man dort weder Russland noch Preußen gegen sich aufbringen wollte. So trug der Untergang Polens dazu bei, den Untergang der Französischen Republik zu verhindern. Allerdings brauchten die Ostmächte ziemlich lange, bis sie die von Bauernmilizen unterstützte Armee des aufständischen Polen besiegt hatten; erst im November 1794 konnten die Russen Warschau zurückerobern. Damit war nicht nur die polnische Revolution, sondern auch der polnische Staat am Ende: Anfang 1795 wurde er vollständig unter die Interventionsmächte, zu denen nun auch Österreich gehörte, aufgeteilt. Sieht man von dem Zwischenspiel des napoleonischen Herzogtums Warschau ab, dann verschwand Polen für mehr als ein Jahrhundert von der politischen Landkarte. Das war ein Werk jener Mächte, die sich als Vorkämpfer der Gegenrevolution ausgaben, doch hatte auch Frankreich dazu beigetragen, indem es seine nationale Selbstbehauptung über die internationale Solidarität der Revolutionäre stellte. Dennoch schlossen sich seit 1794 viele Polen dem revolutionären Frankreich an, ein Bündnis, das bis tief ins 19. Jahrhundert wirkte. Kurzfristig aber hatte das Scheitern des Polnischen Aufstandes von 1794 – einer der seltenen Nachahmungen der Französischen Revolution, noch dazu ihrer radikalen Phase – das Ende aller von 1775 bis 1788 so hoffnungsvoll begonnenen Reformen gebracht.

Das Italien der Schwesterrepubliken

Auf Italien, einen traditionellen Einflussbereich Frankreichs, wirkte die Revolution in den ersten sieben Jahren indirekt, dann, in einer »demokratischen Phase« von 1796 bis 1799, sehr direkt ein. Ihre Aufnahme war vor allem im aufgeklärten Norden zunächst sehr positiv, besonders natürlich bei den kleinen Gruppen von »Jakobinern«, die in Turin, Venedig, Mailand oder Bologna sowie in Neapel regelrechte Clubs bildeten. Daran beteiligten sich neben Juristen erstaunlich viele Kleriker, die vom Jansenismus beeinflusst waren. Auch ohne Gruppenbindung sympathisierten viele italienische Intellektuelle, Beamte, Militärs und junge Adlige mit der *frühen* Revolution. Schon bald aber kamen die Regierungen den »Patrioten« auf die Spur, lösten die Clubs auf und verfolgten – zum Teil sehr hart – deren Mitglieder, von denen viele nach Frankreich flohen. Revolutionseinflüsse zeigten sich auch in den besonders zwischen 1790 und 1794 häufigen Unruhen, so in Piemont, Sizilien, Emilia-Romagna und Venedig; doch standen dabei Konflikte zwischen dem Zentrum und der Peripherie des jeweiligen Teilstaates im Vordergrund.

Eine nachhaltige Erschütterung des Ancien Régime trat aber erst ein, als 1796 französische Truppen unter Bonaparte den größten Teil Italiens besetzten und hier – nach dem Muster der »Batavischen Republik« (Holland) von 1795 – mehrere »Schwesterrepubliken« errichteten: die »Cisalpine Republik« mit der Hauptstadt Mailand, die bald auch die kurzlebige »Cispadanische« Republik umfasste, die »Ligurische Republik« (Genua), 1798 dann – nach der Deportation des Papstes – die »Römische Republik« und anschließend die »Parthenopäische Republik« (Neapel). Alle diese *Républiques Sœurs* erhielten Verfassungen, die der französischen von 1795 nachgebildet waren, in manchem aber (Wahlrecht, Gleichheitsvorstellungen) über diese hinausgingen. Dagegen gab es viele Widerstände, nicht nur bei Adel und Klerus, sondern auch bei der Landbevölkerung, was 1798/99 zu Aufständen gegen die Franzosen und ihre Anhänger führte. Den oft radikalen italienischen Jakobinern (wie Filippo Buonarroti, dem späteren Freund Babeufs) brachten die »Schwesterrepubliken« allerdings eine doppelte Enttäuschung: In ihren Regierungen saßen Gemäßigte, und es kam nicht zur Bildung eines italienischen Gesamtstaates, den die Jakobiner angesichts der engen Verbindung von Partikularismus und Feudalismus für unverzichtbar hielten. Ein geeintes Italien lag nicht im Interesse Frankreichs, das hier lieber Satellitenstaaten errichtete; dennoch hatten selbst diese revolutionierende Wirkungen: Sie führten zur (weitgehenden) Beseitigung des – im Norden freilich schon ausgehöhlten – Feudalismus und zur Ausbildung wirklich moderner Staaten. Daran änderte auch die österreichisch-russische Besetzung Ober- und Mittelitaliens im Jahre 1799 nichts, denn seit Napoleons Siegen von 1800 war die Halbinsel wieder völlig in französischer Hand. Nun führte die ganz Oberitalien umfassende »Italienische Republik« die 1797 begonnene Entfeudalisierung fort, was weder Napoleon noch der Wiener Kongress vollständig revidieren konnten. Obwohl es hier keine selbstständige Revolution gegeben hatte, hinterließen die Jahre 1796 bis 1799 doch tiefe Spuren in der italienischen Geschichte, teils durch die Modernisierungspolitik, teils durch die Ansätze zu politischer Gruppenbildung, die später im Risorgimento fortwirkten. Die Intensität dieser Einwirkung hing aber auch damit zusammen, dass im Italien der »Schwesterrepubliken« Frankreich die ausschlaggebende Macht war.

Die Helvetische Revolution

Ähnliches gilt für die Schweiz, wo die Revolution zunächst allgemein begrüßt wurde, allerdings mit dem stolzen Gefühl, dass man hier schon längst die Freiheit besitze, um die Frankreich kämpfte. Ein Missverständnis, denn drei Viertel der »freien Schweizer« hatten als »Untertanen« nur geringe Mitwirkungsrechte; hinzu kam der extreme Partikularismus der Kantone. In der Schweiz hatte es schon vor 1789 viel Unruhe gegeben, die sich unter dem Eindruck der Revolution dann vor allem 1790/91 steigerte, was wiederum die Obrigkeiten zu Repressionen veranlasste. In Genf wurde 1792 das konservative Stadtregiment gestürzt, und die Stadtrepublik machte bis zum Anschluss an Frankreich (1798) dessen Revolution in allen Phasen mit. Große Hoffnungen setzten die »Untertanen« sowie unzufriedene Kaufleute und Intellektuelle auf Frankreich; in Paris bildete sich ein *Club helvétique* und drang auf eine Revolutionierung der Schweiz, wo er allerdings nur wenig Einfluss hatte. Denn hier blieb eine Revolution ebenso aus wie in Italien, sieht man vom Fürstbistum Basel (1790) ab, wo jedoch bald altständische Kräfte dominierten. Dies veranlasste Frankreich im Jahre 1792, die gerade proklamierte »Rauracische Republik« durch militärische Intervention zur »Reunion« zu zwingen. Auch die Aufstände im Unterwallis (1790/91) und in Graubünden (1794) änderten, weil erfolglos, zunächst nichts am Eindruck einer ruhigen Schweiz. Allerdings gab es in den schon lange benachteiligten »Munizipalstädten«, unter Notaren, Fabrikanten und Handwerksmeistern sowie in der reformierten Geistlichkeit viele Revolutionsanhänger, die sich bis 1792/93 in Clubs und nach deren Verbot in Lesegesellschaften organisierten.

Aus diesen Kreisen rekrutierte sich auch die Helvetik, mit der die Revolution direkt auf die Schweiz einwirkte. Anlass war der französische Einmarsch im Waadtland, das von Bern unabhängig werden wollte. Eine von den aufgeklärten Eliten in Stadt und Land getragene Bewegung setzte von Januar bis April 1798 die ›Helvetische Revolution« in Gang, in der 25 Herrschaftsgebiete selbstständig wurden und so Freiheit und Gleichheit für *alle* Schweizer erreichten. Neben den katholischen Urkantonen leisteten besonders Bern, Freiburg und Solothurn Widerstand. Nach ihrer Niederwerfung durch die Franzosen mussten sie die »Helvetische Republik« mit einer, von dem Basler Peter Ochs entworfenen, vom Pariser Direktorium gebilligten Verfassung akzeptieren: Die Schweiz wurde ein Zentralstaat mit 19 Kantonen und einem, der Verfassung des Jahres III nachempfundenen Regierungssystem, kurzum: eine Schwesterrepublik. Die Helvetik brachte allen Schweizern *gleiche* Rechte, machte die Kantone zu Verwaltungsbezirken und überwand mit Bauernbefreiung, Handels- und Gewerbefreiheit die Feudalität. Das rief aber den Widerstand der Patrizier und der bäuerlich-katholischen Innerschweiz hervor und führte 1802, nach dem Abzug der Franzosen, zum »Stecklikrieg« der Urkantone gegen die Helvetik, die ohnehin finanziell am Ende war. Erneut griff Frankreich ein und vermittelte: Durch diese Mediation von 1803 wurde die Schweiz wieder ein Bundesstaat, doch blieben viele Neuerungen der Helvetik erhalten. Die der *république bourgeoise* nachgeahmte »Helvetische Republik« konnte sich ohne Frankreich nicht halten und scheiterte am Beharrungsvermögen partikularistischer sowie konfessioneller Kräfte. Immerhin bewirkte sie in der Schweiz einen Modernisierungsschub, der allerdings ohne den direkten französischen Eingriff nicht denkbar gewesen wäre.

Wirkungen auf Deutschland

Sehr intensiv hat die Französische Revolution auf Deutschland gewirkt, auf die vielgestaltige Staatenwelt des »Heiligen Römischen Reiches Deutscher Nation«. Allerdings gibt es hier nach Zeitpunkt, Dauer und Grad der Einwirkung große regionale Unterschiede, und auch der Zusammenhang mit anderen, älteren Vorgängen ist nicht zu übersehen. Das zeigt sich schon 1789 im äußersten Westen des Reiches, im heutigen Belgien, wo die Brabanter und die Lütticher Revolution ausbrachen. Obwohl räumlich und zeitlich eng benachbart, waren sie in Ursachen und Zielen sehr verschieden: Während in Lüttich aufklärerische Demokraten ihren Fürstbischof vertrieben, rebellierten die österreichischen Niederlande gegen die aufgeklärten Reformen Josephs II. in den 1780er Jahren, die die belgische Selbstverwaltung ebenso trafen wie die Sonderstellung des Adels und den Einfluss der Kirche. War der Lütticher Aufstand eindeutig von Paris beeinflusst, so zeigte die Belgische Revolution allenfalls in der Symbolik Parallelen zur Französischen, denn ihre Ziele waren altständisch-restaurativ. Die Unabhängigkeitsbewegung der belgischen »Statisten« kämpfte nicht für die individuelle, sondern für die korporative Freiheit, für das *alte* Recht und gegen radikale Neuerungen. Die Anfang 1790 unter Jan van der Not proklamierte »Republik belgischer Staaten« war keine Nachahmung, sondern ein Gegenmodell zum revolutionären Frankreich, auch wenn sie von dessen Dynamik viel übernahm. Ganz anders in Lüttich, das sich seit August 1789 selbst regierte und (in Wahlrecht und Staatsform) sogar Frankreich überholte. Dies verdankten die Lütticher – Preußen, das den Unruheherd im Machtbereich des habsburgischen Rivalen begünstigte, indem es seine Interventionstruppen im Frühjahr 1790 abzog. Die dann von empörten Reichsfürsten aufgestellte »Exekutionsarmee« versagte in den Kämpfen mit den Lüttichern kläglich. Erst als Anfang 1791 kaiserliche Truppen, die zuvor den belgischen Aufstand niedergeschlagen hatten, einrückten, war die Lütticher Revolution (die viel mit der Französischen gemeinsam hatte) am Ende.

Zwiespältige Haltung der Fürsten

Inzwischen aber hatten die Beispiele Lüttich und Brabant die allgemeine Unruhe im Westen des Deutschen Reiches verstärkt – und zugleich die Ratlosigkeit vieler Regierungen gegenüber solchen »Gärungen«. Derartige Unsicherheit prägte jedoch die Haltung der deutschen Fürsten zur Revolution nur zum Teil. Denn anfangs wurde die Französische Revolution von vielen Herrschern begrüßt, schien sie doch die kontinentale Vormacht außenpolitisch zu lähmen und ein auf Frankreich begrenzter Vorgang zu sein, dessen universale Stoßkraft man nicht erahnte. Manche Fürsten sahen in der Revolution gar die Kopie der eigenen Reformen – wie Joseph II. oder – etwas zurückhaltender – sein Bruder und Nachfolger Leopold II., der in der Verfassung von 1791 viel von dem wiederfand, was er als Großherzog von Toskana hatte realisieren wollen. Deshalb wollte sich Leopold auch außenpolitisch mit Frankreich arrangieren, hielt sich von den Emigranten fern, rief die im Elsass geschädigten westdeutschen Fürsten zur Mäßigung auf und lehnte eine Intervention zu Gunsten seiner Schwester Marie Antoinette ab. Leopolds plötzlicher Tod beendete diese Ausgleichspolitik (auf die Frankreich allerdings nicht eingegangen war), und sein Sohn Franz II. ging außen- wie innenpolitisch auf gegenrevolutionären Kurs.

In Preußen war der aufklärungsfeindliche König Friedrich Wilhelm II. vor allem wegen seiner Interessen an Polen im Westen wenig engagiert; daher die schleppend-vorsichtige Kriegsführung Preußens seit 1792, daher sein Ausscheiden aus der gegenrevolutionären Koalition im Frieden von Basel (1795), der allerdings auch ein Sieg der ebenso aufklärungs- wie frankreichfreundlichen Berliner »Friedenspartei« war. Bezeichnend aber, dass Preußen zur gleichen Zeit *innen*politisch sehr restaurativ regiert wurde, was sich freilich schon im Wöllnerschen Religionsedikt von 1788 angebahnt hatte.

Ähnlich in Pfalz-Bayern, dessen Kurfürst Karl Theodor zwar seit 1785 alle radikalen Aufklärer verfolgte, der aber im Ersten Koalitionskrieg von 1792 bis 1797 Frankreich gegenüber eine mehr als wohlwollende Neutralität praktizierte – wobei Paris sich geschickt alte habsburgisch-wittelsbachische Rivalitäten zunutze machte. Auch andere deutsche Fürsten paktierten mit dem revolutionären Frankreich, so Karl Friedrich von Baden, dessen aufgeklärtes »Musterländle« ja auch eine exponierte Lage hatte, Friedrich Eugen von Württemberg schloss bereits 1796 einen Sonderfrieden mit der Republik, die seinem Nachfolger allerdings durch die Unterstützung der Ständeopposition große Schwierigkeiten machte.

Am entschiedensten in der Revolutionsabwehr waren noch die geistlichen Fürsten, spürten sie doch, dass ihre Existenz jetzt akut bedroht war, aber nicht durch Volksbewegungen oder aufklärerische Kritiker, sondern durch Frankreichs Bündnis mit den deutschen Mittelstaaten, die sich schon lange auf ihre Kosten arrondieren und vom Reich lösen wollten. Mit der 1795 von Preußen, 1797 von Österreich gebilligten Abtretung des linken Rheinufers kam die Entschädigung der weltlichen Fürsten auf dem rechten Rheinufer in Gang (Rastatter Kongress 1798/99). Dass dies der Anfang vom Ende des Alten Reiches war, weil nun dessen aristokratisch-kirchliche Grundlage zerstört wurde, erkannte man schon damals, und deutsche Jakobiner verfassten erste Grabgesänge auf das »Heilige Römische Reich«. Dessen Ende hatte natürlich auch das Souveränitäts- und Ausdehnungsstreben der Großmächte und Mittelstaaten herbeigeführt; stark beschleunigt aber wurde es durch die militärisch-territoriale Expansion des revolutionären Frankreich.

Unruhen und Aufstände

Waren viele deutsche Fürsten auf diese Weise indirekt Nutznießer der Revolution, so hatten sich die meisten doch von ihr zunächst bedroht gefühlt und mit Angst, ja Panik auf jede oppositionelle Regung reagiert. Überall in Deutschland stieg seit 1789 die Kritikfreudigkeit und Widerspenstigkeit des »großen Haufens«, und in vielen Gegenden kam es zu Unruhen und Aufständen. Sie waren an sich nichts Neues, wurden aber seit Sommer 1789 zahlreicher und heftiger; nicht zufällig setzten sie auch im Westen des Reiches ein: Bereits Anfang 1789 kam es in Aachen und Köln zu schweren Auseinandersetzungen um die Mitsprache im Stadtregiment und die Zulassung protestantischer Kaufleute. Im Sommer verweigerten badische und pfälzische Bauern Frondienste und Abgaben, verlangten alte Weide- und Waldrechte zurück und setzten missliebige Beamte ab. Die Parallelen zu der französischen Bauernrevolution sind unverkennbar, besonders in der Nähe des Elsass, wo es auf deutscher Seite regelrechte *Cahiers de doléances* gab. In St. Ingbert verlangte die Gemeinde alte Grubenrechte zurück, in Nassau-Saarbrücken verweigerten Bauern den Zehnten. Die Trierer gaben ihrem Unmut über die Residenzverlegung nach Koblenz und den Minister des Kurfürsten »auf pariserisch« Ausdruck; Mainzer Handwerksgesellen trugen ihren traditionellen Streit mit den Studenten mittels Kokarden, Trikoloren und der Losung »Patriot« aus. In Vorderösterreich machte sich der Protest gegen die josephinischen Reformen mit dem Hinweis auf das elsässische Beispiel Luft. Auch die Aufstände am Vogelsberg, im Spessart, in Nordhessen oder dem Hochstift Osnabrück waren in ihren Zielen meist traditional-restaurativ, hatten aber in Aktionsform und Symbolik viel von den Franzosen übernommen. Erstaunlich, wie gut deutsche Bauern und Handwerker wussten, womit sie ihrer Obrigkeit am wirkungsvollsten drohen konnten. Diese sahen denn auch in den »Gärungen« eine Folge des »Freiheitsschwindels«, obwohl die Unruhen auf älteren

Ursachen beruhten und sich nur ganz selten gegen den Feudalismus, die Monarchie oder den Fürsten selbst richteten.

Mag manche Parallele zu Frankreich vorhanden sein, so bestanden doch drei wesentliche Unterschiede:

- Die deutschen Unruhen der Jahre nach 1789 waren sehr zahlreich (viele werden heute erst neu entdeckt!), sie vermochten aber keine einheitliche Bewegung auf nationaler Ebene zu bilden, sondern blieben regional oder sogar lokal begrenzt.

- Die Konflikte lassen sich nicht auf den Nenner »antifeudal« bringen, sondern bestanden aus einer Mischung älterer und akuter, sozialer, juristischer und konfessioneller Spannungen. ›Gelöst‹ wurden sie oft durch militärisch-politische Repression, doch gab es vielfach auch den (u. U. erfolgreichen) Appell an die Reichsgerichte, die zur »Verrechtlichung«, also auch Mäßigung, der Auseinandersetzungen beitrugen.

- Durchweg fehlte den deutschen Unruhen das Zusammenwirken von ländlicher und städtischer Revolte.

Eine Ausnahme macht vielleicht der Sächsische Bauernaufstand von 1790, der wegen seiner Ausbreitung bis in die Städte, der Härte des Kampfes, der Beteiligung von mehr als 10 000 Landleuten und der Selbstjustiz der Aufständischen revolutionäre Qualität erreichte. Nach dem Willen der Bauern, die teils von Christian Benjamin Geißler geführt wurden, sollte es »in Sachsen so werden wie in Frankreich«! Zu dieser Orientierung an den Ereignissen im Westen kamen noch Traditionen des Bauernkrieges und starke religiöse Züge. Große Ausdehnung erreichte auch der Schlesische Aufstand von 1793, der durch Breslauer Gesellen ausgelöst wurde, an dem aber auch die vor dem Ruin stehenden Weber kleinerer Städte teilnahmen; vorausgegangen waren Bauernunruhen in Glatz, Oppeln und Neiße. Allerdings hatte hier die Französische Revolution nur wenig Einfluss ausgeübt. Doch selbst diese beiden »Flächenbrände« konnten durch den Einsatz von Militär unterdrückt werden, wobei die sächsische Regierung, trotz harter Bestrafung der »Rädelsführer«, schließlich mehr auf die Forderungen der Aufständischen einging als die preußische. Hart reagierten auch die Obrigkeiten in Hamburg, Nürnberg, Ulm und Reutlingen, wo es seit 1793 zu teilweise tumultuarischen Protesten arbeits- und brotloser Handwerker und Tagelöhner kam. Auch hier hatte man Angst vor einer Ausbreitung der »Freiheitsseuche«, was zwar übertrieben, aber insofern berechtigt war, als die Revolution Zahl und Intensität der deutschen Unruhen beträchtlich steigerte. Zu einer wirklich »revolutionären« Situation auf nationaler Ebene führte das aber nicht; das deutsche Ancien Régime wurde durch die Aufstände zwar zeitweise erschüttert, aber nie in seinem Bestand gefährdet.

Das Echo in Presse und Publizistik

Wie verhielt sich nun die entstehende öffentliche Meinung Deutschlands zur Französischen Revolution? Entscheidend dafür waren Zeitungen, Zeitschriften und Literatur, die durch die vielen Lesegesellschaften großen Einfluss auf bildungsbürgerliche und adlige Kreise hatten. Was die überaus zahlreichen, z. T. auflagenstarken deutschen *Zeitungen* angeht, so waren ihre Leser durchweg sehr gut über die französischen Ereignisse informiert: Der Zusammentritt der Generalstände, Ballhausschwur und Bastillesturm, die Debatten um Menschenrechte, Zivilkonstitution und die Stellung des Königs wurden vielen Bürgern, auch manchen Bauern in Deutschland ziemlich rasch bekannt. Gewiss standen die turbulenten *journées* und die führenden Männer dabei im Vordergrund. Doch ist es erstaunlich, wie detailliert deutsche Zeitungen informierten, ja, wie revolutionsfreundlich viele ihrer Berichte (meist aus französischen Quellen) waren. Zumindest bis Ende 1791 bot die deutsche Presse ein breites Spektrum von begeisterter Zustimmung über verhaltene Skepsis bis hin zu polemischer Ablehnung der Revolution – manchmal in ein und demselben Blatt. Von konsequenter Zensur waren die Zeitungen zunächst weitgehend frei. Erst seit 1792 sahen die meisten Regierungen darauf, dass die Revolution in der Presse nur noch als »Freiheits- und Gleichheitsschwindel«, ihre führenden Männer als »Königsmörder« oder »Schreckensmänner« diffamiert, ja, dämonisiert wurden. Aber selbst dann artikulierte sich – durch die Ausweichmöglichkeiten infolge der territorialen Zersplitterung erleichtert – noch Verständnis für die Revolution.

Indessen waren die *Zeitschriften* voll von Berichten und Kommentaren über Frankreich; es entstand eine regelrechte Revolutionspublizistik, die sich allein diesem Thema widmete. Dazu gehören auch die mehr als tausend deutschen Übersetzungen von Revolutionsreden, -liedern, -flugschriften, -gesetzen und -programmen; meist vermittelten sie konstitutionelles oder girondistisches Gedankengut, doch wurden dem deutschen Publikum auch jakobinische Texte bekannt. Wie in der

Tagespresse, so erschienen auch in den Periodika immer wieder die Unruhen vom Herbst 1789, die Flucht des Königs, sein Sturz und seine Hinrichtung sowie die Septembermorde, erst recht natürlich die Terreur als Wendepunkte zum Negativen. Zu den anfangs positiv, dann skeptisch bis ablehnend eingestellten Journalen gehörten Schubarts »Deutsche Chronik«, Wielands »Teutscher Merkur« und Schlözers »Statsanzeigen«, alle in den Lesegesellschaften weit verbreitet. Mit Empörung und Verachtung, zugleich mit deutschnationalem Chauvinismus verfolgten dagegen die auflagenstarken Neuwieder »Politischen Gespräche aus dem Reich der Todten« die Revolution; eigens der Abwehr des »Freiheitsschwindels« dienten Leopold Hofmanns »Wiener Zeitschrift«, Girtanners »Politische Annalen«, die »Eudämonia« sowie Reichards breitenwirksamer »Revolutionsalmanach«. Andere Zeitschriften äußerten sich dagegen recht positiv, so die »Beyträge zur Geschichte der französischen Revolution« des Schweizers Usteri, Hubers »Friedenspräliminarien«, das aufklärerische »Braunschweigische Journal« oder die »Klio«, von den aus Straßburg, Basel oder dem französisch besetzten Rheinland einsickernden revolutionären Blättern abgesehen. Der Eindruck, den die weitgehend alphabetisierten Deutschen dadurch von der Revolution bekamen, war also keineswegs nur negativ. Allerdings erscheinen in den *bildlichen* Darstellungen die Revolution, ihre entscheidenden Ereignisse und führenden Repräsentanten vorwiegend in schlechtem Licht: So werden die gefürchteten Revolutionstruppen von vielen deutschen Publizisten durchaus differenziert betrachtet, wegen ihrer Begeisterung und Tapferkeit sogar oft gelobt, während sie in den zeitgenössischen Kupferstichen meist als verheerende Soldateska erscheinen. Dazu gaben sie freilich oft genug Anlass, und mit *diesen* Kriegs- und Besatzungserfahrungen operierten jene Pamphletisten, die »die alten Franzosen hinter der neufränkischen Maske« entlarven wollten. So kamen im Revolutionskrieg alte nationale Ressentiments wieder hoch, verband sich der antidemokratische Konservativismus mit einem stark anti*französischen* Nationalismus, der (wie in England) die Revolutionsanhänger aus der Volksgemeinschaft ausgrenzen wollte. Hinzu kam eine Verschwörungstheorie, wonach Freimaurer und Illuminaten die Revolution angezettelt hatten und sie nun durch den Geheimorden der »Propaganda« in alle Länder zu tragen suchten. Dagegen vertraten aufklärerisch-liberale Blätter die Ansicht, in Frankreich sei die Revolution berechtigt und verständlich, in Deutschland aber überflüssig, weil es hier, besonders durch die Reformen weiser Herrscher, keine solchen Missstände gebe; vielen erschienen die Exzesse der Revolution sogar typisch französisch zu sein, während solche von dem angeblich ›reiferen‹ deutschen Volk nicht zu erwarten seien.

Reaktionen der Intelligenz

Dieses moralische Überlegenheitsgefühl fand sich in weiten Teilen der deutschen Intelligenz, deren Revolutionsrezeption so gut erforscht ist, dass wir uns hier kurz fassen können – und müssen: Begeisterung, teilweise Schwärmerei waren 1789 die ersten Reaktionen der aufgeklärten Eliten Deutschlands. Eine ganze Gruppe von »Revolutionspilgern« reiste nach Paris, um die Erneuerung des Nachbarvolkes mitzuerleben. Voran der aufgeklärte Pädagoge Johann Heinrich Campe, dessen »Briefe aus Paris« (1790) die Anfänge der Revolution enthusiastisch feierten. Diese, für das deutsche Revolutionsbild folgenreiche Begeisterung entfachte sich an der Vorstellung, die Franzosen setzten die Aufklärungsphilosophie in die Tat um. Während Campe nach Deutschland zurückkehrte, blieben andere Revolutionspilger in Paris, wo sie sich um den Schlesier Gustav von Schlabrendorff sammelten und die ganze Revolution miterlebten, wie Karl Friedrich Reinhard, der zeitweilig französischer Außenminister war, oder Konrad Engelbert Oelsner, der sich den Girondisten anschloss. Indessen brach in der akademischen Jugend Deutschlands eine wahre Revolutionsschwärmerei aus, und Feiern wie im Tübinger Stift, wo Hölderlin und Hegel (angeblich) Freiheitsbäume pflanzten, waren keine Seltenheit; selbst im Hamburger Großbürgertum beging man festlich den 14. Juli 1790. Doch der übermäßigen Begeisterung folgte bald die Enttäuschung: Charakteristisch dafür war die Haltung Friedrich Gottlieb Klopstocks, der die ›gallische Freiheit«, auch den Eroberungsverzicht von 1790 pries und in der Ode »Sie – und nicht wir« die Franzosen um ihre Revolution beneidete. Daraufhin wurde Klopstock 1792 zum französischen Ehrenbürger ernannt; aber bald distanzierte er sich von der Revolution, weil die Republik zum Eroberungskrieg übergegangen war. Angewidert wandte sich Klopstock vom Frankreich der Jakobinerdiktatur ab, das in seinen Augen alle Prinzipien von 1789/91 mit Füßen trat. Diesen Wandel vom überschwänglich Begeisterten zum tief Enttäuschten machten viele deutsche Dichter und Denker durch. Eine Ausnahme war Immanuel Kant, denn er ließ sich von seiner Meinung,

die Revolution habe die Menschheit moralisch vorangebracht, indem
sie die Autonomie des Individuums zum politischen Prinzip erhob,
nicht abbringen, selbst nicht durch seine dezidierte Ablehnung des Re-
volutionsrechts. In seinen Schriften »Zum Ewigen Frieden« (1795)
und »Vom Streit der Fakultäten« (1798) plädierte Kant für eine Staatsform, die der französischen von 1795 sehr nahe kam. Bei Kants großem Einfluss auf die deutsche Philosophie verwundert es nicht, dass
sein »Republikanismus« weit verbreitet war, wozu u. a. Gottlieb Fich-
te und Friedrich Schlegel beitrugen. Folgenreich für die Revolutionsrezeption der deutschen Geisteswelt waren allerdings auch Burkes
Reflections in der Übersetzung von Friedrich Gentz (1793). Als aufgeklärter Preuße hatte Gentz die Revolution zunächst überschwänglich
begrüßt, sich aber bald an ihrem Rationalismus gestoßen, ohne jedoch
der Freiheit des Einzelnen oder den Menschenrechten abzuschwören.
Das »Maßlose« der Revolution fand bei ihm ebenso Widerspruch wie
bei Burke, dessen historisch-organische Staatslehre ihm jedoch fremd
blieb. Näher standen ihr die Hannoveraner Ernst Brandes und August
Wilhelm Rehberg, die in zwei viel gelesenen Schriften 1790 und 1793
zwar Verständnis für die frühe Revolution zeigten, den völligen Umsturz aber missbilligten und ihm die evolutionäre Umwandlung des
Organisch-Gewachsenen gegenüberstellten. Erschien bei Brandes
England als die »fortschrittliche« Alternative zur Revolution, so wehr-
te sich Rehberg prinzipiell gegen so weit reichende Konzeptionen wie
die Menschenrechte. Von Anfang an skeptisch stand Johann Wolfgang
von Goethe der Revolution gegenüber – und damit zunächst ziemlich
allein. Sie brachte ihm nicht nur Unordnung in das private und öffentliche Leben, sondern schien ihm, obgleich naturnotwendig, zu radikal
und zerstörerisch zu sein. »Schwärmerei«, wie in Frankreich, war Goethe ebenso suspekt wie religiöser Fanatismus; zudem fühlte er sich
durch die Massen in seiner aristokratischen Geistigkeit bedroht. Da
zog er sich lieber auf den Standpunkt des bloßen Beobachters, auf die
Welt des »Wahren, Schönen und Guten« zurück. Die von ihm geprägte Weimarer Klassik war denn auch nicht nur der Höhepunkt rein literarischer Entwicklungen, sondern – gerade in ihren idealistischen,
»unpolitischen« Zügen – eine Absetzbewegung von der Revolution,
was natürlich dadurch begünstigt wurde, dass Weimar seit 1795 hinter der »Neutralitätslinie« lag. Auch Goethes Freund Friedrich Schil-
ler, einst selbst gegen fürstlichen »Despotismus« angetreten, zu Beginn
ein begeisterter Anhänger der Revolution und noch 1792 zum franzö-

sischen Ehrenbürger ernannt, predigte inzwischen den Rückzug auf das Private und in die Innerlichkeit; in seinen »Horen« (seit 1795 schmähte er jene Deutschen, die noch immer an den Prinzipien von 1789 oder gar 1792 festhielten.

Die deutschen Jakobiner

Diese Minderheit wird meist als deutsche Jakobiner bezeichnet, ein Begriff, der viele Missverständnisse hervorgerufen hat. Als »Jakobiner« sind wohl nur jene Deutschen anzusehen, die auch nach der Hinrichtung Ludwigs XVI. und der Terreur die Revolution weiterhin guthießen und ihre Nachahmung forderten; der Versuch, dies öffentlich-publizistisch vorzubereiten, ist ein weiteres Kennzeichen. Allerdings sind die deutschen Jakobiner durchaus nicht immer mit den Montagnards gleichzusetzen; auch gibt es bei ihnen Berührungspunkte zum Aufgeklärten Absolutismus, ebenso Kritik an den Franzosen als Volk oder als Besatzungsmacht. Dennoch waren sie sehr von diesen abhängig: schon im Programm, noch mehr aber in der Praxis, denn nur dort, wohin die Revolutionstruppen drangen (wie am Rhein und in Süddeutschland) konnten deutsche Jakobiner politisch wirksam werden.

Allerdings gab es auch in Norddeutschland solch radikale Demokraten, so in Schleswig-Holstein und Niedersachsen (Heinrich Würzer, Karl Friedrich Cramer und Friedrich Wilhelm von Schütz) oder im dänischen Altona, wo 1792 sogar ein Klub mit der Parole »Freiheit oder Mord und Todt« zum Umsturz aufrief. In Wien entdeckte man 1794 eine »Jakobinerverschwörung« unter Führung von Andreas Riedel, in der sich hohe Beamte und Militärs, die vom Abbruch der josephinisch-leopoldinischen Reformen enttäuscht waren, gegen die Reaktion unter Franz II. auflehnten. Sie wurde mit der Hinrichtung einiger »Rädelsführer« ebenso zerschlagen wie die ungarische Jakobinergruppe um Ignaz von Martinovics. Im übrigen Reich wirkten an vielen Orten die »Patrioten, Demokraten« oder »Clubisten« genannten Jakobiner auf eine revolutionäre Situation hin; sie rekrutierten sich meist aus dem gebildeten oder beamteten Bürgertum und hatten vielfach radikal-aufklärerischen Zirkeln wie den Illuminaten angehört. Am bekanntesten ist Georg Friedrich Rebmann, der teils von Altona, teils von Paris aus in Zeitschriften die deutschen Zustände analysierte und attackierte, seine Landsleute aber aufrief, sich ihre Freiheit *selbst* zu erkämpfen, denn auch das revolutionäre Frankreich denke nur an die eigenen Interessen. Das bekamen auch die süddeutschen Jakobiner zu spüren, die bei Vorstößen der Revolutionsarmee an die Öffentlichkeit traten. Obwohl in Verbindung mit anderen oppositionellen Gruppen (wie den württembergischen Ständen) gelang es ihnen nicht, das süddeutsche Ancien Régime zu erschüttern. Dies deshalb, weil Frankreich ihre Pläne zur Schaffung einer schwäbischen, süd- oder gar gesamtdeutschen Republik (1797/99) ablehnte. Paris ließ sich die Zusammenarbeit mit den Fürsten nicht stören und verweigerte daher auch jede Hilfe für die von süddeutschen Jakobinern geplante Sprengung des Rastatter Kongresses (1798). Auch die subversiven Aktivitäten bayerischer »Patrioten« unter Joseph Utzschneider wurden von französischen Generälen sabotiert. Ohnehin waren all diese Gruppen politisch sehr heterogen, denn neben radikalen Demokraten gehörten auch Anhänger einer konstitutionellen Monarchie dazu, die ihre Ziele bald von dem neuen bayerischen Kurfürst Max IV. Joseph vertreten sahen.

Die weiteren Schicksale der deutschen Jakobiner waren sehr unterschiedlich: Einige, wie Adam Lux, Eulogius Schneider oder Friedrich III. von Salm-Kyrburg wurden Opfer der Terreur, andere kehrten mit den Franzosen ins Rheinland zurück, wo sie ab 1798 maßgeblich an der »Reunion« mitwirkten; wieder andere – wie Joseph Görres – wandten sich enttäuscht von der revolutionären Wirklichkeit ab und gingen ins konservativ-romantische Lager über. Die meisten deutschen Jakobiner blieben aber noch unter Napoleon und den Rheinbundfürsten, ja darüber hinaus loyale Beamte, ohne allerdings ganz auf ihre fortschrittlichen Grundsätze zu verzichten.

Mainzer Republik und Cisrhenanen

Nur zwei Gruppen von ihnen konnten zeitweise eine gewisse Macht ausüben: die Mainzer Jakobiner von 1792/93 und die Cisrhenanen von 1797/98. Die Mainzer Republik entstand aus dem Revolutionskrieg, als nach Valmy Franzosen unter General Custine am 21. Oktober 1792 Mainz kampflos besetzen konnten. Zwei Tage danach gründeten hier zwanzig Professoren, Studenten und Beamte einen Jakobinerklub, der bald über 400 Mitglieder zählte und mit Freiheitsbäumen, Unterschriftensammlungen und Theater sowie einer aufklärerisch-volksnahen Publizistik gerade auf dem Land für »Freiheit und Gleichheit« warb;

zu seinen Wortführern gehörten die Mainzer Professoren Georg Christian Wedekind, Mathias Metternich und Andreas Joseph Hofmann, nach anfänglichem Zögern auch der berühmte Weltreisende Georg Forster. In Speyer und Worms entstanden kleinere Klubs, in vielen Dörfern Zirkel einheimischer Patrioten. Mitte November 1792 setzte Custine, der den Mainzern zunächst die Wahl ihrer Staatsform völlig freistellte, neue Verwaltungen ein. Gleichzeitig versprach Paris allen Völkern, die um ihre Freiheit kämpften, französische Hilfe; am 15. Dezember wurde dieses Befreiungsangebot aber auf die besetzten Gebiete begrenzt, die jetzt die französische Demokratie annehmen *mussten*, was notfalls auch mit Waffengewalt erreicht werden sollte. Diese, von den Ereignissen in Belgien (wo konservative Kräfte die Oberhand gewonnen haben) bestimmte neue Besatzungspolitik wurde nun auch am Rhein verwirklicht: Im Februar/März 1793 fanden hier Wahlen statt, verbunden mit einem Eid auf Freiheit und Gleichheit. Die Resonanz reichte von der Zustimmung ganzer Gemeinden, über die (meist erzwungene) Teilnahme einer Mehrheit und den Boykott von 92 % der Mainzer bis zum bewaffneten Protest nordpfälzischer Bauern. Die kurpfälzischen und zweibrückischen Orte (⅔ der Gemeinden zwischen Queich und Nahe) waren wegen ihrer neutralen Herrscher von der Munizipalisierung ausgenommen. Am 17. März 1793 trat in Mainz ein Nationalkonvent zusammen, der die »Rheinisch-Deutsche Republik« ausrief und sogleich ihren Anschluss an Frankreich beschloss. Als man dem in Paris zustimmte, hatten Preußen und Österreicher das linksrheinische Ufer zurückerobert, nur Mainz kapitulierte erst nach vier Monaten Belagerung am 23. Juli 1793. Einige Jakobiner konnten mit den Franzosen entkommen, die meisten gerieten in Gefangenschaft, nach deren Ende sie ins französische Exil gingen.

Die Mainzer Republik ist sicher ebenso aufschlussreich für die revolutionäre Expansion Frankreichs wie für die Frühgeschichte der Demokratie in Deutschland. Sie ist aber vor allem ein Höhepunkt deutscher Revolutionsrezeption. Denn nirgendwo sonst kam es zu einer so intensiven Begegnung von Deutschen *aller* Schichten mit den Ideen und Repräsentanten der Revolution – und das zu einem Zeitpunkt, als die junge Republik noch Befreiungsabsichten hatte und die Revolution zwar in die »demokratische« Phase, aber noch nicht in die der Terreur eingetreten war. Wichtig auch, dass hier Deutsche versuchten, das französische Modell von 1792 auf ihr Land zu übertragen. Dazu brauchten sie zwar den Rückhalt der Besatzungsmacht und scheiterten, weil ihnen ein solcher bei der Masse der Bevölkerung fehlte. Doch waren sie eine beachtliche Minderheit von aufklärerischen Intellektuellen, aktivistischen Handwerkern und aufrührerischen Bauern, die nun das Feudalsystem ganz beseitigen wollten. Das von den Clubs popularisierte revolutionäre Gedankengut drang in breite Schichten ein, fand allerdings auch Widerspruch: Er kam aus sozial konservativen Haltungen heraus, der schon deutlich von nationalistischen Elementen und der Verschwörungstheorie durchsetzt war; daneben gab es aber vermittelnde Stimmen, wie die reformistischen Konzeptionen des Mainzer Handelsstandes und der (bürgerlichen) Geistlichkeit. Diese breite Politisierung, in der sich schon spätere weltanschauliche Fronten andeuten, und die das südliche Rheinland bis in den Vormärz prägten, war wohl die wichtigste Folge der Mainzer Republik.

Ähnliches gilt für die Cisrhenanen. Sie hatten ihren Schwerpunkt am Mittel- und Niederrhein, der seit 1794 französisch besetzt war. Dort machten sich »Patrioten« – wiederum vorwiegend junge Intellektuelle – seit Frühjahr 1797 Hoffnungen auf eine rheinische Schwesterrepublik, deren Errichtung General Lazare Hoche auf Weisung aus Paris hin förderte. In Koblenz, Bonn, Köln und Rheinbach wurden »Korrespondenzbureaus« aktiv, und im September 1797 wurde dort die »Cisrhenanische Republik« ausgerufen, verbunden mit einer eher deklamatorischen Aufhebung des Feudalsystems. Führende Köpfe waren der junge Koblenzer Görres, der Bonner Johann Baptist Geich, der Kölner Franz Theodor Biergans und der Mainzer Jakobiner Metternich, alle aus intellektuellem Milieu. Entscheidend für die Cisrhenanen wurde aber nicht ihr mangelnder Rückhalt in der Bevölkerung, sondern Hoches plötzlicher Tod und der Staatsstreich vom 18. Fructidor (4. September 1797), der in Paris die Anhänger einer Annexionspolitik an die Macht brachte. Nach dem Frieden von Campo Formio (17. Oktober 1797) begann Frankreich dann mit der Eingliederung des linken Rheinufers; die Cisrhenanen mussten auf staatliche Eigenständigkeit verzichten, taten dies aber gerne, weil nun der Feudalismus wirklich beseitigt wurde – allerdings auf dem Weg einer Revolution von oben. Sie veränderte das Linksrheinische ganz gewaltig, wobei der napoleonischen Zeit besondere Bedeutung zukommt, weil erst in ihr das realisiert wurde, was 1792 bis 1797 nur proklamiert worden war. Die 1798 vor allem am Niederrhein gegründeten cisrhenanischen »Volksgesellschaften«, denen auch Handwerker und Kleinbürger angehörten, bewirkten nichts Entscheidendes mehr, trugen aber viel zur

Popularisierung der (spät-)revolutionären Ideologie bei; auch zu den »Reunionsadressen«, mit denen Frankreich die Annexion des linken Rheinufers »demokratisch« legitimieren wollte. Dass zwei Drittel dieser Unterschriften aus Rheinhessen und der Pfalz kamen, zeigt das Süd-Nord-Gefälle rheinischer Revolutionsrezeption, das vor allem eine Folge der Mainzer Republik war.

Die Bedeutung des Revolutionskrieges

All das aber hing eng mit dem Revolutionskrieg zusammen: Denn selbst im Linksrheinischen hatte erst die Okkupation der Jahre nach 1792, dann die Reunion von 1798 solch große Veränderungen bewirkt. Entsprechendes gilt im Rechtsrheinischen, dessen tief greifende territoriale (und teilweise auch soziale) Umgestaltung ja eine Folge der Französischen Revolution war. Hier wie am Rhein kam hinzu, dass die meisten Deutschen die Revolution direkt durch die französischen Soldaten kennen- und damit weniger schätzen lernten. Zwar gab es durchaus positive Begegnungen zwischen ›Besatzern« und »Besetzten«, doch wurden in erster Linie nicht die revolutionären Ideen, sondern die Probleme von Krieg und Besetzung durch die Franzosen importiert. Zumal Frankreich seit September 1793 die eroberten Länder als reine Ausbeutungsobjekte betrachtete; der »Plünderwinter« in der Pfalz (1793/94) war das erste Beispiel dieser Kriegsführung, die dem Eroberungsverzicht von 1790 ebenso Hohn sprach wie der französischen Losung »Friede den Hütten, Krieg den Palästen«. Das brachte die Revolution bei den deutschen Bauern und Bürgern letztlich mehr in Verruf als ihre Radikalisierung – eine Diskreditierung, die auch nicht dadurch wettgemacht wurde, dass französische Generäle Übergriffe ahndeten oder sich die österreichischen »Befreier« in Bayern, Franken oder Württemberg wie im Feindesland aufführten. Kriegs- und Besatzungslasten waren auf beiden Seiten hoch, wirkten sich aber – vor allem in Süddeutschland – fast nur für die Franzosen negativ aus, weil sie mit höheren moralischen Ansprüchen in den Revolutionskrieg gezogen waren.

Dieser Krieg hatte 1792 begonnen, ein Jahr, das im Verhältnis Deutschlands zur Revolution mindestens ebenso Epoche machte wie 1789. Denn an die Stelle der theoretischen Debatten um Berechtigung, Form und Ziele der Revolution trat nun die direkte Konfrontation mit ihrer militärischen Expansion, freilich auch mit dem Universalismus ihrer Ideen und den französischen Großmachtinteressen. Dass sich diese in Deutschland durchsetzten, war ganz entscheidend: Denn so bereitete die Revolution jene grundlegende Umgestaltung Deutschlands vor, die Napoleon dann abschloss – selbst darin ein Erbe der Revolution. Gerade der Untergang des Alten Reiches war von ihr erheblich beschleunigt worden, und der Korse hat ihn zu Ende geführt. Wichtig war natürlich auch, dass die Französische Revolution jenen drei politischen Strömungen Gestalt verlieh, die bis in unser Jahrhundert in Deutschland wirksam blieben: Konservativismus, Liberalismus und (radikaler) Demokratismus. Während aber die dritte Strömung das direkte Werk der Revolution war, existierten die beiden anderen in Ansätzen schon vor 1789, gewannen aber in der Auseinandersetzung mit ihr deutliches Profil. Dasselbe vollzog sich mit der Romantik auf literarischem Gebiet. So wurde kein *deutsches* Ereignis, sondern eben die *Französische* Revolution zum Bezugspunkt ideologisch-geistiger Auseinandersetzungen in Deutschland. Zugleich trug sie zur Verschärfung der *sozialen* Gegensätze bei, indem sie die Kritik am Adel erheblich verstärkte (auch die französischen Emigranten förderten durch ihre Arroganz und Ausschweifung eher die antiaristokratischen Gefühle!) und dem deutschen Bürgertum das Beispiel des Französischen Dritten Standes vor Augen führte.

Modernisierung ohne Revolution

Daraus ergab sich für die Fürsten ein Modernisierungsdruck, der zwar erst unter Napoleon voll zum Tragen kam, der aber immer wieder Bezug auf die revolutionären Neuerungen nehmen musste. Dass man in Deutschland um 1800 zu staatlicher Souveränität, Staatsbürgerschaft, Säkularisierung, Gewerbefreiheit und Bauernbefreiung gelangen wollte, beruhte teilweise auf dem Aufgeklärten Absolutismus, war aber auch eine Wirkung der Veränderungen im Westen. Bei dieser deutschen »Revolution von oben« gab es allerdings sehr verschiedene Wege: Während Bayern unter Montgelas das französische Vorbild ziemlich getreu kopierte, entwickelte Preußen mit den Reformen von 1807/10 eine Alternative dazu. Aber auch hier stand die Revolution insofern Pate, als sie die Ziele vorgab, wenn auch in keinem deutschen Staat an der Monarchie gerüttelt wurde. Am intensivsten waren die

Nachwirkungen der Revolution natürlich im Linksrheinischen, das als
Teil des direktorialen, dann napoleonischen Frankreich seit 1798 eine
»Revolution nach der Revolution« mitmachte, die hier vielleicht mehr
veränderte als in Frankreich selbst, das 1789 in vielem moderner gewesen war als die Lande am Rhein.

Diese »Ungleichzeitigkeit« der sozialen und politischen Entwicklung ist eine der Antworten auf die Frage, warum die Französische Revolution in Deutschland viel Aufmerksamkeit, aber keine Nachahmung fand. War doch das deutsche Bürgertum ökonomisch-politisch
viel schwächer als das französische, mehr an die Höfe gebunden und
eher auf *geistige* Emanzipation aus, die Aristokratie als Reichsadel an
der politischen Macht beteiligt, als Landadel weitgehend integriert, die
Feudalität teils durch Reformen überwunden, teils noch nicht so aus-
gehöhlt wie in Frankreich. Auch die territoriale Zersplitterung verhinderte die Bildung einer revolutionären Bewegung auf *nationaler* Ebene, die Reformen des Aufgeklärten Absolutismus nahmen der Kritik
am Ancien Régime viele Angriffsflächen. Die Meinung allerdings, die
Deutschen seien gegen die Revolution völlig »immun« gewesen, wird
durch die häufigen Unruhen und lebhaften politischen Debatten seit
1789 widerlegt. Ebenso wenig darf man aber die Aufstände und Zeugnisse von deutscher Revolutionsbegeisterung oder die Gruppen von
›Jakobinern‹ einfach addieren und so bewerten, als sei Deutschland
nach 1789 einer Revolution nahe gewesen. Nein, die großen Veränderungen, die damals auch hier vor sich gingen, waren nicht Folge einer
Volks-, sondern eher einer ›*Fürsten*revolution‹, die allerdings vom revolutionären Frankreich in Gang gesetzt worden war. Dieser Wandel
kam also von außen, wurde auch nicht auf revolutionäre, sondern *evolutionäre* Weise vollzogen und er beseitigte das Ancien Régime nicht so
ostentativ und weitgehend wie westlich des Rheins.

Im Grunde ist aber die Frage nach dem Ausbleiben einer Revolution falsch gestellt – für Deutschland wie für Europa. Denn sie engt die
Möglichkeiten historischen Wandels zu sehr auf gewaltsame, radikal
systemverändernde Revolutionen ein, oder er fasst die Französische
nur als Höhepunkt einer globalen »Atlantischen« bzw. ›Demokratischen« Revolution auf, der *alle* Unruhen und Umwälzungen um 1789
zuzuordnen wären. Das würde die Eigenständigkeit der gewiss zahlreichen lokalen und regionalen »Revolutionen« zu Ende des 18. Jahrhunderts ignorieren, würde aristokratisch-ständische Revolten mit dem
meist gegenläufigen Aufbegehren bürgerlich-demokratischer Kräfte

gleichsetzen, abgesehen von den Bauernunruhen, die restaurative oder sozial-revolutionäre Komponenten haben konnten. Dass die *Französische* Revolution selbst, zumindest anfangs, so heterogen war, macht ihre Anziehungskraft auf die unterschiedlichsten Strömungen und Menschen erklärlich, und ließ sie vielen als nachahmenswert erscheinen. Doch auch wenn man Irland, Lüttich oder Polen berücksichtigt, gab es nirgendwo eine Frankreich vergleichbare revolutionäre Situation. Im Gegenteil: Obwohl die Französische Revolution Gebildete und Aufrührer faszinierte, war beim Übergang Europas vom Ancien Régime zur modernen, bürgerlichen Gesellschaft, der revolutionäre Weg nicht die Regel, sondern eher die Ausnahme, zumal er vielfach auch auf Widerspruch stieß. Deswegen aber hinsichtlich ihrer Außenwirkung von einem Zeitalter der *Gegen*revolution zu sprechen, ist unangebracht, denn selbst in der Abwehr blieb die Revolution politisch das Maß aller Dinge. Für lange Zeit wurde sie, auch und gerade als Erhebung des »Volkes« zum Bezugspunkt der ideologischen und sozialen Grundsatzdebatten, zum Ausgangspunkt politischer Gruppenbildung, ja, zum Maßstab für künftige Revolutionen. Als politisches Ideal des Kontinents bekam das konstitutionell-liberale England seit 1789/92 eine wirksame revolutionär-demokratische Konkurrenz. Das alles hing sicher mit dem *universalen* und *moralischen* Geltungsanspruch der Leitideen der Französischen Revolution zusammen, auch mit ihrem spektakulären Verlauf, der den einen als Vorbild, den anderen als Schreckbild diente; noch Generationen später wiesen die Progressiven auf die großen Ideale und Fortschritte, die Konservativen auf Leid und Zerstörung, die die Revolution mit sich gebracht habe, hin. Ihre wichtigste Nachwirkung aber bestand darin, dass sie in vielen Ländern, besonders Mitteleuropas, große soziale und politische Veränderungen in Gang setzte, woran ihre militärische Expansion seit 1792 großen Anteil hatte. Wie im Innern, so ging die Revolution auch im Äußeren eine enge Verbindung mit dem (von ihr gründlich veränderten) Krieg ein, der allerdings auch konservative und nationale Widerstände weckte, die ihrerseits z. T. »revolutionierende« Folgen hatten, weil sie oft am französischen Vorbild orientiert waren. Die Französische Revolution fand zwar keine direkte Nachahmung, aber sie hatte überall in Europa erhebliche Nachwirkungen, denen sich im Grunde kein Land entziehen konnte.

Franz Dumont

Chronologie

Paris	Jahr/Monat	Provinz
	1772	
Thronbesteigung Ludwigs XVI.	**1774**	
Reformministerium Turgot (bis 1776).	**1775**	
»Mehlkrieg«: Schwere Teuerungsunruhen in Paris und Umland. Necker Finanzminister (bis 1781).	**April/Mai** **1777**	
	1778	
	1781	
	1783	
	1785	
Vorlage des Reformplans des Finanzministers Calonne (6.8.).	**1786**	
Eröffnung der Notabelnversammlung (22.2.).	**1787** **Februar**	
Entlassung Calonnes – Nachfolger Erzbischof Loménie de Brienne (8.4.).	**April**	
Auflösung der Notabelnversammlung.	**Mai**	

Kultur	Jahr/Monat	Außenbeziehungen
Abschluss der Arbeiten an der *Encyclopédie* (erster Band 1751 erschienen).	1772	
Jean-Paul Marat: *The chains of slavery* (»Die Ketten der Sklaverei«).	1774	
In seinem *Mémoire sur les municipalités* plädiert Turgot für die Einrichtung von nichtständisch organisierten Selbstverwaltungskörperschaften.	1775	
	April/Mai 1777	
Tod Voltaires und Rousseaus.	1778	Kriegseintritt Frankreichs auf der Seite der USA.
In seinem *Compte rendu au roi* (Rechenschaftsbericht für den König) zeichnet Necker ein geschöntes Bild der Finanzlage und legt zum ersten Mal die Höhe der Ausgaben für Hofhaltung und Pensionen offen.	1781	
	1783	Friede von Versailles zwischen Großbritannien und Frankreich.
	1785	Bündnis Frankreichs mit den holländischen Generalstaaten.
Der Marquis de Condorcet veröffentlicht seine *Vie de Turgot* (Lebensbeschreibung Turgots).	1786	Handelsvertrag zwischen Frankreich und Großbritannien.
Der Zusammentritt der Notabelnversammlung und die Konflikte zwischen Regierung und Parlements lösen eine umfangreiche Flugschriftenliteratur aus.	1787 Februar	
	April	
	Mai	

Paris	Jahr/Monat	Provinz
Auseinandersetzung zwischen Regierung und Pariser Parlement wegen der Reformedikte.	**1787 Juli– September**	Spannungen zwischen der Regierung und zahlreichen Provinzparlamenten wegen der Reformedikte Briennes. – In den Provinzen, die über keine Provinzialstände verfügen, werden Provinzialversammlungen eingerichtet.
Eskalation des Konflikts mit dem Parlement (19.11.).	**November**	
	1788	Landesweite Opposition gegen die Politik des »ministeriellen Despotismus«.
Erklärung des Parlement über die »Grundgesetze der Monarchie« (3.5.). – »Staatsstreich« gegen die Parlements (8.5.).	**Mai**	Unruhen in Rennes (Bretagne) bei der zwangsweisen Registrierung der Edikte vom 8. Mai (10.5.).
	Juni	Bei Exilierung des Parlement der Dauphiné werden Truppen von der Bevölkerung mit Dachziegeln attackiert (*Journée des tuiles*) (7.6.). Proparlamentarische Unruhen in Pau (Béarn) (19.6.).
	Juli	In großen Teilen Nord- und Ostfrankreichs wird die Getreideernte durch Wirbelstürme zerstört (13.7.). Versammlung von Vizille (bei Grenoble): Forderung nach Einberufung der Generalstände und Stände der Dauphiné – gleiche Zahl von Sitzen für Adel/Klerus und Dritten Stand und Abstimmung nach Köpfen gefordert (21.7.).
Kapitulation der Regierung vor der »antidespotischen Opposition«: Die Regierung nimmt die Mai-Edikte zurück und beruft die Generalstände für 1789 ein (8.8.) – Entlassung Briennes – Necker wird sein Nachfolger (25.8.).	**August**	

Kultur	Jahr/Monat	Außenbeziehungen
	1787 **Juli–** **September**	Niederwerfung der frankreichfreundlichen holländischen »Patrioten« durch Großbritannien und Preußen – das durch innere Krisen geschwächte Frankreich leistet seinen Verbündeten keine Hilfe.
Toleranzedikt für die Protestanten.	**November**	
	1788	
	Mai	
	Juni	
Faktische Aufhebung der Zensur (5.7.).	**Juli**	
	August	

Paris	Jahr/Monat	Provinz
Pariser Parlement fordert Generalstände nach dem Modus von 1614 – Beginn des »Ständekonflikts« (25.9.).	**1788 September**	
2. Notabelnversammlung: Konservative Opposition gegen die Forderungen des Dritten Standes (6.11.–13.12.) – Verdoppelung der Zahl der Mandate des Dritten Standes (27.12.).	**November** **Dezember**	Verschärfung der wirtschaftlichen Lage durch extrem kalten Winter: Anstieg der Getreidepreise und Depression der gewerblichen Wirtschaft.
	1789 Januar	
		Blutige Zusammenstöße zwischen »Patrioten« und »Aristokraten« in Rennes.
Arbeiterunruhen gegen den »patriotischen« Unternehmer Réveillon, der Löhne gesenkt hatte (28.4.)	**April**	Teuerungsunruhen und Verweigerungen von Feudalabgaben und Steuern in weiten Teilen des Landes – Wahlen zu den Generalständen – Spannungen zwischen »Aristokraten« und »Patrioten« u. a. in der Provence, Bourgogne, Bretagne.
Zusammentritt der Generalstände (5.5.)	**Mai**	
Dritter Stand erklärt sich zur Nationalversammlung (17.6.) – Ballhausschwur (20.6.) – Dem König gelingt es nicht, durch Vorlage eines gemäßigten Reformprogramms die Initiative zurückzugewinnen (23.6.).	**Juni**	

Kultur	Jahr/Monat	Außenbeziehungen
	1788	
	September	
Flugschriftenkampagne für die Rechte des Dritten Standes in den Generalständen: u. a. Jean-Paul Rabaut Saint-Étienne: *Considérations sur les droits et sur les devoirs au tiers-était* (»Betrachtungen über die Rechte und Pflichten des Dritten Standes«) und Emmanuel Sieyès: *Qu'est-ce que le Tiers État?* (»Was ist der Dritte Stand?«; Januar 1789). Posthume Veröffentlichung der schon 1758 verfassten *Des droits et devoirs du citoyen* (»Von den Rechten und Pflichten des Bürgers«) des Abbé de Mably.	**November** **Dezember** **1789** **Januar** **April**	
	Mai	
	Juni	

Paris	Jahr/Monat	Provinz
Die Regierung zieht um Paris ca. 30 000 Soldaten zusammen (6.7.) – Entlassung Neckers und Berufung eines reaktionären Ministeriums (11.7.) – Verstärkung der Unruhen in Paris – Bildung einer Bürgergarde (12.7.) – Bastillesturm (14.7.) – Ermordung des Intendanten von Paris Berthier und des Vorstehers der Kaufmannschaft Foulon (22.7.).	**1789** **Juli**	Bauernunruhen und Schlössersturm in der Franche-Comté (19.–30.7.). Bauernaufstände gegen Grundherren im Dauphiné (26.7.–3.8.). Die »große Furcht« *(La Grande Peur)* – Munizipalrevolution.
»Opfernacht der Privilegierten«: Abschaffung des Feudalsystems und der Privilegien (4./5.8.) – Die Nationalversammlung verabschiedet die Erklärung der Menschen- und Bürgerrechte (26.8.).	**August**	
	September	
»Zug der Marktweiber nach Versailles«: ›Heimholung‹ des Königs nach Paris durch Marktfrauen und Nationalgardisten (5./6.10.) – Beginn der Geheimkontakte Mirabeaus mit dem Hof (15.10.).	**Oktober**	
Verstaatlichung der Kirchengüter (2.11.)	**November**	
	1790 **Januar–** **Februar**	Bauernunruhen gegen Grundherren in den Departements Ille-et-Vilaine, Morbihan, Lot, Aveyron, Tarn etc.

Kultur	Jahr/Monat	Außenbeziehungen
Erste Nummer der *Révolutions de Paris*, der wichtigsten prorevolutionären Zeitung in den Anfangsjahren der Revolution (12./17.7.). Erste Aufführung von Marie-Joseph Chéniers antidespotischer Tragödie *Charles IX* (19.7.).	**1789** **Juli**	Aufstand der Belgier gegen die österreichische Herrschaft. Emigration des Comte d'Artois, des jüngsten Bruders des französischen Königs (17.7.).
	August	
Jean-Paul Marats *L'Ami du peuple* (»Der Volksfreund«) erscheint zum ersten Mal (12.9.).	**September**	
	Oktober	
Der Verleger Panckoucke bringt die erste Nummer der *Gazette nationale ou moniteur universel* heraus (24.11.). – Beginn der Föderationsfeste in der Provinz (Ausgangspunkt Dauphiné).	**November**	
Verbot der monastischen Gelübde und der Orden, die nicht im Erziehungs- oder Gesundheitswesen tätig sind – Aufhebung der Klöster (13.2.).	**1790** **Februar**	

Paris	Jahr/Monat	Provinz
Veröffentlichung des *Livre-rouge* (Verzeichnis der von Ludwig XVI. gezahlten Pensionen) (1.4.) – Gründung des auch für »Passivbürger« offenen Cordeliers-Clubs (27.4.).	**1790** **April**	
Gesetz über die Modalitäten des Verkaufs der Nationalgüter (14.5.)	**Mai**	Verweigerung der Zahlung von grundherrlichen Abgaben und des Zehnten in den Departements Lot, Nièvre, Yonne, Aisne, Seine-et-Marne und Loire.
	Juni	»Bagarre de Nîmes«: Blutige Zusammenstöße zwischen protestantischen Anhängern und katholischen Gegnern der Revolution in Nîmes (Dep. Gard) (13.–18.6.).
Zivilkonstitution des Klerus (12.7.) – Abschaffung der Adelstitel (19.7.).	**Juli**	
Abschaffung der alten obersten Gerichtshöfe (Parlements) (6.9.).	**August** **September**	Niederwerfung der Meuterei der Garnison von Nancy durch Regierungstruppen (31.8.). – Im Departement Lot belagern Bauern die Schlösser von Adligen.
Aufhebung der Binnenzölle (31.10.).	**Oktober**	
Verfassungseid des Klerus beschlossen (27.11.).	**November**	
	Dezember	Bewaffnete Bauernerhebung gegen das Fortbestehen von grundherrlichen Abgaben in den Departements Lot und Tarn-et-Garonne (bis Januar 1791).

Kultur	Jahr/Monat 1790 April	Außenbeziehungen
Höhepunkte der Föderations-feste in der Provinz.	**Mai**	Die Nationalversammlung verspricht, dass Frankreich in Zukunft auf das Führen von Eroberungskriegen verzichten werde (22.5.).
Erste Nummer des *Ami du Roi* (»Königsfreund«), der wichtigsten royalistischen Zeitung (1.6.).	**Juni**	
Zivilkonstitution des Klerus (12.7.). – Föderationsfest in Paris (14.7.).	**Juli**	
	August	
Erste Nummer des *Feuille Villageoise* (»Dorfzeitung«), das vor allem die Landbevöl-kerung für die revolutionären Ideen gewinnen soll (29.9.).	**September**	
Ersetzung des Lilienbanners durch die Trikolore (21.10.).	**Oktober**	
Veröffentlichung der *Reflec-tions on the Revolution in France* des englischen Pub-lizisten Edmund Burke, die zur »Bibel« der europäischen Ge-genrevolution werden (1.11.). – Verfassungseid des Klerus beschlossen (27.11.). – Erste Nummer von J. R. Héberts Zeitung *Le Père Duchesne.*	**November**	Niederwerfung der Revolu-tion in den österreichischen Niederlanden.
	Dezember	

Paris	Jahr/Monat	Provinz
	1791	Zerschlagung einer von Turin
	Januar	aus gesteuerten royalistischen
	Februar	Verschwörung mit Zentrum
		in Lyon. Schwere Bauernun-
		ruhen in den Departements
		Côtes-du-Nord, Ille-et-Vilaine
		und Morbihan – Massen-
		versammlung royalistischer
		Bauern und Nationalgardisten
		in der Ebene von Jalès (Dep.
		Ardèche).
Aufhebung der Zünfte (2.3.).	**März**	
Beschränkung der Mitglied- schaft in der Nationalgarde auf »Aktivbürger« (28.4.).	**April**	
Die Nationalversammlung beschließt die Aufstellung von Freiwilligenverbänden zur Verstärkung der regulären Armee (11./13.6.). – Zusam- menschlüsse von Arbeitern und Streiks verboten *(Loi Le Chapelier)* (14.6.) – Flucht Ludwigs XVI. aus Paris. Er wird in Varennes (Champagne) festgehalten, nach Paris zurückgebracht und von seinen Funktionen suspendiert (20./21.6.).	**Juni**	Unter dem Eindruck der Flucht Ludwigs XVI. kommt es zu zahlreichen Bauernun- ruhen, bei denen Schlösser zerstört werden: u. a. in den Departements Mayenne, Rhône, Tarn, Côte-d'Or, Hérault.
Wiedereinsetzung des Königs in seine Funktionen (15.7.) – Spaltung des Jakobinerclubs: Die gemäßigten Abgeordneten gründen den Club der Feuil- lants (16.7.). – »Massaker auf dem Marsfeld«: Blutige Auflö- sung einer antimonarchischen Demonstration durch die Nationalgarde (17.7.).	**Juli**	Verweigerung der Zahlung des Champart und des Zehnten in weiten Teilen Frankreichs.

Kultur	Jahr/Monat	Außenbeziehungen
	1791	Der Prinz von Condé beginnt
	Januar	in Worms mit dem Aufbau
	Februar	einer Emigrantenarmee
		(23.2.).
	März	Verdammung der Zivilkonstitution des Klerus durch Papst Pius VI. (Breve *Quot Aliquantum*) (10.3.).
Pantheonisierung Mirabeaus (5.4.) – Der *Logographe,* das Sprachrohr der konstitutionellen Monarchisten (Feuillants), erscheint zum ersten Mal (bis 18.8.1792) (27.4.).	**April**	
	Juni	
Feierliche Überführung der sterblichen Überreste Voltaires ins Pantheon (11.7.)	**Juli**	Emigration des Comte de Provence – Koblenz wird zum Zentrum der französischen Emigration.

Paris	Jahr/Monat	Provinz
Wahl der 745 Abgeordneten der Legislative nach indirektem Zensuswahlrecht – Aufruf der Nationalversammlung an die Emigranten zurückzukehren (17.8.).	**1791** **August**	Beginn des großen Sklavenaufstands in der Nordprovinz von Saint-Domingue (Haiti) (21.8.) – Bürgerkrieg zwischen Weißen und freien Farbigen (Mulatten) im Westen und Süden der Kolonie.
Verabschiedung der Verfassung (3.9.) – Ludwig XVI. leistet den Eid auf die Verfassung (14.9.) – Die Juden erhalten die bürgerliche Gleichberechtigung (27.9.).	**September**	Anschluss des bisher päpstlichen Avignon an Frankreich nach Volksabstimmung und bürgerkriegsähnlichen Auseinandersetzungen (12.9.).
	September	
Zusammentritt der Gesetzgebenden Nationalversammlung (Législative) (1.10.).	**Oktober**	Massaker im Gefängnis La Glacière in Avignon: Hinrichtung der gemäßigten Gegner der radikalen prorevolutionären Annexionisten (16.10.)
Den Emigranten wird die Konfiskation ihres Besitzes angedroht, falls sie ihre Truppenansammlungen nicht auflösen (9.11.) – Beginn der Kampagne der Girondisten für einen Krieg gegen Österreich.	**November** **Dezember**	
Unruhen wegen der Verknappung von Tee und Zucker wegen des Sklavenaufstands in Haiti (29.1.). Beschlagnahme der Besitzungen der Emigranten (9.2.). Die Girondisten Roland und Clavière werden zum Innen- und Finanzminister berufen (23.3.).	**1792** **Januar** **Februar** **März**	Teuerungsunruhen in weiten Teilen Nordfrankreichs. Bewaffnete Übergriffe von Anhängern der Revolution gegen eidverweigernde Priester in zahlreichen Departements – Schwere Bauernunruhen im Departement Gard mit der Zerstörung und Plünderung von Schlössern und Angriffen gegen Geldverleiher, Anwälte und »Gegenrevolutionäre«.

Kultur	Jahr/Monat	Außenbeziehungen
	1791	Deklaration von Pillnitz:
	August	Kaiser Leopold II. und König Friedrich Wilhelm II. von Preußen erklären das Schicksal Ludwigs XVI. zu einer europäischen Frage, lehnen aber die von den Emigranten geforderte sofortige militärische Intervention ab (27.8.).
Olympe de Gouges publiziert die *Déclaration des droits de la femme et de la citoyenne* (»Erklärung der Rechte der Frau und Bürgerin«) – Collot d'Herbois veröffentlicht den *Almanach du Père Gérard,* den populärsten Volksalmanach der 90er Jahre.	**September**	*Lettre des Princes:* Scharfe Kampfansage der emigrierten Prinzen an die Revolution (6.9.).
Die Nationalversammlung beschließt, einheitliches Zivilrecht auszuarbeiten (2.9.) – Die Juden erhalten bürgerliche Gleichberechtigung (27.9.)	**September**	
	Oktober	
	November	
	Dezember	Verschärfung der Spannungen zwischen Frankreich und dem Kaiser.
Der englische Agronom Arthur Young publiziert seine *Travels, during the years 1787, 1788, and 1789 … in the kingdom of France,* die beste zeitgenössische Zustandsbeschreibung des vorrevolutionären Frankreich.	**1792**	
	Februar	Bündnis zwischen Preußen und Österreich (6.2.).
	März	

Paris	Jahr/Monat	Provinz
Die freien Mulatten in den Kolonien erhalten die politische Gleichberechtigung (4.4.).	**1792** **April**	Sturz der Herrschaft der gegenrevolutionären »Chiffonisten« in Arles durch Nationalgardisten aus Marseille und Aix-en-Provence.
	Mai	
Die girondistischen Minister werden von Ludwig XVI. entlassen: Offener Ausbruch der Verfassungskrise (13.6.). Demonstration der Sansculotten in den Tuilerien gegen Ludwig XVI. (20.6.)	**Juni**	
Die Nationalversammlung erklärt das Vaterland in Gefahr (11.7.).	**Juli**	Zerschlagung der gegenrevolutionären Verschwörung des Comte de Saillans im Departement Ardèche – Internierung von eidverweigernden Priestern durch die Departementverwaltungen in weiten Teilen Westfrankreichs.
47 der 48 Sektionen fordern die Absetzung des Königs (3.8.) – Tuileriensturm (10.8.) – Internierung der königlichen Familie im Temple (13.8.). – Aufteilung der Gemeindegüter und Verkauf der Besitzungen der Emigranten beschlossen (14.8.) – Entschädigungslose Abschaffung der Feudalrechte, für die keine Rechtstitel vorgelegt werden können (25.8.).	**August**	Eine royalistische Bauernerhebung im Departement Deux-Sèvres wird von Nationalgardisten blutig niedergeschlagen.
Septembermassaker (2.–5.9.) Wahlen zum Nationalkonvent nach allgemeinem Wahlrecht (mit hoher Wahlenthaltung) (3.–15.9.). – Der Konvent schafft das Königtum ab (21.9.).	**September**	

Kultur	Jahr/Monat	Außenbeziehungen
Fest anlässlich der Amnestie für die nach der Meuterei von Nancy verurteilten Soldaten von Châteauvieux (15.4.) Erste Verwendung der Guillotine bei einer Hinrichtung (25.4.) Die Nationalversammlung beschließt, eidverweigernde Priester aus ihren Gemeinden zu deportieren (27.5.).	**1792 April**	Die französische Nationalversammlung erklärt Österreich den Krieg (20.4.).
	Mai	
	Juni	Beginn des russischen Einmarsches in Polen (19.6.).
Beschluss, »Altäre des Vaterlandes« aufzustellen (6.7.).	**Juli**	Manifest des Herzogs von Braunschweig: Drohungen gegen die Revolutionäre und die Pariser Bevölkerung für den Fall von Übergriffen gegen die königliche Familie (25.7.).
Entfernung der Statuen der französischen Könige beschlossen (11.8.) – Im Auftrag des Bürgermeisters von Straßburg, Dietrich, verfasst Rouget de Lisle die *Marseillaise* (eigentlich: *Chant de guerre de l'armée du Rhin*) (25./26.8.) – Beginn der Aufstellung von Brutus-Büsten in öffentlichen Gebäuden und Volksgesellschaften (27.8.).	**August**	Eroberung Longwys durch die alliierten Invasionstruppen (23.8.).
Einführung der Ehescheidung (21.9.).	**September**	Kapitulation Verduns (2.9.). Kanonade von Valmy (20.9.).

Paris	Jahr/Monat	Provinz
	1792 **Oktober**	
	November	
Vor dem Konvent beginnt der Prozess gegen Ludwig XVI. (11.12.).	**Dezember**	Teuerungsunruhen und gewaltsame Festsetzung von Höchstpreisen *(Taxation populaire)* in weiten Teilen Nordfrankreichs.
Abstimmung über das Schicksal Ludwigs XVI.: Todesurteil (14.–17.1.) – Guillotinierung Ludwigs XVI. auf dem Revolutionsplatz (21.1.).	**1793** **Januar**	Zerschlagung der gegenrevolutionären Verschwörung des Marquis de la Rouerie in der Bretagne.
Beschluss, 30 000 zusätzliche Soldaten auszuheben (24.2.)	**Februar**	
Einrichtung des Revolutionstribunals (10.3.) – Todesstrafe für alle gegenrevolutionären Aufrührer, die bewaffnet festgenommen werden (19.3.) – Einrichtung von Überwachungsausschüssen (21.3.)	**März**	Beginn der gegenrevolutionären Bauernaufstände in der Bretagne und in der Vendée (10./11.3.) – Der Sieg der Vendeer über die Regierungstruppen bei Pont-Charrault ermöglicht die Konsolidierung der royalistischen Erhebung südlich der Loire (19.3.).

Kultur	Jahr/Monat	Außenbeziehungen
	1792 **Oktober**	Eroberung von Speyer, Worms, Mainz und Frankfurt durch die Franzosen – Gründung des Mainzer Jakobinerclubs (23.10.).
	November	Sieg der Franzosen über die Österreicher bei Jemappes – Eroberung der österreichischen Niederlande durch die Franzosen (6.11.) – Der Konvent verspricht allen Völkern, die ihre Freiheit wiedererlangen wollen, brüderliche Hilfe (19.11.) – Anschluss Savoyens an Frankreich (27.11.).
	Dezember	Der Konvent beschließt, in den besetzten Gebieten die revolutionäre Gesetzgebung einzuführen (15.12.).
	1793 **Januar**	Manifest von Hamm (Westfalen): Der Comte de Provence erklärt sich zum Regenten für den unmündigen »Ludwig XVII.« und stellt die Wiederherstellung der »alten Verfassung« Frankreichs in Aussicht (28.1.) – Anschluss Nizzas an Frankreich (31.1.).
	Februar	Kriegserklärung des Konvents an Großbritannien und Holland (1.2.) – Verhandlungen zwischen der britischen Regierung und Abgesandten der französischen Pflanzer auf Saint-Domingue (Haiti) bereiten die englische Inbesitznahme dieser Kolonie vor.
	März	Niederlage General Dumouriez' bei Neerwinden – Österreicher erobern Niederlande zurück (18.3.) – Der Rheinisch-Deutsche Nationalkonvent in Mainz optiert für den Anschluss der von Frankreich »befreiten« deutschen Gebiete an die französische Republik (21.3.).

Paris	Jahr/Monat	Provinz
Einsetzung des Wohlfahrts-ausschusses (5.4.)	**1793** **April**	

Höchstpreise (Maximum) für Getreide (4.5.)	**Mai**	Machtübernahme der antija-kobinischen »Föderalisten« in Lyon (29.5.).
Bewaffnete Demonstrationen der Sansculotten erzwingen den Ausschluss der girondisti-schen Abgeordneten aus dem Konvent (31.5./2.6.) – Schlie-ßung der Börse (27.6.).	**Juni**	Protestbewegung gegen die Machtergreifung der Jakobi-ner in Paris in weiten Teilen Frankreichs (»Föderalistische Revolte«) – Der Angriff der Vendée-Armee auf Nantes schlägt fehl (29.6.).
Charlotte Corday ermordet Marat – Volksabstimmung über die am 24.6. verabschiede-te neue Verfassung (14.7.–4.8.) – Endgültige Abschaffung der Feudalabgaben ohne Entschä-digung (17.7.) – Todesstrafe für Schieber und Schwarzhänd-ler (26.7.) – Robespierre wird Mitglied des Wohlfahrtsaus-schusses (27.7.).	**Juli**	Machtübernahme der »Föderalisten« in Toulon (12.–21.7.).
Levée en masse (23.8.).	**August**	Der Konvent beschließt den systematischen Vernichtungs-krieg gegen die Vendée (1.8.) – Truppen des Konvents be-ginnen Belagerung Lyons (8.8.) – Niederwerfung der »föderalis-tischen« Erhebung in Marseille durch Regierungstruppen (25.8.) – Die »Föderalisten« von Toulon übergeben Stadt und Hafen an die englische und spanische Flotte (27.8.).
Sansculotten erzwingen Radikalisierung der Revolu-tion (4./5.9.) – Gesetz über die »Verdächtigen« (17.9.) – Maximum für Preise und Löhne (29.9.).	**September**	Beginn der militärischen Intervention des mit den fran-zösischen Plantagenbesitzern verbündeten Englands auf Saint-Domingue (19.9.)

Kultur	Jahr/Monat	Außenbeziehungen
Das Tragen der revolutionären Kokarde wird für alle Franzosen Pflicht (3.4.).	**1793 April**	Flucht von Dumouriez, der vergeblich versucht hatte, seine Truppen für einen Putsch gegen die revolutionäre Regierung zu gewinnen, zu den Österreichern (4.4.).
Gründung des »feministischen« Clubs *Société des Citoyennes républicaines révolutionnaires* (10.5.).	**Mai**	
	Juni	
Einrichtung eines *Musée national* im Louvre beschlossen (27.7.). Jacques Mallet du Pan: *Considération sur La Révolution de France* ... (London – Brüssel), eine Kritik der Revolution aus der Sicht eines gemäßigten Gegenrevolutionärs.	**Juli**	Rückeroberung von Mainz durch preußische Truppen (23.7.).
Einführung des metrischen Systems (1.8.) – Fest der Einheit und Unteilbarkeit der Republik (1.8.)	**August**	
	September	Schlacht von Hondschoote: Aufgabe der Belagerung Dünkirchens durch die Engländer (6.9.).

Paris	Jahr/Monat	Provinz
Der Konvent erklärt, dass »die Regierung bis zum Frieden revolutionär« sein wird (10.10.) – Hinrichtung Marie-Antoinettes (16.10.) – Hinrichtung der Girondisten (30.10.).	**1793 Oktober**	Rückeroberung Lyons durch Regierungstruppen – terroristische Repression gegen die Anhänger des »föderalistischen« Aufstands (9.10.) – Entscheidende Niederlage der Aufständischen der Vendée bei Cholet (17.10.).
	November	Scheitern des Angriffs der Vendée-Armee auf die normannische Hafenstadt Granville (13.11.).
Zentralisierung der Revolutionsregierung durch Gesetz vom 14. Frimaire (4.12.).	**Dezember**	Engländer und Spanier räumen Toulon (19.12.). – Die republikanischen Truppen vernichten die Reste der Vendée-Armee bei Savenay – Ende des »großen Krieges« in der Vendée.
	1794 Januar	»Pazifizierung« der Vendée durch die *colonnes infernales* des Generals Turreau (bis Mai) – Besetzung Korsikas durch die englischen Truppen, die von den von Pasquale Paoli geführten korsischen Separatisten unterstützt werden (bis August).
Abschaffung der Sklaverei (4.2.).	**Februar**	
Hinrichtung der »Hebertisten« (24.3.) – Beschlagnahme des Besitzes der »Verdächtigen« zum Zweck der Entschädigung bedürftiger »Patrioten« (Ventôse-Dekrete) (26.2./3.3.).	**März**	
Hinrichtung der »Dantonisten« (5.4.).	**April**	

Kultur	Jahr/Monat	Außenbeziehungen
Billigung des von Fabre d'Eglantine entworfenen revolutionären Kalenders durch den Konvent (5.10.) – J.-L. David präsentiert dem Konvent sein Gemälde »Der Tod Marats« (14.10.) – Beginn der »Dechristianisierung« (bis April 1794).	**1793** **Oktober**	Französischer Sieg über die Österreicher bei Wattignies (Nordfrankreich) (16.10.).
Gleichberechtigung von unehelichen Kindern beschlossen (2.11.) – Fest der Vernunft in Notre Dame (10.11.) – Rede Robespierres gegen die Dechristianisierungsbewegung (21.11.).	**November**	
Erste Nummer von Camille Desmoulins' die radikalen Revolutionäre bekämpfenden Zeitung *Vieux Cordelier* (5.12.) – Einführung der allgemeinen Schulpflicht (25.12.).	**Dezember**	
L. A. L. Samt-Just: *Fragments des institutions républicaines,* das »Testament« der jakobinischen Revolution (erst 1800 veröff.). Die französische Sprache wird für alle öffentlichen und notariellen Akte obligatorisch.	**1794** **Januar**	
	Februar	
	März	Beginn des polnischen Aufstands gegen die russischen Besatzer (23.3.).
Überführung der sterblichen Überreste Rousseaus ins Pantheon (14.4.)	**April**	

Paris	Jahr/Monat	Provinz
Hinrichtung von 27 ehemaligen Steuerpächtern (8.5.).	**1794** **Mai**	
Verschärfung des Terrors durch das Gesetz vom 22. Prairial (Beginn der *Grande Terreur*) (10.6.).	**Juni**	
Sturz Robespierres (9. Thermidor) (27.7.).	**Juli**	
Freilassung zahlreicher politischer Gefangener (5.8.)	**August**	
	September	
	Oktober	
Schließung des Jakobinerclubs (19.11.).	**November**	
Rückkehr von 73 überlebenden Girondisten in den Konvent (8.12.) – Abschaffung des Maximums und Rückkehr zum Wirtschaftsliberalismus (24.12.).	**Dezember**	
	1795	
	Februar	Friedensvertrag von La Jaunaye zwischen den Vendeern und dem Konvent (17.2.).
	März	

Kultur	Jahr/Monat	Außenbeziehungen
Programmatische Rede Robespierres über den Zusammenhang zwischen den religiösen und moralischen Ideen und den republikanischen Prinzipien (7.5.)	**1794** **Mai**	
Fest des Höchsten Wesens (8.6.)	**Juni**	Niederlage der Österreicher in der Schlacht von Fleurus: Eroberung der österreichischen Niederlande durch die Franzosen (26.6.)
	Juli	
	August	
Erster Einsatz des von Chappe entwickelten visuellen Telegraphen (1.9.)	**September**	
Gründung der École normale supérieure (30.10.)	**Oktober**	
	November	Eroberung Hollands durch französische Truppen – Gründung der Batavischen Republik.
	Dezember	
Posthume Veröffentlichung von Condorcets *Esquisse d'un tableau historique des progrès de l'esprit humain* (»Skizze eines historischen Überblicks über den Fortschritt des menschlichen Geistes«).	**1795**	
Der Konvent beschließt die Freiheit der Religionsausübung und die Trennung von Staat und Kirche (21.2.)	**Februar**	Friedensschluss zwischen Frankreich und dem Großherzogtum Toskana (13.2.)
Gründung von écoles centrales in den Departements beschlossen. Gründung der École des langues orientales (30.3.).	**März**	

Paris	Jahr/Monat	Provinz
Germinal-Aufstand der Pariser Sansculotten (»Brot und die Verfassung von 1793«) (1.4.).	**1795** **April**	Der Friede von La Mabilais zwischen den bretonischen Chouans und der Republik führt zu einer oberflächlichen Beruhigung der royalistischen Aufstandsgebiete in Westfrankreich (20.4.).
Scheitern der letzten *journée* der Pariser Sansculotten (Prairialaufstand) – Entwaffnung der aufständischen Vorstädte durch Armee (20.–23.5.) – Abschaffung des Revolutionstribunals (31.5.).	**Mai**	»Weißer Terror« gegen jakobinische Aktivisten in Südfrankreich (Rhônetal, Provence, Languedoc).
Tod des im Temple gefangengehaltenen »Ludwigs XVII.« (8.6.).	**Juni**	Landung eines von England unterstützten Expeditionskorps aus Emigranten bei der Halbinsel Quiberon (Südbretagne) – Wiederaufflammen der Chouannerie (27.6.).
Beginn der Verfassungsdebatte (4.7.).	**Juli**	Rückeroberung der Halbinsel Quiberon durch Regierungstruppen – Hinrichtung zahlreicher Emigranten (21.7.).
Beginn des Referendums über die Verfassung von 1795 (Ergebnis: 914 835 Ja-, 41 832 Neinstimmen) (6.9.).	**September**	
Napoleon Bonaparte wirft den Aufstand der gemäßigten und royalistischen Sektionen gegen die »Thermidorianer« nieder (Vendémiaire-Aufstand) (5.10.).	**Oktober**	
	November	

1796

Kultur	Jahr/Monat	Außenbeziehungen
	1795	Friede von Basel zwischen
	April	Frankreich und Preußen (5.4.).
	Mai	Friede von Den Haag zwischen Frankreich und der Batavischen Republik (16.5.)
	Juni	Deklaration von Verona: Der Comte de Provence erklärt sich zum französischen König (Ludwig XVIII.) und verspricht die weitgehende Wiederherstellung des Ancien Régime und die Bestrafung der »Königsmörder« (24.6.).
Gründung des *Collège de France* (13.7.).	**Juli**	Spanien schließt in Basel mit Frankreich Frieden (22.7.)
Gründung der *École Polytechnique* für die Ingenieursausbildung (1.9.).	**September**	
Die *Place de la Révolution* erhält den Namen *Place de la Concorde* (»Platz der Eintracht«) (26.10.).	**Oktober**	Anschluss der österreichischen Niederlande (Belgien) an Frankreich (1.10.).
In der 35. Nummer von Babeufs *Tribun du peuple* (»Volkstribun«) erscheint das *Manifeste des plébéiens* (»Manifest der Plebejer«), die Programmschrift der Babouvisten (30.11.).	**November**	
Joseph de Maistre: *Considérations sur la France,* ein Plädoyer für die Restauration eines theokratischen Absolutismus.	**1796**	

Paris	Jahr/Monat	Provinz
	1796	Zerschlagung der royalistischen
	Februar	Aufstände in der Vendée und
		der Bretagne (bis Juni).
Ersetzung der Assignaten	**März**	
durch die Territorialmandate		
– Währungsstabilisierung		
misslingt (18.3.).		
	April	
Festnahme von Gracchus	**Mai**	Waffenstillstand zwischen
Babeuf und seiner Anhänger	**Juni**	Chouans und der Republik:
(8.5.).		Zeitweilige »Befriedung« der
		Aufstandsgebiete in West-
		frankreich.
	Juli	
	Oktober	
	Dezember	
	1797	
	Januar	
Ende der Papierwährung	**Februar**	
– Rückkehr zum Hartgeld		
(4.2.).		
Wahlsieg der gegenrevolu-	**März**	
tionären und konservativen		
Kräfte.		
	April	

Kultur	Jahr/Monat	Außenbeziehungen
Entfernung der sterblichen Überreste Marats aus dem Pantheon (8.2.).	**1796 Februar**	
	März	Ernennung Napoleon Bonapartes zum Oberbefehlshaber der Italienarmee (2.3.).
Erste Sitzung des *Institut national des sciences et des arts* (4.4.).	**April**	Sardinien-Piemont scheidet aus dem Krieg gegen Frankreich aus (28.4.).
	Mai Juni	
	Juli	Gründung der Cisalpinischen Republik in Mailand (9.7.).
Veröffentlichung von Edmund Burkes *Letters on a Regicide Peace,* (»Briefe über einen Frieden mit Königsmördern«), in denen Burke die Möglichkeit einer Koexistenz zwischen revolutionärem Frankreich und dem alten Europa bestreitet.	**Oktober**	Räumung Korsikas durch die Engländer (21.10.).
	Dezember	Ein französischer Landungsversuch in Irland scheitert an den Witterungsverhältnissen (16.–28.12.).
Inaugurierung der Theophilanthropie, einer spätaufklärerischen Vernunftreligion, die ohne große Wirkung bleibt (9.1.).	**1797 Januar**	
	Februar	Endgültiges Scheitern der österreichischen Gegenoffensiven in Italien (Kapitulation Mantuas) (2.2.).
	März	
	April	Waffenstillstand zwischen Frankreich und Österreich (7.4.).

Paris	Jahr/Monat	Provinz
	1797	
	Juli	
Staatsstreich des »Triumvirats« (die Direktoren Barras, Reubell und La Révellière) gegen die konservativ-royalistische Mehrheit des Parlaments (Putsch vom 18. Fructidor) (4.9.).	**September**	
	Oktober	
	1798	
	Februar	
	März	
Wahlsieg der neojakobinischen Opposition.	**April**	
Staatsstreich des Direktoriums gegen das Parlament, das von jakobinischen Abgeordneten »gesäubert« wird (Staatsstreich vom 22. Floréal) (11.5.)	**Mai**	
	Juli	
	August	
Einführung der allgemeinen Wehrpflicht *(Loi Jourdan)* (5.9.).	**September**	

Kultur	Jahr/Monat	Außenbeziehungen
	1797	Ergebnislose Friedensver-
	Juli	handlungen zwischen Groß-
		britannien und Frankreich
		in Lille.
	September	
	Oktober	Friede von Campo Formio
		zwischen Frankreich und
		Österreich: Österreich
		verzichtet auf Belgien und
		die Lombardei und erhält
		als Kompensation Teile der
		Republik Venedig (17.10.)
Veröffentlichung der *Me-*	**1798**	Besetzung Roms durch fran-
moires pour servir à l'histoire	**Februar**	zösische Truppen (5.2.).
du jacobisme des Abbé		
Barruel, eines »Klassikers«		
der gegenrevolutionären		
Verschwörungstheorie.		
	März	Besetzung der Schweizer
		Kantone durch Frankreich
		– Gründung der Helvetischen
		Republik.
	April	
	Mai	Anschluss der Republik Genf
		an Frankreich (17.5.) – Be-
		ginn der Ägypten-Expedition
		Napoleon Bonapartes (19.5.).
	Juli	Besetzung Kairos durch die
		Franzosen (22.7.).
	August	Zerstörung der französischen
		Flotte in der Bucht von Abou-
		kir durch Nelson (1.8.).
	September	Scheitern eines französischen
		Invasionsversuchs in Irland.

Paris	Jahr/Monat	Provinz
	1798 **Oktober**	
	1799	
Wahlsieg der Neojakobiner.	**März**	
	Mai	
Staatsstreich des Parlaments gegen die Exekutive – drei Direktoren zum Ausscheiden gezwungen (18.6.) – Zwangs-anleihe auf die Vermögen der Reichen beschlossen (28.6.).	**Juni**	
Gesetz über die Arretierung von Geiseln im Falle gegenre-volutionärer Unruhen (12.7.).	**Juli**	
	August	Eine royalistische Erhe-bung in Südwestfrankreich (Raum Toulouse) wird von Regierungstruppen blutig unterdrückt.
	September	
Rückkehr Bonapartes aus Ägypten (9.10.).	**Oktober**	Wiederaufflammen der Chou-annerie in der Vendée und der Bretagne.
Staatsstreich Napoleon Bona-partes (18./19. Brumaire Jahr VII) (9./10.11.) – Wahl dreier Konsuln (Bonaparte, Sieyès, Lebrun) durch die – »ge-säuberte« – Gesetzgebende Körperschaft (10.11.).	**November**	
Verkündigung der Konsu-latsverfassung – Bonaparte Erster Konsul und faktischer Alleinherrscher (15.12.).	**Dezember**	
	1800 **Januar**	Friede von Montfaucon zwischen Chouans und Bonaparte: Ende der »Zweiten Chouannerie« (18.1.).

Kultur	Jahr/Monat	Außenbeziehungen
Nationale Industrieaus-stellung auf dem Marsfeld (15.10.).	**1798** **Oktober**	
	1799 **März**	Ausbruch des Zweiten Koaliti-onskrieges – Umwandlung des Königreichs Neapel in die Par-thenopäische Republik (25.3.).
	Mai	Scheitern der Offensive Napo-leons in Syrien.
	Juni	
	Juli	
	August	Niederlage der Franzosen in der Schlacht von Novi: Verlust Italiens (15.8.). Landung eines britisch-rus-sischen Expeditionskorps in Holland (27.8.)
	September	Schlacht von Zürich: Schei-tern der russischen Offensive in der Schweiz (25.–27.9.).
	Oktober	Rückzug der Briten aus Holland (18.10.).
	November	
	Dezember	
	1800 **Januar**	

Paris	Jahr/Monat	Provinz
	1800	
	Juni	
	1801	
	Februar	
	März	
	Juli	Unterzeichnung des Konkordats zwischen Frankreich und dem Heiligen Stuhl (15.7.).

Kultur	Jahr/Monat	Außenbeziehungen
	1800	Wiederherstellung der
	Juni	französischen Vormachtstellung in Italien durch Sieg von Marengo (14.6.).
	1801	Friede von Lunéville zwischen
	Februar	Frankreich und Österreich (9.2.).
	März	Friede von Amiens zwischen Frankreich und Großbritannien (25.3.).
	Juli	

LITERATURVERZEICHNIS

Ursprünge und Ursachen

COBAN, Alfred: The Social Interpretation of the French Revolution, Cambridge 1964.

DOTLE, William: Origins of the French Revolution, Oxford 1980.

FURET, François: 1789. Vom Ereignis zum Gegenstand der Geschichtswissenschaft, Frankfurt/M./Berlin/Wien 1980.

GODECHOT, Jacques: Le Colloque sur l'Abolition du Régime féodal dans le monde occidental, in: AHRF 41, 1969, S. 145–147.

GOUBERT, Pierre/Roche, Daniel: Les Français et l'Ancien Régime, 2 Bde., Paris 1984.

VAN DEN HEUVEL, Gerd: Grundprobleme der französischen Bauernschaft 1730–1794, München/Wien 1982.

HINRICHS, Ernst/SCHMITT, Eberhard/VIERHAUS, Rudolf (Hgg.): Vom Ancien Régime zur Französischen Revolution. Forschungen und Perspektiven, Göttingen 1978.

HINRICHS, Ernst: »Feudalität« und Ablösung. Bemerkungen zur Vorgeschichte des 4. August 1789, in: SCHMITT, Eberhard (Hg.): Die Französische Revolution, Köln 1976, S. 124–157.

LABROUSSE, Ernest: 1848, 1830, 1789. Wie Revolutionen entstehen, in: Derselbe u. a.: Geburt der bürgerlichen Gesellschaft: 1789, hrsg. v. HARTIG, Irmgard, Frankfurt/M. 1979.

MAGER, Wolfgang: Frankreich vom Ancien Régime zur Moderne. 1630 bis 1830, Stuttgart/Berlin/Köln/Mainz 1980.

REICHARDT, Rolf: Bevölkerung und Gesellschaft Frankreichs im 18. Jahrhundert. Neue Wege und Ergebnisse der sozialhistorischen Forschung 1950–1975, in: Zeitschrift für historische Forschung 4, 1977, S. 154–221.

ROBIN, Regine: La société française en 1789, Semur-en-Auxois/Paris 1970.

Dieselbe: Der Charakter des Staates am Ende des Ancien Régime: Gesellschaftsformation, Staat und Übergang, in: SCHMITT, Eberhard (Hg.): Die Französische Revolution, Köln 1976.

SOBOUL, Albert: La Civilisation et la Révolution Française, t. I: La Crise de l'Ancien Régime, Paris 1970.

VOVELLE, Michel: La Chute de la Monarchie 1787–1792, Paris 1972.

Die städtische Revolution als politisch-kultureller Prozess

Quellen

BARNAVE, Antoine: Theorie der Französischen Revolution, hrsg. v. SCHMITT, Eberhard, München 1972.

FISCHER, Peter (Hg.): Reden der Französischen Revolution, München 1974.

GRAB, Walter (Hg.): Die Französische Revolution. Eine Dokumentation, München 1973.

LANDAUER, Gustav (Hg.): Briefe aus der Französischen Revolution, Bd. 1/2, Frankfurt/M. 1973 (ND).

MARKOV , Walter/SOBOUL, Albert (Hgg.): Die Sansculotten von Paris. Dokumente zur Geschichte der Volksbewegung 1793–1794, Berlin 1957.

MARKOV , Walter (Vf. u. Hg.): Revolution im Zeugenstand. Frankreich 1789–1799, Bd. 1/2, Leipzig 1982 (auch westdeutsche Lizenzausgabe: Reclams Universalbibliothek Bd. 950–951, 1986).

PERNOUD, Georges/FLAISSIER, Sabine (Hgg.): Die Französische Revolution in Augenzeugenberichten, München 1978.

ROUX, Jacques: Freiheit wird die Welt erobern. Reden und Schrift, hrsg. v. MARKOV, Walter, Leipzig 1985.

SIEYÈS, Emmanuel-Joseph: Politische Schriften 1788–1790, hrsg. v. SCHMITT, Eberhard/REICHARDT, Rolf, München [2]1981

Literatur

BLÖMEKE, Heinrich: Jakobinische Revolutionsregierung und Volksbewegung. Das Beispiel des Departements Seine-et-Marne (Juni 1793 – Jahr II), München 1989.

FURET, François/RICHET, Denis: Die Französische Revolution, München 1980.

GIESSELMANN, Werner: Die Brumairianische Elite. Kontinuität und Wandel der französischen Führungsschicht zwischen Ancien Régime und Julimonarchie, Stuttgart 1977.

GRAB, Walter (Hg.): Die Debatte um die Französische Revolution, München 1975.

GUMBRECHT, Hans Ulrich: Funktionen parlamentarischer Rhetorik in der Französischen Revolution, München 1978.

HARTIG, Irmgard (Hg.): Geburt der bürgerlichen Gesellschaft: 1789, Frankfurt/M. 1979.

VAN DEN HEUVEL, Gerd: Der Freiheitsbegriff der Französischen Revolution, Göttingen 1988.

HINTZE, Hedwig: Staatseinheit und Föderalismus im alten Frankreich und in der Revolution, Stuttgart 1928.

KESSLER, Helmut: Terreur. Ideologie und Nomenklatur der revolutionären Gewaltanwendung in Frankreich von 1770 bis 1794, München 1973.

LAUTZAS, Peter: Die Französische Revolution in der neueren wissenschaftlichen Literatur und in Unterrichtsmaterialien für die Sekundarstufe II, in: Geschichte in Wissenschaft und Unterricht 32, 1981, S. 485–501.

MARKOV, Walter: Volksbewegungen der Französischen Revolution, hrsg. v. Manfred Hahn, Frankfurt/M. 1976.

Derselbe (Hg.): Jakobiner und Sansculotten. Beiträge zur Geschichte der französischen Revolutionsregierung 1793–1794, Berlin 1956.

REICHARDT, Rolf/SCHMITT, Eberhard: Die Französische Revolution – Umbruch oder Kontinuität?, in: Zeitschrift für historische Forschung 1980, S. 257–320.

REICHARDT, Rolf: Die Französische Revolution, in: Funkkolleg Geschichte, hrsg. v. CONZE, Werner u. a., Bd. 2, Frankfurt/M. 1981, S. 157–181; ergänzend dazu die Dokumentation in: Funkkolleg Geschichte, Studienbegleitbrief 8, Weinheim 1980, S. 48–100.

Derselbe: Von der politisch-ideengeschichtlichen zur sozialkulturellen Deutung der Französischen Revolution. Deutschsprachiges Schrifttum 1946–1988, in: Geschichte und Gesellschaft 15, 1989.

RUDÉ, George: Die Massen in der Französischen Revolution, München 1961.

SCHMITT, Eberhard: Repräsentation und Revolution, München 1969.

Derselbe (Hg.): Die Französische Revolution. Anlässe und langfristige Ursachen, Darmstadt 1973.

Derselbe: Einführung in die Geschichte der Französischen Revolution, München ²1980.

SCHMITT, Eberhard/REICHARDT, Rolf (Hgg.): Die Französische Revolution – zufälliges oder notwendiges Ereignis?, Teil 1–3, München 1983.

SOBOUL, Albert: Französische Revolution und Volksbewegung: Die Sansculotten, Frankfurt/M. 1978.

Derselbe: Die große Französische Revolution 1789–1799, Frankfurt/M. 1973.

TALMON, Yaakob: Die Ursprünge der totalitären Demokratie, Köln 1961.

VOVELLE, Michel: Die Französische Revolution – soziale Bewegung und Umbruch der Mentalitäten, hrsg. v. SCHÖTTLER, Peter, München 1982.

Derselbe: Die Historiographie der Französischen Revolution am Vorabend der Zweihundertjahrfeier, in: Marxistische Studien 14, 1988, S. 73–87.

Die Bauernrevolution

ADO, Anatolij: Die Bauernbewegung während der Französischen Revolution, Moskau 1971 (russisch, Zusf. in dt. Übersetzung: SOBOUL, Albert: Über die Bauernbewegung, in: HARTIG, Irmgard (Hg.): Geburt der bürgerlichen Gesellschaft: 1789, Frankfurt/M. 1979, S. 181–198.)

Derselbe: Zur Frage der Ergebnisse der Französischen Revolution auf dem Lande, in: Marxistische Studien 14, 1988, S. 114–132.

BLOCH, Marc: La lutte pour l'individualisme agraire, in: Annales d'histoire économique et sociale 2, 1930, S. 329–381 u. S. 511–551.

VAN DEN HEUVEL, Gerd: Grundprobleme der französischen Bauernschaft 1730–1794, München/Wien 1982.

Derselbe: Féodalité, Féodal, in: Handbuch politisch-sozialer Grundbegriffe in Frankreich 1680-1820, hrsg. v. REICHARDT, Rolf/ SCHMITT, Eberhard, Heft 10, München 1988, S. 7–53.

HUNECKE, Volker: Antikapitalistische Strömungen in der Französischen Revolution, in: Geschichte und Gesellschaft, Heft 4, 1978, S. 291–323.

LEFEBVRE, Georges: Questions agraires au temps de la Terreur, La Roche-sur-Yon ²1954.

Derselbe: La Grande Peur, Paris ²1970 (dt. Teilübersetzung in: HARTIG, Irmgard (Hg.): Geburt der bürgerlichen Gesellschaft: 1789, Frankfurt/M. 1979, S. 88–135).

Derselbe: Die Französische Revolution und die Bauern, in: HARTIG, Irmgard (Hg.): Geburt der bürgerlichen Gesellschaft: 1789, Frankfurt/M. 1979, S. 136–168.

LUC, Jean-Noël: Paysans et droits féodaux en Charente-Inferieure pendant la révolution française (= Commission d'histoire de la révolution française. Memoires et documents 40), Paris 1984.

MATHIEZ, Albert: La vie chère et le mouvement social sous la Terreur, 2 Bde., Paris ²1973.

SAGNAC, Philippe/CARON, Pierre (Hgg.): Les Comités des droits féodaux et de législation et l'abolition du régime seigneurial, 1789–1793, Paris 1907, ND 1977.

Die Gegenrevolution

BERTAUD, Jean-Paul, Les amis du roi. Journaux et journalistes en France de 1789 à 1792, Paris 1984.

GODECHOT, Jacques: La contre-révolution. Doctrine et action 1789–1804, Paris ²1984.

HUTT, Maurice: Chouannerie and Counter-Revolution. Puisaye, the Princes and the British Government in the 1790s, 2 Bde., Cambridge 1983.

LEBRUN, François/DUPUY, Roger (Hgg.): Les résistances à la Révolution (Actes du colloque de Rennes [17–21 Septembre 1985], Paris 1987.

LEWIS, Gwynne: The Second Vendée. The Continuity of Counter-Revolution in the Department of the Gard, 1789–1815, Oxford 1978.

MARTIN, Jean-Clément: La Vendée et la France, Paris 1987.

MITCHELL, Harvey: The Underground War against Revolutionary France. The Missions of William Wickham 1794–1800, Oxford 1965.

PETITFRÈRE, Claude: La Vendée et les Vendéens (Collection »Archives«), Paris 1981.

SUTHERLAND, Donald M. G.: The Chouans. The Social Origins of Popular Counter-Revolution in Upper Brittany, 1770–1796, Oxford 1982.

TILLY, Charles: The Vendée, Cambridge/Mass. 1964.

WAGNER, Michael: Der Vendée-Aufstand und die Chouannerie im Lichte der neueren Forschung, in: FRANCIA 15, 1988.

Revolutionskriege und revolutionäre Außenpolitik

BERTAUD, Jean-Paul: La Révolution armée. Les soldats citoyens et la Révolution française, Paris 1979.

BLANNING, Timothy, C. W.: The Origins of the French Revolutionary Wars, London/New York 1986.

EHRMAN, John: The Younger Pitt. The reluctant transition, London 1983.

GODECHOT, Jacques: La Grande Nation. L'expansion révolutionnaire de la France dans le monde de 1789 à 1799, Paris 1956 (2. Aufl. 1983).

GUYOT, Raymond: Le Directoire et la paix de l'Europe des traités de Bâle à la deuxième coalition (1795–1799), Paris 1911.

HOLZAPFEL, Kurt: Preußen im Vorfeld des Friedens von Basel. Zur Torpedierung des Haager Subsidienvertrags durch die »preußische Friedenspartei«, in: Zeitschrift für Geschichtswissenschaft 28, 1980, S. 851–861.

MÜLLER, Michael: Die Teilungen Polens 1772–1793–1795, München 1984.

PALMER, Robert R.: The age of the democratic revolution, 2 Bde., Princeton 1959–1964.

ROIDER, Karl A.: Baron Thugut and Austrias response to the French Revolution, Princeton 1987.

SCOTT, Samuel F.: The response of the royal army to the French Revolution: the role and development of the line army 1787–1793, Oxford 1978.

Recht und Verfassung: Von der alten Monarchie zur Republik

ARNAUD, André Jean: Les origines doctrinales du Code Civil (= Bibliothèque de philosophie du droit 9), Paris 1969.

BASSE, Bernard: La constitution de l'ancienne France: principes et lois fondamentales de la royauté française, Liancourt 1973.

BOUINEAU, Jacques: Les toges du pouvoir (1789–1799) ou la Révolution de Droit antique, Toulouse 1986.

CASTELMAN, J.: Le tribunal révolutionnaire, Paris 1981.

GODECHOT, Jacques: Les institutions de la France sous la Révolution et l'Empire, Paris ²1968.

JALLUT, M.: Histoire constitutionelle de la France, 2 Bde., Paris 1956–58.

JARDIN, André: Histoire du libéralisme politique, de la crise de l'absolutisme à la constitution de 1875, Paris 1985.

MASON, Lester B.: The French Constitution and the Social Question in the Old Regime, 1700–1789, Bonn o. J. (1954).

MOORE, J. M.: The Roots of the French Republicanism, the Evolution of the Republical Ideal in Revolutionary France and its Culmination in the Constitution of 1793, New York o. J. (1962).

SAMWER, Sigmar-Jürgen: Die französische Erklärung der Menschen- und Bürgerrechte von 1789/91, Hamburg 1970.

SANDWEG, Jürgen: Rationales Naturrecht und revolutionäre Praxis. Untersuchungen zur »Erklärung der Menschen- und Bürgerrechte« von 1789, Berlin 1972.

SCHMALE, Wolfgang: Artikel »Constitution, constitutionnel«, in: Handbuch politisch-sozialer Grundbegriffe in Frankreich 1680–1820, hrsg. v. REICHARDT, Rolf/SCHMITT, Eberhard, Heft 11, München.

Derselbe: Rechtskultur im Frankreich des Ancien Régime und die Erklärung der Menschen- und Bürgerrechte von 1789. Wege zu einer Sozialgeschichte der Grund- und Menschenrechte, in: FRANCIA 14, 1986, S. 513–529.

Derselbe: Entchristianisierung, Revolution und Verfassung. Zur Mentalitätsgeschichte der Verfassung in Frankreich 1715–1794, Berlin 1988.

SCHMITT, Eberhard: Repräsentation und Revolution. Eine Untersuchung zur Genesis der kontinentalen Theorie und Praxis parlamentarischer Repräsentation aus der Herrschaftspraxis des Ancien Régime in Frankreich (1760–1789), München 1969.

Revolutionäre Wirtschafts- und Sozialpolitik

AFTALION, Florin: L'économie de la Révolution française, Paris 1987. BRAUDEL, Fernand, LABROUSSE, Ernest (Hgg.): Wirtschaft und Gesellschaft in Frankreich im Zeitalter der Industrialisierung, 1789–1880, Bd. I, Frankfurt/M. 1986, S. 19–109 (Beitrag von Albert SOBOUL).

CLOUGH, Shepard B.: Retardierende Faktoren im französischen Wirtschaftswachstum am Ende des Ancien Régime und während der Revolutionszeit und der napoleonischen Ära, in: SCHMITT, Eberhard (Hg.): Die Französische Revolution, Köln 1976, S. 181–200.

VAN DEN HEUVEL, Gerd: Grundprobleme der französischen Bauernschaft 1730–1794. Soziale Differenzierung und sozio-ökonomischer Wandel vom Ancien Régime zur Revolution, München/ Wien 1982.

LEFEBVRE, Georges: La Révolution Française, Paris 1951.

Derselbe: Les décrets de ventôse, in: Questions agraires aux temps de la Terreur, La Roche-sur-Yon [2]1954, S. 1–57.

PERNOUD, Georges/FLAISSIER, Sabine (Hgg.): Die Französische Revolution in Augenzeugenberichten, München 1980.

PERROT, Jean-Claude: Voies nouvelles pour l'histoire économique de la Révolution, in: Annales historiques de la Révolution française 47, 1975, S. 30–65.

REICHARDT, Rolf/SCHMITT, Eberhard: Die Französische Revolution – Umbruch oder Kontinuität?, in: Zeitschrift für Historische Forschung 7, 1980, S. 257–320.

Frauen und Familie in der Revolution

Quellen

DUHET, Paule-Marie (Hg.): Cahiers de doléances des femmes en 1789 et autres textes, Paris 1981.

Les femmes dans la Révolution française. 1789–1794, 3 Bde., Paris Reprint 1982.

PETERSEN, Susanne: Marktweiber und Amazonen. Frauen in der Französischen Revolution, Köln 1987.

WOLTERS, Margarete/SUTOR, Clara (Hgg.): Marie Olympe de Gouges (1748–1793), Protagonistin im Kampf um die Rechte der Frau. Politische Schriften in Auswahl, Hamburg 1979.

Literatur

ABENSOUR, Léon: La Femme et le féminisme avant la Révolution, Genève repr. 1977.

CÉRATI, Marie: Le Club des Citoyennes Républicaines-Révolutionnaires, Paris 1966.

DESSERTINE, Dominique: Divorcer à Lyon sous la Révolution et l'Empire, Lyon 1981.

DUHET, Paule-Marie: Les femmes et la Révolution 1789–1794, Paris 1971.

GARAUD, Marcel: La Révolution française et la famille, Paris 1978.

GODINEAU, Dominique: Les femmes des milieux populaires parisiens pendant la Révolution (1793 – Messidor An III), Thèse de doctorat Université de Panthéon-Sorbonne 1986.

GRAHAM, Ruth: Loaves and Liberty: Women in the French Revolution, in: BRIDENTHAL, Renate/KOONTZ, Claudia: Becoming Visible: Women in European History, Boston 1977, S. 236–252.

GRUBITZSCH, Helga (Hg.): Grenzgängerinnen, Düsseldorf 1985

KELLY, Linda: Women of the French Revolution, London 1987.

LEVY, Darlene Gay/APPLEWHITE, Harriet Branson et al. (Hgg): Women in Revolutionary Paris 1789–1795, Urbana/Illinois 1979.

MICHELET, Jules: Die Frauen der Revolution, München 1913, repr. 1984.

PHILLIPS, Roderick: Family Breakdown in late eighteenth-century France. Divorces in Rouen 1792–1803, Oxford 1980.

Kirche, Klerus und Religion

CHRISTOPHE, Paul: 1789, les prêtres dans la Révolution, Paris 1987.

ERDMANN, Karl Dietrich: Volkssouveränität und Kirche. Studien über das Verhältnis von Staat und Religion in Frankreich vom Zusammentritt der Generalstände bis zum Schisma, 5. Mai 1789 – 13. April 1791, Köln 1949.

VAN KESSEL, Petrus Josephus: Rom und die Französische Revolution, in: Rom in der Neuzeit. Politische, kirchliche und kulturelle Aspekte, Wien 1976, S. 179–197.

LATREILLE, Armand: L'Eglise catholique et la révolution française, 2 Bde., Paris ²1970/71.

MAIER, Hans: Revolution und Kirche. Zur Frühgeschichte der christlichen Demokratie 1789–1901, München ⁵1988.

McMANNERS, John: French Ecclesiastical Society under the Ancien Régime. A Study of Angers in the Eighteenth Century, Manchester 1960.

Derselbe: The French Revolution and the Church, London 1969.

MARKOV, Walter: Die Freiheiten des Priesters Roux, Berlin (Ost) 1967.

PLONGERON, Bernard: Conscience religieuse en révolution. Regards sur l'historiographie religieuse de la révolution française, Paris 1969.

REICHARDT, Rolf: Französische Revolution, in: Theologische Realenzyklopädie, Band XI, Berlin 1983, S. 401–417.

REINHARD, Marcel: Religion, révolution et contre-révolution, Paris 1962.

SALMON, J.: Curés sans-culottes en province 1789–1814, Brévannes 1975.

TACKETT, Timothy: Priest and Parish in Eighteenth Century France. A Social and Political Study of the Curés in a Diocese of Dauphiné 1750–1791, Princeton 1977.

Derselbe: Die Stadteliten und der Priestereid von 1791, in: KOSELLECK, Reinhart/REICHARDT, Rolf (Hgg.): Die Französische Revolution als Bruch des gesellschaftlichen Bewußtseins, München 1988, S. 579–602.

DE VIGUERIE, Jean: Christianisme et révolution. Cinq leçons de l'histoire de la révolution française, Paris 1986.

VOVELLE, Michel: Die andere Entchristianisierung, in: GUMBRECHT, Hans Ulrich/REICHARDT, Rolf/SCHLEICH, Thomas (Hgg.): Sozialgeschichte der Aufklärung in Frankreich, Teil II, München 1981, S. 201–228.

Derselbe: Religion et révolution. La déchristianisation de l'an II, Paris 1976.

Aspekte einer Kulturrevolution

BRINGEMEIER, Martha: Ein Modejournalist erlebt die Französische Revolution, Münster 1981.

HERDING, Klaus/REICHARDT, Rolf: Die Symbolik der Französischen Revolution in ihrer Bildpublizistik, Frankfurt 1989.

MEINZER, Michael: Der französische Revolutionskalender und die ›Neue Zeit‹, in: KOSELLECK, Reinhart/REICHARDT, Rolf (Hgg.): Die Französische Revolution als Bruch des gesellschaftlichen Bewußtseins, München 1988, S. 23–60.

REICHARDT, Rolf: Einleitung, in: REICHARDT, Rolf/SCHMITT, Eberhard (Hgg): Handbuch politisch-sozialer Grundbegriffe in Frankreich 1680–1820, Heft I, München 1985, S. 39–148.

Derselbe: Politische Druckgraphik der Französischen Revolution. Die Bildwelt der »Bastille« als Beispiel, in: Marxistische Studien 14, 1988, S. 243–272.

Derselbe: Das Revolutionsspiel von 1791, Frankfurt 1989.

SCHLIEBEN-LANGE, Brigitte: Die Wörterbücher in der Französischen Revolution, in: REICHARDT, Rolf/SCHMITT, Eberhard (Hgg.): Handbuch politisch-sozialer Grundbegriffe in Frankreich 1680–1820, Heft I, München 1985, S. 149–189.

SCHRÖDER, Winfried: War die Französische Revolution auch eine Epochenzäsur in der kulturellen, künstlerischen und literarischen Entwicklung?, in: Weimarer Beiträge 34, 1988, S. 29–58.

THIELSEN, Knut: Die Sprachpolitik der Französischen Revolution und die Katholische Kirche, Diss. Tübingen 1987.

Schulwesen und Erziehung

ARLT, Robert (Hg.): Erziehungsprogramme der Französischen Revolution: Mirabeau – Condorcet – Lepeletier, Berlin/Leipzig 1949.

BACZKO, Bronislaw (Hg.): Une éducation pour la démocratie. Textes et projets de l'époque révolutionnaire, Paris 1982.

CONDORCET, Jean-Marie de Caritat: Volkspädagogische Schriften, hrsg. v. OPPERMANN, D., Bad Heilbrunn 1986.

DRECHSEL, Wiltrud U.: Erziehung und Schule in der Französischen Revolution, Frankfurt/M. 1969.

GAZIER, Augustin (Hg.): Documents inédits pour servir à l'Histoire de l'instruction publique pendant la Révolution française, in: Revue internationale de l'enseignement 1894, S. 421–447.

GUILLAUME, James (Hg.): Procès-verbaux du Comité d'Instruction Publique de la Convention Nationale, Bd. 1–6, Paris 1891–1907.

JULIA, Dominique: Les trois couleurs du tableau noir: La Révolution, Paris 1981.

MAYEUR, Françoise: De la Révolution à l'École républicaine (= Histoire générale de l'enseignement et de l'éducation en France Bd. 3), Paris 1981.

STÜBIG, Frauke: Erziehung zur Gleichheit. Konzepte der »éducation commune« in der Französischen Revolution, Ravensburg 1974.

Kunst und Revolution

The Age of Neoclassicism: Ausst-Kat. Royal Academy/Victoria and Albert Museum, London 1972.

L'Art de l'Estampe et la Révolution Française: Ausst.-Kat. Musée Carnavalet, Paris 1977.

ANDRIES, Lise: Marat dans les occasionnels et les almanachs (1792–1797), in: BONNET, Jean-Claude (Hg.): La mort de Marat, Paris 1986, S. 81–98.

Dieselbe: Die Almanache des Jahres II, in: KOSELLECK, Reinhart/REICHARDT, Rolf (Hgg.): Die Französische Revolution als Bruch des gesellschaftlichen Bewußtseins, München 1988, S. 286–304.

BOPPE, Auguste/BONNET, Raoul: Les vignettes emblématiques sous la révolution, Paris 1911; ND Leipzig 1975.

BORDES, Philippe: Le Serment du Jeu de Paume de Jacques-Louis David, Paris 1983.

BOULLÉE, Etienne-Louis: Architecture. Essai sur l'Art, Mskr. Paris 1793, hrsg. v. ROSENAU, Helen, unter dem Titel: Boullée's Treatise on Architecture, London 1953; kritische Ausgabe von Jean-Marie PÉROUSE DE MONTCLOS, Paris 1968; dt. Ausgabe von WYSS, Beat mit Einleitung von Adolf Max Vogt unter dem Titel: Boullée, Architektur. Abhandlung über die Kunst, Zürich/München 1987.

BROWN, Milton W.: The Painting of the French Revolution, New York 1938.

BRYSON, Norman: Tradition and Desire. From David to Delacroix, London 1984.

CASTELNUOVO, Enrico: Arti e rivoluzione. Ideologie e politiche artistiche nella Francia rivoluzionaria, in: Ricerche di Storia dell'arte 13/14, 1981, S. 5–20.

CHAPU, Philippe: Grégoire et le vandalisme révolutionnaire, in: La revue de l'art 49, 1980, S. 36–41.

Collections Révolutionnaires. Bulletin du Musée Carnavalet no. 1/2, 1968.

CROW, Thomas: Painters and Public Life in Eighteenth-Century Paris, London/New Haven 1985.

DAYOT, Armand: La Révolution française, Paris o. J.

DESPOIS, Eugène: Le vandalisme révolutionnaire. Fondations historiques, scientifiques et artistiques de la Convention, Paris 1868.

DOWD, David D.: Pageant Master of the Republic: Jacques-Louis David and the French Revolution, Lincoln 1948.

EHRARD, Jean/VIALLANEIX, Paul (Hgg): Les fêtes de la Revolution. Colloque de Clermont-Ferrand (juin 1974), Paris 1977.

French Painting 1774–1830. The Age of Revolution: Ausst.-Kat., Paris/Detroit/New York 1975.

GOYA. Das Zeitalter der Revolutionen: Ausst.-Kat. Hamburger Kunsthalle 1980/81.

GRAMACCINI, Gisela: Jean-Guillaume Moitte (1746–1810). Leben und Werk, Diss. Hamburg 1988.

GROTH, Ingo (Hg.): Freiheit, Gleichheit, Brüderlichkeit. Bilder von der Französischen Revolution (= Die bibliophilen Taschenbücher Nr. 313), Dortmund 1982.

HERBERT, Robert L.: David, Brutus and the French Revolution. An Essay in Art and Politics, London 1972.

HERDING, Klaus: Davids »Marat« als *dernier appel d l'unité révolutionnaire*, in: Idea 2, 1983, S. 89–112.

Derselbe: Visuelle Zeichensysteme in der Graphik der Französischen Revolution, in: KOSELLECK, Reinhart/REICHARDT, Rolf (Hgg.): Die Französische Revolution als Bruch des gesellschaftlichen Bewußtseins, München 1988, S. 513–552.

KAUFMANN, Emil: Von Ledoux bis Le Corbusier. Ursprung und Entwicklung der autonomen Architektur, Wien/Leipzig 1933/34.

Derselbe: Three Revolutionary Architects, Boull &, Ledoux and Lequeu, in: Transactions of the Philosophical Society, N.S. 42/43, 1952.

Derselbe: Architecture in the Age of Reason, Cambridge/Mass. 1955.

KEMP, Wolfgang: Das Bild der Menge (1789–1830), in: Städel-Jahrbuch 4, 1974, S. 249–270.

Derselbe: Das Revolutionstheater des Jacques-Louis David. Eine Interpretation des »Schwurs im Ballhaus«, in: Marburger Jahrbuch für Kunstwissenschaft 21, 1986, S. 165–184.

LANGNER, Johannes: Ledoux und die »fabriques«. Voraussetzungen der Revolutionsarchitektur im Landschaftsgarten, in: Zeitschrift für Kunstgeschichte 26, 1963, S. 1–36.

LANKHEIT, Klaus: Der Tempel der Vernunft. Unveröffentlichte Zeichnungen von Etienne-Louis Boullée, Basel/Stuttgart 1968.

LEDOUX, Claude-Nicolas: Architecture considérée sous le rapport de l'art, des mœurs et de la législation, Paris 1804; vollständige Ausgabe in zwei Bänden hrsg. v. RAMÉE, Daniel, Paris 1847; Neuausgabe mit Einleitung hrsg. v. VIDLER, Anthony, Princeton 1983.

LEITH, James A.: The Idea of Art as Propaganda in France, 1750–1799, Toronto 1965.

LEVEQUE, Jean-Jacques: L'art et la Révolution Française, Neuchâtel 1987.

LEVER, Evelyne: Le testament de Louis XVI et la propagande royaliste par l'image pendant la Révolution et l'Empire, in: Gazette des Beaux-Arts 94, 1979, S. 159–173.

RABREAU, Daniel/SZAMBIEN, Werner: Ein verkanntes Monument: Die Rue des Colonnes in Paris, in: Daidalos 24, 1987, S. 80–89.

REAU, Louis: Les monuments détruits de l'art français, Bd. I, Paris 1959.

RENOUVIER, Jean: Histoire de l'art pendant la Révolution, Paris 1863.

Revolutionsarchitektur. Boullée, Ledoux, Lequeu: Ausst.-Kat. Kunsthalle Baden-Baden 1971.

ROSENAU, Helen: Boullée and Visionary Architecture, London/New York 1976.

SCHEINFUSS, Katharina (Hg.): Von Brutus zu Marat. Kunst im Nationalkonvent 1789–1795 (= Fundus Bücher 31), Dresden 1973.

SCHNAPPER, Antoine: Jacques-Louis David und seine Zeit, Fribourg 1981.

SIEBENMORGEN, Harald: Illustrationen und Bildkommentare zur Französischen Revolution in der Mannheimer Graphik um 1800, in: Städel-Jahrbuch, N. F. 9, 1983, S. 227–248.

SPRIGATH, Gabriele: Themen aus der Geschichte der römischen Republik in der französischen Malerei des 18. Jahrhunderts, 2 Bde., Diss. München 1968.

Dieselbe: Sur le vandalisme révolutionnaire, in: Annales Historiques de la Révolution Française, 1980, S. 510–535.

STAROBINSI, Jean: 1789. Die Embleme der Vernunft, Bielefeld 1981.

STEINHAUSER, Monika: Etienne-Louis Boullées ›Architecture. Essai sur l'art‹, Zur theoretischen Begründung einer autonomen Architektur, in: Idea II, 1983, S. 7–48.

STEINMANN, Ernst: Die Zerstörung der Königsdenkmäler in Paris, in: Monatshefte für Kunstwissenschaft 10, 1917, S. 337–380.

TRAEGER, Jörg: Der Tod des Marat. Revolution des Menschenbildes, München 1986.

VOGELSANG, Bernd: Arul, le temps passe n'est plus. Johann Anton de Peters als antirevolutionärer Karikaturist, in: Wallraf-Richartz-Jahrbuch 43, 1982, S. 195–206.

VOGT, Adolf Max: Boullées Newton-Denkmal. Sakralbau und Kugelidee, Basel/Stuttgart 1969.

VOVELLE, Michel (Hg.): La révolution française. Images et récit, 5 Bde., Paris 1986.

WARNKE, Martin: Arte e Rivoluzione, in: La Storia, vol. V: L'Età Moderna, Turin 1987, S. 795–804.

Sprache und Literatur

ANDRIÈS, Lise: Die Almanache des Jahres II, in: KOSELLECK, Reinhart/ REICHARDT, Rolf (Hgg.): Die Französische Revolution als Bruch des gesellschaftlichen Bewußtseins (= Ancien Régime. Aufklärung und Revolution Bd. 10), München 1988, S. 286–304.

BIERMANN, Armin: Zur sozialen Konstruktion der »Gefährlichkeit« von Literatur. Beispiele aus der französischen Aufklärung und dem Premier Empire, in: ASSMANN, Aleida und Jan (Hgg): Kanon und Zensur. Archäologie der literarischen Kommunikation II, München 1987, S. 212–226.

BOCHMANN, Klaus: Neue Überlegungen zu den Folgen der Französischen Revolution für die französische Sprache, in: Beiträge zur Romanischen Philologie 20, Heft 3/4, 1981, S. 213–220.

BONNET, Jean-Claude (Hg.): La Carmagnole des Muses. L'homme de lettres et l'artiste dans la Révolution, Paris 1988.

GÜNTHER, Horst (Hg.): Die Französische Revolution. Berichte und Deutungen deutscher Schriftsteller und Historiker, Frankfurt a. M. 1985.

GUMBRECHT, Hans Ulrich: Skizze einer Literaturgeschichte der Französischen Literatur, in: von STACKELBERG, Jürgen (Hg.): Europäische Aufklärung III (= Neues Handbuch der Literaturwissenschaft), Wiesbaden 1980, S. 269–328.

LÜSEBRINK, Hans-Jürgen: Die »Vainqueurs de la Bastille« – kollektiver Diskurs und individuelle ›Wortergreifungen‹, in: KOSELLECK, Reinhart/ REICHARDT, Rolf (Hgg): Die Französische Revolution als Bruch des gesellschaftlichen Bewußtseins (= Ancien Régime. Aufklärung und Revolution Bd. 10), München 1988, S. 321–357.

NIES, Fritz: Das System der literarischen Gattungen. Kontinuitäten, Brüche, Schwerpunktzonen (1789–99), in: KOSELLECK, Reinhart/REICHARDT, Rolf (Hgg.): Die Französische Revolution als Bruch des gesellschaftlichen Bewußtseins (= Ancien Régime. Aufklärung und Revolution Bd. 10), München 1988, S. 243–257.

RÉTAT, Pierre: L'ébranlement de la littérature en 1789, in: GILOT, Michel/ SGARD, Jean (Hgg.): L'écrivain devant la Révolution. Actes du colloque de Grenoble (septembre 1987), Grenoble 1988.

SCHLIEBEN-LANGE, Brigitte (Hg.): Sprache und Literatur der Französischen Revolution, in: Zeitschrift für Linguistik und Literaturwissenschaft, Heft 41, 1981.

Dieselbe: Traditionen des Sprechens. Elemente einer pragmatischen Sprachgeschichtsschreibung, Stuttgart u. a. 1983.

Dieselbe: Schriftlichkeit und Mündlichkeit in der Französischen Revolution, in: ASSMANN, Aleida und Jan/HARDMEIER, Christof (Hgg.): Schrift und Gedächtnis. Archäologie der literarischen Kommunikation 1, München 1983, S. 194–212.

SONNET, Martine: Les almanachs politiques parus pendant la Révolution française, in: Bulletin des Bibliothèques Bd. 25, n° 1, Januar 1980, S. 5–10.

THOMA, Heinz: »Les vers sont enfants de la lyre, il faut les chanter, non les lire«. Lied und Lyrik in der Französischen Revolution, in: KRAUSS, Henning (Hg.): Literaturgeschichte der Französischen Revolution, Stuttgart 1988.

Wirkungen auf Deutschland und Europa

Quellen

ENGELS, Hans-Werner (Hg.): Gedichte und Lieder deutscher Jakobiner (= Deutsche revolutionäre Demokraten Bd. I), Stuttgart 1971.

GARBER, Jörn (Hg.): Revolutionäre Vernunft. Texte zur jakobinischen und liberalen Revolutionsrezeption in Deutschland 1789–1810, Kronberg/Ts. 1974.

GRAB, Walter (Hg.): Leben und Werke norddeutscher Jakobiner (= Deutsche revolutionäre Demokraten Bd. 5), Stuttgart 1973.

GÜNTHER, Horst (Hg.): Die Französische Revolution: Berichte und Deutungen deutscher Schriftsteller und Historiker (= Bibliothek deutscher Klassiker Bd. 4), Frankfurt/M. 1985.

HANSEN, Joseph (Hg.): Quellen zur Geschichte des Rheinlandes im Zeitalter der Französischen Revolution, 4 Bde. (= Publikationen der Gesellschaft für Rheinische Geschichtskunde), Bonn 1931–1938.

Körner, Alfred (Hg.): Die Wiener Jakobiner (= Deutsche revolutionäre Demokraten Bd. 3), Stuttgart 1972.

Kuhn, Axel (Hg.): Linksrheinische deutsche Jakobiner. Aufrufe, Reden, Protokolle, Briefe und Schriften 1794–1801 (= Deutsche revolutionäre Demokraten Bd. 2), Stuttgart 1978.

Scheel, Heinrich (Hg.): Jakobinische Flugschriften aus dem deutschen Süden Ende des 18. Jahrhunderts, Berlin (Ost) ²1979.

Derselbe: Die Mainzer Republik. I: Protokolle des Jakobinerklubs. II: Protokolle des Rheinisch-deutschen Nationalkonvents mit Quellen zu seiner Vorgeschichte, Berlin (Ost) 1975/1981.

Steiner, Gerhard: Jakobinerschauspiel und Jakobinertheater (= Deutsche revolutionäre Demokraten Bd. 5), Stuttgart 1973.

Träger, Claus/Schäfer, Frauke Hg.): Die Französische Revolution im Spiegel der deutschen Literatur, Frankfurt/M. 1975.

Literatur

Bergeron, Louis: Das Frankreich der Revolution und die europäischen Staaten (1789–1799), in: Derselbe/Furet, François/Koselleck, Reinhart: Das Zeitalter der europäischen Revolution 1780–1848 (= Fischer Weltgeschichte Bd. 26), Frankfurt/M./ Hamburg 1969.

Blanning, Timothy C. W.: The Origins of the French Revolutionary Wars, London/New York 1986.

Böning, Holger: Revolution in der Schweiz. Das Ende der Alten Eidgenossenschaft 1798–1803, Frankfurt/M./Bern/New York 1985.

Büsch, Otto/Grab, Walter (Hgg.): Die Demokratische Bewegung in Mitteleuropa im ausgehenden 18. und frühen 19. Jahrhundert (= Einzelveröffentlichungen der Historischen Kommission zu Berlin Bd. 29), Berlin (West) 1980.

Capra, Carlo: L'età rivoluzionaria et napoleonica in Italia, Turin 1978.

Cone, Carl Bruce: The English Jacobins, reformers in late 8th Century England, New York 1968.

Deutscher Idealismus und Französische Revolution, Vorträge von Manfred Buhr u. a. gehalten bei den Kolloquien … 1987 im Studienzentrum Karl-Marx-Haus Trier, Trier 1988.

Droz, Jacques: L'Allemagne et la Révolution française, Paris 1949.

Dumont, Franz: Die Mainzer Republik von 1792/93. Studien zur Revolutionierung in Rheinhessen und der Pfalz (= Alzeyer Geschichtsblätter Sonderheft 9), Alzey 1982.

Eibl, Karl (Hg.): Französische Revolution und deutsche Literatur (= Aufklärung Jg. I, Heft 2), Hamburg 1986.

Elliott, Marianne: Partners in Revolution. The United Irishmen and France, New Haven/London 1982.

Epstein, Klaus: Die Ursprünge des Konservativismus in Deutschland. Der Ausgangspunkt: Die Herausforderung durch die Französische Revolution 1770–1806, Frankfurt/M. 1973.

Fehrenbach, Elisabeth: Vom Ancien Régime zum Wiener Kongreß (= Grundriß der Geschichte Bd. 12), München/Wien 1981.

GODECHOT, Jacques: La Grande Nation. L'expansion révolutionnaire de la France dans le monde de 1789 à 1799, Paris 1956.

GRAB, Walter: Ein Volk muß seine Freiheit selbst erobern. Zur Geschichte der deutschen Jakobiner, Frankfurt/M./Olten/Wien 1984.

Handbuch der europäischen Geschichte, hrsg. v. SCHIEDER, Theodor, Bde. 4 und 5, Stuttgart 1968/1980.

Handbuch der Schweizer Geschichte, Bd. I: Ancien Régime, von IM HOF, Ulrich. Bd. 2: Helvetik, von STAEHELIN, Andreas, Zürich 1977.

HOCKS, Paul/SCHMIDT, Peter: Literarische und politische Zeitschriften 1789–1805. Von der politischen Revolution zur Literaturrevolution, Stuttgart 1975.

Jakobiner, Deutsche. Mainzer Republik und Cisrhenanen 1792–1798. Ausstellung des Bundesarchivs und der Stadt Mainz im Foyer des Mainzer Rathauses, Mainz 1981.

KOPITZSCH, Franklin: Aufklärung, Absolutismus und Bürgertum in Deutschland, München 1976.

KUHN, Axel: Jakobiner in Deutschland. Der Kölner konstitutionelle Zirkel von 1798, Stuttgart 1976.

LOTTES, Günther: Politische Aufklärung und plebejisches Publikum. Zur Theorie und Praxis des englischen Radikalismus im späten 18. Jahrhundert (= Ancien Régime, Aufklärung und Revolution Bd. 1), München/Wien 1978.

MÉAUTIS, Ariane: Le Club Helvétique de Paris (1790–1791) et la diffusion des idées révolutionnaires en Suisse, Neuchâtel 1969.

Occupants – Occupés 1792–1815. Actes du Colloque qui s'est tenu à Bruxelles les 29 et 30 janvier 1968, Brüssel 1969.

PALMER, Robert F.: Das Zeitalter der demokratischen Revolution. Eine vergleichende Geschichte Europas und Amerikas von 1760 bis zur Französischen Revolution, Frankfurt/M. 1970.

VON RAUMER, Kurt: Deutschland um 1800. Krise und Neugestaltung 1789–1815 Handbuch der deutschen Geschichte, hrsg. VON JUST, Leo, Bd. 3, Abschn. I), Konstanz 1959/71.

REINALTER, Helmut (Hg.): Jakobiner in Mitteleuropa, Innsbruck 1977.

SCHEEL, Heinrich: Die Begegnung deutscher Aufklärer mit der Revolution, Berlin (Ost) 1973.

Derselbe: Süddeutsche Jakobiner. Klassenkämpfe und republikanische Bestrebungen im deutschen Süden Ende des 18. Jahrhunderts, Berlin (Ost) [3]1979.

SCHLUMBOHM, Jürgen: Freiheit. Die Anfänge der bürgerlichen Emanzipationsbewegung in Deutschland im Spiegel ihres Leitwortes, Düsseldorf 1975.

SILAGI, Denis: Jakobiner in der Habsburger Monarchie. Ein Beitrag zur Geschichte des aufgeklärten Absolutismus in Österreich, Wien 1962.

VALJAVEC, Fritz: Die Entstehung der politischen Strömungen in Deutschland 1770–1815. Mit einem Nachwort von Jörn GARBER, ND Kronberg/Ts./ Düsseldorf 1978.

Voss, Jürgen (Hg.): Deutschland und die Französische Revolution. 17. deutsch-französische Historikerkolloquium des Deutschen Historischen Instituts Paris 1981 (= Beihefte der FRANCIA 12), München 1983.

Weis, Eberhard: Der Durchbruch des Bürgertums 1776–1847 (= Propyläen Geschichte Europas Bd. 4), Frankfurt/M./Berlin/Wien ²1982.

Namen- und Sachregister

Bildnachweis:

Archiv für Kunst und Geschichte, Berlin: 240, 247